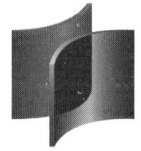

以案说法

专利复审、无效典型案例汇编
（2018—2021年）

国家知识产权局专利局复审和无效审理部 ◎ 编著

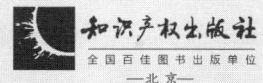

图书在版编目（CIP）数据

以案说法. 专利复审、无效典型案例汇编：2018—2021 年/国家知识产权局专利局复审和无效审理部编著. —北京：知识产权出版社，2022.11（2023.4 重印）

ISBN 978-7-5130-8353-9

Ⅰ.①以… Ⅱ.①国… Ⅲ.①专利—审查—案例—中国 Ⅳ.①D923.425

中国版本图书馆 CIP 数据核字（2022）第 167863 号

责任编辑：程足芬 责任校对：潘凤越
封面设计：杨杨工作室·张冀 责任印制：刘译文

以案说法
——专利复审、无效典型案例汇编（2018—2021 年）
国家知识产权局专利局复审和无效审理部　编著

出版发行：	知识产权出版社有限责任公司	网　　址：	http://www.ipph.cn
社　　址：	北京市海淀区气象路 50 号院	邮　　编：	100081
责编电话：	010-82000860 转 8390	责编邮箱：	chengzufen@qq.com
发行电话：	010-82000860 转 8101/8102	发行传真：	010-82000893/82005070/82000270
印　　刷：	三河市国英印务有限公司	经　　销：	新华书店、各大网上书店及相关专业书店
开　　本：	720mm×1000mm　1/16	印　　张：	25
版　　次：	2022 年 11 月第 1 版	印　　次：	2023 年 4 月第 2 次印刷
字　　数：	410 千字	定　　价：	118.00 元
ISBN 978-7-5130-8353-9			

出版权专有　侵权必究

如有印装质量问题，本社负责调换。

编委会

主　任：申长雨
副主任：廖　涛
编　委：陈　伟　马　昊　刘　铭　杨克非
　　　　李亚林　李新芝　孙学锋　任晓兰
　　　　冯　涛　樊晓东　赵博华　吴通义
　　　　邹　凯　张　曦　温丽萍　黄　颖
　　　　路剑锋　徐清平　王丽颖　刘　洋

编写组

主　编：陈　伟
副主编：马　昊　刘　铭
成　员（按姓氏笔画排序）：
　　　　丁秀华　王丽颖　刘　洋　许　艳
　　　　孙学锋　李　礼　李　华　李亚林
　　　　李新芝　杨克非　吴通义　张　颖
　　　　林　峰　侯　曜　项晓娟　徐清平
　　　　谭　远　樊晓东

序　言

专利复审和无效程序是专利授权确权程序的重要组成部分，也是专利审批程序的最后审级。复审和无效工作既为专利权的准确性和稳定性保驾护航，也为创新成果的高标准保护和高效益运用提供源头活水，一直受到社会各界的高度关注。

《以案说法——专利复审、无效典型案例指引》一书自2018年出版以来，受到广泛好评，成为专利审查员、创新主体、专利代理师等业界人士从事专利授权确权活动的重要参照书，发挥了提高认识水平、统一审查标准的作用。

近年来，国家知识产权局专利局复审和无效审理部深入贯彻落实习近平总书记关于知识产权工作的重要指示论述和党中央决策部署，牢固树立高质量发展理念，围绕不断提高审查质量和审查效率这一目标，持续推进具有指导意义的审查决定的遴选和发布工作，不断完善典型案例指导机制，以典型案例为载体，推动案件审查审理标准的完善。随着技术的发展和社会的进步，新型法律问题、技术问题不断涌现，复审和无效审理部在案件的审查审理工作中积累了新的经验，针对新兴疑难问题、热点问题形成了较为明确的审查规则，并依托典型案例为载体进行了深入的阐释。

为了更好地发挥典型案例的示范和指引作用，复审和无效审理部从2018年以来审结的专利复审、无效典型案例中，遴选出200余件具有典型指导意义的优秀决定进行分析、梳理和提炼，归纳总结相关审查规则要点，编写形成《以案说法——专利复审、无效典型案例汇编（2018—2021年）》一书，作为对《以案说法——专利复审、无效典型案例指引》的延续与补充。

希望本书的编辑出版能够推广已有优秀成果，为知识产权相关从业者和广大创新主体从事专利授权确权活动提供参考，增强专利授权和确权结果的可预期性。同时，也希望本书能够增加专利授权确权审查规则供给，提升审查质量和审查效率，助力高质量发展，为加快推进知识产权强国建设添砖加瓦。

目 录

第一章 现有技术和现有设计 ········· 001
  1 现有技术和现有设计的审查基准 ········· 001
    1.1 "为公众所知"的概念 ········· 001
    1.2 公开时间的判断 ········· 003
  2 出版物公开 ········· 006
  3 使用公开 ········· 008
    3.1 销 售 ········· 008
    3.2 招标、投标 ········· 016
    3.3 展 会 ········· 017
  4 互联网公开 ········· 018

第二章 新颖性 ········· 035
  1 同样的发明或实用新型 ········· 035
  2 对比文件公开内容的认定 ········· 036
  3 新颖性判断的常见情形 ········· 053
    3.1 惯用手段的直接置换 ········· 053
    3.2 参数、用途或制备方法等特征 ········· 056
  4 优先权 ········· 060
    4.1 "相同主题的发明或者实用新型"的判断 ········· 060
    4.2 "首次申请"的判断 ········· 068
    4.3 优先权成立对现有技术时间节点的影响 ········· 070
  5 新颖性宽限期 ········· 073

第三章 创造性 ········· 083
  1 最接近的现有技术的确定 ········· 083
    1.1 对技术领域的考量 ········· 083
    1.2 对发明要解决的技术问题的考量 ········· 084

1.3　对发明构思和技术手段的考量 …………………………… 088
2　发明的区别特征和发明实际解决的技术问题的确定 …………… 093
　　2.1　发明区别特征的确定 ………………………………………… 093
　　2.2　发明实际解决的技术问题的确定 …………………………… 104
3　技术启示的判断 …………………………………………………… 110
　　3.1　在现有技术中寻找解决技术问题的技术手段 ……………… 110
　　3.2　所属领域技术人员的改进动机对技术启示判断的影响 …… 122
　　3.3　发明构思对技术启示判断的影响 …………………………… 149
　　3.4　准确把握现有技术的公开内容对技术启示判断的影响 …… 155
　　3.5　合乎逻辑的分析推理和有限的试验对技术启示判断的
　　　　 影响 …………………………………………………………… 169
4　其他因素对判断发明创造性的影响 ……………………………… 175
　　4.1　技术偏见 ……………………………………………………… 175
　　4.2　预料不到的技术效果 ………………………………………… 176
5　几种不同类型发明的创造性判断 ………………………………… 178
　　5.1　组合发明 ……………………………………………………… 178
　　5.2　要素变更的发明 ……………………………………………… 181
6　化学领域发明的创造性判断 ……………………………………… 182
　　6.1　化合物发明的创造性 ………………………………………… 182
　　6.2　组合物发明的创造性 ………………………………………… 192
　　6.3　制备方法发明的创造性 ……………………………………… 198
　　6.4　制药用途发明的创造性 ……………………………………… 200
　　6.5　多肽的创造性 ………………………………………………… 203
　　6.6　关于化学领域的补充实验数据 ……………………………… 207
7　涉及计算机程序的发明的创造性判断 …………………………… 213
　　7.1　包含商业规则和方法特征的发明的创造性判断 …………… 213
　　7.2　涉及人机交互领域的发明的创造性判断 …………………… 215

第四章　说明书 ……………………………………………………… 222
1　"能够实现"的必要条件 …………………………………………… 222
　　1.1　清　楚 ………………………………………………………… 222
　　1.2　完　整 ………………………………………………………… 227

目　录

  2　"能够实现"的判断 …………………………………………… 231
    2.1　权利要求与能够实现 ……………………………………… 232
    2.2　技术问题、技术效果与能够实现 ………………………… 234
    2.3　实验证据与能够实现 ……………………………………… 242
    2.4　化学发明的能够实现 ……………………………………… 243

第五章　权利要求 ………………………………………………………… 249
  1　权利要求保护范围的确定 ……………………………………… 249
    1.1　权利要求中所用词语的理解 ……………………………… 249
    1.2　"整体理解"对权利要求保护范围的影响 ……………… 272
  2　权利要求的保护范围应当清楚 ………………………………… 280
  3　权利要求应当以说明书为依据 ………………………………… 285
    3.1　申请文件记载的信息 ……………………………………… 285
    3.2　所属领域技术人员的知识和能力 ………………………… 287
    3.3　技术效果的可预测性 ……………………………………… 288
    3.4　代表性特征限定权利要求的支持问题 …………………… 294

第六章　修　改 …………………………………………………………… 297

第七章　证据的认定 ……………………………………………………… 305
  1　证据资格与证明力 ……………………………………………… 305
    1.1　书　证 ……………………………………………………… 305
    1.2　证人证言 …………………………………………………… 306
    1.3　销售合同 …………………………………………………… 308
    1.4　互联网证据 ………………………………………………… 310
  2　举证责任 ………………………………………………………… 315
  3　证明标准 ………………………………………………………… 316
    3.1　达到证明标准 ……………………………………………… 316
    3.2　未达到证明标准 …………………………………………… 322
  4　举证期限 ………………………………………………………… 326

第八章　程　序 …………………………………………………………… 329
  1　复审请求的审查 ………………………………………………… 329
  2　无效宣告请求的审查 …………………………………………… 331

    2.1 确定审查文本 ………………………………………… 331
    2.2 无效理由的审查 ………………………………………… 337
    2.3 向外国申请专利的保密审查制度 ……………………… 341

第九章 外观设计 ……………………………………………… 348
  1 外观设计对比判断的主体和客体 …………………………… 348
  2 "明显区别"的判断 ………………………………………… 352
    2.1 外观设计单独对比 ……………………………………… 352
    2.2 设计特征组合对比 ……………………………………… 362
  3 外观设计与在先权利相冲突 ………………………………… 367
    3.1 与在先商标权相冲突 …………………………………… 367
    3.2 与在先著作权相冲突 …………………………………… 371
    3.3 与企业名称权相冲突 …………………………………… 373
  4 图形用户界面外观设计 ……………………………………… 374
    4.1 保护客体 ………………………………………………… 374
    4.2 保护范围的确定 ………………………………………… 375
    4.3 现有设计特征组合 ……………………………………… 378
  5 其 他 ………………………………………………………… 384
    5.1 修改超范围的认定 ……………………………………… 384
    5.2 涉及重复授权专利权人主动放弃专利权的处理 ……… 386
    5.3 组件产品 ………………………………………………… 388

第一章 现有技术和现有设计

1 现有技术和现有设计的审查基准

《专利法》所规定的现有技术或现有设计，是指申请日以前在国内外为公众所知的技术或设计。因此判断一项技术或设计是否构成现有技术或设计，通常围绕以下两方面进行：一是所述技术或设计是否为公众所知；二是为公众所知的时间是否早于申请日。

1.1 "为公众所知"的概念

如果设备开发方与设备使用方之间签订了保密协议，则设备使用方负有保密义务，设备使用行为不构成专利法意义上的公开。在保密协议存续期间，如果不能证明任一第三方可以通过设备使用方知晓设备的技术内容，则不能认为该设备为公众所知。

第35461号无效决定涉及专利号为201620293595.9，名称为"制造冷库板用的双头自动液压模具"的实用新型专利。请求人提交的证据1是（2017）济泉城证经字第41848号公证书，对位于济南月宫冷冻设备有限公司的冷冻设备拍摄照片和视频的过程进行了公证；证据2是（2017）苏05民初158号开庭笔录。专利权人提交的反证1为常州市先登机械制造有限公司与济南月宫冷冻设备有限公司签订的《保密协议书》；反证2为济南月宫冷冻设备有限公司出具的《自动冷库板液压模具洽谈和生产及使用过程的事实说明》。

请求人主张，证据1是对位于济南月宫冷冻设备有限公司的冷冻设备拍摄照片和视频的过程的公证书，用于证明该设备在涉案专利申请日之前已经公开使用，且其结构与涉案专利相同；证据2是双方当事人在侵权诉讼中的庭审笔录，记载了专利权人当庭表示上述设备在涉案专利申请日之前已经交货给济南月宫冷冻设备有限公司。此外，由于请求人负责对济南月宫冷冻设备有限公司的设备进行维修,而在此过程中,济南月宫冷冻设备有限公司从未提及过反证1所述的保密协议,可见该保密协议并未真正得到履行,因此不影响证据1构成涉案专利的现有技术。

决定认为,首先,反证1记载了保密期限为"乙方(济南月宫冷冻设备有限公司)购入设备之日起至甲方(常州市先登机械制造有限公司)宣布解密或者专利公开时止",由于并无证据表明在涉案专利的申请日之前甲方宣布解密,故,按照保密协议的约定,济南月宫冷冻设备有限公司对于证据1所示的相关设备负有保密义务,相关设备的使用行为不构成专利法意义上的公开。其次,请求人主张其负责相关设备的调试和维修,但反证2明确记载请求人仅负责了焊接框架和模板的制作,未参与任何安装调试和升级改造工作,尚无证据表明请求人对该设备进行维修,由此不能确认在涉案专利的申请日前请求人是否接触到该设备。再次,反证2记载,由于存在保密协议,济南月宫冷冻设备有限公司拒绝了他人参观的请求。最后,反证2记载,自2014年11月发货至2016年10月期间相关设备经过了较大程度的改造升级,而且,请求人亦认可相关设备经历过升级改造且其不知晓具体改造内容,由此无法确定证据1中的设备结构在涉案专利申请日之前已经存在,更无法认定相关设备结构在涉案专利申请日之前已经处于公开状态。

请求人就其主张的因使用而导致公开的事实负有举证责任,其提供的证据需要能够证明在申请日之前处于使用状态的船舶上确实安装有与涉案专利相关的节能装置,而仅是该船舶在申请日之前已下水停靠的事实不能证明与涉案专利相关的节能装置在申请日之前为公众所知。

第49053号无效决定涉及专利号为201220229825.7,名称为"船舶水动力前置导轮节能装置"的实用新型专利。请求人主张,证据11是附有公证认证文件的、由德国DNV GL欧洲股份公司(DNV GL SE)(GL船级社)出具的证明文件,证明所附图纸中示出的Becker Mewis导管计划应用于泰州口岸船厂(Taizhou Kouan SY)建造的编号为TK0105到TK0108的新建船,其中新建船TK0106对应的IMO编号为9453248;证据9的(2019)沪黄证经字第3181号公证书可以证明在船讯网上查询得到IMO为9453248、名称为Ocean Knight的船舶的相关信息,其第14—15页显示其建造时间为2011年1月,该建造时间可以证明船舶下水时间,也即Becker

Mewis 导管的首次公开时间；证据 17 的（2019）沪黄证经字第 4647 号公证书证明在 http：//www.tokyo－mou.org/网站上查询到 IMO 9453248 船舶最早的一条监督检查记录是 2012 年 1 月 24 日在加拿大的温哥华港，该记录可以进一步表明 Becker Mewis 导管于 2012 年 1 月 24 日已处于公开状态。上述证据链可证明证据 11 图纸所示的 Becker Mewis 导管安装在泰州口岸船厂的新建船 TK0106 上，该船的 IMO 编号为 9453248，于 2011 年 1 月建造成功后首次下水，并于 2012 年 1 月 24 日曾停靠温哥华港，上述日期均早于涉案专利的申请日 2012 年 5 月 18 日，因此证据 11 图纸所示的 Becker Mewis 导管通过使用公开构成了现有技术。

合议组认为，Becker Mewis 导管是一种适用于安装在船舶上的节能附加装置，该装置既可以在新建船时安装，也可以根据需要在船下水后加装或不安装。证据 11 仅表明其所附图纸中示出的 Becker Mewis 导管计划用于泰州口岸船厂建造的新建船 TK0106，该图纸交由 GL 船级社审核后，由 GL 船级社于 2010 年 9 月 13 日发出许可函以及带有修改建议的附图，尚不能直接证明图纸所示导管已实际安装在 TK0106 船舶上。请求人用于主张导管公开时间的证据 9、证据 17 也仅能证明船舶首次下水及之后的停靠事实，但它们均未提及船舶上是否安装了证据 11 所示结构的导管，同样无法证明证据 11 图纸所示导管已实际安装在 TK0106 船舶上并处于公众想要得知即可得知其结构的公开状态。

1.2 公开时间的判断

尽管在电商销售平台的评价规则中规定，只有购买并完成收货的买家才能对销售商品进行评价，但是，如果该电商证实在申请日之前出现的商品评价是由于系统出错导致，且有诸多反证能够证明商品系在该评价时间之后才进行公开销售，则不能依据该评价时间而认定商品的销售时间。

第 34453 号无效决定涉及专利号为 201420314351.5，名称为"电动平衡扭扭车"的实用新型专利。请求人主张，根据证据 9 中苏宁易购网站的评价规则，只有购买了产品且完成收货的买家才能够对产品进行评价，由于上述网站中对 Smart S1 产品最后一条评价显示用户名为"a**@q*.com"的用户于 2014－05－26 16：04：00 对其购买到的产品作出"物流很好，中午就到公司了"的评价，据此可以得出该产品已于 2014 年 5 月 26 日之前处于公开销售状态。

决定认为，虽然证据9显示苏宁易购网站的评价规则为，只有购买了产品且收货完成后才能对产品进行评价，且存在有评论时间为"2014-05-26 16：04：00"的评论"物流很好，中午就到公司了"，但是，专利权人提交的反证10（苏宁云商采购中心出具的情况说明）和反证11（苏宁电商公司出具的情况说明）表明，Smart S1产品在苏宁易购网站的实际上线发布时间为2014年8月5日，在此之前的用户评价属于异常评价，评价所对应的用户信息和购买信息均不存在，该异常评价为网站系统出错所致。苏宁电商公司作为苏宁易购网站的运营方，苏宁云商采购中心作为苏宁易购网站的经营主体，二者均具有出具相关证明的资格和能力，反证10和反证11本身无明显瑕疵，在无相反证据的情况下，反证10、11可以被采信。

此外，专利权人提交的其他反证表明，骑客公司与苏宁云商采购中心于2014年8月签订了骑客无杆体感车Smart S1的首批包销合作合同，在此之前没有任何产品经由苏宁易购网站进行销售，扬子晚报、新浪网、苏宁易购网站均载明Smart S1产品在苏宁易购网站的预售时间为2014年8月16日，这些反证能够印证Smart S1产品系在2014年8月公开销售。请求人未提供任何充分的理由和证据证明Samrt S1产品在合同签订之前进行过试销售，因此，Smart S1产品销售时间应当在2014年8月16日之后。

会议论文的公开方式可能有多种，会议召开时公开、论文集出版公开、网络公开等，不同公开方式的公开时间不同，其公开时间的认定需要根据证据具体判断，只有为公众所知的时间才是专利法意义上的"公开时间"。

第37972号无效决定涉及专利号为201620175396.8，名称为"一种新型干法水泥生产线用复合固硫脱硫系统"的实用新型专利。请求人提交了从中国知识资源总库（中国知网）获取的证据1：《"壹科"复合脱硫技术在水泥工业上的应用》，第四届水泥工业环保节能技术高峰论坛论文集《水泥节能环保创新技术参考手册》，中国知网基本信息页上记载会议时间为2015年10月29日，论文出版日期为2015年10月。证据9是证据1的纸质版本，侧面印有"2015版"字样。证据11是《水泥》编辑部出具的证明材料，用于证明证据9在2015年10月29日出版发行。请求人提出3点主张：（1）第四届水泥工业环保节能技术高峰论坛于2015年10月29—31日召开，大会向外界公开征稿（证据12证明），涉案专利的发明人之一刘某某参加了大会并在大会上作了发言（证据10和证据13证明），其发言的内容即为证据1和证据9所记载的内容，证据1和证据9的内容在大会期间被公开。（2）证据11证明证据9在2015年10月29日出版发行，并且证据9原件侧面印有"2015版"也能进一步印证其在2015年出版发行。（3）证据1本身为中国知网在线公开的文献，证据1的中国知网基本信息页上记载了出版时间为"2015-10"，意味着证据1的公开时间为2015年10月。

专利权人提交的反证1是建筑材料工业技术情报所和《水泥》杂志社出具的关于《水泥节能环保创新技术参考手册》相关情况的证明，用于说明以下内容：（1）证据11的证明系编辑部工作人员个人开具，未经主管领导审核，内容严重失实。（2）证据1未出版发行，后于2016年8月上传中国知网，并由中国知识资源总库收录并在2016年8月19日在线出版。反证2是中国知识资源总库——中国重要会议论文全文数据库（CPCD）关于会议论文《"壹科"复合脱硫技术在水泥工业上的应用》的收录证书，证明证据1的文章于2016年8月被收录。反证3是《中国学术期刊（光盘版）》电子杂志社有限公司出具的《"壹科"复合脱硫技术在水泥工业上的应用》在线出版时间的证明，证明证据1的文章由建筑材料工业技术情报所授权中国知网于2016年8月19日在线出版。反证4是中国科学院文献情报中心检索《"壹科"复合脱硫技术在水泥工业上的应用》的证明，其中显示中国科学院文献情报中心证明证据1的文章在2016年公开。

决定认为，对于证据1和证据9的内容是否在会议期间被公开，双方当事人对会议于2015年10月29—31日召开，且涉案专利的发明人之一刘某某在会上作了发言没有争议。证据10涉及会议举办的报道，文中涉及会议举办的时间、地点以及一些专家的主题发言的简要记载，与刘某某相关的内容仅记载"广东壹科节能科技产品开发有限公司教授级高工刘某某：新型干法水泥生产在线复合脱硫技术"，没有记载发言的具体内容。证据12为会议拟定议题及论文征稿，未提及刘某某及其发言的相关内容。证据13为刘某某在论坛发言的照片，不涉及其发言的具体内容。因此，仅从上述证据无法明确得知刘某某在该届论坛上宣读了《"壹科"复合脱硫技术在水泥工业上的应用》的全部内容，无法判断证据1和证据9在大会论坛上被刘某某的发言公开。

对于证据9的出版发行时间。证据9没有正规的出版刊号，仅根据其侧面印有的"2015版"也并不必然表示其在2015年出版发行。请求人意图用《水泥》编辑部出具的证据11证明证据9的出版发行时间为2015年10月,专利权人提交了反证1至3加以反驳,反证1记载了会议论文为"内部参考资料,未出版发行",且其内容与反证2及反证3内容能够相互印证。《水泥》杂志社是建筑材料工业技术情报所的下属单位,《水泥》编辑部是《水泥》杂志社的内设部门,在互有隶属关系的单位部门出具的证明矛盾的情况下,无法根据证据11确认证据9在2015年10月已经出版发行。请求人关于证据9已经出版发行的主张不成立。

对于证据1的网络公开时间,证据1是来自中国知网的会议论文,反证3明确证明证据1的会议论文于2016年8月19日在中国知网在线出版,反证2中记载了会议论文的收录时间为2016年8月10日,反证4记载上述论文来源是2016年,反证1也对上述内容进行了证实,反证1—4可以得出证据1的网络公开时间应为2016年8月19日。

2 出版物公开

如果某刊物已具备公开发行的相关刊号以及相应的印刷信息,可推定该刊物是面向公众发行的正规公开出版物,其印刷时间应视为该刊物的公开时间。

第35576号无效决定涉及专利号为201620159142.7,名称为"一种背带式数据处理终端"的实用新型专利。请求人提供的证据1为由李大为和吕战强主编、军事科学出版社于2013年7月第1次出版的《DKO7实兵对抗训练系统》的封面页、版权页及第35、47—48、53、56—58、77—82、270—271页的复印件。专利权人对于上述证据是否公开持有异议,认为证据1为训练教程,属于内部刊物,不是公开出版物。

决定认为,对于证据1的公开时间,在其版权页上标有"统一书号:580237·900"和"版次:2013年7月北京第1版",因其中的"统一书号"指印在图书版权页和封面页上的包括图书分类号、出版社代号和序号的组合数码,"版次"用以统计版本内容的重要变更,即凡图书第1次出版的称第1版或初版,内容经过较大增删后出版的称第2版,以下类推,故在没有相反证据的情形下,可认定证据1是获得了统一书号的公开出版物,其公开时间为2013年7月31日。

第一章　现有技术和现有设计

《世界版权公约》第三条将版权符号后所记载的时间明确规定为"首次出版年份";第六条将"出版"定义为对某些作品以一定的方式进行复制,并在公众中发行,以供阅读和欣赏。对于印刷品类出版物而言,该公约所提及的作品"出版"行为成立之日,也就是其专利法意义上的"公开"行为发生之时。因此,对于提交有版权标识©的印刷品为证据的,在其真实性可以被确定,并且属于正式的公开出版物的前提下,可以推定其版权标识后所示的日期为公开日。但是,当有其他证据证明其存在更早的出版时间时,不能简单机械地进行这种推定,而是应该以能够确认的该书刊出版物的最早出版时间为准。

对于企业白皮书,尽管具有版权标识,但是其并非正式的书刊类出版物,对于互联网上公开的企业白皮书而言,在没有证据证明其版权标识所示年份上传至互联网的情况下,仅依据版权标识,不足以确认该企业白皮书的公开时间。

第41258号无效决定涉及专利号为201110165713.X,名称为"用于无线网络混合定位的方法和设备"的发明专利。请求人认为,证据6(*Hotspot Networks – Wi – Fi for Public Access Locations*)的版权日期是2003年,实际上亚马逊2002年9月就已经出售,当当网以及ACM数字图书馆所显示的上架时间为2002年9月4日;证据7(*Wireless IP and Building the Mobile Internet*)的版权日期是2003年,各网站的出售日期是2002年12月。证据16是一份公证书,其上记载,对于证据6:亚马逊网站显示其ISBN – 10:0071409785,ISBN – 13:978 – 007 – 1409780,出版时间为2002年9月4日;当当网显示其ISBN:978 – 007 – 1409780,出版时间为2002年9月;ACM数字图书馆显示其ISBN:0071409785,©2002;对于证据7:亚马逊网站显示其ISBN – 10:158053354X,ISBN – 13:978 – 1580533546,出版时间为2002年12月1日;阿泰克出版社显示其ISBN:9781580533546,版权时间为2002年;ACM数字图书馆显示其ISBN:158053354X,©2002。通过证据16可以证明证据6的公开日期为2002年9月,证据7的公开日期为2002年12月。证据8(诺基亚网站上发布的企业白皮书)封面上带有©2001的版权标识,请求人主张其公开时间为2001年12月31日,并提交证据18证明证据8在2006年5月24日被Archive网站抓取。

专利权人认为,证据6和证据7的公开时间应依据其本身的版权标识

© 2003，即 2003 年 12 月 31 日。证据 16 中亚马逊网站对两本图书的销售界面截屏中，均显示还具有 ISBN–13 的国际标准书号，因为 ISBN–13 号是 2007 年 1 月 1 日起实行的，因此不同意请求人所主张的事实，不认可证据 8 的真实性和公开时间。

合议组认为，国际标准书号 ISBN 具有唯一性，ISBN 相同的图书，通常可以确定其是版本、形式内容以及出版者均相同的书籍。经核实，ISBN–13 号在 2007 年 1 月 1 日起实行，之前的图书可以将 ISBN–10 转换为 ISBN–13 使用。证据 16 记载的亚马逊网站、当当网和 ACM 上的图书具有与证据 6、7 相同的 ISBN 号，足以证明证据 6、7 为真实出版的图书，其公开时间依据其出版时间分别认定为 2002 年 9 月和 2002 年 12 月。

证据 8 并非书刊类出版物，而是企业白皮书，尽管具有版权标识，但不足以据此确认该企业白皮书的公开时间。就本案而言，该企业白皮书属于互联网上公开的证据，在无法确认其于 2001 年已上传至互联网的情况下，仅依据其内容页面上显示的版权标识© 2001 不足以确认证据 8 在 2001 年即处于公开状态。由于证据 18 记载了可以从 Archive 网站抓取证据 8，进行抓取的时间为 2006 年 5 月 24 日，故可以确定证据 8 在 2006 年 5 月 24 日处于为公众所知的状态。

3 使用公开

由于使用导致一项技术方案处于公众中任何一个人想得知都可以得知的状态，则构成专利法意义上的使用公开，包括公开销售产品，在公开场合使用、展示某技术或设计等，即使所使用的产品或者装置需要经过拆解或破坏才能得知其结构和功能，也仍然构成使用公开。

3.1 销 售

如果增值税专用发票上载明的商品的规格型号及销货单位与产品装配图纸上的型号及生产单位的名称相一致，在未发现其他证据足以推翻上述事实的情况下，可以认定该型号产品已公开销售。

第 43132 号无效决定涉及专利号为 200910025263.7，名称为"电机壳为焊接件的小型电潜水泵"的发明专利。请求人提交证据 1 和证据 5 以主张二者形成了完整的证据链能够证明型号为 QS20—30/2—3 的潜水泵已于

2004年7月26日公开销售，该销售日期早于涉案专利的申请日。

决定认为，证据1为标记有"徐州圣龙机电制造有限责任公司"字样的型号为QS20—30/2—3—00的潜水电泵装配图的复印件；证据5为盖有"徐州圣龙机电制造有限责任公司"公章的编号为03943382的江苏增值税专用发票的复印件。经口头审理当庭核实，专利权人认可证据1、5的真实性，合议组对证据1、5的真实性予以认可。

证据1的标题栏记载了单位名称为"徐州圣龙机电制造有限责任公司"，图号为"QS20—30/2—3—00"，图名为"装配图"，日期为"98.5"；证据5记载了发票编号为"03943382"，开票日期为"2004年7月26日"，购货单位名称为"石嘴山市丰龙物资有限公司"，货物或应税劳务名称为"潜水泵"，规格型号含有"QS20—30/2—3"，销货单位名称为"徐州圣龙机电制造有限责任公司"。由此可知，证据5中销货单位、所售潜水泵的规格型号与证据1图纸记载的单位名称、型号均一致，证据1、5均没有明显瑕疵，且证据1的完成日期早于证据5中的开票日期，这符合一般的商业习惯，证据1、5能够形成完整的证据链证明型号为QS20—30/2—3潜水电泵已于2004年7月26日公开销售，该销售日期早于涉案专利的申请日2009年2月27日，因此，型号为QS20—30/2—3的潜水电泵构成涉案专利的现有技术。

空调机身上的条形码是空调的唯一身份标识，但当一台空调室内机的不同部件上出现两个互不相同的条形码时，仅凭该空调室内机无法确认其在销售、安装之后是否维修或更换过，因而不足以就此认定其结构即为该型号空调室内机在销售、安装时的原始结构。

第41875号无效决定涉及专利号为200820047012.X，名称为"一种空调机的室内机"的实用新型专利。请求人提交的证据4为（2018）浙雨天证民字第4843号公证书，记载了奥胜公司在宁波市海曙区青林湾东区某室拆卸空调室内机的过程。根据证据4的记载，该空调面板上的铭牌标注型号为KFRd—35GW/R（QXF），制造日期为0705，空调室内机底壳铭牌旁的条形码为Model S/N：AA6XG000000AG75Gll20，与该空调室内机面板上粘贴的条形码不一致。证据5为（2019）浙雨勤证民字第677号公证书，记载了证人洪某于2007年9月购买并于10月安装的型号为KFRd—35GW/R（QXF）的空调的证言，并附具了洪某和凌某的结婚证复印件。证据6

为重庆海尔家电销售有限公司 2019 年 3 月 14 日出具的情况说明、河南日日顺电器有限公司郑州分公司和重庆海尔家电销售有限公司哈尔滨分公司之间的销货清单以及编号为 00924715 的发票。其情况说明中载明，通过空调底壳铭牌旁的条形码 Model S/N：AA6XG000000AG75Gll20 查询到 2007 年 10 月在宁波市江北区青林湾某室安装的型号为 KFRd—35GW/R（QXF）的海尔空调一台，用户名为凌某，且"售后管理系统中未显示曾有维修记录"，奥胜公司据此主张该空调在销售和安装后没有维修过。

双方当事人均认可空调铭牌旁的条形码唯一对应一台空调，是每台空调的唯一身份证明。但合议组注意到，证据 4 空调室内机底壳铭牌旁的条形码为 Model S/N：AA6XG000000AG75Gll20，其与该空调室内机面板上粘贴的条形码不一致。请求人据此主张可能是机主更换了面板，认为应当以底壳上的条形码为准。对此，合议组认为，请求人依据证据 6 主张条形码为 Model S/N：AA6XG000000AG75Gll20 对应的空调安装后没有维修过，同时又主张底壳的铭牌旁和面板上粘贴的条形码不一致的原因可能面板被更换过，前后主张相互矛盾。由于证据 4 的空调室内机底壳上和面板上的条形码不一致，依据目前的证据无法确认该空调室内机在销售和安装之后是否维修过，因而无法将其结构认定为 KFRd—35GW/R（QXF）型的海尔空调的原始技术方案。

对于需要经过拆解才能得知其结构和功能的在先销售商品，在确定相关技术方案的公开时间时，需要判断在销售行为完成之日至所售商品公证封存日期间，该商品的实物状态是否发生过改变。对于某些大型机械设备或特种设备，其维修记录可反映其是否发生改变或者改变的内容；对于某些涉及内部结构的产品，可以通过考查是否需要特定人员或使用特殊工具进行拆卸，或者是否存在可以识别的拆卸痕迹等，从而查明其状态是否发生过改变；对于体积较小、易于拆装的产品，保全对象选取的多样性、样本数量的多少、保全的委托方与保全物品的提供方是否存在利益关系等，均可以作为考量因素，综合权衡从而判定其结构状态是否发生过改变。

第 34872 号无效决定涉及专利号为 201010167783.4，名称为"导电结构"的发明专利。请求人提交了多份证据以证明在先公开销售的某型号的电源插座产品可以作为涉案专利的现有技术。其中，证据 1 为公证人员于甲公司办公场所公证封存的电源插座产品实物及公证书，证据 2 为甲公司

第一章 现有技术和现有设计

从乙公司处购买该批次电源插座产品的增值税发票，证据3为产品入库单。请求人认为上述证据可以证明公证封存的该型号产品已于涉案专利申请日之前公开销售，其中发票、入库单等证据用于证明销售日期及销售行为的完成。

合议组认为，证据1中封存的产品实物的型号与证据2、3的发票、入库单记载的型号均一致，产品实物底部显示的生产厂商名称与发票销售方一致，发票显示的购买方名称与入库单公司名称一致，发票与入库单记载的产品型号、数量及金额一致，发票和入库单的日期先后顺序符合通常的交易习惯，且发票的开具日期早于涉案专利的申请日，综合上述情况，可以确认在涉案专利申请日之前，乙公司将一批该型号电源插座销售给甲公司。但是，由于电源插座属于体积较小的普通产品，一般公众使用常规工具即可对其拆卸，其内部结构也较为容易进行更改，而上述公证封存的电源插座，根据公证书的记载，在公证封存时处于使用状态，在其销售日之后至公证封存日之间，没有证据或者合理理由表明上述电源插座的状态如何，是否保存完好，是否经过更换或拆卸，即不能确定其整体或内部结构是否未发生过改变，因此，证据1至证据3不足以证明上述产品实物的内部结构可以构成涉案专利的现有技术。

对于未通过商场、展会等具有公共属性的商业平台进行销售的非标实验仪器，其由制造者直接向终端用户销售，此类产品的销售合同签订时间或铭牌标注的出厂时间并不必然代表着其向不特定公众披露该产品技术方案的时间。

第36179号无效决定涉及专利号为201110258188.6，名称为"样品座托架与炉盖的联动机构"的发明专利。请求人提供了如下证据用于证明在涉案专利申请日前同样的产品已被销售、安装、使用，处于公开状态：

证据3为（2017）涉证民字第471号公证书，具体包括：①公证书正文；②现场工作记录；③光盘一张，内容为公证现场录制过程；④公证封存的型号为"TNRY—01A"、产品名称为"X荧光仪用全自动熔样机"的设备实物。证据4为（2017）涉证民字第641号公证书，具体包括：①公证书正文；②合同编号为CGIID-78的《工业品买卖合同》复印件共1页，供方为洛阳特耐实验设备有限公司，需方为崇利制钢有限公司，产品名称为X荧光仪用全自动熔样机，规格型号为TNRY—01A，签订时间为2011

年5月12日;③《X荧光光谱配套自动熔样机技术协议》复印件共6页;④《河南省增值税专用发票》复印件二张,发票编号为02628051和02628052,开票日期为2011年06月28日,规格型号为TNRY—01A,货物名称为X型荧光分析专用自动熔样机,购货单位为崇利制钢有限公司,销货单位为洛阳特耐实验设备有限公司,其上盖有洛阳特耐实验设备有限公司发票专用章;⑤《中国建设银行电子汇划收款凭证》复印件一张,涉及金额10万元整,日期为2011年6月1日;⑥《崇钢往来账款结算协议》复印件一张,其中约定以债务人所筹资金6.545万元支付债权人欠款7万元,日期为2011年9月30日,债务人为崇利制钢有限公司,债权人为洛阳特耐实验设备有限公司;⑦《中国建设银行电子转账凭证》复印件一张,涉及金额65450元,委托日期为2011年10月13日;⑧照片24张,其中包括崇利制钢有限公司及崇利制钢有限公司技术开发中心相关照片。

请求人主张,基于上述合同、发票等证据,结合证据3、4可以证明专利权人在涉案专利申请日前向崇利制钢有限公司销售了与涉案专利结构相同的产品。专利权人表示其与上述公司之间有销售往来,但合同、发票所证明的销售行为与本案不具关联性。

合议组认为,判断使用公开的一个关键点在于确定该行为使技术方案处于公开状态的时间点是否在申请日以前,这里包含两层含义,其一在于判断行为发生的时间点,其二在于判断该行为是否可以使公众得知其技术方案。

本案中,综合证据3、4中的《工业品买卖合同》以及编号为02628051和02628052的发票,可以确定洛阳特耐实验设备有限公司向崇利制钢有限公司的销售行为成立。该合同中约定"提货前付拾壹万元,货到验收合格后付到合同总价的95%,余5%质保壹年"以及"交货时间2011.5.30前交货",但是涉及金额10万元整的《中国建设银行电子汇划收款凭证》上所显示的时间为2011年6月1日,与合同中所约定的2011年5月30日前交货且交货前付10万元的情况不符,因此推定实际交货时间很可能在2011年6月1日之后。虽然请求人以附件3封存实物的铭牌上记载出厂日期为2011年5月来印证该销售形成时间,但即使铭牌上记载的日期能够确认,其也只能证明2011年5月该产品生产制造完成,而不能反映实际的交货时间。由于该设备为非标实验仪器,且不是通过商场、展会等具有公共属性的商业平台进行销售,而是由制造者直接向终端用户销售,

第一章 现有技术和现有设计

有关此类产品的销售合同签订时间或铭牌标注时间并不意味着其向不特定公众披露该产品技术方案的时间。根据 2011 年 9 月 30 日双方签订的《崇钢往来账款结算协议》可知，该协议签订时买方已经进行了生产经营活动，由此推定 2011 年 9 月 30 日之前买方崇利制钢有限公司收到了所销售的产品 TNRY—01A 型 X 荧光仪用全自动熔样机，但不能确定交货的具体时间。证据 4 的《X 荧光光谱配套自动熔样机技术协议》第 5 页约定了"2. 设备检验：设备运达买方指定的目的地后，开箱检验由买方组织实施，卖方必须派人参加，双方共同签署'验收报告'"，可见该"验收报告"的日期能够准确反映本次销售的实际交货安装调试完成时间，然而请求人并未提供该报告。综合上述情形，合议组认为，专利权人与崇利制钢有限公司之间确实发生了销售行为，但是该销售行为发生的时间仅能确定在 2011 年 6 月 1 日至 2011 年 9 月 30 日之间，而涉案专利的申请日是 2011 年 9 月 2 日，处于该销售行为发生的时间段内，在不能确定上述销售行为发生的具体时间的情况下，尚不能认定该销售行为必然发生在涉案专利的申请日之前，不能认定所涉及的销售产品在涉案专利申请日前处于公众想得知即可得知的状态。

对于销售产品中所装配的零部件的外观设计，在通常情况下，该零部件的外观设计伴随着对整体产品的销售而处于公众想得知就能够得知的状态，如果主张相关零部件因存在保密约定而不构成公开，则应提交证据充分证明该零部件确处于保密状态。

第 44621 号无效决定涉及专利号为 201630174686.6，名称为"直驱电机"的外观设计专利。请求人认为，证据 4 公证书中所涉及曹操专车汽车机动车登记证书发证日期为 2016 年 4 月 26 日，早于涉案专利申请日，由于机动车登记证书只有在销售完成后才会由国家公安机关颁发，因此，经公证拆解所述汽车获得的电机至少在 2016 年 4 月 26 日已经销售并公开，汽车只要销售就说明验收合格，产品测试无法否定产品已经公开的事实。专利权人认为，曹操专车是证据 4 中吉利汽车的关联方，根据行业惯例，电机在正式上市前需要经过大量的测试，因此由吉利汽车销售给指定的曹操专车进行运行测试，这属于内部销售行为，只有在车辆测试完成并合格后，才会对外公开销售，而在内部测试过程中，车辆和电机始终置于曹操专车的控制之下，电机外观也不会对外公开；证据 4 中的电机在申请日时尚处于试验阶段属于样机,而根据反证 1 中产品开发的保密要求,吉利汽车及其关联公司对开发过程中的产品负有保密义务,因此证据 4 中涉案汽车的电机不能作为在先公开的证据。

决定认为,反证 1 的合同由甲(浙江远景汽配有限公司)、乙[精进电动科技(北京)有限公司]、丙(浙江吉利汽车有限公司)三方共同签订,但在"10. 产品开发保密"部分仅约定了甲乙双方的保密义务,对丙方是否需要遵守何种保密义务并未约定,根据证据 4 中机动车登记证书记载,用于取证的汽车为吉利美日牌轿车,由丙方制造,机动车所有人为宁波吉利优行网络科技有限公司,上述两者并非反证 1 中负有保密义务的当事人,在这种情况下,仅依据反证 1 不足以确认证据 4 中拆解获得的电机产品在涉案专利申请日前一直处于保密状态。根据证据 4 公证书中《中华人民共和国机动车登记证》的记载,取证过程中拆解的装配了 TM5028 型号驱动电机的汽车于 2016 年 4 月 26 日取得机动车登记证,可以证明装配了该型号驱动电机的汽车至少于 2016 年 4 月 26 日前进行了销售,并经国家公安机关注册登记,因此在没有其他相反证据的情况下,可以认定证据 4 中所示 TM5028 型号电机已于上述日期公开,构成涉案专利的现有设计。

如果设备销售购置合同的甲方、设备的具体采购方以及设备的实际使用方相关联,共同证明了申请日前的同一销售行为成立,则可以认定该设备因销售行为而构成使用公开。

第 35695 号无效决定涉及专利号为 200910196254.4,名称为"用于点、捆钞一体机捆扎带的走带机构"的发明专利。请求人提交了如下用于证明使用公开的证据:

证据 1-1 为中国农业银行陕西省分行与上海古鳌电子机械有限公司签订的机具购置合同复印件,标的物设备名称为全自动捆钞机,品牌型号为古鳌 KXJ—30,合同签字日期为 2008 年 12 月 29 日;

证据 1-2 为上海市增值税普通发票的复印件,其中销货单位为上海古鳌电子机械有限公司,收货单位为中国农业银行陕西省分行营业部,开票日期为 2008 年 12 月 29 日;

证据 3 为(2017)沪徐证经字第 9285 号公证书复印件,该公证书公证了申请人上海古鳌电子科技股份有限公司的代理人于 2017 年 7 月 17 日来到上海知识产权法院,分别从该院证物室取出贴有证物管理标签"2222000030"

和"2222000031"的自动捆钞机各 1 台并拆除捆钞机中的捆钞走带部件各 1 台（分别为电机型号 94JB 和 90JB）拍照封存的过程；

证据 3-1 为上海知识产权法院案号为（2016）沪 73 民初 332 号的案件谈话笔录复印件，笔录记录了被告上海古鳌电子科技股份有限公司于 2017 年 7 月 17 日至上海知识产权法院申请取走（2016）沪徐证经字第 6240 号公证书在中国农业银行西安经济技术开发区支行封存的物证，用于专利无效宣告程序的举证；

证据 4 为（2016）沪徐证经字第 6240 号公证书复印件，该公证书公证了申请人上海古鳌电子科技股份有限公司的代理人于 2016 年 7 月 22 日来到中国农业银行西安经济技术开发区支行现场取得铭牌显示为"KXJ30E 型全自动捆钞机"的设备一台、将该设备运到西安域凯电子科技有限公司拍照封存该设备及拆下的部分部件的过程。

请求人认为，上述证据 1-2 的发票与证据 1-1 的合同相互印证，能够证明 KXJ—30 自动捆钞机于申请日前销售行为已经发生并得到切实履行，结合证据 4 公证保全的设备照片可见与捆扎带相连的机械部件，上述结构处于公众想得知就能够得知的状态。专利权人对证据 1-1、证据 1-2 和证据 3 至证据 4 的真实性没有异议。

决定认为，证据 1-1、证据 1-2 能够证明中国农业银行陕西省分行于涉案专利申请日前向上海古鳌电子机械有限公司采购了品牌型号为"古鳌 KXJ—30"的全自动捆钞机，其中陕西省分行营业部采购数量为 50 台。证据 1-2 中增值税普通发票所载明的"中国农业银行陕西省分行营业部"属于中国农业银行陕西省分行辖属二级分行，现为西安分行；证据 4 公证书所涉及的实物证据来源于中国农业银行西安经济技术开发区支行，而该支行属于西安分行的辖属一级支行。由此可见，中国农业银行陕西省分行为"古鳌 KXJ—30"的全自动捆钞机购置合同的甲方，陕西省分行营业部（西安分行）为具体的采购方，中国农业银行西安经济技术开发区支行为设备实际使用方之一。根据证据 4 所涉及的实物证据照片可见，虽然该设备上两个铭牌分别载有"KXJ—30""KXJ30E"字样，但"KXJ—30"的型号与证据 1-1、证据 1-2 所涉及的合同标的一致。虽然上述证据中的买卖行为均是银行会计机具的采购项目，但其实质上仍属于一般的买卖合同关系，并不存在特定对象的委托加工或共同研发、测试、试用等合作关系，专利权人也没有提供相关反证证明在上述买卖行为的过程中存在技术保密约定。专利权人仅质疑证据1-1、证据1-2所涉及的"古鳌KXJ—30"全自动捆钞机与证据4中设备铭牌上的型号"KXJ30E"不同,以及依据设备铭牌的新旧程度判断二者无关联性,而没有提供相关反证。鉴于该设备采购方的信誉和银行采购的设备数量以及证据4相同型号产品在不同地区、不同银行进行的证据保全及其拆解结果,合议组认为证据4非证据1-1与证据1-2所涉及的"古鳌KXJ—30"全自动捆钞机的可能性较小。

3.2 招标、投标

在政府网站上发布的招标文件,其对投标产品的尺寸规格和产品特点的具体要求,自招标文件发布之日起即处于公众想得知就能得知的公开状态。

第40295号无效决定涉及专利号为201320140429.1,名称为"两截式环保垃圾桶"的实用新型专利。请求人提交的证据3为"宁波市鄞州区公共资源交易中心招标文件"的复印件,其封面载明"项目名称:垃圾桶,招标编号:YZ-ZFCG(2011)-079,2011年04月28日"。其第3页"第一部分 采购公告"中记载:

"宁波市鄞州区公共资源交易中心受鄞州区钟公庙街道环卫管理站的委托,就垃圾桶项目进行公开招标,欢迎符合资格条件的供应商参加投标。

一、项目名称:垃圾桶

二、采购编号:YZ-ZFCG(2011)-079

三、采购方式:公开招标

……

六、招标文件的获取方式:本招标文件(附件1)在宁波市政府采购网站(http://www.nbzfeg.cn)和宁波市鄞州区公共资源交易中心网站(http://www.ggjy.nbyz.gov.cn)免费下载,下载后填写《投标报名函》(附件2)并于2011年5月18日上午9时前发传真至本中心,否则投标将被拒绝。"

证据3的第4至6页在"第二部分 采购需求"中,通过文字和照片记载了对投标产品的桶身、脚轮、脚轴的尺寸规格和产品特点的具体要求。

合议组认为,根据《招标投标法》的规定,以公开方式邀请不特定的法人或者其他组织投标的公开招标应当发布招标公告,且依法必须进行招标的项目的招标公告应当通过国家指定的报刊、信息网络或者其他媒介发布。招标人应当按照相关规定向社会公开发售招标文件，使社会公众通过正当渠道能够获知招标文件的内容，以便决定是否参与投标。因此，在无相反证据存在的情况下，招标文件的内容应自其发布之日起即处于公众想得知就能得知的公开状态。证据3为政府招标文件，由招标文件首页记载的日期为"2011年4月28日"、采购公告部分记载的"宁波市鄞州区公共资源交易中心2011年4月28日"以及公告时注明的"标书发布日期：自公告刊登日起至2011年5月18日止（节假日及法定假日除外）"可以获知，该招标文件的发售日期为2011年4月28日至2011年5月18日，早于本专利的申请日，因此证据3公开的技术内容可作为现有技术来评价涉案专利的创造性。

3.3　展　会

通过展出行为证明一项技术构成现有技术时，要考虑公众能否从展出公开的信息中获知实质性技术内容。如果请求人提供的证据仅能够证明某一产品在专利申请日前公开展出，而展会展架所展示的产品仅呈现产品的大致轮廓及外观，无法获知该产品的内部结构，则不能认为该产品的相关技术内容在展会中为公众所知。

第47498号无效决定涉及专利号为201920390483.9，名称为"一种用于给排水的活接接头"的实用新型专利。请求人提交的证据13为请求人声称的枣庄溢彩商贸有限公司参加展会的产品照片、展会宣传材料及相关新闻的网页截图打印件。请求人还提交了证书编号分别为"TSA－02－202010262106566963xk53i"和"TSA－02－20201026211336699958qu5"的可信时间戳认证证书图片的证据14及证据15，用于证明证据13的真实性。请求人认为，根据证据13，在2018年10月27日至30日期间，枣庄溢彩商贸有限公司作为参展单位之一参加了中国国际水族宠物用品展会（CIPS2018），展会上"鱼缸快速接头"作为枣庄溢彩商贸有限公司推出的新产品展示亮相。

合议组认为，证据13至证据15证明枣庄溢彩商贸有限公司于2018年9月27日至30日参加了在广州进出口商品交易会展馆举办的第二十二届中国国际宠物水族用品展（CIPS2018），该证据的图片显示的产品在涉案专利申请日之前的上述展会上展出过。但由于证据13显示的展会展架上只示出参展产品的大致轮廓及外观，展会宣传单亦仅显示产品的局部外观，该展出行为并未公开与涉案专利相关的技术内容。

4 互联网公开

在专利确权程序中，网络证据审查认定的难点包括网络证据的公开日期的认定。网络证据的形式多种多样，具体时间需要根据其生成、存储、传输以及相关网站机制等因素综合判断。通过网络爬虫技术对互联网相应信息或内容进行固定，以快照生成时间佐证公开时间是一种常见的举证方式。

"百度快照"只保留抓取网页的文本内容，而图片、音乐等非文本信息则是快照页面通过超链接从原网页进行调取，因此即使原网页的图片、音乐发生变化，从"百度快照"上也不能反映出来，不能简单地认为通过"百度快照"调取的原网页页面不发生变化，亦即"百度快照"页面与调取的原网页页面并非一一对应。

第35919号无效决定涉及专利号为201420522729.0，名称为"一种一体式自拍装置"的实用新型专利。请求人在百度网上搜索到阿里巴巴网站上的自拍杆销售和性能介绍页面，请求人将点击进入该产品销售页面获得的网页内容作为证据9，并将其百度快照日期2014年6月30日作为公开日；搜索到百度贴吧的一条发帖内容，将该帖的相关网页内容作为证据10，将其百度快照日期2014年6月3日作为公开日；请求人还提交了公证日期为2017年12月12日的公证书，用以证明证据9和证据10的获取来源和保全过程。

专利权人对证据9和10的公开日期提出质疑，理由为：①百度快照的日期不应被直接认定为该销售页面内容能够为公众所知的时间；②阿里巴巴网站的产品销售页面上的图片是可以修改或更换的，且修改不留痕；③证据9所涉经销商在阿里巴巴网站上注册日期为2014年10月30日，从而推定该网页的公开日期应当在请求人所声称的日期之后。

决定认为，常见的百度快照的形成机制是，百度快照根据网站内容更新的频率不断检查有无新网页的产生，百度快照对网页内容的抓取频率和网站产生新内容的速度相符，然后百度根据网页的重要程度和时效性价值以不同的速度去创建索引，通常所说的快照更新时间是指该索引时间，也就是搜索页面显示的搜索时间，之后在百度服务器上存储一个纯文本的备份，称为"百度快照"。对于证据9，进行当庭演示，在浏览器页面上打开百度网搜索得到请求人声称的阿里巴巴网的销售页面，但在百度搜索结果页面上并没有显示具体的快照日期，进入阿里巴巴网的销售页面后，在该网页也没有记载任何明确的公开日期，该商家的注册日期与专利权人所述一致。此外，在该产品销售页显示的图片中，该自拍杆所使用的苹果系列机型包括"iPhone6、iPhone6 plus"，而这两款手机是在2014年9月10日苹果秋季新品发布会上发布的机型，于2014年10月17日在中国大陆发售。对于证据10，进行当庭演示，发现其所涉及主帖的发帖日期为2014年6月3日11点47分，在该主帖发布之后有两个其他用户发布的后续回帖，这些回帖的日期与主帖的发帖日期相同，回帖时间分别是2014年6月3日12点55分和2014年6月3日21点59分。

最终对于请求人声称证据9的公开日期为2014年6月30日的主张，合议组不予支持，而对于证据10，基于百度贴吧的运营机制，并通过网页上显示的发帖日期和后续回帖日期佐证，合议组认可证据10的发帖日期为公开日。

社交平台作为随着互联网发展而产生的社交媒体，向用户提供记录、分享和交流的互联网媒介，不同的社交平台由于其运营机制、服务侧重的不同，存在不同的发布机制。对于社交平台类互联网证据，需要考察其平台受众、发布机制、发布者等多方因素，综合判断该证据所呈现内容在其发布时间是否处于公开状态。

第42192号无效决定涉及专利号为201720023752.9，名称为"展示盒"的实用新型专利。请求人提交的证据2-1为博主"904宇轩"于2015年9月1日在新浪微博上发表的题为"为向摄影师女友求婚小伙DIY'相机光圈'戒指盒"一文的网络打印件，共3页；证据2-2为博主"快科技2018"于2015年9月1日在新浪微博上发表的题为"为了向摄影师女友求婚小伙做了这个"一文的网络打印件，共4页；第23495号公证书的第1—7页的公证事项为上述两份证据的相关网页的证据保全。请求人主张使用博主"904宇轩"和"快科技2018"分别发的微博配图作为现有技术证据。经合议组核实，请求人提交的证据2-1和证据2-2为电脑网页截屏打印件，公证书中的微博配图为电脑网页截屏里的图片打印件，两者实质内容基本一致。证据2-1显示微博用户为"904宇轩"，证据2-2显示微博用户为"快科技2018"，均为请求人和专利权人之外的第三人。合议组认为，新浪微博是新浪网推出的、提供微型博客服务类的社交网站。根据对新浪微博平台管理机制的了解和用户经验可知，新浪微博中的内容一经发布，发布时间由系统自动生成且无法修改。微博发布时可以选择对所有人公开、好友圈公开和自己公开，微博公开范围可以从公开转成私密，但私密不能转成公开。公证过程中通过搜索能够浏览上述微博，因此可以证明上述两微博内容是对公众可见的。在没有其他证据可以推翻上述内容的情况下，应当认可上述两微博的公开时间为微博的发布时间即2015年9月1日，该时间在涉案专利的申请日之前，因此上述两微博图片公开的内容可以作为评价涉案专利创造性的现有技术使用。

第46221号无效决定涉及专利号为201820494615.8，名称为"一种用于盛装唾液采集套件的包装盒"的实用新型专利。请求人主张使用刊载于新浪微博的一篇微博作为证据1，并提供相应的证据保全公证书证明其真实性，用以评价涉案专利权利要求的创造性。

合议组认为，新浪微博是与本案无利害关系的独立第三方知名门户网站新浪网设立的提供微型博客服务类的社交网站，在国内具有较大的影响力，个人、政府机构、公司企业均可通过注册成为微博用户并发布微博，且可以浏览他人公开发布的微博。根据新浪微博平台管理机制：微博内容一经发布，其发布时间由服务器自动生成；2017年10月1日之前的微博一经发布不能修改、只能删除，2017年10月1日之后发布的微博可以由博主进行编辑，但一经编辑会显示"已编辑"标识；新浪微博的浏览权限包含公开微博和私密微博两类，公开微博属于任何人经注册获得微博账号即可查看到其上内容的微博，私密微博则仅博主可见或好友圈可见。公开微博可以转为私密微博，但一旦转化，私密微博不能再次转化为公开微博。本案中，在证据1的公证过程中，与本案无关的第三人登陆即能够浏览相关微博，由此可以证明该微博的发布方式为对公众公开，且未更改过公开范围，在无反证的情况下，可以确认证据1在其对应的微博发布时间2017年5月22日即已经被公开。

对于微信朋友圈展示的信息，通常只有相应权限的微信好友可见，在没有其他证据证明该信息已向非特定人公开的情况下，不构成专利法意义上的公开。但是，如果综合考虑微信朋友圈展示的内容，结合该微信用户的个人信息，能够明显看出其发布信息的目的是销售或者推广产品，并且具有明示或者默示希望圈内好友帮助转发的意愿，符合产品销售或广告推广的性质特征，则可以认为从微信朋友圈发布该产品信息之日起，即处于一般公众想得知即可得知的状态具有高度盖然性，由此认定构成专利法意义上的公开。

第 39228 号无效决定涉及专利号为 201430367428.0，名称为"包装盒（正方形鸡蛋布甸）"的外观设计专利。请求人提交的证据 2 为对微信朋友圈内容的保全公证书，主张相关图片内容构成涉案专利现有设计，专利权人未答复。

决定认为，现有设计是指申请日（有优先权的，指优先权日）以前在国内外为公众所知的设计，并且现有设计应当在申请日以前处于能够为公众获得的状态，即处于社会非特定公众想获得即可获得的状态。微信朋友圈是一种用户自主控制的信息展示模块，其提供的是一种个人展示和分享服务，微信用户可以通过朋友圈发表文字和图片，也可以将文章或者音乐等内容链接分享到朋友圈，该用户的微信好友可以直接从账号终端进行浏览。由于智能手机便携终端和网络的推广，微信软件用户数量得以迅猛增长，微信软件逐步成为人们日常信息交流的重要多媒体媒介；微信朋友圈也成为微信用户之间多媒体信息发布、交流和共享的便利渠道和重要窗口。随着微信支付功能的推广普及，朋友圈信息发布机制所养成的用户习惯，发布信息浏览的直接性都为从事经营活动的人以微信用户的身份在朋友圈中买卖商品提供了便利商机，并逐渐形成现今日益庞大的微商群体；同时也吸引了更多的微信普通用户通过朋友圈信息发布的方式来从事产品销售的活动。这种意愿和行为也使得朋友圈中这类与产品宣传售卖相关信息的私密价值进一步降低，共享范围得以放大。而且这些以朋友圈分享方式发布的信息的传播范围也已经突破特定的微信好友范围，因此这种微信朋友圈的展示实际上已经使具有相应外观的产品达到了不特定公众能够得知的状态。

至于朋友圈发布的信息是否处于社会公众想得知即可得知的状态，构成专利法意义上的公开，不能一概而论，仍然需要结合用户的个人情况综合判断。具体来说，如果从朋友圈公开的内容，并结合用户的个人信息，能够明显看出用户发布信息的目的是销售或者推广产品，并且具有明示或者默示希望圈内好友多转发的意愿，符合产品销售广告的性质特征，则可以认为该产品从发布之日起就处于非私密状态具有高度盖然性，获知该朋友圈信息的好友也不再具有任何保密义务，该朋友圈信息处于社会公众能够获得的状态。相反，如果从朋友圈公开的内容看仅属于信息的圈内展示，没有公开销售的行为和意思表示，也没有明示或者默示希望圈内好友多转发的意愿，并且也无法查明其照片发布的初始状态是公开还是私密的情况下，则不能认为已经构成专利法意义上的公开。

具体到本案中，证据2的公证书记载了通过登录微信号为 yi＊＊＊0595，手机号为131＊＊＊＊2822的微信账号，对其微信朋友圈部分内容所作的证据保全的过程。该 yi＊＊＊0595微信的名字为"食品联盟"，签名为"全国首创食品研讨商家联盟"，通过点击查看其个人相册中2014年3月28日14∶46发布的朋友圈内容，该条朋友圈文字内容记载了"香港卡奇诺休闲食品上市，供不应求，官网：www.kaqinuo.com.cn"，同时发布了9张照片，其中公证书截取了第5/9和6/9的图片。从证据2提供的附图来看，其发表的产品为卡奇诺品牌的鸡蛋味布丁产品。从 yi＊＊＊0595微信号的名称或者昵称、签名可以看出，该微信用户通过微信朋友圈从事经营和产品推广的目的和用途很明确。该微信用户对于发布在朋友圈的内容主观目的上也是为了宣传和推广其产品。其中"上市""供不应求"等文字均可以进一步确认其推广意图和行为，属于明确而真实的推广和销售这款卡奇诺品牌的产品的意思表示。

此外，合议组亦考虑与其他证据的相互印证。证据3的公证书记载了通过登录微信号为 pan＊＊＊n002，手机号为139＊＊＊＊2250的微信账号，对其好友刘某某（微信号为 liu＊＊＊197151）和好友王某（微信号为 w＊＊130480）的微信朋友圈的部分内容所作的证据保全。其中证据3.1和证据3.2分别记录了微信号 liu＊＊＊197151个人相册中于2014年5月8日21∶51和2014年3月18日10∶16发布的两条朋友圈，这两条朋友圈文字内容分别记载了"祝贺卡奇诺果冻淘宝网销售排名第一，各位朋友谢谢你们支持电话153＊＊＊＊8000""新品推出，各位要货来电话153＊＊＊＊8000"，同时发布了多张照片，照片内容均为卡奇诺品牌的鸡蛋味布丁产品。证据3.3和证据3.4分别记载了微信号 w＊＊130480个人相册中于2014年4月26日

第一章　现有技术和现有设计

15：22、2014年4月26日14：44和2014年3月18日10：30发布的朋友圈，该朋友圈文字内容均记载了"新品上市"，同时发布了多张照片，照片内容均为卡奇诺品牌的鸡蛋味布丁产品。综合考虑证据2和证据3.1至证据3.4公开的内容，yi ***0595、liu ***197151、w**130480这三个微信用户均在2014年3月至5月期间发布了卡奇诺品牌的鸡蛋味布丁产品的宣传推广文字和图片，已经作出了希望通过微信朋友圈销售和推广其产品的意思表示。通过证据2和证据3.1至证据3.4相互印证可知，朋友圈中发布的卡奇诺品牌的鸡蛋味布丁产品已经属于明确对外发布的销售信息，其通过微信朋友圈这一平台进行展示和发布，公众已经可以进行购买，可以认为该产品从发布之日起就处于非私密状态，处于社会公众想得知即能够获得的状态，属于将外观设计内容以实体产品的方式进行的展示，导致外观设计的公开。

基于以上考虑，结合证据2中2014年3月28日14：46发布的朋友圈的发布日期早于本申请的申请日，因而证据2中第5/9和6/9的图片所示的外观设计可以作为涉案专利的现有设计，评价涉案专利是否符合《专利法》第23条第2款的规定。

第48653号无效决定涉及专利号为201930005241.9，名称为"加热炉（炫纹）"的外观设计专利。请求人提交的证据1为保全公证书，主要内容为：使用手机登录微信，搜索得到用户名为"永康三星-众燃日用-***刘"、微信号为"yongkangsanxing*766"的朋友圈，该用户2018年12月12—14日每日发布文字内容为"第二十五届广州琶洲酒店用品展12月16—18日欢迎新老客户光临指导！新品多……"、附视频的朋友圈，2018年12月14日发布文字内容为"第二十五届广州琶洲酒店用品展12月16—18日欢迎新老客户光临指导！新品多多！不容错过哦！"、附4张图片的朋友圈（公证书附图第1幅/视频4：40），点击该朋友圈右上的小图得到公证书附图第2幅，其中显示了加热炉的外观设计，2018年12月15日发布文字内容为"相约广州 众燃日用 三星厨具诚邀您参加12月16……"、附4张图片的朋友圈，2018年12月16日发布两条文字内容均为"第二十五届广州琶洲酒店用品展12月16—18日欢迎新……"、分别附1张和3张图片的朋友圈，2018年12月26日发布文字内容为"三星新品来袭：订购热线183 ***766"、附9张图片的朋友圈（公证书附图第3幅/视频5：27），分别点击左上第 1、2 幅小图得到公证书附图第 4、5 幅。证据 2 是证据 1 公证书操作过程视频的截图打印件，请求人明确两者是同一份证据。证据 3 是永康市方岩三星金属制品厂的企业信用报告网络查询打印件，第 48 页载明"法定代表人"和"主要人员"均为"程某某"，第 53 页"商标信息"示出"注册号"为"4163578"的商标，该商标为"英波达"文字和类似打铁人物图案的组合。证据 4 是永康市众燃工贸有限公司的企业信用报告网络查询打印件，第 59 页载明"主要人员"之一为"程某某"，第 60 页载明"股东"之一为"程某某"，第 64 页"商标信息"示出"注册号"为"15240268"的商标，该商标为字母"Z"和"R"变化后的组合图案。证据 5 是"刘某某"名片复印件，请求人于口头审理前寄交了证据 5 的原件，该名片载明"刘某某""销售总监""永康市方岩三星金属制品厂""永康市众燃工贸有限公司""手机/Mob：183 *** 766"等信息，名片右上部两个商标分别为：字母"Z"和"R"变化后的组合图案、"英波达"文字和类似打铁人物图案的组合，右下部有二维码，其下标注"微信服务号 183 *** 766"。合议组当庭通过手机扫描证据 5 名片上的二维码跳转到证据 1 所示微信号。请求人主张之一为：用于对比的图片对应证据 1 公证书附图第 2 幅，该图片为点击公证书附图第 1 幅中显示的朋友圈右上的小图得到的，主张的公开时间为 2018 年 12 月 14 日，证据 1 至证据 5 组成证据链，证明证据 1 微信朋友圈图片已经处于公开状态。专利权人认可证据 1 至证据 4 的真实性，但不认可涉及的微信朋友圈的公开，对证据 5 的真实性保留意见。

决定认为，微信朋友圈是腾讯公司推出的微信软件中用户展示个人信息的平台，发布到朋友圈的内容由用户传到微信服务器，显示在平台的时间是服务器时间，用户可以将已发布的内容删除，但是不可以修改编辑。本案中，证据 1 涉及内容来源于微信朋友圈，专利权人亦认可其真实性，因此，合议组对证据 1 的内容真实性予以确认。

关于上述朋友圈图片是否构成公开，首先，微信朋友圈是微信社交软件上的一项重要功能，微信用户可以通过朋友圈发表文字和图片，其交流范围仅限于双方互相认证的微信好友之间，微信好友数量有限，故朋友圈本质上是一个限于特定人群进行交流的私人性质的社交平台。其次，朋友圈的信息发布可以进行权限设定（所有朋友可见、选中的朋友可见、选中的朋友不可见或者仅自己可见），所以即便是微信好友，用户仍然可以通过权限设置进一步限定其朋友圈信息的公开范围，因此，微信朋友圈发布的内容是否构成现有设计还需进一步结合具体情况作判断。

本案中，请求人主张证据1中微信朋友圈图片的公开由证据1至证据5组成的证据链证明。专利权人认可证据3和证据4的真实性，在没有证据证明其所记载信息存在错误的情况下，合议组对证据3和证据4企业信用报告中的相关信息的真实性予以认可。证据3中记载的企业法定代表人、证据4中记载的企业股东与专利权人姓名均为"程某某"，专利权人主张其与证据3和证据4中两个公司没有关联，其中所示"程某某"不能确定与专利权人为同一人。合议组认为，对于这一涉及专利权人本人身份的主张，专利权人负有举证责任且有能力提供直接支持其主张的证据，但专利权人没有说明其就职情况，并表示没有证据证明其就职的具体公司，因此在没有证据足以证明专利权人与证据3和证据4两个公司没有关联的情况下，合议组对其主张不予支持。通过证据1至证据5的信息可见：证据5名片上的公司名称和商标与证据3和证据4企业信用报告中的相应信息、证据1中微信用户名（包含"永康三星""众燃"）、微信名（包含"yong-kangsanxing"）、微信朋友圈图片内容（包含"三星"字样和商标）均能够一一对应，名片上的二维码经合议组当庭通过手机扫描跳转到证据1涉及的微信号，名片上的手机号也与证据1中所示微信名（包含"766"）、2018年12月26日发布的朋友圈文字内容（"订购热线183＊＊＊766"）能够对应。专利权人虽然对证据5的真实性保留意见，认为名片可以自行印制，但没有提供相反证据足以证明其中任一信息不真实或存在无法对应的情况。鉴于上述证据间的信息能够互相印证，可以确认证据1中涉及的微信用户"永康三星－众燃日用－＊＊＊刘"为专利权人关联公司（永康市方岩三星金属制品厂、永康市众燃工贸有限公司）的销售人员，并将其微信号对应的二维码印制于名片上。该微信朋友圈作为其销售宣传的渠道之一，通常会希望尽可能多的公众看到其发布的内容，一般而言，不会对相关内容的传播进行限制，拒绝他人添加好友和限定公开范围的可能性也较低，加之证据1示出其在涉案专利申请日前发布多条涉及参展（连续重复发布，部分附产品图片）和新产品的微信朋友圈，也符合产品广告宣传并销售的性质特征，可以认为其微信朋友圈内容从发布之日起就处于公开状态具有高度盖然性，处于不特定社会公众能够获得的状态。综上所述，可以认定在涉案专利的申请日（2019年1月5日）之前，证据1公证书附图第2幅即

2018 年 12 月 14 日发布的微信朋友圈图片所示的外观设计可以作为涉案专利的现有设计，评价涉案专利是否符合《专利法》第 23 条第 2 款的规定。

基于微信朋友圈的发布及公开规则，在请求人未有其他证据证明该信息已向非特定人公开的情况下，不足以认定微信朋友圈发布的信息在其发布日起即处于一般公众想得知即可得知的状态，不构成专利法意义上的公开。

第 38531 号无效决定涉及专利号为 201730213701.8，名称为"钟表（双狮铸铜）"的外观设计专利。请求人提交的证据 1、2 为对微信朋友圈内容的保全公证书，主张相关微信账号主体为销售商，其在朋友圈公开的信息希望被公众知晓，一般不会设置为私密信息，因此，在微信朋友圈发布图片可以证明已经公开销售的事实。专利权人认为微信朋友圈限于好友之间，不是任何社会公众都可以看到，其上发布的信息不是专利法意义上的公开。

决定认为，就本案而言，证据 1 是对请求人司某某个人持有的手机微信朋友圈照片所作的证据保全。公证内容显示 2017 年 5 月 21 日其在朋友圈发布了一张只显示了正面的座钟图片，既没有公开销售的意思表示和明显的希望通过朋友圈推销其产品的广告用语，也没有其他证据能够证明用户希望该图片被广泛转发，存在无限扩散的可能。再者，从公证内容看，也无法确定图片在发布日是否处于公开状态。另外，其发布的图片较小、细节较为模糊，且仅显示了产品正面，其他面的设计特征也无法对比。综合来看，请求人提交的证据既无法认定为公开销售行为，也没有证明存在无限扩散的可能，尚不足以认定为社会公众想得知即可得知的状态，即不能认定为专利法意义上的公开。因此，请求人认为在微信朋友圈发布图片可以证明已经公开销售的主张，合议组不予支持。

证据 2 对请求人司某某微信中名叫桂某的朋友圈发布的照片进行了证据保全。公证内容显示该用户于 2016 年 10 月 6 日在其朋友圈中发布了 2 张分别显示了正面和背面的座钟图片，图片上注有"你看前面和后面都拍给你们，我刚收到的老钟，朋友们有时间过来看吧"的文字信息。从文字内容看，该文字说明既不是明确的公开销售的意思表示，也不是明显的希望通过朋友圈推销其产品的广告用语，更没有其他证据证明用户希望该图片被广泛转发，存在无限扩散的事实或可能性。再者，从公证内容看，也

第一章 现有技术和现有设计

无法确定图片在公证日前是否处于公开状态。另外，由于只公开了2张图片，且图片中产品下部被文字遮挡，无法看清产品前后底座部分的设计特征，产品未公开的其他面的设计特征也无法对比。综合来看，请求人提交的证据既无法认定为公开销售行为，也没有证明存在无限扩散的可能，尚不足以认定为社会公众想得知即可得知的状态，即不能认定为专利法意义上的公开。因此，请求人认为在微信朋友圈发布图片可以证明已经公开销售的主张，合议组不予支持。

第41362号无效决定涉及专利号为201620180916.4，名称为"一种自动橡筋机"的实用新型专利。请求人提交的证据2为由浙江省台州市正立公证处于2018年12月6日出具的（2018）浙台正证字第5243号公证书的复印件，其中记录了在公证申请人的法定代表人的手机中搜索"蔡某某"的朋友圈，查找其于2015年11月14日发布的照片内容并拍照保全，以及查找"郎进缝纫机"的微信公众号，在其中查找2015年9月20日发布的"郎进感恩您的风雨同舟"一文并拍照保全的过程。

合议组认为，微信朋友圈的发布及公开规则决定了微信朋友圈本身具有私密性，蔡某某在朋友圈上传的图片仅限于其认可的主体才能查阅，并非不特定主体均能查阅，在请求人未提供其他证据足以证明"蔡某某"的朋友圈上传的图片被一般公众得知的情况下，"蔡某某"朋友圈发布的图片不构成专利法意义上的公开。而微信公众号通过微信公众平台推送的文章，一经发布即处于公开状态，其发布时间由系统自动生成，发布者对文章仅能删除，不能在原文中编辑修改。考虑到微信公众平台是腾讯旗下的第三方运营平台，作为知名网络服务提供商，腾讯对其具有相对严格和规范的管理机制，在无相反证据的情况下，应认为经平台推送的文章内容与其发布时间直接关联，由此可以根据发布时间确定文章内容是否构成现有技术。

第47459号无效决定涉及专利号为201630426829.8，名称为"移动电源帐篷灯（C5）"的外观设计专利。请求人提交的证据1主要内容为：通过搜索联系人找到昵称为"虢**｜Jerry G**"（微信号为"guo***512"）的微信查看其发布的朋友圈，该微信用户在涉案专利申请日（2016年8月26日）前发布了21条朋友圈（第17、18、23页），其中"2016年

8月20日16:08"发布的朋友圈（第22页），配文为"Camping lantern + Power bank Combo. 亚马逊、速卖通热款产品，更多信息欢迎咨询"，浏览其中3幅图片，显示了移动电源户外灯外观设计（第19至21页）。证据2主要内容为：登录昵称为"虢**｜Jerry G**"（微信号为"guo***512"）的微信查看其发布的朋友圈，该微信用户在涉案专利申请日前发布了9条朋友圈（第14、22、23页），其中"2016年8月20日16:08"发布的朋友圈（第18、19页），除显示更多的评论外其配文及3幅图片（第15至17页）均与证据1相同。由此主张证据1第19至21页和证据2第15至17页分别与涉案专利单独对比，证据1和证据2结合作为证据链使用，证明用于对比的图片公开时间均为所在朋友圈的发布时间2016年8月20日。专利权人对证据1和证据2的内容真实性没有异议，但不认可上述朋友圈内容的公开。

决定认为，从证据1和证据2记载的内容来看，两者均涉及同一微信用户的朋友圈内容，请求人主张用于对比的证据1和证据2图片来源于其中同一条朋友圈，证据1和证据2记载的内容区别在于因获取途径不同而显示的评论数量不同、因截取范围不同而显示的朋友圈条数不同。微信朋友圈是微信软件中用户展示个人信息的平台，发布到朋友圈的内容由用户传到微信服务器，显示在平台的时间是服务器时间，用户可以将已发布的内容删除，但是不可以修改编辑。本案中，证据1和证据2记载的内容来源于微信朋友圈，专利权人亦对其内容真实性没有异议，因此，合议组对证据1和证据2的内容真实性予以确认。

本案中，昵称为"虢**｜Jerry G**"（微信号为"guo***512"）的微信用户身份、职业情况不明，请求人获知朋友圈内容基于其法定代表人与"虢**｜Jerry G**"为微信好友这一特定关系，"虢**｜Jerry G**"从2016年7月16日至2016年8月21日发布22条朋友圈（证据1和证据2合计并去重），朋友圈发布频率不高，其中请求人主张用于对比的图片所在的朋友圈没有详细的产品介绍、销售联系方式等具体文字内容，仅表示"更多信息欢迎咨询"，并未显示出连续性推广商品的销售意图，其他朋友圈内容多为私人生活类的照片内容或感悟分享内容，按照一般生活常理推断，上述内容具有一定的私密性，用户将其朋友圈内容对不特定公众公开的可能性较小。此外，请求人认为是广告性质的另一条朋友圈（2016年7月26日发布，见证据2第22、23页）的配文为外文，结合其回复也未显

示出销售意愿。综上所述，微信昵称为"虢** | Jerry G**"的微信用户没有明显的将朋友圈专门用于商品销售推广的意图，且朋友圈内容较为私密，而请求人也没有提交其他证据能够证实该微信用户将上述图片发布于朋友圈时接受任何人添加朋友的申请、未阻止任何联系人查看朋友圈且已设置为允许陌生人查看朋友圈。因此，现有证据或者证据链尚不足以证明上述图片信息在发布于朋友圈时已处于公众想获知就能获知的状态，未构成专利法意义上的公开，其不能作为涉案专利的现有设计用于评价涉案专利是否符合《专利法》第23条第2款的规定。

基于QQ空间相册的设置规则，QQ空间所有者可以将相册内容的浏览权限设置为所有人可见、部分人员可见或者仅自己可见，且可任意自行更改该权限，该权限设置和更改不会在网页上留下记录，因此通常不能直接认定QQ空间相册中的图片处于公众想得知就能够得知的状态。如果综合考虑QQ空间相册中图片内容及相关信息，能够明显看出上传QQ空间的图片是为了销售、推广、宣传展示产品，则可认定相关图片自上传之日即设置为所有人可见具有高度盖然性，由此认定该图片处于公众想得知就能够得知的状态，构成专利法意义上的公开。

第44270号无效决定涉及专利号为201730543997.X，名称为"水晶玻璃孔珠（四）"的外观设计专利。请求人提交的证据1涉及对QQ空间的保全公证，通过登录某QQ账户，查找并进入"润鑫水晶"的QQ空间，QQ空间中公开有2018年6月25日"欢迎新老客户订购"文字和照片，和2015年7月1日上传的9张水晶产品照片，照片下方标有"空间相册《产品图片》"文字，请求人由此主张相关产品已在涉案专利申请日之前公开。专利权人对其真实性和公开有异议。

合议组认为，对于QQ空间的个人用户而言，其可设置QQ空间相册的浏览权限，可以设置为所有人可见或部分人员可见甚至仅自己可见，且所有者可随时自行更改该权限，但图片的上传时间保持不变，所以证据1公证书（第29至40页）图片上方显示的时间"2015年07月01日"仅能代表该图片上传至腾讯服务器的时间，不能等同于公众想得知即可得知的公开时间。请求人提供的现有证据中，显示在涉案专利申请日前仅一条动态记录，即请求人主张使用的图片所在的该条记录，另一条为2018年6月25日的动态记录（晚于涉案专利申请日），其间相差近三年而并未有其他任何信息显示在该证据中,因此,尚不足以证明证据1的QQ空间在2015年间用作商业展示、推广或销售,在缺乏其他证据佐证的情况下无法推定其相册图片在上传时已处于专利法意义上的公开状态。因此,现有证据不足以证明证据1中QQ空间中相关图片的上传时间即为其公开时间,即无法确定证据1中QQ空间所示的外观设计属于本案的现有设计。

第42819号无效决定涉及专利号为201730317254.0,名称为"路灯(创新一号)"的外观设计专利。请求人提交的证据4是一份保全公证书,主要内容为:请求人的代理人利用公证处的电脑及网络进行操作,首先登录工业和信息化部对网站名称为"江苏久玖光电科技有限公司"的网站进行备案查询,结果显示其网站首页网址为"www.jsjjgd.com",主办单位性质为"企业",网站负责人姓名为"刘某某",审核通过时间为"2011-09-20"。随后通过浏览器登录上述网址指向的江苏久玖光电科技有限公司网站页面,在其页面右上角显示了带有企鹅和二维码的图标,在启动公证人员的QQ账号后经点击添加上述"企鹅"图标为好友,进入相关页面,在此页面上显示了其QQ名称为"久玖光电. 华联",点击进入其名为"华联路灯厂的空间"的QQ空间,其相册栏目下共显示有五个相册,其中"路灯"相册显示有"292张""所有人可见""访客13858""评论106""赞52","LED集成实物"相册显示有"183张""所有人可见""访客1370""评论0""赞12"。将"LED集成实物"相册中3张图片(附页第40页)依次点击放大(附页第47—49页),页面显示其时间为"2017年04月18日15:29"。请求人认为上传时间"2017年04月18日"即为图片的公开日。

专利权人认可证据4中网站确为专利权人公司网站,网站建立时间在2011年,但账号为专利权人个人所有,网页上的QQ号和微信号是在涉案专利申请日后才有的,并主张QQ空间中的图片上传后并未处于公开状态,是在申请专利后才转为所有人可见的状态的。为此,专利权人提供了反证证据,反证1为优瑞网络——网络服务合同,甲方为"江苏久玖光电科技有限公司",乙方为"镇江优瑞网络",服务内容包括"网站建设电脑端(中英文双版)""手机端","要求"中包括"网页设计",并约定了服务期限、约定付款等内容,签订日期为"2019年6月1日"。请求人认为反证1合同签署日期为2019年6月1日,没有具体完成日期,没有网页改版具体说明或项目说明，没有付款及发票凭证，因此反证1无法说明QQ号和微信号是在此之后才在网页上增加的。

决定认为，证据4所示经工业和信息化部网站的查询结果可知，"江苏久玖光电科技有限公司"网站（www.jsjjgd.com）的负责人为涉案专利专利权人，网站建立时间为2011年，专利权人对此亦认可。鉴于公司网站的宣传经营性目的，其网页上所公开的QQ号等信息一般应当认为同样是为了宣传经营性目的所使用，且一般公众登录网站即可得知。

关于QQ号在其网页上的公开时间问题，虽然专利权人提供了反证1，但是反证1的合同中所记载的服务内容非常笼统，并未涉及具体的网页建设项目，更未提及网页上QQ号和微信号的建设开发时间，即没有明确证据足以证明QQ号等信息是在该合同签订履行后才在网站上公开的，此外，在没有其他付款凭证等证据的情况下，亦不足以说明该合同的实际履行情况。因此，合议组对专利权人的该主张不予支持。

证据4附页第47—49页显示"LED集成实物"相册中3张图片上传时间为"2017年04月18日15:29"，该时间是由服务器自动生成，不可更改，代表了该图片进入服务器的时间，专利权人对该图片的上传时间亦无异议，因此合议组对上述图片的上传时间予以确认。

关于QQ空间相册中图片的公开问题。虽然QQ空间的使用者可以修改相册的公开范围，但是该QQ号空间显示的均为灯饰类产品的图片，其中"路灯"及"LED集成实物"相册均超百张图片，并具有一定数量的访问量，公证时所示"所有人可见"的状态亦符合该QQ号在网页上公开作为宣传经营性目的所使用的情况。虽然专利权人主张其是在申请专利后才开放查看权限的，但是专利权人在口头审理中关于其惯用操作流程的情况说明前后矛盾，亦不符合一般商业习惯。在无证据证明的情况下，合议组对专利权人的该主张不予支持。

综合考虑QQ软件存在较多商家使用其作为宣传经营性目的进行推广产品的情况，再结合本案中QQ空间相册的内容，其使用者将该QQ空间用于灯饰类产品的推广的可能性较大，同时鉴于QQ空间相册的上传时间无法修改，因此，在无反证足以推翻的情况下，合议组基于高度盖然性规则可以推定该QQ空间相册中灯饰产品图片已于上传时间处于公开状态。

如果网站页面记载的内容可以通过搜索引擎搜索到，则能够认定该网页记载的内容具备公开性，在没有其他证据佐证其最早发布时间的情况下，所述网页内容能够被搜索引擎搜索到的时间，也可以被认为是网页的公开时间。当互联网证据可以通过不同的搜索路径获得时，不同的搜索路径可能存在不同的搜索结果，由于不同的搜索结果涉及的网站可能位于不同的网络平台，因此每个搜索结果可能对应不同的公开日期，某一搜索路径下获得的文档公开的事实并不能推翻该文档在其他路径下公开的事实及公开时间。

第36989号无效决定涉及专利号为01803652.X，名称为"优化的睡眠模式操作"的发明专利。请求人提交了对比文件1（编号为3G TS 25.221-V3.1.0的3GPP文档，声称其公开日期为1999年12月12日）、对比文件5（编号为3G TS 25.433 V3.0.0的3GPP文档，声称其公开日期为1999年12月12日）以及对比文件8［编号为TSG R1#6（99）a79的文档，声称其公开日期为1999年8月24日］，口头审理当庭提交了第03988号公证书和第06734号公证书附相关截图、两份有关互联网档案馆的证据。

请求人认为，根据03988号公证书中的"upload date"对应的日期可以证明对比文件1、5的公开日期均为1999年12月12日；根据第06734号公证书及相关截图可以证明"available"表示协议公开的准确时间，两份互联网档案馆的证据可以证明3GPP网站曾经将"available"更改为"upload date"，因此"upload date"对应的即为公开时间。

专利权人当庭提交了第662号公证书以及第664号公证书，并认为第662号公证书第1册第19页中显示了对比文件1的时间戳是2000年1月14日，第662号公证书第1册第68页中显示了对比文件5的时间戳是2000年1月14日，第662号公证书第4册第363页中显示了对比文件8的时间戳为2000年1月14日；第664号公证书第30页与请求人提供的第03988号公证书用于证明对比文件5的页面一致，进一步点击之后会显示第33页的表格，根据表格倒数第4行中的"to be defined"含义为"将要定义"以及"target"含义为"目标时间"，因此可以得知1999年12月12日是目标时间，是希望完成的时间。

合议组认为，请求人提交的第03988号公证书与专利权人提交的第662号公证书是针对同一3GPP技术标准经由不同检索路径的检索过程证明。针对3GPP技术标准，在3GPP官方网站可以通过不同的检索路径获得，不同的检索路径可能存在不同的日期。请求人提交的第03988号公证书中的"upload date"含义为上传时间,该词本身的含义是明确的,指的是对应标准的上传时间,按照通常意义理解,上传即为发布。专利权人提交的证据并不是用于说明该上传时间有误或者该时间点上传的时候对应的标准处于保密状态,只是用于证明还存在不同路径搜获该标准文档,但某一路径下存储的文档予以公开的事实并不能推翻该文件在其他路径下公开的事实及公开时间。经核实,3GPP网站经过多次改版,第03988号公证书所显示的检索路径得到的显示界面与改版之前的不同,改版之前对应位置显示的不是"upload date",而是"available",而"available"可以作为对应文档的公开时间已由第06734号公证书予以证明。针对专利权人提出的第664号公证书,虽然其中显示的检索路径与请求人提交的第03988号公证书中针对对比文件5的检索路径一致,但两份公证书显示最终点击的链接不一致,在请求人提交的第03988号公证书中显示直接点击版本号"3.0.0"获得最终文档,而专利权人提交的第664号公证书显示直接点击对应文档后的绿色按钮后会显示相关界面,两者都是ETSI组织(该组织为3GPP下的6个组织伙伴之一)所作的信息标记,该信息标记不足以推翻3GPP网站上显示的日期为最早的公开时间。因此,对比文件1、5、8可以作为评述涉案专利创造性的证据使用。

网页上记载的上传时间通常是网页内容第一次被上传的时间,在网络证据真实性得以认定的情况下,通常可以认为网页上记载的上传时间就是网页的发布时间。对于网页的上传内容或嵌入式文件,还存在网站监管方的审核,该审核的周期或长或短,即网页上传时间未必是公众可查阅的时间,网页的上传的时间不一定与公众能够查询的时间相同,此时需要结合社会公众对该网站上传机制的一般常识性理解来进行判断。

第38928号无效决定涉及专利号为201310113131.6,名称为"系统优化方法及装置"的发明专利。请求人提交了证据9,该证据包括从CSDN网站https://www.csdn.net/的"下载"版块中所下载的"360安全卫士_9.0正式版"软件的安装文件、下载安装视频"录像1"以及软件操作使用视频,(2018)京长安内经证字第39971号公证书对该证据的获取来源以及下载、安装、使用过程进行了公证保全。

请求人认为,证据9是一个软件使用公开的证据,CSDN网站只是一个获取渠道,证据9安装包有数字签名,2013年2月18日是数字签名,在CSDN网站上的上传日是2013年3月1日,因此其公开时间可以认为是2013年3月1日。

专利权人认为证据9的上传时间不能作为公开时间,因为CSDN网站不属于有公信力的权威网站,该网站对于上传的软件审核时间可能很长;CSDN网站的"论坛"和"博客"版块的内容经发布后仍可进行编辑修改,但不体现修改时间,并且下载该软件所需要的积分/C币发生过变化;公证视频录像1和录像2中间有36分钟的中断,无法确认是否存在干扰公证的程序;快科技(原驱动之家)网站提供的下载链接所指向的文件有被修改的可能性,CSDN网站的下载文件也可能被修改。

合议组认为,没有证据表明CSDN网站与本案双方当事人具有利害关系,证据9是从CSDN网站下载版块下载的软件,本身不属于博客文章,且专利权人也未提供直接证据来证明该下载版块所发布的软件可以进行任意编辑或篡改。至于录像1和录像2中间有36分钟的中断并不能导致公证过程存在涉嫌公证程序违法,进而影响公证书证明效力的结果;公证机构具有法律赋予的公正性和权威性,其出具的公证书具有较高的可信度,在专利权人没有提供相反证据足以推翻的前提下,不能武断地认为证据保全过程存在干扰公证的情形。"360安全卫士_9.0正式版"软件已于2013年2月18日制作完成,并于2013年3月1日上传至CSDN的下载版块,基于本领域技术人员的一般认知水平,可以确定"360安全卫士_9.0正式版"软件在涉案专利的申请日前已上传到CSDN网站上并可供用户下载使用的事实具有高度的盖然性,因此证据9已经构成了专利法意义上的使用公开。

第二章 新颖性

1 同样的发明或实用新型

在无效程序中,对于两项申请日相同、专利权人不同的同样的发明创造,两专利权人可以协商,通过放弃其中一项专利权来保留另一项专利权的方式以克服重复授权的缺陷。

第52733号无效决定涉及专利号为200980000346.9,名称为"一种无避让立体停车位的车台板结构"的发明专利。涉案专利为PCT国际申请,通过优先权转让的方式,享有申请号为200920129290.4的实用新型专利申请的本国优先权,该实用新型专利申请随后被授权(即证据1)。请求人就涉案专利提起无效宣告请求,主张涉案专利与证据1的权利要求完全相同,属于同样的发明创造,而证据1是涉案专利要求本国优先权的在先申请,且这两项专利的专利权人属于利益共同体,应当按照同一专利权人的同日申请处理,即涉案专利与证据1申请日相同,保护范围相同,且涉案专利授权在后,不应被授予专利权,应当宣告涉案专利无效。

与此同时,专利权人就证据1涉及的专利权另案提起无效宣告请求,理由是证据1与涉案专利存在重复授权,专利权人经与证据1的专利权人协商,证据1的专利权人同意放弃证据1的专利权,由此,国家知识产权局宣告证据1的专利权全部无效。

随后,合议组就涉案专利涉及的无效宣告请求作出审查决定。决定认为,首先,涉案专利与证据1的权利要求保护范围完全相同,且涉案专利的优先权是通过优先权转让的形式享有,证据1的专利权人与涉案专利的专利权人不同,因此,涉案专利与证据1属于申请日相同、专利权人不同的同样的发明创造;其次,证据1已经在另案中被宣告专利权无效,因此,在本案中,请求人关于涉案专利与证据1属于重复授权的无效理由不成立。

涉案专利的申请日为2009年8月5日,优先权日为2009年1月12日,本案适用2009年10月1日之前施行的《专利法》及其实施细则以及《审查指南2006》。与普通专利申请不同，对于PCT国际申请，根据《审查指南2006》第三部分第一章第5.2.5节的规定，对于在国际申请提出之后在先申请被授予专利权的情况，不按照《专利法实施细则》第33条第3款规定的"申请人要求本国优先权的，其在先申请自后一申请提出之日起即视为撤回"对在先申请作出处理。因此，出现了涉案专利与其所要求的优先权的在先申请即证据1均被授权的情况；由于二者权利要求的保护范围相同，导致了涉案专利与其在先申请存在重复授权的问题。根据《审查指南2006》第四部分第七章第3.1节的规定，两项专利权均被提出无效宣告请求的，两专利权人可通过协商放弃其中一项专利权的方式来维持另一项专利权有效。因此，本案的专利权人就证据1所涉及的专利权另案提起了无效宣告请求，证据1的专利权人提交了放弃证据1专利权的声明，证据1的专利权被宣告无效，这意味着证据1的专利权自始无效。由此，涉案专利与证据1已经不存在重复授权的问题。

2　对比文件公开内容的认定

对比文件公开内容不仅包括对比文件文字记载的内容，还包括对比文件附图公开的内容。对于附图公开的内容不能因其没有相应的文字记载而一概不予考虑。附图公开的内容是指，所属领域技术人员基于对比文件的整体技术方案，由附图所示，能够直接地、毫无疑义地确定的内容。

第37553号无效决定涉及专利号为201320075824.6，名称为"过滤提杯、具有该过滤提杯的过滤器及洗碗机"的实用新型专利。涉案专利的技术内容主要涉及洗碗机过滤器的过滤提杯，洗碗机的过滤器是为了过滤食物残渣等杂物的装置，而过滤提杯是过滤器的关键部件。涉案专利权利要求1的过滤提杯包括外围格栅部12和中部格栅部13，所述外围格栅部呈筒状，所述外围格栅部上设置有外围格栅120，所述中部格栅部连设于所述外围格栅部内，所述中部格栅部呈凸台状，所述中部格栅部上设置有中部格栅130，具体结构可见涉案专利附图1至附图4。结合涉案专利附图4的使用状态图可知，本专利采用中部格栅部13，利用重力原理，污染物下落时，大部分污染物都先与凸台面131接触，缓冲后密度较大的异物9a可沿中部格栅部13的凸台面131的凸台支撑筋132落入底部网格133的格栅中，堆积在提杯底部，防止通过提杯落入水杯造成堵塞，而密度较小体积小的异物可通过外围格栅120、中部格栅130、底部网格133排出过滤提杯，避免密度小或密度大体积小的异物堆积在过滤提杯中，进而防止在洗涤过程中出现二次污染，也防止密度大体积大的异物堵塞排水泵，从而达到抗异物的目的。

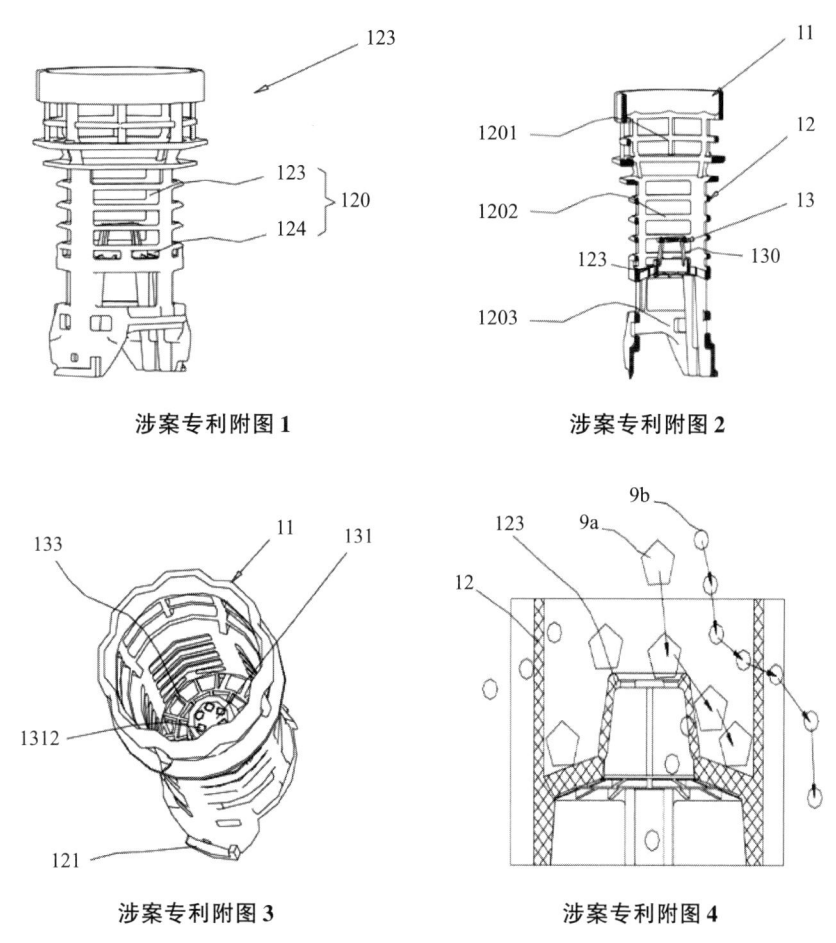

涉案专利附图1

涉案专利附图2

涉案专利附图3

涉案专利附图4

请求人使用对比文件1评价涉案专利权利要求1的新颖性和创造性。

专利权人认为，对比文件1的文字部分没有涉及提杯1具体结构的任何描述，也即对比文件1的文字部分没有公开"凸台状"这一技术特征。对比文件1的附图仅示意性地在其内部具有某种结构，并不能直接地、毫无疑义地确定其就是凸台状，不能确定对比文件1的提杯1中具有"与桶状外壁连接的、在带有格栅的桶状外壁内的凸起结构"，也不能确定对比文件1公开了凸台状的中部格栅。

决定认为，对比文件1公开了一种洗碗机过滤装置，其中包括提杯1，提杯1与水杯4转动卡位固定，将平面过滤器2压在内胆上，能有效防止脏物进入循环系统，提高餐具的洗涤效果和洗净度，脏物能够随着水流很好地排出洗碗机外。对比文件1的附图1—3分别示出了提杯1的外部结构图、俯视内部结构图和装配示意图。

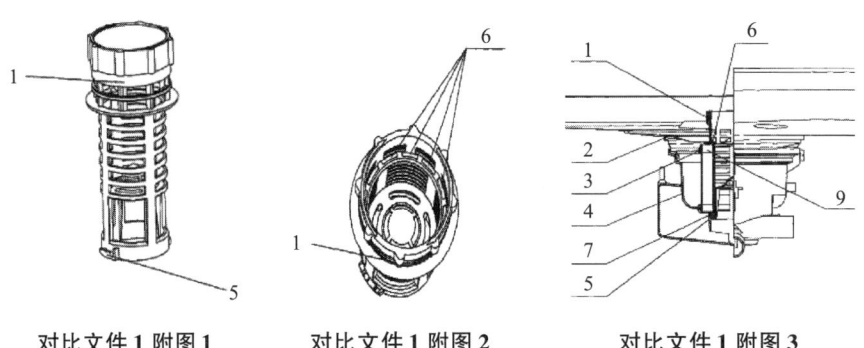

对比文件1附图1　　对比文件1附图2　　对比文件1附图3

结合对比文件1附图可以确定，对比文件1的提杯包括外围格栅部和中部格栅部，外围格栅部呈筒状，外围格栅部上设置有外围格栅，外围格栅部内部具有中部格栅部，中部格栅部为一凸起结构，该凸起结构的顶部呈现为中部高四周低的形状，呈现为一种弧面状的凸台形状，凸起部位的四周具有中部格栅，中部格栅形成于相邻的沿顶部轴向排列设置的支撑筋之间，中部格栅部连设于外围格栅部内。也就是说，本领域技术人员可以从对比文件1公开的3个说明书附图直接地、毫无疑义地确定，其与涉案专利权利要求1为相同的技术方案。进一步地，虽然对比文件1未公开上述技术方案的技术效果，但是，本领域技术人员根据其掌握的技术常识以及对于洗碗机工作过程的了解可以确定，在过滤提杯结构相同的情况下，对比文件1的过滤提杯也必然会因重力原理，将密度和体积不同的异物分别过滤，进而防止在洗涤过程中出现二次污染，也能防止密度大体积大的异物堵塞排水泵，从而达到抗异物的目的。也即，本领域技术人员能够从对比文件1直接地、毫无疑义地确定过滤提杯的技术效果。

第48868号无效决定涉及专利号为201110369508.5，名称为"主轴电机"的发明专利。涉案专利保护一种主轴电机，该主轴电机包括：底板

500、布置在底板的上表面的 PCB700、定子 200 以及转子 400，底板形成有外来物质流入防止护栏 520，并且底板的与定子的芯体 210 相对的部分被部分地露出，所述 PCB 形成有露出底板的与所述芯体相对的部分的露出单元 710，外来物质流入防止护栏 520 防止外来物质通过露出单元进入，与定子相对的 PCB 在外来物质流入防止护栏相对应的位置处形成为部分的开口，外来物质流入防止护栏 520 沿着底板 500 的边缘布置并且通过弯曲底板 500 的一部分而形成。对比文件 2 公开了电机 1 是用于盘驱动装置的 DC 无刷电机（相当于涉案专利的主轴电机），基板 7（相当于涉案专利的 PCB）上搭载有用于向定子 2 的线圈供电并驱动电机 1 的驱动电路；基板 7 布置在安装板 8（相当于涉案专利的底板）上；安装板 8 形成有把持部 84（相当于涉案专利的外来物质流入防止护栏），把持部 84 防止尘、埃等外来物质通过露出单元进入，PCB 形成为部分的开口的位置是在与把持部 84 相对应的位置处，把持部 84 相对于安装板 8 以几乎为直角的角度竖立，把持部 84 沿着安装板 8 的边缘布置并通过弯曲安装板 8 的一部分而形成。

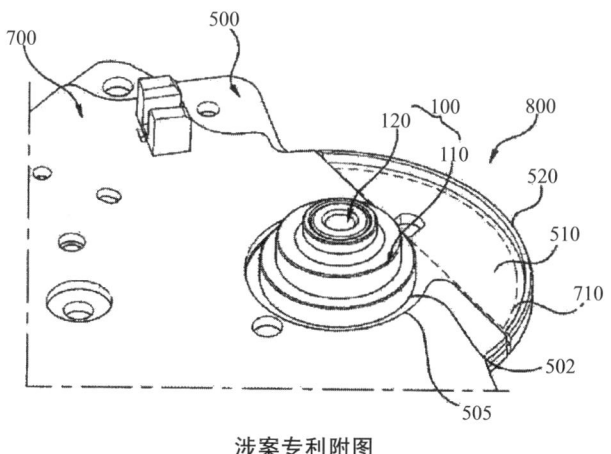

涉案专利附图

请求人认为，结合对比文件 2 的附图公开的内容，对比文件 2 公开了在 PCB 上形成有开口和露出单元，以及与开口、露出单元和防尘护栏的对应关系。

专利权人认为，对比文件 2 没有公开涉案专利的"PCB 上的形成的部分的开口"，也没有公开涉案专利的 PCB 的部分开口与外来物质流入防止护栏之间的对应关系，对比文件 2 的基板 7 中心是完整的密闭的环形结构，不具备打开通孔的开口，客观上无法起到防尘和节省 PCB 成本的作用。

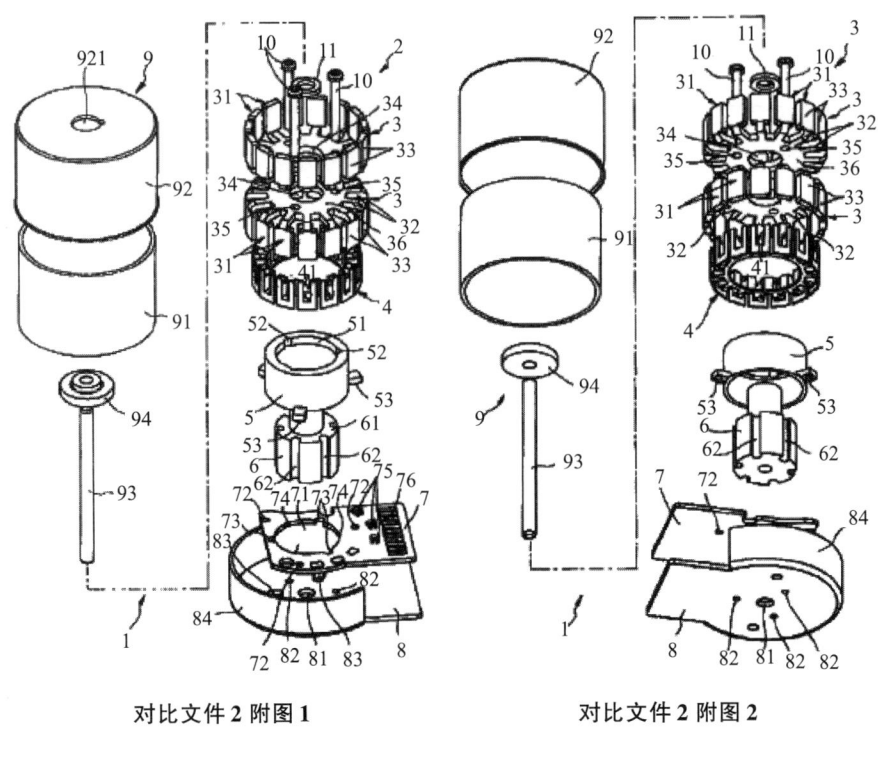

对比文件2附图1　　　　　　　　　对比文件2附图2

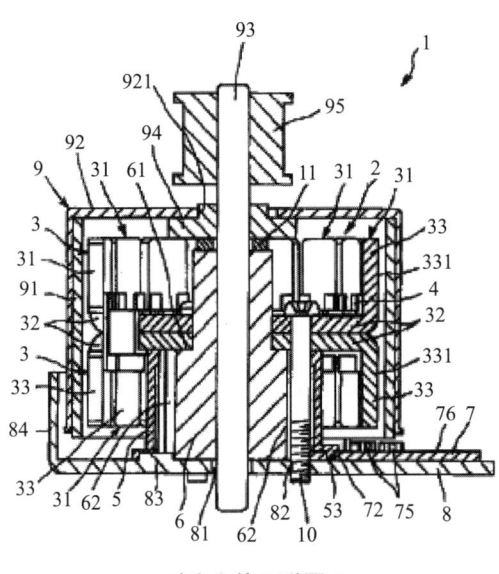

对比文件2附图3

决定认为，根据对比文件2说明书的记载可知，基板7上设有与安装板 8 中央的轴孔 81 相对应的开口 71、可插入基板按压部件 5 的各个突起 53 的孔 72、开口 71 边缘部形成的 3 个缺口 73 和 3 个螺丝穿通孔 74 以及霍尔元件 75，霍尔元件 75 的位置位于转子 9 的永磁体 91 的下面。为方便描述，将对比文件 2 的附图 1 中所示出的基板的上、下、左、右 4 个侧面分别称为基板 7 的上侧部、下侧部、左侧部和右侧部。首先，对于基板 7 的左侧部而言，位于基板 7 左侧部边缘的缺口 73 与安装板 8 的突起 83 相配合，结合附图 1 和附图 3 左侧所示的内容，可以明显确定，基板 7 左侧部边缘与相对应的把持部 84 之间相距一定距离，从基板 7 左侧部的边缘到相对应的把持部 84 之间的安装板 8 的区域未被基板 7 覆盖，形成基板 7 左侧部的露出单元，在该露出单元所形成的 PCB 的部分开口处设置有相对应的把持部 84；其次，对于基板 7 的上侧部而言，结合附图 1 和附图 2 的基板 7 上侧部所示的内容，可以明显看出，基板 7 上侧部的边缘是从呈矩形形状的基板 7 右侧部的上边缘大致延伸而来的，基板 7 上侧部的近似直线的边缘与相对应的圆弧形的把持部 84 之间相距一定距离，从基板 7 上侧部的近似直线的边缘到相对应的圆弧形的把持部 84 之间的安装板 8 的区域未被基板 7 覆盖，形成基板 7 上侧部的露出单元，在该露出单元所形成的 PCB 的部分开口处设置有相对应的把持部 84；再次，对于基板 7 的下侧部而言，结合附图 1 和附图 2 的基板 7 下侧部所示的内容，以安装板 8 中央的轴孔 81 为圆心，设位于基板 7 下侧部边缘的孔 72 到圆心距离为半径 R_1，霍尔元件 75 到圆心的距离（也即永磁体 91 到圆心的距离）为半径 R_2，把持部 84 到圆心的距离为半径 R_3，可以明显看出，$R_1 < R_2 < R_3$，即基板 7 下侧部的边缘与相对应的把持部 84 之间相距一定距离，从基板 7 下侧部的边缘到相对应的把持部 84 之间的安装板 8 的区域未被基板 7 覆盖，形成基板 7 下侧部的露出单元，在该露出单元所形成的 PCB 的部分开口处设置有相对应的把持部 84；最后，对于基板 7 的右侧部而言，在基板 7 右侧部向外延伸的相应位置处，把持部 84 出现缺口，形成为非封闭的半环状结构。由此可见，结合对比文件 2 说明书第 0031 至 0040 段以及附图 1 至附图 3 可以直接地、毫无疑义地确定，基板 7 形成有露出安装板 8 的与定子铁芯 3 相对的部分的露出单元，该露出单元所形成的基板 7 的部分开口在与把持部 84 相对应的位置处形成，并且，把持部 84 为非封闭的半环状结构，基板 7 的部分开口与能够防尘的把持部 84 之间存在的对应关系。因此，对比文件 2 公开了涉案专利权利要求 1 限定的"所述 PCB 形成为部分的开口"，并且公开了

涉案专利权利要求1限定的所述PCB形成为部分的开口与外来物质流入防止护栏之间的对应关系。

外观设计专利文件的视图能够公开的结构特征，应是本领域技术人员可基于视图能够直接地、毫无疑义地确定的内容，不能确定的内容则不应视为被该文件所公开。

第41878号无效决定涉及专利号为201721293657.7，名称为"一种智能电源时序器"的实用新型专利。请求人主张使用一份外观设计专利文件作为现有技术对比文件2（CN304157828S），公开权利要求1中的部分技术特征。其中对比文件2涉及一种智能电源时序控制器（5108）的外观设计，其外观设计图片或照片包括主视图及立体图1至立体图3，其简要说明部分记载"本外观设计产品名称：智能电源时序控制器（5108）""本外观设计产品用于作为音响设备的供电设备使用""本外观设计产品的设计要点：在于控制器的前面板的形状造型设计及前面板上的功能键、屏幕的布局位置设计"。对比文件2主视图、立体图1示出该智能电源时序控制器（5108）前面板设置有屏幕，从主视图可知前面板还设置有功能键，从立体图2、立体图3可知后面板设置有接头和接口，然而仅从该产品外观设计不能直接地、毫无疑义地确定上述功能键、接头、接口的具体部件类型及其实现的功能。

在口头审理时，请求人主张，对比文件2的专利权人、设计人为唐某某，其与涉案专利的发明人是同一人，对比文件2的外观设计图片或照片反映的产品和涉案专利附图1、2反映的产品相同，因此对比文件2中照片所示产品的部件和涉案专利所涉及产品的部件一致，具有一一对应关系，因此涉案专利"数码编辑轮""级联接口""中控接口"毫无疑义地被对比文件2中图片所示产品的相应部件公开。专利权人认为，对比文件2的智能电源时序控制器没有"显示器""数码编辑轮""级联接口""中控接口"等部件。

合议组认为，对比文件2是外观设计专利，其公开了产品的形状、图案及其结合，对于本领域技术人员来说，从外观设计专利的简要说明能够确定部分技术内容，比如能够确定该外观设计产品名称为智能电源时序控制器，其前面板设置有功能键和屏幕等部件，后面板设置有接头、接口、插座等部件，然而本领域技术人员无法从该外观设计照片直接地、毫无疑义地确定功能键、接头、接口的具体类型及其实现的功能,无法直接地、毫无疑义地确定其与涉案专利"数码编辑轮""级联接口""中控接口"具有对应关系,即使专利权人、设计人、发明人相同也不能证明涉案专利上述部件与对比文件2公开的形似部件之间具有一一对应的关系,因此,请求人的主张合议组不予支持。

判断某一技术特征是否被对比文件公开时,不仅要考虑该技术特征自身所述的具体结构,还应当考虑相应结构在整体技术方案中所起到的作用。

第34752号无效决定涉及专利号为200610006105.3,名称为"风扇及其扇框"的发明专利。涉案专利保护一种风扇及其扇框,在风扇的框体与基座之间包括多个静叶(见涉案专利附图的132)。根据涉案专利说明书的记载可知,现有技术的风扇由于扇框静叶的翼型外形和间距相同,使得气流经过静叶时形成相同的压力变化,在各静叶上形成几乎一致的噪声,并造成噪声叠加的情况,形成高频噪声。公知的解决办法是减少静叶数目或改用肋条,但这只能减少噪声叠加的量而不能解决噪声叠加的现象,并且不利于风扇的散热效率。如涉案专利附图所示,涉案专利通过至少二组静叶的外形、尺寸或前倾角不同的结构设计,使气流经过静叶时在各静叶表面上形成不同的压力变化,从而在不影响风扇的散热效率的情况下避免了高频噪声的产生。

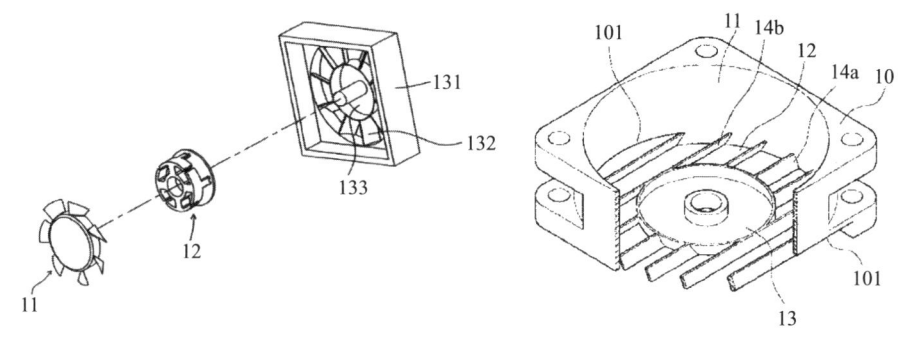

涉案专利附图　　　　　证据1附图

证据1公开了一种散热扇出风口导流构造,包括壳体、进风口、出风口、基座、一组第一导流片和一组第二导流片(见证据1附图的14a和14b),其中第一导流片以预定方向倾斜排列于出风口的一半空间中,而第二导流片以相反方向排列于另一半空间;该第一和第二导流片中的一部分可连接在壳体和基座之间,以支撑基座;第一和第二导流片成直线形栅状构造,且相对于出风口的轴向向外倾斜,它们的倾角可选择形成相同或不同,同一组的导流片的倾角也可选择相同或不同。第一和第二导流片还可以以预定不同方向排列形成圆弧形栅状构造或倒V形栅状构造,并且在第一、第二导流片之间可选择设置肋条以区隔流经它们的气流,以减少风切噪声。

请求人认为,静叶最开始只是用来固定框体和基座的细长连接杆,随着风扇技术的发展,发现静叶和动叶设计为相似结构时静叶的导引气流效果更佳,之后静叶和动叶便衍生出了多种不同的结构,静叶从连接杆发展为二维的片体结构,进而又随动叶从二维结构衍生出多种三维结构,静叶并非一定是具有翼型的三维结构。证据1的导流片与涉案专利的静叶都是位于风扇出风口处,在风扇转动过程中将产生的热气及气流导出的结构,本质上属于同一构造。证据1的多个导流片进行不同分组可满足每一导流片组中的至少一导流片与其他导流片组中的至少一导流片的前倾角、侧视翼型或弦长不相同,因此,涉案专利相对于证据1不具备新颖性。

合议组认为,在风扇领域,"静叶"是与"动叶"相对而言的概念,其位于叶轮的前面或者后面,用于改变叶轮产生的气流的方向,减少气流在圆周方向的分速度以提高压力。与叶轮的动叶结构类似,静叶通常从轮毂状部件沿径向向外呈辐射状延伸,且每片静叶具有基本相同的形状。在使用连接杆固定框体和基座的技术发展早期,该技术领域中尚未出现静叶的概念,将后出现的结构明显不同的静叶视为涵盖连接杆的形式显然不妥。即使认为静叶的含义有所变化,也应当按照技术发展的进程来理解静叶的含义。初始设计、通流设计、二维叶型设计和三维叶片设计是轴流压气机/风扇气动设计的四个步骤。根据涉案专利的背景技术部分描述和相关证据,现有技术公知的风扇中使用的静叶具有三维结构,涉案专利要解决的也是因使用三维结构的静叶所产生的技术问题。本领域技术人员以该领域的普通技术水平来客观地理解涉案专利中静叶的含义时,不会认为其涵盖连接杆和二维片体结构的形式。

涉案专利针对现有技术电子产品的风扇中静叶的翼型外形和间距相同造成高频噪声的技术问题,提出通过改变静叶组的至少一静叶的外形、尺寸或前倾角,从而在不影响风扇的散热效率的同时解决高频噪声问题。证据1涉及散热扇出风口导流构造,其针对的是现有技术中因组装空间有限或欲散热物件尺寸较大而使欲散热物件不能位于散热扇正下方,从而造成散热不均而影响散热效率的技术问题,采用的技术手段是在散热扇的出风口布置形成倾斜排列的数个导流片。证据 1 中的导流片用于将气流引导至欲散热位置,均为栅格状构造的直板或弧形板,虽然其中部分导流片连接在基座与壳体之间,但整体而言其布局并非由基座径向向外延伸至壳体的形式,证据 1 的导流片的结构和作用均不同于涉案专利的静叶。证据 1 虽然提到了降低风切噪声,但这是通过在导流片的顶端和底端形成圆弧状导流部从而减少扰流和乱流,或者在不同倾斜方向的导流片之间设置用于区隔气流的肋条实现的,与涉案专利高频噪声的产生原因以及避免高频噪声的原理完全不同。因此,证据 1 公开的技术方案与涉案专利不同,不能破坏涉案专利的新颖性。

如果证据仅仅以概括性的描述方式记载了为解决某一技术问题所采用的某一技术手段,并未对该技术手段的具体实施方式予以明确地记载,且所属领域技术人员根据该证据整体记载的内容也不能直接地、毫无疑义地确定该技术手段的具体实施方式,则应当认为该证据并未公开该技术手段的具体实施方式。

第 40535 号无效决定涉及专利号为 201210488199.8,名称为"多输入多输出接收装置和多输入多输出发送装置"的发明专利。涉案专利权利要求 1 涉及一种无线通信装置,其限定了以下具体技术手段:相对值计算部,根据同一所述块中的所述第 1CQI 值和所述另一 CQI 值,针对每个所述块计算所述另一 CQI 值对于所述第 1CQI 值的相对值;以及发送单元,发送同一所述块中的所述第 1CQI 值和所述相对值;针对所述第一子流的每个所述块的所述第 1CQI 值是第一绝对 CQI 值;针对所述第二子流的每个所述块的所述另一 CQI 值是第二绝对 CQI 值;相对值计算部计算每个所述块的所述第二绝对 CQI 值对于所述第一绝对 CQI 值的相对 CQI 值;其中对于针对所述第一子流的所述多个块中的第一块中的第一绝对 CQI 值计算针对所述第二子流的所述多个块中的第一块中的第二绝对 CQI 值的相对 CQI 值,并且,对于针对所述第一子流的所述多个块中的第二块中的所述第一绝对 CQI 值计算针对所述第二子流的所述多个块中的第二块中的第二绝对 CQI 值的相对 CQI 值。。

证据 1 公开了以下内容:MIMO 复用(空分复用 SDM)和 MIMO 分集等 MIMO 信道传输是用于提高可达数据速率或用于获得空间分集效应的必

需技术。因此，该提案提出了在 MIMO 信道传输中使用频域和时域信道相关调度的最佳自适应调制编码方案和混合 ARQ 方案以及这两种方案的控制信令比特。证据 1 的图 3 示出了两个分开的数据流，天线 1（第一子流）和天线 2（第二子流），并且多个子载波块沿着频率域分配给不同的用户设备（用户设备 1，用户设备 2，用户设备 3）。利用同一子帧处的同一组块的空间正交性（例如不同的波束），可以将传输信号分配给来自多个天线的不同 UE 组（即多用户 MIMO）。然而，所提出的方案是传输方案，这样基于以下原因所有天线的相同块都应该分配给一个用户。原则上，通过上行控制信道向 BS 反馈每个发射天线在每个子帧（TTI）处的每个组块的 CQI 信息。但是，考虑到上行链路中可用的 CQI 比特，必须减少 CQI 比特的数量。减少时域和/或频域和/或空间域中 CQI 比特的数量。将发射天线和/或组块和/或子帧进行分组。报告每个空间、频率、时间组的平均 CQI 比特。报告时域和/或频域和/或空间域中的差分 CQI 信息。生成和报告多个天线和/或多个组块和/或多个子帧之间的差分 CQI 比特。报告空间域、频率、时域中的差分 CQI 比特。

合议组认为，证据 1 是一份通信标准的提案，其以概括性的描述方式进行技术内容的阐述。证据 1 既公开了"将发射天线和/或组块和/或子帧进行分组；报告每个空间、频率、时间组的平均 CQI 比特"，又公开了"生成和报告多个天线和/或多个组块和/或多个子帧之间的差分 CQI 比特；报告空间域、频率、时域中的差分 CQI 比特"。由于在报告每个空间、频率、时间组的平均 CQI 比特的基础上再去报告空间域、频率、时域中的差分 CQI 比特不符合技术上可实现的逻辑性和合理性，因此，上述两部分内容是并列的技术方案。

鉴于请求人在口头审理当庭明确表示，选择证据 1 公开的其中一个并列技术方案"生成和报告多个天线和多个组块之间的差分 CQI"来作为对比的基础，并认为，证据 1 的该并列技术方案已经划分出不同的组块。

决定进一步认为，证据 1 的并列技术方案"生成和报告多个天线和多个组块之间的差分 CQI"仅仅概述性地表述了生成和报告多个天线和多个组块之间的差分 CQI 比特，未明确揭示针对"同一所述块"（即针对各个子流间划分的对应编号组块）进行差分 CQI 的报告。证据 1 中的图 3 示出了两个天线在频率域上针对 3 个用户设备的波束划分，不同的用户设备并不能对应于涉案专利中的组块，结合证据 1 文字记载的内容可以确定，两个天线的所有相同组块分配给了同一个用户,即使考虑到针对同一个用户设备1,能够分配有天线1和天线2上的相同频率段的多个组块,其也并未公开如何针对这多个组块进行CQI的反馈。综上,证据1的上述并列技术方案仅为概述性的描述,没有公开涉案专利权利要求1限定的上述具体技术手段。

对于对比文件没有明确记载的内容,需要结合所属领域技术人员在申请日掌握的现有技术状况进行综合评判。在数值范围是否公开的判断中,需要了解申请日前的现有技术状况,以判断所述数值与测量方法或测试条件是否密切相关,进而确定权利要求中的数值范围和对比文件公开的数值范围是否具备可比性。

第46054号无效决定涉及专利号为201180044767.9,名称为"导电粘合剂"的发明专利。涉案专利权利要求1保护的粘合剂包含技术特征为:"b) 基于所述粘合剂的总量,70重量%~90重量%的平均粒径为2μm~50μm的微米级导电粒子;和c) 0.01重量%~15重量%的平均粒径为300nm~900nm的亚微米级导电粒子。"涉案专利说明书中记载了"在本发明中使用的术语'平均粒径'是指累计体积分布曲线的D50值,在该值处,50体积%的粒子具有小于该值的直径。在本发明中平均粒径或D50值通过激光衍射法测定"。证据1公开了一种导电性粘合剂组合物,其包含的导电粒子的粒径数值范围与涉案专利存在重叠,但证据1的文字内容未公开导电粒子粒径的测试方法。

请求人认为,现有技术已经证明了光散射法已经占据主导地位,证据1中产品厂家均在涉案专利说明书中有记载,是国际著名的粒子厂家,其不可能用淘汰的方法来检测粒径,使用的检测方法应与涉案专利相同。专利权人则认为,检测粒径的方法有多种,就目前的证据不能证明证据1公开了所述粒径的导电粒子。

决定认为,根据双方当事人提交的有关检测方法的证据可知,本领域存在多种微米、亚微米颗粒平均粒径的定义和测量方法,即使光散射法目前处于主导地位,也不足以表明证据1中导电性颗粒的平均粒径是采用光散射法测量得到的D50值;且由上述证据可知,不同定义及测量方法测量得到的平均粒径的数值可能相差较大,如可能"相差三倍之多"或"有数量级的区别",从而"对几种粉体的平均粒径进行比较时,必须要用同一种平均粒径,否则无法进行比较或导致错误的结论",在此情况下,本领域技术人员无法确认证据1中导电性颗粒的平均粒径是否为采用光散射法测量得到的D50值,进而也无法确认证据1中磨粒状导电性颗粒(b-1)和导电微粒(b-2)的平均粒径数值是否落入涉案专利微米级导电粒子和亚微米导线粒子平均粒径数值范围内,同时,由于本领域技术人员无法将证据1中的磨粒状导电性颗粒(b-1)和导电微粒(b-2)分别对应于涉案专利的微米级导电粒子和亚微米级导电粒子,因此证据1也未公开所述微米级导电粒子与亚微米级导电粒子的含量及重量比。上述特征构成涉案专利权利要求1与证据1的区别特征,权利要求1相对于证据1具备新颖性。

在现有技术公开了一种通式化合物以及对其制备方法的一般性描述,且该通式化合物的制备需要多种原料参与反应的情况下,尽管该现有技术还进一步例举了每种原料所涉及的一些具体反应物,但如仅仅是从不同原料例举的多个具体反应物中分别挑选出一种具体反应原料,再依据对制备方法的一般性描述组合出一个产物化合物,则通常不能认为这种"组合出的产物化合物"已被该现有技术具体公开。

第42407号无效决定涉及专利号为01807269.0,名称为"吡咯取代的2-二氢吲哚酮蛋白激酶抑制剂"的发明专利。请求人认为,证据3公开了通式形式的化合物2-吲哚满酮,其可以由通式结构2表示的羟基吲哚原料和通式结构3表示的醛原料进行反应得到。在上述通式结构所示的原料羟基吲哚和醛的合成实施例中,结构2的羟基吲哚原料例举了5-氟羟基吲哚,结构3的醛原料例举了5-甲酰基-2,4-二甲基-1H-吡咯-3-羧酸(2-二甲基氨基乙基)酰胺,本领域技术人员无须借助实际验证即可确认将二者反应后即可得到具体化合物5-(5-氟-2-氧代-1,2-二氢吲哚-3-亚基甲基)-2,4-二甲基-1H-吡咯-3-羧酸(2-二甲基氨乙基)酰胺(下称"二甲基叔尼替尼"),该化合物落入涉案专利权利要求1—2和4—5的范围内,因此这些权利要求不具备新颖性。

决定认为,证据3一般性地公开了经通式结构2所示的羟基与通式结构3所示的醛原料可以合成通式(1)所示的3-吡咯烷基-2-吲哚满酮化合物的方法,而且公开了41个结构2所示原料(其中包括5-氟羟基吲哚),和3个结构3所示原料[其中包括5-甲酰基-2,4-二甲基-1H-吡咯-3-羧酸(2-二甲基氨基乙基)酰胺]的具体合成例,即公开了合成式（1）化合物的两类原料的多个制备例；并且，进一步从上述合成的原料中选择了部分结构 2 原料化合物和结构 3 原料化合物具体合成了 64 个式（1）化合物，但这 64 个化合物的合成中均没有选择使用 5-甲酰基-2,4-二甲基-1H-吡咯-3-羧酸（2-二甲基氨基乙基）酰胺作为所述结构 3 化合物，也没有涉及"二甲基叔尼替尼"的合成实施例，以及"二甲基叔尼替尼"化合物的结构及其结构确认信息。在生化试验方面，证据 3 仅仅测试了合成实施例 1—64 号化合物的活性数据，并未公开其他化合物的生物活性信息。可见，证据 3 对结构 2 的原料可与结构 3 的原料反应形成式（1）化合物的表述旨在公开式（1）化合物可能的合成方法和原料；而且，证据 3 特别强调必须在式（1）化合物的吡咯部分上用一个或多个本身被至少一个极性基团取代的烃链来取代（即吡咯部分是先直接连接烃链，然后再连接极性基团），而涉案专利保护的化合物的结构是在吡咯部分上直接与酰胺基这一极性基团相连再进一步连接烃链，这进一步说明证据 3 本义所关注的目标化合物并非吡咯环上直接连接酰胺基的"二甲基叔尼替尼"。

因此，没有证据表明证据 3 进一步将每一个结构 2 化合物和结构 3 化合物所涉及的具体原料均用于合成了最终的通式（1）范围内的某个具体产物，也没有对其本身的 64 个合成实施例以外的其他式（1）化合物进行生物活性研究。请求人从证据 3 合成的 41 个结构 2 原料和 3 个结构 3 原料中各自选择了一个具体原料化合物所推导出的产物"二甲基叔尼替尼"并非证据 3 实际合成的化合物，且证据 3 也没有公开该化合物的化学名称、结构式和/或生物活性数据和结构确认数据，因此证据 3 实际并未公开具体化合物"二甲基叔尼替尼"。

应当基于所属领域的技术常识对于对比文件公开内容的客观性进行识别、确认，若能够认定对比文件公开的内容有误，则不得将该错误内容作为现有技术。

第 53977 号无效决定涉及专利号为 201510165051.4，名称为"用于治疗癌症和免疫和自身免疫疾病的细胞程序死亡诱导药剂"的发明专利。请求人认为，在优先权不能成立的基础上，证据 3 可以构成抵触申请，证据 3 实施例 311C 的标题化合物落入涉案专利权利要求 1 中化合物通式的保护范围内，因此涉案专利权利要求 1 不符合《专利法》第 22 条第 2 款的规定。

专利权人认为，证据3的全文显示，实施例311C标题化合物是错误的名称，其实际上制得的具体化合物并未落入涉案专利权利要求1的保护范围内，因此，即使权利要求1不能享有优先权，请求人关于新颖性的无效理由也不能成立。

证据3实施例311公开了标题化合物"反-4-(4-{[2-(4-氯苯基)-4,4-二甲基环己基-1-烯-1-基]甲基}哌嗪-1-基)-2-[(6-氟-1H-吲哚-5-基)氧基]-N-({4-[(4-吗啉-4-基环己基)氧基]-3-硝基苯基}磺酰基)苯甲酰胺"，该实施例311包括实施例311A、311B和311C三个步骤，其中，在步骤311A中，经一系列具体操作获得该步骤的标题化合物"反-4-(4-氨基环己氧基)-3-硝基苯磺酰胺"；进而以上述化合物为原料，在步骤311B中获得该步骤的标题化合物"反-4-(4-吗啉代环己氧基)-3-硝基苯磺酰胺"；接下来在步骤311C中，"在实施例1H中通过用实施例154E代替实施例1F并且用实施例311B代替实施例1G制备标题化合物"，即反-2-(1H-吡咯并[2,3-b]吡啶-5-基氧基)-4-(4-((2-(4-氯苯基)-4,4-二甲基环己-1-烯基)甲基)哌嗪-1-基)-N-(4-(4-吗啉代环己氧基)-3-硝基苯基磺酰基)苯甲酰胺。可见，该实施例311的标题化合物和其最终步骤311C的标题产物并不一致（见下式）。

证据3的"实施例311"　　证据3的"实施例311C"

如前所述，实施例 311C 的具体步骤是按照实施例 1H 类似的方式，使用实施例 154E 化合物，即 4 - （4 - （（2 - （4 - 氯苯基） - 4，4 - 二甲基环己 - 1 - 烯基）甲基）哌嗪 - 1 - 基） - 2 - （6 - 氟 - 1H - 吲哚 - 5 - 基氧基）苯甲酸和实施例 311B 合成标题化合物，因此其反应式应当如下所示。

[reaction scheme: 154E + 311E → Ex:311]

也就是说，本领域技术人员能够直接地、毫无疑义地确定，使用上述两原料反应得到的产物应当是实施例 311 的标题化合物，而不是实施例 311C 的标题化合物，而前者并未落入涉案专利权利要求 1 的保护范围内。

此外，证据 3 实施例 311C 还提供了其标题化合物的 NMR 数据，如果按照该名称，那么其 NMR 数据应该与涉案专利实施例 60 的目标化合物一致，因为涉案专利实施例 60 的目标化合物——反式 - 4 - （4 - {[2 - （4 - 氯苯基） - 4，4 - 二甲基环己 - 1 - 烯 - 1 - 基] 甲基} 哌嗪 - 1 - 基） - N - （{4 - [（4 - 吗啉 - 4 - 基环己基）氧基] - 3 - 硝基苯基} 磺酰基） - 2 - （1H - 吡咯并 [2，3 - b] 吡啶 - 5 - 基氧基）苯甲酰胺与证据 3 实施例 311C 化合物尽管由于不同的命名方式而显示不同的化合物名称，但实际结构应当是完全相同的，因此二者的 NMR 数据也应当相同。然而，如下表所示，二者并不一致。

证据 3 实施例 311C 记载的 NMR 数据	涉案专利实施例 60 记载的 NMR 数据
11.21 – 11.09 (m, 1H),	11.62 (s, 1H),
8.29 – 8.13 (m, 2H),	8.23 (s, 1H),
8.03 – 7.88 (m, 1H),	7.99 (s, 1H),
7.54 (s, 1H),	7.96 – 7.88 (m, 1H), 7.54 (d, 1H),
7.33 (d, 4H),	
7.21 – 7.11 (m, 1H),	7.48 (s, 2H),
7.04 (d, 2H),	7.34 (d, 3H),
6.97 – 6.89 (m, 1H),	7.04 (d, 2H),
6.66 – 6.51 (m, 1H),	6.72 – 6.58 (m, 1H),
6.43 – 6.31 (m, 1H),	6.37 (s, 1H),
6.08 (s, 1H),	6.21 (s, 1H),
4.62 – 4.49 (m, 1H),	4.69 – 4.47 (m, 1H),
3.62 (s, 4H),	3.66 (s, 4H),
2.98 (s, 4H),	3.05 (s, 4H),
2.68 (d, 7H),	2.76 (s, 6H),
2.19 (s, 8H),	2.22 (s, 9H),
1.95 (s, 4H),	1.96 (s, 4H),
1.38 (s, 6H),	1.39 (s, 6H),
0.92 (s, 6H).	0.92 (s, 6H).

二者数据相差较大，这也印证了证据 3 实施例 311C 给出的化合物名称是错误的。

在口头审理中，请求人也没有就上述分析过程和结论的合理性，特别是上述化学反应式的正确性提出质疑，而是坚持"只要化合物名称被公开，就可以用于评价新颖性"的观点。

对此，合议组认为，《专利审查指南 2010》在第二部分第十章第 5.1 节"化合物的新颖性"部分提出的判断原则之一为，"专利申请要求保护一种化合物的，如果在一份对比文件中记载了化合物的化学名称、分子式（或结构式）等结构信息，使所属技术领域的技术人员认为要求保护的化合物已经被公开，则该化合物不具备新颖性，但申请人能提供证据证明在申请日之前无法获得该化合物的除外"。需要注意的是，专利审查指南的上述规定的出发点是由于化学领域的一些特殊性，以专利文献为例，专利申请人囿于工作量以及申请文件的篇幅等因素，不可能也没有必要将马库什类型权利要求的保护范围内所有化合物以具体实施例的方式呈现出来，因此，在说明书中提供若干代表性化合物的实例，同时，以例如表格形式列举其他结构类似的化合物，这是化学领域专利文献的常见撰写方式。可见，本领域中的专利文献通常是在具备某些条件的基础上以"提到"的方式公开化合物名称或分子式的。这也意味着，适用专利审查指南的上述规定时，不仅应当考虑对比文件对具体化合物的公开是否符合专利审查指南中"提到"的条件，也要考虑对比文件是在何种情形下"提到"化合物。也就是说，对比文件公开的内容不仅取决于实际使用的文字，还取决于所述公开向本领域技术人员揭示了何种实际的技术内容。

如果对比文件是如上述情形"提到"化合物名称或分子式，那么，对公众而言，通过说明书提供的通用制备方法以及结构类似化合物的实施例得到这些表格列举的化合物并预期其效果，通常不存在技术障碍，那么，可以认定这些化合物被公开而可用于评价在后申请的新颖性。但是，如果本领域技术人员能够直接地、毫无疑义地确定对比文件公开的有关化合物的信息是错误的，那么，该错误信息就不应当作为该对比文件实际公开的内容。而将对比文件中错误公开的化合物名称或分子式用于评价后续化合物的新颖性，也与专利法保护和鼓励发明创造的宗旨背道而驰。从维护专利法的立法目的，保护和鼓励发明创造的角度来看，不应认可明显的错误公开构成专利法的新颖性意义上的公开。因此，由于本领域技术人员能够确认证据 3 实施例 311C 所提及的化合物名称是错误的，并获知其正确名称应当是实施例 311 标题所示，请求人主张的实施例 311C 化合物能够破坏涉案专利权利要求 1 新颖性的理由不能成立，涉案专利权利要求 1 符合《专利法》第 22 条第 2 款的规定。

3 新颖性判断的常见情形

3.1 惯用手段的直接置换

判断两种技术手段是否属于惯用手段的直接置换，不仅要考查两种技术手段是否具有相同的作用，能够解决相同的技术问题并达到相同的技术效果，以及这两种技术手段是否为所属领域在解决同一技术问题时被所属领域技术人员熟知并经常使用，还要考查为实现两种技术手段的替换，除所属领域公知的必要的适应性调整外,是否需要对整体技术方案的其他组成部件作出改变。

第188663号复审决定涉及申请号为201680005879.6,名称为"用于升降装置的安全制动器"的发明专利申请。涉案申请的安全制动器是用于当升降装置处于危险运行状态时,特别是在升降装置以不允许的速度下降的情况下,对升降装置进行制动以使其停止的装置。如涉案申请附图所示,涉案申请的安全制动器包括制动锁齿盘BS、棘爪SK、执行器A以及两个用于测定棘爪SK运行状态的传感器S1和S2。其中制动锁齿盘BS与升降装置的驱动器相连,执行器A由控制器操纵,控制器根据目前驱动器的转速以及传感器S1和S2对棘爪SK运行状态的检测信号来控制执行器A,执行器A由此操纵棘爪SK使其相对于锁齿盘BS处于不同位置。涉案申请附图1至附图3分别对应于升降装置处于正常运行(上升或下降)状态、停止运行状态以及升降装置以不允许的速度下降的非正常状态时,棘爪SK处于离开锁齿盘BS、抵靠锁齿盘BS边缘以及完全插入锁齿盘BS锁齿间的不同位置。

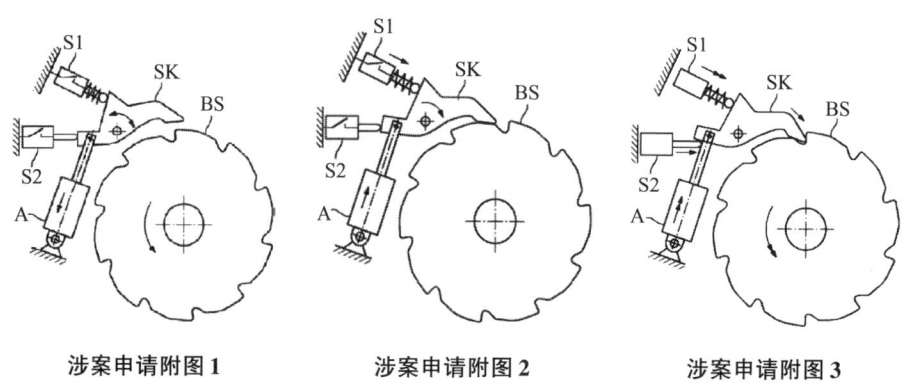

涉案申请附图1　　　　涉案申请附图2　　　　涉案申请附图3

驳回决定所引用的对比文件1是同一申请人向国家知识产权局提出的专利申请,其优先权日、申请日早于涉案申请的优先权日,公开日在涉案申请的申请日之后。该对比文件1同样也涉及一种升降装置的安全制动器,对比文件1附图示出了对比文件1的安全制动器,其中对比文件1采用三个相互独立的传感器来检测棘爪与锁齿盘的相对位置关系。与涉案申请的权利要求1相比,二者的区别仅在于:涉案申请用于检测棘爪状态的传感器为两个，而对比文件1的传感器有三个。

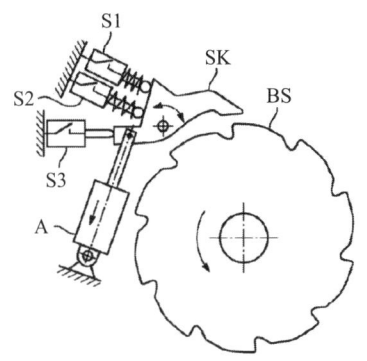

对比文件1附图

驳回决定认为，权利要求1中"两个传感器"替代对比文件中的"三个传感器"以实现对棘爪的三种运动状态的检测和区分属于惯用技术手段的直接置换，故涉案申请的权利要求1相对于对比文件1不具备新颖性。

复审决定认为，对比文件1和涉案申请设置传感器一方面用于区分棘爪的三种不同位置，另一方面，对比文件1设置至少三个互相无关的传感器，还实现了传感器间的"相互监控"，"使得可信度检验或功能的监控成为可行"，"借助至少三个传感器或开关提高系统的安全性或实现故障识别"的技术效果。设置"两个传感器"和"至少三个传感器"，虽然都能区分棘爪的三种不同位置，但在采用"两个传感器"的技术方案中，至少要采用同一传感器检测并区分两种不同位置，与采用三个传感器相比，前者至少不能实现后者传感器间的监控、可信度检验的技术效果，从而在提高系统安全性和故障识别的功能上较后者更差，就这一点而言，"两个传感器"和"至少三个传感器"这两种技术手段的功能和作用并非完全相同，前者也无法同等地达到后者的技术效果。再者，对比文件1和涉案申请中，设置传感器检测和区分棘爪（止动爪）的运行状态是为了将运行状态提供给控制器（控制装置），控制器（控制装置）根据该运行状态信息进行相应的控制（如释放驱动器、将驱动器切换为无电流状态、关闭驱动器、触发报警等），也即控制器（控制装置）需根据传感器的运行状态信息进行逻辑判断并根据判断结果进行后续控制，同时，还要进行传感器间的相互监控以及可信度校验、故障识别等过程，将"至少三个传感器"替换为"两个传感器"后，除了信号输入输出及元器件间的连接关系需要进行适应性的调整外，控制器的判断过程以及传感器间的相互监控、可信度校验、故障识别等过程中的数据处理过程必然会发生较大的改变，这已经超出了所属技术领域公知的惯用技术手段的适应性调整范畴，简言之，将"至少三个传感器"替换为"两个传感器"无法经过适应性的调整即实现"无缝对接""即插即用"。因此，由于"两个传感器"与"至少三个传感器"所实现的功能不完全相同，且将"至少三个传感器"替换为"两个传感器"需要对整个技术方案作出改变，以"两个传感器"替换"至少三个传感器"并不属于惯用手段的直接置换。

3.2 参数、用途或制备方法等特征

对于包含制备方法特征的产品权利要求，应当考虑该制备方法是否导致产品具有某种特定的结构和/或组成。如果所属领域技术人员可以确定该方法使得产品具有不同于现有技术的特定结构和/或组成，则该权利要求具备新颖性。

第35794号无效决定涉及专利号为201210043634.6，名称为"一种表面处理的铝合金及其表面处理的方法和铝合金树脂复合体及其制备方法"的发明专利。涉案专利权利要求1涉及一种表面处理的铝合金，其中限定了"所述铝合金包括铝合金本体及其表面的阳极氧化膜层，所述阳极氧化膜层由外表层部分和内层部分组成，所述外表层部分上含有腐蚀孔，所述腐蚀孔的孔径为200~2000nm，所述内层部分含有纳米微孔，所述纳米微孔的孔径为10~100nm；所述腐蚀孔是通过将含有具有孔径10~100nm纳米微孔的氧化膜层的铝合金浸泡到刻蚀液中在氧化膜层外表层形成的"。

证据1公开了一种通过两次阳极氧化的过程将铝材成孔的方法，第一次使用相对高的电压形成大孔，第二次使用相对低的电压在大孔内形成微小细孔，从证据1图2的示意图可知，经过处理的铝材的成孔结构，是在形成大孔结构（200~600nm）的基础之上，进一步用微小细孔（50~200nm）修饰了大孔结构。而涉案专利权利要求1中，使用阳极氧化先制造出孔径为10~100nm的纳米微孔，然后再通过刻蚀的方法制造出200~2000nm的腐蚀孔。即，从成孔方式上来看，证据1的成孔手段两次都是阳

极氧化，并且是先形成大孔，再形成小孔，而涉案专利则是使用阳极氧化形成小孔，再使用腐蚀的方法形成大孔。可见，证据1与权利要求1的区别在于：成孔的手段、顺序上存在差异，证据1使用了二次阳极氧化，先形成大孔再成形小孔，涉案专利则是先阳极氧化再刻蚀，先形成小孔再形成大孔。

上述区别是方法步骤上的区别，鉴于权利要求1是产品权利要求，那么判断权利要求1是否具备新颖性的争议焦点就在于：所述方法的差异是否带来了产品结构和/或组成上的不同。

对于上述区别，请求人认为，首先，阳极氧化溶液是刻蚀液的下位概念，涉案专利权利要求1中仅仅限定将含有具有孔径10～100nm纳米微孔的氧化膜层的铝合金浸泡到刻蚀液中，并没有明确排除第二步成孔过程中也使用阳极氧化的方法；其次，涉案专利权利要求1与证据1在方法步骤上的差异不会为产品本身的孔结构带来不同。

对此，决定认为，首先，阳极氧化溶液虽然具有一定程度的腐蚀作用，然而，使用阳极氧化的方式成孔和单纯的化学腐蚀成孔是两种不同的技术手段。根据公知常识性证据的教导，阳极氧化成孔的方法是在电压电流的作用下，"铝作为阳极在电解溶液中通过电流，带负电的阴离子迁移到阳极表面失去电子放电，金属铝失去电子成为三价铝离子，从而都使得价态升高……这个反应的最终结果取决于许多因素，特别是电解质的本质、最终反应产物的性质、电流、电压、槽液温度和处理时间等因素"；而单纯的化学腐蚀成孔，并不借助电流电压的作用。故而不能因为阳极氧化溶液与化学腐蚀液在性能上有相似之处就认为阳极氧化成孔与化学腐蚀成孔是两种不可区分的成孔方式。涉案专利权利要求1中的技术特征明确限定"所述腐蚀孔是通过将含有具有孔径10～100nm纳米微孔的氧化膜层的铝合金浸泡到刻蚀液中在氧化膜层外表层形成的"，本领域技术人员能够理解，这种"所述腐蚀孔是通过……形成的"的句式说明在"通过"与"形成的"两词之间，已经交代清楚了成孔方式，而且也不宜再推定除化学腐蚀之外其还会包括其他的成孔方法。此外，结合说明书全文以及实施例的内容可知，涉案专利第二步成孔手段仅是单纯的化学腐蚀，而不包含阳极氧化。

其次，关于上述方法特征会形成不同的孔结构。第一，证据1先形成大孔，再形成小孔，这样的工艺步骤决定了小孔是修饰在大孔内表面的，正如证据1图2的示意图所示;而涉案专利先形成小孔,后通过腐蚀形成大孔,其结果是大孔形成在小孔之上,而不是证据1中小孔进一步修饰大孔的结构;第二,由于成孔的机理不同,阳极氧化成孔的过程受到电压、电流的影响,其孔的粗糙度、成孔方向、孔的大小深浅等都与电流电压相关,而化学腐蚀成孔则没有电流电压因素的影响,故不同成孔手段制造的孔的形态是不一致的。可见,基于上述成孔方法的不同,权利要求1得到了与证据1不同的双层孔结构。权利要求1具备新颖性,符合《专利法》第22条第2款的规定。

推定参数定义的权利要求不具有新颖性是有限制的,其先决条件是所属领域技术人员根据该参数无法将要求保护的产品与对比文件产品区分开。进行比对时,不仅要对所定义的参数与现有技术进行比较,通常还需要考查涉案专利与现有技术中提供的其他条件,例如其他可供参考的参数、制备方法或者获得方式是否存在差别,然后考虑参数定义的产品是否在结构和/或组成上与现有技术相同。

第45220号无效决定涉及专利号为201310150071.5,名称为"有害生物防除剂"的发明专利。涉案专利权利要求1涉及一种胺衍生物的晶体,其中限定了"所述胺衍生物是在温度范围50~250℃、升温速度10℃/分钟的条件下通过差示扫描量热分析测定的熔点显示为155~158℃的N-〔1-((6-氯吡啶-3-基)甲基)吡啶-2(1H)-亚基〕-2,2,2-三氟乙酰胺,所述胺衍生物在射线源Cu-Kα、40kV、20mA的条件下测定的粉末X射线衍射中,至少在下述衍射角(2θ)处具有衍射角峰"。证据1的实施例12公开了权利要求1的化合物名称及其制备方法,并公开了熔点为60~62℃。

请求人认为,权利要求1和证据1实施例12的物质,其熔点虽然存在差距,但本领域技术人员知道,化合物的熔点会随纯度不同而变化(参见公知常识性证据9),因此权利要求1不具备新颖性。

专利权人认为,证据9只能证明杂质造成2℃以内的熔点差异,但不能证明杂质会造成100℃这样的大程度差异。

决定认为,首先,证据9第102页公开了"纯物质的熔点是一定的,可作为一项鉴别药物的物理常数,常用于药物的鉴别;熔点也能反映药物的纯杂程度",证据9还列举了苯巴比妥钠的鉴定方法,表示测定残渣和残渣与苯巴比妥钠对照品等量混合物的熔点,差异不应大于2℃。涉案专利权利要求1的晶体与证据1实施例12的物质熔点相差近100℃，即使根据证据9的内容，也无法认定两者属于相同晶型的化合物。其次，请求人认为熔点近100℃的差异是纯度不同带来的，然而请求人并没有提供任何可信的证据来证明其主张，因此，请求人关于权利要求1相对于证据1不具备新颖性的理由不能成立。

第39782号无效决定涉及专利号为201480044193.9，名称为"磁性或可磁化颜料粒子和光学效应层"的发明专利。涉案专利权利要求1保护一种非球形磁性或可磁化颜料粒子，其包含特定的磁性金属、磁性合金或混合物，并具有高于6微米和低于13微米的d50值以及低于20微米的d90值。

请求人认为，证据1公开了一种可用于油漆、印刷油墨、喷墨油墨、调色剂、化妆品等的非球形珠光颜料，其包含铁、钴金属；铁、锰、钴的合金及其混合物，或者氧化铬、氧化钴、氧化铁等氧化物及其混合物。而氧化铬、氧化钴、Fe_3O_4是众所周知的磁性氧化物，铁和钴等金属为磁性金属，其合金为磁性合金，因此，对比文件1相当于公开了一种磁性或可磁化非球形颜料粒子；且证据1还公开了该珠光颜料具有d90值为5.0~11.0微米的粒度分布，平均粒径d50为2.1~8.6微米。因此，权利要求1的技术特征均被证据1所公开，因而不具备新颖性。

对此，合议组认为，首先，磁性或可磁化颜料粒子是本领域公知的材料，涉案专利说明书也进行了相应的解释，涉案专利权利要求1所述的"磁性或可磁化颜料粒子"是"能够通过施加相应的磁场以使该磁性或可磁化颜料粒子在未硬化涂层中局部取向、接着硬化该图层来制造磁诱发图像、设计和/或图案"。而证据1所述珠光颜料必须满足：a）最大的漫反射，b）最小的定向反射，c）最大透射，从而实现外观均一的遮盖，这与涉案专利的磁性或可磁化颜料的性能要求完全不同，即二者所解决的技术问题不同。

其次，证据1中在对粒度测量时使用了磁力搅拌器对珠光颜料悬浮液进行了分散，由此可判断其颜料本身不可能为磁性或可磁化。此外，证据1对最终珠光颜料处理方式是在800℃煅烧20分钟。如此，即使将证据1实施例中所有氧化物替换为Fe_3O_4，这样高的温度已经超过了Fe_3O_4的居里温度。根据公知常识可知，铁磁性和亚铁磁性物质在居里温度以上发生二级相变转变为顺磁性物质，通常 Fe_3O_4 的居里温度为585℃，氧化铁（Fe_2O_3）不具有磁性，即便是有磁性的构型，在该温度下煅烧也会消磁。故证据1获得的珠光颜料不可能是磁性或可磁化的颜料粒子，二者的技术方案不同。

综上，证据1中的珠光颜料与涉案专利的磁性或可磁化颜料属于对颜料性质要求完全不同的技术领域，涉案专利中的颜料多用于货币、有价证券、重要文件等防伪标记，不同于证据1所述的用于化妆品或普通涂料中的颜料，况且，证据1也说明了其颜料在油漆中使用时会产生明显的高雾化现象，即二者在技术领域、技术方案、所解决的技术问题，以及预期效果上均不相同。因此涉案专利权利要求1相对于证据1不具备新颖性的无效理由不能成立。

4 优先权

4.1 "相同主题的发明或者实用新型"的判断

4.1.1 表述不同

判断作为优先权基础的在先申请是否与要求优先权的在后申请涉及相同主题时，需要判断在后申请中各项权利要求的技术方案是否清楚地记载在在先申请中。所谓清楚地记载，并不要求在叙述方式上完全一致，只要阐明了在后申请的权利要求所述的技术方案即可。

第37007号无效决定涉及专利号为201110165713.X，名称为"用于无线网络混合定位的方法和设备"的发明专利。涉案专利权利要求1为："一种操作移动站的方法，所述方法包含：在所述移动站处接收从无线局域网的第一无线接入点传输的一个或多个第一信号，所述第一无线接入点支持双向通信，其中所述一个或多个第一信号包含针对所述第一无线接入点的识别信息；确定来自于所述一个或多个第一信号的用于所述移动站的位置信息；在所述移动站与蜂窝无线网络的第二无线接入点之间通信一个或多个第二信号；和通过所述蜂窝无线网络的所述第二无线接入点在所述移动站与服务器之间通信以确定所述移动站的位置，其中使用所述第一无线接入点的所述识别信息、从所述一个或多个第一信号、来自至少一个卫星定位系统（SPS）卫星的信号、和所述一个或多个第二信号所确定的所述位置信息来确定所述位置。"

请求人认为，涉案专利权利要求 1 与优先权文件（US60/483094）不属于相同主题，不应享有其优先权，理由如下：① 优先权文件中没有记载"在移动站处接收从无线局域网的第一无线接入点传输多个第一信号""在移动站与蜂窝无线网络的第二无线接入点之间通信多个第二信号"的技术特征；② 优先权文件中没有记载"第一信号包含针对所述第一无线接入点的识别信息"的技术特征，仅仅提及"从无线信号确定无线接入点的识别信息"的方式；③优先权文件中没有记载"确定来自于所述一个或多个第一信号的用于所述移动站的位置信息"的技术特征，涉案专利用于无线局域网接入点的用于确定移动站位置的信息均为某一具体信息，例如距离测量或其他距离信息。

决定认为，首先，优先权文件涉及的是一种用于无线网络混合定位的方法，主要利用来自多个具有不同的空中接口或不同服务提供者操作的多个无线网络的无线信号用于位置确定，其中具体包括，在移动站处接收从第一无线网络的第一无线接入点发送的第一信号，在移动站处接收从第二无线网络的第二接入点发送的第二信号。根据优先权文件第 0040、0055、0056 段记载的内容可知，第一、第二无线接入点可以是多个的情况，移动站接收到的信号必然可以存在多个第一信号、多个第二信号的情况；优先权文件关于上述内容的原文是"first signals"和"second signals"，由此可见，"多个第一信号"和"多个第二信号"已经记载在优先权文件中。其次，优先权文件第 0057 段记载了"在移动站处检测从无线接入点（例如，遵守用于无线局域网的 IEEE802.11 标准的无线接入点，或用其识别信息传输信号的其他类型的基于地面的无线传输器）传输的无线信号"，其中明确了无线信号中具有接入点识别信息，可见，优先权文件已经记载了第一信号包含识别信息的相关内容。再次，优先权文件第 0015 段记载了"一种用于定位系统的移动站的方法包括：在所述移动站处确定第一无线接入点的第一标识信息；确定指示所述移动站在所述第一无线接入点的信号覆盖区域中的第一位置的第一位置信息……"，可见优先权文件已经记载了确定来自于所述一个或多个第一信号的用于所述移动站的位置信息的相关内容。综上，请求人提出的涉案专利权利要求 1 不应享有优先权的主张不能成立。

如果所属领域技术人员认为在后申请的技术方案不能从在先申请中直接地、毫无疑义地得出，则该在先申请不能作为在后申请要求优先权的基础。

第41291号无效决定涉及专利号为201410175959.9，名称为"具有不同用户终端的多媒体通信中跨层优化的方法和装置"的发明专利。涉案专利权利要求1保护一种管理高清晰度数字显示器的高清晰度多媒体信息通信的中心HUB系统，所述中心HUB系统包括收发器，其中，所述收发器被配置成传输数据分组，所述数据分组包括与所述高清晰度数字显示器相关联的标识符的信息，所述标识符对应于高清晰度多媒体内容的通信的相关信息，所述高清晰度多媒体内容用于通过所述高清晰度数字显示器显示。

请求人认为，优先权文件没有记载高清晰度多媒体信息的中心HUB系统，因此涉案专利权利要求1不能享有其在先申请的优先权日。专利权人认为，优先权文件第3页最后一段记载了"本地使用内容的高速缓冲存储器基于对特定位置的用户所访问的因特网内容的监视来高速缓存确定本地适用的特定因特网内容"，由此可以确定优先权文件中记载了涉案专利权利要求1中的"高清晰度多媒体信息"。

决定认为，首先，优先权文件中没有记载涉及高清晰度多媒体信息的内容；其次，高速缓冲存储和高清晰度多媒体并不等同，高速缓冲存储是指内容数据的存储模式，高清晰度是指数据的制式，不能从对信息的高速缓冲存储直接地、毫无疑义地确定该信息是高清晰度多媒体信息。可见，权利要求1保护的技术方案不能从优先权文件直接地、毫无疑义地得出。因此，涉案专利权利要求1不能享有涉案专利在先申请的优先权。

4.1.2 在后申请权利要求增加技术特征

当在后申请的权利要求已对某一技术特征进行了详细限定时，如果作为其优先权基础的在先申请对该技术特征只作了笼统含糊的阐述，存在执行该技术特征的多种具体技术手段的可能性，使得本领域技术人员从在先申请不能直接地、毫无疑义地得到在后申请的权利要求的这一技术特征，则该权利要求的技术方案与在先申请的技术方案不属于相同主题的发明，因此该权利要求不能享有在先申请的优先权。

第39241号无效决定涉及专利号为200980103502.4，名称为"发送下行控制信息的方法"的发明专利。涉案专利权利要求 1 为："一种在能够同时发送最多两个码字的多天线系统中发送下行控制信息的方法，所述方法包括以下步骤：发送所述下行控制信息，所述下行控制信息包括针对第一信息块的第一调制和编码方案 MCS 信息、第一新数据指示符 NDI、和第一冗余版本 RV 以及针对第二信息块的第二 MCS 信息、第二 NDI、和第二 RV，其中通过所述两个码字来发送所述第一信息块和所述第二信息块；以及发送附加下行控制信息，所述附加下行控制信息至少包括互换指示符或使能/禁止信息，所述互换指示符表示在通过所述两个码字发送的所述第一信息块和所述第二信息块之间是否发生互换，而所述使能/禁止信息表示通过所述两个码字进行的任何一个发送是否被禁止，其中，当通过所述两个码字进行的所述任何一个发送被禁止时，保留所述互换指示符。"第一优先权文本记载了在 MIMO 系统中针对（重传）传输处理块的高效的控制信息发送方法及数据接收方法，具体记载如下："在同时发送的 HARQ 处理块共享相同的 HARQ 处理 ID 的情况下，还需区分 a 与 b 来进行重传，在映射到层时，需可互换 a 与 b 的层映射。在发送多个 HARQ 处理块而在重传时需发送数量少于首次发送的 HARQ 处理块的处理块时，需知接收到重传请求的 HARQ 处理块为哪种处理块。需要如表 2 的信息。在将以上信息表示在控制信息字段时，可显式（explicit）或隐式（implicit）地表示。例如，可在表 1 中显式地添加表示上述表 3 的信息的控制信息字段。此时，当考虑所有可能的情况时，以可将 6 种状态（state）全部表示出来的方式添加。然而，用以表示 6 种状态的大小为空状态，因此为了减少开销，可像表 3 一样表示为 4 种状态。在像表 3 一样表示为 4 种状态的情况下，可减少开销，同时具有与使用表 3 的情况相似的性能。"

请求人认为，首先，第一优先权文本没有记载涉案专利权利要求 1 中的"当通过所述两个码字进行的所述任何一个发送被禁止时，保留所述互换指示符"。其次，第一优先权文本没有记载"互换指示符或使能/禁止信息"被包括在下行控制信息以外的"附加下行控制信息"中的技术方案。因此，从第一优先权文本记载的内容不能直接地、毫无疑义地确定权利要求 1 的技术方案，因此，权利要求 1 不能享受该第一优先权文本的优先权。

专利权人认为，首先，第一优先权文本中的表 2 表示 6 种状态，表 3 表示 4 种状态，以及第一优先权文本中第 11 页记载了"在像表 3 一样表示为 4 种状态的情况下，可减少开销"，可见表 3 省略了表 2 中的"发送互换、同时码字的发送被禁止"的两种情况,从而本领域技术人员能够清楚确定"当通过所述两个码字进行的所述任何一个发送被禁止时,保留所述互换指示符",即当两个码字中的任一个被禁止时,不使用互换指示符。其次,根据涉案专利说明书第0057、0059段的记载可知,涉案专利是在控制信息中加入附加控制信息,其已经被第一优先权文本公开。

决定认为,第一优先权文本中既没有记载"互换指示符"这一术语,也没有关于"当通过所述两个码字进行的所述任何一个发送被禁止时,保留所述互换指示符"的相关文字记载。第一优先权文本中的表2表示6种状态,表3表示4种状态,以及第一优先权文本第11页记载了"在像表3一样表示为4种状态的情况下,可减少开销",结合第一优先权文本的整体理解,本领域技术人员仅能够得出可以省略表2中索引为5、6的两种状态以节省开销,并不清楚如何具体操作以省略上述两种状态,即不能从第一优先权文本记载的内容直接地、毫无疑义地确定在两个码字其中一个被禁止时不使用互换指示符以省略表2中的状态5和状态6。鉴于此,涉案专利权利要求1与第一优先权文本中的技术方案并不相同,不属于相同主题的发明,不能享有第一优先权文本的优先权。

虽然在先申请记载了多个不同的技术手段,但是如果在后申请的权利要求的技术方案是由在先申请记载的两个不同的技术手段结合使用得到的,而在先申请并未记载这两个技术手段结合使用的技术方案,所属领域技术人员根据在先申请中记载的内容也不能直接地、毫无疑义地确定这两个技术手段结合使用的技术方案,则该在先申请不能作为在后申请的该权利要求优先权的基础。

第40253号无效决定涉及专利号为200980000101.6,名称为"在无线通信系统中有效地发送控制信号的方法"的发明专利。请求人对涉案专利享有的前两项优先权(分别为证据12和证据13)提出异议,认为在证据12和证据13中没有记载涉案专利权利要求4的附加技术特征"在指示用于发送分组的子帧的数量的情况下,在所述上行链路资源上发送ACK/NACK信号",即没有记载方法3与方法1结合使用的技术方案,不能享有证据12和证据13的优先权。专利权人认为,证据12和证据13记载有方法1、2、3,虽然其中仅明确记载了方法3可与方法2结合使用,但是因为方法1和方法2是并行可以替换的方法,因此其公开了方法3可与方法1

结合使用的技术方案。

决定认为，证据12或证据13记载了方法1、2和3，其中，方法1为：针对进行ACK/NACK集束的每个下行子帧组，向每个移动台报告用于发送分组的子帧（或分组）的数量；方法2为：在下行子帧组中，对于每个下行分组，向相应移动台发送指示在发送该分组之前已经发送了多少子帧（或分组）的信息；方法3为：用于承载代表ACK/NACK信号的上行链路信道的上行链路资源与用于对最后检测到的集束下行链路子帧进行调度的下行链路资源相关联。证据12或证据13的译文第4页最后一段记载了"关于通过每个下行子帧进行的分组传输，上述方法可与一种在发送分组到子帧组内的相应移动台之前已经进行了多少次传输的报告方法结合使用"，即证据12或证据13明确记载了方法3与方法2可以结合使用，并没有记载方法3与方法1可以结合使用。而且，证据12或证据13中所记载的方法1与方法2属于两种不同的技术方案，方法1采用的是发送子帧（或分组）的数量的技术手段，而方法2采用的是发送子帧的指示信息的技术手段，在二者采用不同技术手段的情况下，由方法3与方法2结合使用的技术方案不能直接地、毫无疑义地确定方法3与方法1结合使用的技术方案。因此，证据12或证据13仅记载了方法3与方法2结合使用的技术方案，即当向相应移动台发送指示在发送该分组之前已经发送了多少子帧（或分组）的信息时，将承载代表ACK/NACK信号的上行链路信道的上行链路资源与用于对最后检测到的集束下行链路子帧进行调度的下行链路资源相关联的方法，由此不能直接地、毫无疑义地确定方法3与方法1结合使用的技术方案，即使用在每个移动台报告用于发送分组的子帧（或分组）的数量时，将承载代表ACK/NACK信号的上行链路信道的上行链路资源与用于对最后检测到的集束下行链路子帧进行调度的下行链路资源相关联的方法。因此，涉案专利权利要求4的技术方案不能享有证据12和证据13的优先权。

4.1.3 相同主题判断之上位概括与下位概念

如果在后申请是在在先申请所对应的下位概念技术特征基础上进行的上位概括，所述概括使其涵盖了在先申请中并未包括的其他技术方案，使二者的技术方案不相同，则其不属于与在先申请相同主题的发明或实用新型。

第 34092 号无效决定涉及专利号为 201520992622.7，名称为"一种能驱动磨豆咖啡壶的上盖"的实用新型专利。涉案专利要求享有申请号为 201520261466.7 的中国在先申请的优先权，二者均涉及一种能驱动磨豆咖啡壶的上盖。争议焦点在于，涉案专利权利要求 2 要求保护的技术方案中限定的"所述上盖开启时，推杆或推管与隔水装置分离，隔水装置将大身热水出水口遮挡或关闭，改变热水的流向，变向的热水至少一部分的热水向下流回水箱"中"隔水装置"，是否与其在先申请优先权文件中所记载的"热水挡板或翻板"以及"所述挡板或翻板为隔水挡板"为相同主题，即在先申请优先权文件中记载了具体的下位概念，在后申请中对其进行上位概括，该在后申请的技术方案是否与优先权文件中所记载的技术方案为相同主题的技术方案。

合议组认为，设立优先权制度的目的在于方便申请人以某个技术主题首次申请专利之后，给予其一定时间考虑和准备，从而可从容地向本国或他国提出在后的专利申请，并且享有首次申请的申请日。优先权制度的本质与专利保护的"先申请制"相一致，在于保护最先申请发明创造的申请人的权利。对于在后申请的申请文件，其说明书既可以遵循首次申请，也可以提出新的改进，同样，在后申请权利要求要求保护的技术方案，其主题既可以与在先申请一致，也可以依据新的改进而提出新的主题，但是只有相同主题的技术方案才能够享有优先权，享有首次申请的申请日，否则违背优先权制度和先申请制。

基于上述立法本意，作为在先申请的优先权文件中仅记载了包含下位概念"隔水挡板或翻板"的方案，而涉案专利权利要求 2 由于采用了上位概括的方式，因而在其技术方案中还要求保护了具备除"隔水挡板或翻板"以外的其他"隔水装置"的技术方案，这些技术方案明显在作为其在先申请的优先权文件中并未有所记载，即增加了在先申请并未涵盖的技术方案，若使这些技术方案享有在先申请的优先权日，显然有悖于优先权制度设立的初衷以及先申请制原则，也对于公众是不公平的。因此，涉案专利权利要求 2 要求保护的技术方案与其优先权文件的主题不相同，其不应享有其在先申请的申请日。

《专利法》第 29 条语境下的"相同主题"，是指在后申请的技术方案作为一个整体，完整地记载在在先申请中。当在先申请涉及马库什化合物，在后申请为该马库什化合物范围内的一具体化合物时,如果在先申请未记载该具体化合物,所属领域技术人员基于在先申请的整体内容亦不能确定该具体化合物被隐含记载在在先申请中,则该具体化合物权利要求不能享有在先申请的优先权。

第48183号无效决定涉及专利号为01820481.3、名称为"新颖的磺酰胺类化合物及其作为内皮素受体拮抗剂的应用"的发明专利。专利权人在无效程序中对授权公告的权利要求书进行了修改,修改后的权利要求书仅保护两个具体化合物,化合物104和马昔腾坦。请求人认为,证据2未记载化合物104和马昔腾坦,未记载化合物104的实验数据和涉案专利所描述的技术问题,因此涉案专利不能要求证据2的优先权。专利权人认为,化合物104和马昔腾坦落入了证据1的通式范围内,属于优先权文件中明确记载的马库什通式化合物内的具体化合物,因此应当享有证据2的优先权。经核实,证据2是涉案专利的优先权文件,其中未记载化合物104和马昔腾坦的名称、结构及其制备,亦未给出其效果实验数据。

合议组认为,涉案专利修改后的权利要求1—8因化合物104和马昔腾坦未记载在在先申请证据2中而不能享有该在先申请的优先权。理由如下:

首先,在先申请的马库什化合物与在后申请的具体化合物因不属于相同的技术方案而不能被认为是"相同主题的发明创造"。根据《专利审查指南2010》第二部分第十章第5.1节的规定,"通式不能破坏该通式中一个具体化合物的新颖性",这意味着,如果在先申请系马库什化合物,在后申请系其范围内的一个具体化合物,则二者不能被认为属于相同的技术方案,因此也不可能构成相同主题的发明创造。

其次,如果基于在后申请的具体化合物落入在先申请的马库什化合物范围而认为在后申请可以享有在先申请的优先权,将违背优先权制度的本质要求。优先权制度的目的是方便成员国国民就其发明创造在其本国提出专利申请后,在其他成员国申请获得专利权。基于这一目的,《专利法》第29条规定,先后申请只有属于相同主题的发明创造才能享有优先权,否则将会损害其他申请人和公众的利益。马库什化合物作为一种特殊的化合物表达形式,通常被认为是由各取代基及不同的选择项形成的一个有机整体。通过总结结构共性而将申请人类似结构的化合物发明以马库什化合物的形式提交专利申请,是化学领域发明专利审查实践中常见的,也是法律上不禁止的，但是，当在先申请撰写成马库什化合物时，如果认为在其范围内的任何一个具体化合物均可以因此而享有在先申请的优先权的话，则意味着在先申请将成为一个源源不断的"蓄水池"，申请人可以随意地把在先申请日后在该马库什通式范围内的进一步研究所得到的新的具体化合物或者较小的通式化合物都贴上"优先权日"的标签，这显然违背优先权制度的初衷。

因此，判断在后申请的具体化合物或者小通式化合物是否能够享有在先申请的优先权，应当以该具体化合物或者小通式化合物明确或者隐含记载在在先申请中为原则，否则将会导致权利与义务的失衡。鉴于修改后的权利要求1所保护的化合物104和马昔腾坦未记载在在先申请即证据2中，故权利要求1以及基于该权利要求1的权利要求2—8均不能享有在先申请的优先权。请求人关于涉案专利优先权不成立的理由成立，合议组予以支持。

4.2 "首次申请"的判断

判断优先权成立与否，需要考查作为优先权基础的在先申请是否为记载所述相同主题发明的首次申请，并且，相同主题的判断也不应仅囿于文字表述。如果存在早于优先权日的在先申请，其记载了与要求优先权的涉案专利的权利要求保护的发明相同的主题，则涉案专利要求享有优先权的申请已不是首次申请，涉案专利不能享受该在先申请的优先权。

第38951号无效决定涉及专利号为201210332271.8，名称为"用于治疗糖尿病的二肽基肽酶抑制剂"的发明专利。涉案专利权利要求1保护一种药物组合物，其包含具有下式结构的化合物I和药学上可接受的载体，其中化合物I以药学上可接受的盐或游离碱的形式存在，并且以5毫克至250毫克的日剂量给药。

涉案专利要求享有在先申请US60/717558（申请日为2005年9月14

日）和US60/747273（申请日为2006年5月15日）的外国优先权。证据4为涉案专利的专利权人的另一在先专利申请的公开文本，其申请日为2004年12月15日，早于涉案专利所要求的最早优先权日。

请求人认为，证据4公开了化合物I的游离碱及其可药用盐，以及用于制备制剂的用途和实施例。证据4公开内容与涉案专利的区别在于以5毫克至250毫克的日剂量给药，但是日剂量给药属于给药方法，对涉案专利的药物组合物无实质限定作用，涉案专利与证据4属于相同主题发明，则涉案专利要求享有优先权的申请不是首次申请，涉案专利不能享受其所要求的在先申请US60/717558和US60/747273的优先权。

专利权人认为，在先申请与在后申请的主题是否相同的判断不同于在后申请相比在先申请是否具备新颖性的判断，在后申请是否享有优先权，应当将在后申请的每项权利要求中所限定的完整技术方案与在先申请中记载的技术方案进行比较，以确定技术方案是否相同，进而确定发明主题是否相同。涉案专利的技术特征"以5毫克至250毫克的日剂量给药"是必要组成部分，区别于证据4公开的技术方案，证据4不能破坏涉案专利享有的优先权。

决定认为，在相同主题判断中对二者技术方案是否相同的认定时，不应拘泥于记载内容形式上是否完全一致，更需要考虑二者技术方案的实质内容。不应将涉案专利权利要求中不具有限定作用的内容纳入技术方案的对比范畴，此类限定不会使二者技术方案产生实质区别。

从文字记载来看，证据4形式上没有明确记载和涉案专利表述方式完全相同的技术方案。但是，证据4已经记载了使用化合物I或包含化合物I的药物组合物作为DPP-4抑制剂来制备药物基本技术方案，可用于治疗DPP-4相关疾病尤其是糖尿病。根据证据4整体记载，本领域技术人员能够确认所述证据4所记载的药物组合物中的所述作为活性成分的化合物可以以游离碱或可药用的酸加成盐的方式制备成组合物以口服方式提供。至于涉案专利包含"以5毫克至250毫克的日剂量给药"的限定，其属于给药特征，仅体现在医生的用药过程中如何选择，不属于药物组合物权利要求的技术特征，对药物的组成和结构没有限定作用，不能使得涉案专利保护的技术方案区别于证据4公开的技术内容，涉案专利与证据4公开的技术方案属于相同主题的发明创造。因此，涉案专利权利要求1的技术方案要求优先权的在先申请不是首次申请，涉案专利权利要求1不能享有优先权。进而，在新颖性的判断中，由于证据4构成了现有技术，且二者技术方案实质相同，权利要求1相对于证据4不符合《专利法》第22条第2款的规定。

4.3 优先权成立对现有技术时间节点的影响

作为在先申请的美国临时申请通过较少的文字和较多的附图描述了摄像对焦装置的工作原理、解决的技术问题和实现的技术效果，其中部分部件的功能、部件之间的位置关系、大小关系、连接方式等需要借助该附图来解读，此时需要站位本领域技术人员，以其整体记载的内容为准，所有通过阅读附图能够直接地、毫无疑义地确定的内容属于该美国临时申请整体记载的内容。

第46459号无效决定涉及专利号为201820385939.8，名称为"一种驱动液态镜头的音圈马达及其镜头组"的实用新型专利。请求人主张涉案专利权利要求1相对于对比文件1不具备新颖性。对比文件1是一篇中国专利文件，其申请日晚于涉案专利的申请日，对比文件1要求了一份在先的美国临时申请文件作为优先权，其优先权日在涉案专利申请日之前。因此，对比文件1是否构成涉案专利的抵触申请，首先取决于对比文件1的优先权是否成立。请求人提交了上述美国临时申请文件及其中文译文和美国专利局网站公开的该临时申请的附图的放大图，请求人认为，对比文件1的技术方案可以直接地从上述美国临时申请的整体记载中得出，因此对比文件1的优先权成立，并使用对比文件1中附图2A、2B、4A—4C、10A、10B对应摄像装置的技术方案来评述涉案专利权利要求的新颖性。专利权人认为，上述临时申请与对比文件1记载的文字不同，技术方案不相同，因此对比文件1的优先权不能成立。

决定认为，优先权制度源自《巴黎公约》，其目的是使《巴黎公约》的缔约国国民就其发明创造在本国首次提出专利申请后，在一定期限内就同一主题在其他成员国提出的在后申请，在某些方面被视为是在该首次申请的申请日提出的。临时申请是美国专利制度中专利申请的类型之一，能够作为后续非临时申请要求优先权的基础文件，中国与美国均属于《巴黎公约》的缔约国，根据条约的规定对美国申请作为优先权应予以承认，因此美国临时申请可以作为中国专利申请的优先权文件。对比文件1中图

2A、2B、4A—4C、10A、10B 记载的摄像装置与美国临时申请记载的摄像对焦装置的文字存在差异，但附图基本一致，本领域技术人员在整体阅读美国临时申请后能够直接地、毫无疑义地确定出对比文件1的摄像装置就是美国临时申请记载的摄像对焦装置，二者各组件的结构相同、位置关系相同、连接关系相同，所起到的功能相同，因此对比文件1的摄像装置已记载在作为其要求优先权的在先申请的美国临时申请中，两者属于相同主题的发明创造。因此，对比文件1的优先权成立。

核实优先权是指判断申请人要求的优先权是否能依照《专利法》第29条的规定成立。在无效程序中，优先权核实的内容包括：(1) 作为要求优先权的基础的在先申请是否涉及与要求优先权的在后申请相同的主题；(2) 该在先申请是否是记载了同一主题的首次申请；(3) 在后申请的申请日是否在在先申请的申请日起十二个月（外观设计为六个月）内，其中，对于上述第（1）项核实，主要判断在后申请中各项权利要求的技术方案是否清楚地记载在上述在先申请的申请文件（说明书和权利要求书）中。

如果专利权要求了多项外国优先权，在核实优先权时，应当核实：(1) 该专利的权利要求书中的各技术方案是否分别在作为优先权基础的在先申请中已有清楚的记载；(2) 所有的在先申请的申请日是否都在在后申请的优先权期限之内。满足上述两个条件的，在后申请的多项优先权成立，并且其记载上述技术方案的各项权利要求具有不同的优先权日。如果某些权利要求不满足上述条件，但其他权利要求满足上述条件，则不满足上述条件的那些权利要求的优先权不成立，而满足上述条件的权利要求的优先权成立。

第37451号无效决定涉及专利号为201210435296.0，名称为"磁性连接器装置及相关系统和方法"的发明专利。涉案专利权利要求1为："1. 一种磁性连接器装置，包括：一磁壳体；一位于磁壳体内，从而在磁壳体内旋转的磁体，其中磁体被设置为与第二磁性连接器装置的一第二磁壳体中的一第二磁体磁性连接，且磁体及第二磁体相互不直接接触；一内部座圈块，其与磁壳体相连接，其中内部座圈块包括一磁壳体接收器，所述磁壳体接收器被设置为与所述磁壳体啮合从而将所述磁壳体与所述内部座圈块连接在一起；一第一外部外壳块，其与内部座圈块相连接；一第二外部外壳块，其与内部座圈块相连接；……"

请求人认为，涉案专利要求了美国专利文献 US61/555392（即优先权文件1）、US13/297953（即优先权文件2）、US13/561724（即优先权文件3）的优先权，涉案专利中关于内部座圈块和磁壳体的相关内容仅在优先权文件3中记载，因此包含内部座圈块和磁壳体的技术方案的优先权日应为2012年7月30日，对比文件3的公开日先于包含内部座圈块、磁壳体和磁外壳接收器的技术方案的优先权日。

合议组认为，涉案专利要求3项优先权，分别对应优先权文件1至3，其中优先权文件1的申请日为2011年11月3日，优先权文件2的申请日为2011年11月16日，优先权文件3的申请日为2012年7月30日，而涉案专利的申请日为2012年11月2日，因此涉案专利的3项优先权的申请日都在优先权期限之内。对比文件3的公开日为2012年3月15日，处于涉案专利的最早优先权日2011年11月3日和申请日2012年11月2日之间，因此判断对比文件3是否可以作为涉案专利的现有技术，需要对涉案专利的优先权进行核实。涉案专利所有权利要求的技术方案均包括内部座圈块和磁壳体这两个部件，而在作为优先权基础的优先权文件1至3中，优先权文件1至2均未记载磁性连接器装置包括内部座圈块和磁壳体这两个部件，仅有优先权文件3中清楚记载了该内容，因此涉案专利所有权利要求只能要求优先权文件3的优先权。由于优先权文件3的申请日为2012年7月30日，因此涉案专利的优先权日应为2012年7月30日，而对比文件3的公开日为2012年3月15日，处于涉案专利的优先权日之前，因此对比文件3可以作为涉案专利的现有技术。

除了现有技术的时间节点，优先权是否成立还可能对其他法律问题产生影响，如不同版本的专利法和专利法实施细则的适用。

第53977号决定涉及专利号为201510165051.4，名称为"用于治疗癌症和免疫和自身免疫疾病的细胞程序死亡诱导药剂"的发明专利。该专利权利要求1保护具有通式（Ⅱ）的化合物或其治疗可接受的盐，权利要求2—4进一步限定了通式（Ⅱ）中的取代基。

决定认为，基于请求人提交的证据和理由，权利要求1不能享有2009年5月26日的优先权。根据中华人民共和国第8号主席令，2008年第三次修改后的《专利法》自2009年10月1日起施行。在此次修改中，第22条第2款有关新颖性和第22条第3款有关创造性的规定均发生了一定变化。

涉案专利的优先权日 2009 年 5 月 26 日恰好在上述新专利法的施行日期之前，而申请日 2010 年 5 月 26 日在上述日期之后。因此，当权利要求 1 的优先权不成立的情况下，有关其新颖性和创造性的评价应当适用 2008 年第三次修改的《专利法》，而权利要求 2—4 由于能够继续享受上述优先权，因此，有关其创造性的审查应当适用此前的 2000 年第二次修改的《专利法》。

5　新颖性宽限期

2020 年修改前的《专利法》第 24 条规定："申请专利的发明创造在申请日以前六个月内，有下列情形之一的，不丧失新颖性：（一）在中国政府主办或者承认的国际展览会上首次展出的；（二）在规定的学术会议或者技术会议上首次发表的；（三）他人未经申请人同意而泄露其内容的。"

在审查实践中较为复杂的是第（三）种情形，会涉及复杂的证据类型和事实，在理解该情形时需要注意"他人""泄露"和"内容"3 个因素，并关注他人公开的内容是直接还是间接从申请人那里获知的以及他人公开发明创造的行为是否违背了申请人的意愿这两个条件。

第 46892 号无效决定涉及专利号为 201420028245.0，名称为"一种重-磁选矿机"实用新型专利。专利权人认为，其所提供的反证 1 至 5 可证明涉案专利的内容被黄某未经专利权人同意通过证据 2.1（CN103382042A）的公开而泄露的事实，属于《专利法》第 24 条第（3）项规定的不丧失新颖性的情形。而请求人则认为，首先，证据 2.1 是由衡阳双雁运输机械有限公司申请的专利，而衡阳双雁运输机械有限公司对于涉案专利的专利权人并不具有保密义务，黄某与涉案专利的专利权人之间不是正规的专利代理行为，黄某对涉案专利的专利权人也不具有保密义务，专利法规定的"他人"应当是负有保密义务的人，因此衡阳双雁运输机械有限公司和黄某都不属于"他人"，而属于专利法意义上的公众。衡阳双雁运输机械有限公司获得黄某提供的专利申请文件（证据 2.1 的内容）的那一刻起，该专利申请文件的内容（证据 2.1）已经进入能够为公众获知的状态。由于证据 2.1 的专利申请是在 2013 年 6 月 4 日提出的，因此作为公众的衡阳双雁运输机械有限公司至少在 2013 年 6 月 4 日就获知了证据 2.1 的内容，而且从专利保护的时间特性来说，衡阳双雁运输机械有限公司在提交申请后对证据 2.1 的内容进行保密的意愿已经消失，因此证据 2.1 的内容在其申请日 2013 年 6 月 4 日就已处于为公众所知的状态，比涉案专利的申请日 2014 年 1 月 17 日提前了 7 个多月，不在申请日前 6 个月之内。其次，反证 1 至 5 不能证明泄露日期、泄露方式、泄露的内容，不构成完整的证据链，不足以证明证据 2.1 的公开属于《专利法》第 24 条第（3）项规定的情形。

合议组认为，本案双方的争议焦点在于《专利法》第 24 条第（3）项规定不丧失新颖性情形中的"他人"以及"泄露"的界定。在《专利法》第 24 条中规定了在申请日以前 6 个月所出现的 3 种公开申请内容的行为不使该申请丧失新颖性，即设置新颖性宽限期旨在排除一些申请日前的公开行为对专利申请人所带来的不公平的情形，避免其对专利制度所带来的消极影响。其中第三种行为所规定"他人未经申请人同意而泄露其内容的"，即针对公开行为是违背申请人意愿的、造成其申请无法被授予专利权的情形，意图给予专利申请人合理的救济。在理解该情形时需要关注"他人""泄露"以及"内容"3 个因素，以及他人公开的内容是直接或间接从申请人那里获知的、他人公开发明创造的行为违背了申请人的意愿这两个条件。

关于"他人"的界定，是相对于申请人而言的，这里是指申请人以外的其他单位或者个人。本案中，无论是证据 2.1 的申请人衡阳双雁运输机械有限公司，抑或是曾帮助进行企业申报专利工作从而知晓涉案专利发明创造内容的黄某均属于上述"他人"界定的范畴。

关于"泄露"是指使有关发明创造的内容处于为公众所知的状态。本案中，黄某未经涉案专利的专利权人同意将涉案专利的技术内容用于给衡阳双雁运输机械有限公司申报专利（即证据 2.1），但没有证据表明上述行为造成该发明创造处于公众所知的状态，因而上述行为并非《专利法》第 24 条所规定的"泄露"行为。而在证据 2.1 的公布日即 2013 年 11 月 6 日，借由该公开行为致使其发明创造处于"公众想得知就能够得知"的状态，使其发明创造被"泄露"，该期限符合 6 个月以内的法律规定。

关于"内容"，是指有关发明创造的内容。就本案而言，黄某从事帮助沅江市有关企业申报专利的工作，工作中从涉案专利的专利权人处知晓了涉案专利的内容，随即未经涉案专利的专利权人同意将其技术内容用于给衡阳双雁运输机械有限公司申报专利（即证据 2.1），同时黄某的证人证言清楚说明了泄露方式、泄露内容，并且证据 2.1 与涉案专利的技术内容确实相似度很高,也印证了泄露内容与涉案专利的技术内容的相关性。可见,证据2.1所公开的技术方案即为黄某由涉案专利专利权人处所知晓的发明创造的内容,即前述证据2.1所公开的内容符合《专利法》第24条所规定的"内容"的要求。

关于"他人公开的发明创造是直接或间接从申请人那里获知的",考虑到前述设置新颖性宽限期的立法本意,该条件明确其技术方案应来源于申请人或专利权人,对于由自己独立作出的或从独立作出该发明创造性的第三人那里获知的发明创造,他人的公开行为与申请人无关,这样的公开行为也无须申请人或专利权人的同意。本案中,衡阳双雁运输机械有限公司(证据2.1的专利申请人)的专利申请建立在黄某此前由专利权人处得知涉案专利技术方案这一基础上,因此符合该条件,即间接从申请人那里获知。

关于"他人公开发明创造的行为违背了申请人的意愿",即申请人在他人获知其发明创造时尚无意公开其发明创造,为此申请人应当事先采取了防止泄露的必要措施,例如明示其保密要求,或是他人在获知其发明创造时根据当时的具体情形足够意识到其具有默示的保密义务,此外,如果他人是以非法方式获知的,则他人的公开行为必然是违背申请人意愿的。本案中,黄某作为从事帮助沅江市有关企业申报专利的工作人员,其应当知晓在专利申请公布之前负有保密义务,并且黄某本人当庭陈述替衡阳双雁运输机械有限公司申报专利之后没有泄露给其他人,也说明黄某知晓其在帮助有关企业申报专利的过程中所应负的保密义务,因此黄某未经涉案专利的专利权人同意将涉案专利的技术内容用于给衡阳双雁运输机械有限公司申报专利并使其技术方案予以公开的行为属于未遵守"默示"的保密义务而将发明创造的内容公开的情形。

综上,本案中黄某未经涉案专利的专利权人同意将涉案专利的技术内容用于给衡阳双雁运输机械有限公司申报专利(证据2.1)致使其技术方案被公开的行为,属于《专利法》第24条第(3)项所规定的情形,因此证据2.1不构成影响涉案专利的现有技术。

对于他人未遵守保密协议而将发明创造的内容公开的情形,此处的保密协议的签订主体应为他人与专利申请人,如果发生了专利权转让行为,且保密协议由他人与专利转让后的专利权人签订,若无证据证明他人与专利申请人之间存在保密协议，则他人在申请日前将发明创造的内容公开的行为不能享有《专利法》第 24 条第（3）项规定的新颖性宽限期。

第 37404 号无效决定涉及专利号为 201530128185.X，名称为"移动电源（FYD－835）"的外观设计专利。请求人主张涉案专利于申请日之前已在天涯社区和百度贴吧发布的帖子中公开。专利权人深圳市丰业达创意科技有限公司（下称丰业达公司）提交了反证，包括涉案专利所属公司员工在天涯社区和百度贴吧注册信息、全球通实名用户查询页面打印件、该员工与公司在此期间签订的《劳动合同》《知识产权保密管理制度》《知识产权保密及权利归属协议》以及该员工证人证言等一系列证据，证明发帖人高某作为公司员工负责对公司产品进行宣传推广，其承认将相关内容发布到网络上时并未将此内容经公司审核，属于个人行为，没有遵守保密义务。

合议组认为，专利权人丰业达公司提交的反证最多只能证明证据 1 的发帖人高某作为其公司员工与该公司之间签署了相关的知识产权保密协议，二者就相应内容具有保密信约关系。但丰业达公司系于 2017 年 12 月 27 日经专利权转让取得该专利权，转让时间在涉案专利申请日两年之后。可见在本案中，丰业达公司并不是《专利法》第 24 条第（3）项中规定的"申请人"，该"申请人"实际应为原专利权人胡某。即使胡某实际上为丰业达公司的股东，但在专利权未转让之前，其申请人及专利权人均为胡某个人，与丰业达公司为不同的主体。而在高某与胡某之间，没有证据表明存在明示或者默示的保密关系，因此，高某在互联网上发帖的行为不属于《专利法》第 24 条规定的"他人未经申请人同意而泄露其内容"的情形。

综上所述，由于专利权人提交的反证无法证明证据 1 发帖人高某未经申请人胡某同意而泄露涉案专利内容，证据 1 公开的内容不属于《专利法》第 24 条第（3）项规定的"他人未经申请人同意而泄露其内容的"情形，涉案专利不能享有不丧失新颖性的宽限期。

对于专利申请人或专利权人所主张的未经其同意而泄露发明创造内容的行为，需要提交他人公开的信息来源于申请人的相关证据，例如他人参与发明创造研发设计、参与技术转让或合作等，并具体证明他人违反与专利申请人或专利权人之间存在的明示或默示的保密约定。

第 46334 号无效决定涉及专利号为 201830401643.6，名称为"共享玩具设备"的外观设计专利。本案中,针对请求人提出的"在涉案专利的申请日前,涉案专利的产品已经投放生活社区,相对本领域消费者(例如小孩与家长)处于公开状态"的理由和证据,专利权人提交了反证1,即专利权人在申请日前与请求人签订的《WeE共享玩具硬件解决方案合作协议》,用来证明涉案专利涉及的产品是请求人委托专利权人开发的,其中约定了该产品的知识产权为专利权人所有,且双方存在保密义务,请求人提交的证据中所显示的共享玩具柜正是专利权人设计的产品,请求人未经专利权人同意私自生产制造并公开了该共享玩具柜,是未经专利权人同意而私自恶意公开,其行为属于《专利法》第24条第(3)项的规定,涉案专利不丧失新颖性。

对于反证1中产品的知识产权归属问题,双方存在较大分歧。请求人认为,根据合作协议的第二项第7条规定:"自甲方向乙方采购具有甲方知识产权之产品达到50000件时……",以及第八项第1(3)条的记载:"如果甲方有需求,乙方需积极协助、配合甲方完成项目合作产品及功能的相关认证、品牌注册、专利申请等工作",可以认定知识产权归属于甲方(即请求人)。

但专利权人认为,根据协议第八项第3(1)(2)条中分别规定:"因甲方委托乙方共同研发开发WeE共享玩具硬件的设计与制造,故自甲方支付相应费用之时,相关知识产权则授权为甲方唯一使用人。如乙方未经过甲方同意使用的,则承担对此造成的违约损失。""甲乙双方约定,甲方委托乙方开发软件的,其开发后的知识产权的归属为乙方",则可以认定甲方仅是知识产权的授权使用方,乙方拥有知识产权。对此,请求人认为,第八项第3(1)条中存在笔误,应该是专利权归属于甲方,"授权为甲方唯一使用人"属于笔误。

无效决定认为,结合反证1的内容可见:无效请求人(作为甲方)委托专利权人(作为乙方)开发了WeE共享玩具硬件的设计并制造交付,同时双方就合作项目、合作模式、项目进度保证、违约责任、订单与交付、付款方式、售后服务、以及保密责任及知识产权约定进行了规定。结合合同内容(见案由部分记载),反证1中合作协议的第二项第7条规定:"自甲方向乙方采购具有甲方知识产权之产品达到50000件时……",并未明确甲方知识产权产品的具体指代物,因此无法依此判断WeE共享玩具硬件的知识产权归甲方。而对于第八项第1(3)条的记载:"如果甲方有需求,乙方需积极协助、配合甲方完成项目合作产品及功能的相关认证、品牌注册、专利申请等工作",该条款中仅是合作方式的规定,也未直接明确涉及所述 WeE 共享玩具硬件的权利归属问题。同时结合协议第八项第 3（1）（2）条的内容,合议组认为反证 1 中各项条款并未直接记载过,或者由条款内容可直接推断出所述 WeE 共享玩具硬件的权利归属问题。

鉴于专利权人已就该 WeE 共享玩具硬件申请专利,并取得了合法的专利权,在未经其他程序审理或重新确定该权属事实,且并无反证能够明显推翻该权属事实的情况下,合议组认可当前的权属事实,即专利权人享有所述 WeE 共享玩具硬件的外观设计专利权。而请求人并不拥有该外观设计专利权,属于专利申请人以外的"他人",符合《专利法》第 24 条第（3）项对公开主体的要求。

反证 1 第八项第 2 条明确规定:"双方的责任和义务:（1）双方承诺对本合同中规定的保密信息、技术予以妥善保存,未经对方的事先书面批准,另一方不得直接或间接以任何形式或任何方式把保密信息、技术中的任何部分披露、透漏给任何第三方……（5）本合同规定的双方的保密责任应在自双方签署本合同之日开始,在本合同终止后 1 年内双方仍应承担保密责任……"可见,请求人与专利权人在签署合作协议时,存在相应的保密规定,双方之间对合作协议所涉及的 WeE 共享玩具硬件相关技术信息具有保密义务,该协议属于明示的保密信约,请求人在约定的保密期限内通过在深圳中海西岸华府社区安装的方式公开了此共享玩具柜,该公开行为构成"未经申请人同意而泄露"的公开。

该安装的共享玩具柜与涉案专利涉及的玩具柜的主视图、右视图完全一致,因为该安装柜靠墙摆放,未显示其他视图,除了未公开的后视图外,证据中显示的图片与涉案专利中的内容一致,并考虑到双方存在合作协议,专利权人为该玩具柜的开发设计方,可以认定请求人公开的玩具共享柜的外观设计直接来源于专利权人为申请涉案专利的发明创造。因此,请求人通过上述安装使用的方式公开涉案专利共享玩具柜产品,属于他人未遵守明示的保密信约而将发明创造公开的行为,符合《专利法》第 24 条第（3）项规定的可享有新颖性宽限期的情形。

以公司内部管理规定证明公司员工的泄露行为属于《专利法》第 24 条第（3）项规定的可享有新颖性宽限期的情形,应提交充分证据证明内部管理规定的保密要求、规定时间,以证明员工的具体公开行为属于该管理规定范围、违反了具体保密要求。

第46255号无效决定涉及专利号为201730198701.5,名称为"水光机(纳晶SPA)"的外观设计专利。专利权人主张其提交的反证1至反证3证明公司具有密级文件存档相关管理制度,请求人提交的证据1和证据2显示的在"腾讯视频"上公布的文件系专利权人内部保密资料,并按照相应密级要求予以存档,该视频保密级别以及存档方式并非公众能够正常获得。专利权人提交的反证4证明请求人提交的证据1和证据2中视频的上传人"优斐斯小斯"并非专利权人本人,为公司员工未经专利权人同意并在专利权人不知情的情况下私自上传影视资料,上传时间在涉案专利申请日之前6个月内发生。依据《专利法》第24条的规定,涉案专利不丧失新颖性。

请求人认为,专利权人提交的保密协议及保密文档的生成时间不确定,无法证明发生在证据1和证据2公开之前,不排除事后制作的可能,尤其是员工手册封页上著有"2019版"字样,说明该手册制作于2019年;专利权人也未提供其所谓的保密证据与证据1和证据2的公开主体之间的关系,不能证明保密要求涵盖了证据1和证据2中所示的视频内容,不能证明公开主体属于有保密义务的一方,也无法证明视频文件的公开属于"未经申请人同意而泄露";另外,请求人补充检索了在涉案专利申请日之前,由专利权人在其公众号上公开的数篇文章,也可以说明专利权人在申请日前已经自行公开了相关设计,可以证明专利权人并未采取保密措施。

决定认为,反证1至反证3分别为员工手册、公司密级文件管理规定副本、公司印章档案资料影印件及公司关于"水光枪操作视频"的归档文件目录副本。上述副本均由专利权人所在的公司出具,所有材料均由专利权人单方提供,其制作过程具有较强的随意性,在请求人不认可该证据真实性的前提下,合议组对上述证据不予采信。

另外,即使反证1至反证3所述情况属实,也并不能证明请求人提交的证据1和证据2中所发布的视频是在未经专利权人许可的情况下擅自发布的,具体理由如下:(1)反证1"纳通员工手册Q/NT. GL02-2019版副本"为2019年修订版,对此,专利权人表示认可。而证据1和证据2中所涉及的视频资料发布于2017年,在专利权人不能提供视频发布日之前的员工手册相关信息的情况下，2019年修订版的员工手册不能证明相关事实；（2）请求人补充提交的证据表明专利权人在涉案专利申请日前，在"纳晶纳米晶片"的博文中发表了"纳晶水光2.0第三届研讨会"文章，该微博账户的所有人为专利权人，文章显示，在该会议宣传中有一大幅展示海报，海报正中的水光机与涉案专利主视图相同。虽然专利权人在口头审理当庭强调这些会议主要是芯片的交流，但同时证据8表明，专利权人在2016年12月18日召开了会议，并且于同日对此内容在其微信公众号上进行了宣传，该海报已经将水光机的主要正面视图进行了展示。上述证据也可以表明专利权人在先已经将涉及涉案专利的主体内容进行了公开展示和宣传。据此，有理由认为专利权人已经存在在先自行公开相关内容的情形，证据1或证据2所涉及视频内容的公开不能当然由于专利权人主张存在内部管理规定对其进行了保密，就推定其属于他人未经专利权人明示或默示许可的公开行为。

综上所述，在专利权人仅提供其本公司内部管理规定，且部分规定还属于在后形成的证据来证明其对于证据1所述内容进行了保密的情况下，应当认为其尚未完成证据1或证据2内容的公开属于《专利法》第24条第（3）项所述的他人未经许可而泄密的行为的举证责任，对专利权人关于其享有新颖性宽限期的主张不予支持。

"若申请人在申请日以后得知的，应当在得知情况后两个月内提出要求不丧失新颖性宽限期的声明"，这里所说的"得知"是以其知晓该公开行为为准，并以此作为其应提出声明所规定两个月内的时间起点，而不应以得出如《专利法》第22条所规定的有关新颖性和创造性的法律判断结果为前提条件。

第52508号无效决定涉及专利号为201310567987.0，名称为"左心耳封堵器"的发明专利。针对该专利，无效宣告请求人提供证据1用于评价涉案专利的新颖性、创造性。针对该证据1，专利权人于2021年2月7日提交了"不丧失新颖性宽限期的声明"，并提交附件3—5用于证明证据1属于他人未经专利权人同意而泄露其内容的情形。专利权人认为，证据1为2013年7月18日在网上公开发表的学术论文，作者与专利权人均签订有保密信约，然而其未遵守保密义务发表文章的行为并未告知专利权人。

请求人随即提供证据10、11、15、16证明专利权人早在2020年7—8

月已知晓证据1的存在。

专利权人则主张，即使如证据10、11、15、16所显示的，2020年8月专利权人将证据1作为申报奖项的材料之一，也只能表明专利权人获悉证据1的存在，但无法确定是否会破坏涉案专利的新颖性，也就是说，并非知晓证据1的存在，就是专利审查指南中规定的"知晓"或"应当知晓"的情况，"应当知晓"的时间节点认定为依据证据作为新颖性或创造性作出专利权无效的审查决定收到日才是合理的。

关于是否可以享有不丧失新颖性宽限期第三种情形，首先需要判断证据1是否属于他人未经专利权人同意而泄露其内容的情形，其次要确认专利权人是否履行相关手续，即还要符合"应当在得知情况后两个月内提出"要求不丧失新颖性宽限期的声明。因而专利权人于2021年2月7日提交"不丧失新颖性宽限期的声明"是否是专利权人于得知证据1的情况后的"两个月内"提出，成为判定证据1的公开是否得以使涉案专利享有不丧失新颖性宽限期的要件，也正是本案的焦点问题之一。

对此，决定认为，请求人提交的证据10、11涉及专利权人作为申报单位使用证据1申报2020年度广东省科学技术奖的情形，可见，在2020年8月20日之前证据1已为专利权人所知晓。此外，证据15和证据16形成证据链，可确认的是，专利权人作为申报单位之一向中华医学会申报奖项时，将证据1作为提交的申报材料之一，可见，在2020年7月15日之前证据1已为专利权人所知晓。

《专利法》第24条第（3）项的立法宗旨在于对别人未经其允许而公开的技术内容，给予专利申请人或专利权人以一定的保护，不因他人的过失或错误行为而丧失保护，但并非以判断涉案专利的权利要求必然因公开的技术内容导致丧失新颖性或创造性作为该条款成立的必要条件。这里的"应当在得知情况"，不需要严苛到得出涉案专利的新颖性或创造性被破坏的法律结论，因为权利要求所能够保护的技术方案是在经过实质审查后确定的，无法在申请日或未授权前明确其保护范围。换言之，若基于权利要求的保护范围或保护状态仍然处于待定或无法确认的情况下，而要求得出新颖性或创造性的比对结论，那么审查指南中规定的"若申请人在申请日前已获知，应当在提出专利申请时在请求书中声明"则彻底缺乏实务上的意义，因此专利权人的上述主张不成立。

据此，专利权人于2021年2月7日提交"不丧失新颖性宽限期的声明"晚于自知晓证据1公开后两个月内提出要求不丧失新颖性宽限期的声明的规定,涉案专利不应享有《专利法》第24条第(3)项规定的新颖性宽限期。

第三章 创造性

1 最接近的现有技术的确定

最接近的现有技术,是指现有技术中与要求保护的发明最密切相关的一个技术方案,它是判断发明是否具有突出的实质性特点的基础。最接近的现有技术,可以是与要求保护的发明技术领域相同,所要解决的技术问题、实现的技术效果或者用途最接近和/或公开了发明的技术特征最多的现有技术,或者虽然与要求保护的发明技术领域不同,但能够实现发明的功能,并且公开发明的技术特征最多的现有技术。

当存在多篇现有技术时,通过对现有技术整体呈现的信息进行分析,如果能够明确其中一篇现有技术与发明存在某种内在联系,该内在联系体现为所要解决的技术问题、采用的技术手段更为接近,则将其作为最接近的现有技术是较为合适的。

选取最接近的现有技术时,一方面可以考虑从整体上与权利要求的技术方案相似度最高的技术方案,另一方面可以考虑从技术构思上适于作为获得权利要求的技术方案的改进起点的技术方案。

1.1 对技术领域的考量

虽然发明与最接近的现有技术因具体用途的不同而导致所属的技术领域不同,但是二者所要解决的技术问题以及所实现的功能相同或者相似,并采用了相同或者相似的技术手段,则这种技术领域的不同并不能阻碍本领域技术人员基于该技术问题或者功能的指引到相关的技术领域寻找合适的最接近的现有技术。

第36684号无效决定涉及专利号为201320826793.3,名称为"充电器租售机"的实用新型专利。涉案专利的充电器租售机用于解决市面上缺乏为手机等数码设备进行灵活充电的设备的问题,在机柜中存放移动充电模块，使用户可以随时取走移动充电模块以便为手机等数码设备充电。

证据1作为最接近的现有技术公开了一种电池充电机柜，用于实现电动自行车或电动三轮车（下称电动车）的电池充换服务及收费，其整体架构和涉案专利中租售机的整体架构基本相同，均包括机柜、一个以上的充电模块保管仓、支付管理模块、主控电路模块、电子阀门模块及电源模块，且各模块的功能及连接关系也被证据1公开。涉案专利权利要求1与证据1相比，其区别主要在于主题名称及应用场景不同，涉案专利涉及的是移动充电模块租售机，移动充电模块用于便携式电子设备，电池容量和体积较小；证据1涉及的是电动车电池充换电机构，该电池容量及体积较大。基于上述区别特征可以确定，权利要求1实际解决的技术问题是：用户可以灵活、方便地对手机、数码设备充电或供电。

证据3公开了一种移动充电模块的付费租借系统，移动充电模块放置在充电站的充电槽中，用户可以租借并取走移动充电模块为便携电子设备供电或充电，使用后可归还，从而能够灵活、方便地对便携电子设备供电或充电，也就是说，证据3公开了上述区别特征并且其所要解决的技术问题也与权利要求1实际解决的技术问题相同。

该案关于证据1和证据3是否存在结合技术启示的争议焦点在于涉案专利所涉及的技术领域与证据1所涉及的技术领域是否相近。

决定认为，涉案专利的充电器租售机的本质功能就是便捷地提供一种可充电电源，其具体用途是将该可充电电源用于便携式设备的供电；相应地，证据1的电池充电机柜的本质功能与涉案专利相同，其具体用途则是将该可充电电源用于电动车的供电。因此，无论是用可充电电源给移动充电模块供电还是给电动车电池供电，都是一种可再充电的、能够给其他设备供电的电源组件，从可充电电池的领域来看，权利要求1和证据1本质功能相同、用途相近，属于相近的技术领域。

1.2 对发明要解决的技术问题的考量

在选取最接近的现有技术时，需要考虑现有技术中是否存在发明所要解决的技术问题，当现有技术与发明所要解决的技术问题无关时，一般认为该现有技术并不适合作为最接近的现有技术。例如，当现有技术与发明属于实现某一功能的不同技术方案时，如果发明所要解决的技术问题在现有技术中不存在，那么对于本领域技术人员而言，在现有技术的基础上进行改进从而获得该发明往往是缺乏动机的。

第47085号无效决定涉及专利号为201080027643.5，名称为"防止未授权的拧开的保险元件"的发明专利。涉案专利涉及一种防止未授权的拧开的保险元件，所要解决的技术问题在于避免两个可拧紧的壳体部件在工作过程中不期望地旋开。为解决上述技术问题，涉案专利在两个壳体部件的一个中设置一保险元件，该保险元件以夹紧的方式与另一壳体部件共同作用，且保险元件具有一弹性区域，该区域带有指向外的齿部，保险元件通过两个肩部安装在两个壳体部件的下部件处的槽中，从而防止可拧紧的两个壳体部件之间未授权地旋开。

证据1作为最接近的现有技术公开了一种用于管件的管道连接件，该管道连接件具有一个用于第一管件的圆柱形插座和一个用于第二管件的套筒状的柱塞，柱塞与插座之间采用插接连接，即柱塞轴向上插入插座中实现第一管件和第二管件之间的连接，为了实现柱塞与插座在轴向位置的固定，将多对锁定件嵌入插座上形成的第一环形沟槽和柱塞上形成的第二环形沟槽中，从而在插座和柱塞之间形成一锁定的连接。

该案的争议焦点在于本领域技术人员是否有动机在证据1的基础上改进得到涉案专利的技术方案。

合议组认为，涉案专利的两个壳体部件通过拧紧连接，即涉案专利的两个壳体部件之间可以相对旋转，并且在相对旋转过程中实现紧固，而证据1的两个壳体部件通过插接连接，也就是，涉案专利与证据1为实现两个壳体部件之间的连接这一功能采用了拧紧连接和插接连接两种不同的技术构思。由于证据1中并不存在可拧紧的壳体部件，也不具有设置可拧紧的壳体部件的需求，证据1的技术方案中不存在涉案专利所要解决的"防止两个可拧紧的壳体部件未授权地旋开"这一技术问题，因此，本领域技术人员没有动机以证据1作为发明创造的起点对其进行改进从而获得涉案专利的技术方案。

当存在多篇现有技术时，如果能够明确其中一篇现有技术与发明所要解决的技术问题、采用的技术手段更为接近，则将其作为最接近的现有技术较为合适。

第155320号复审决定涉及专利号为201410082151.6，名称为"用于选择热点的设备和方法"的发明专利申请。涉案申请所要解决的技术问题为：当便携式终端屏幕较小，且当触摸屏上的热点（如图标）相对于选择对象（如手指）较小时，用户难以准确地选择期望的热点。涉案申请采取的技术手段是，当手指靠近屏幕时，依次点亮相应区域内的各个图标，当某个图标被点亮的同时手指朝屏幕移动，则激活该图标的功能。涉案申请权利要求1为：一种用于选择热点的设备，应用于选择对象，包括，存储器，用于存储机器可读代码；以及处理器，用于执行所述机器可读代码，所述机器可读代码包括：指示模块，用于响应于选择对象悬停在触摸屏的悬停范围内而顺次指示在位于所述选择对象在所述触摸屏上的投影附近的指定选择区域内的每个热点；以及选择模块，用于响应于在指示所选择的热点的同时检测到所述选择对象朝向所述触摸屏的移动而选择热点。

对比文件1公开了如何检测手指的靠近，根据手指靠近来确定用户选择图标的意图，根据该意图放大或缩小某个按键。对比文件2公开了当光标意图选中某个图标时，选取光标所在位置特定范围内的区域，将区域内所有图标依次点亮，用户据此来选中被点亮的图标。该案的焦点问题在于：对比文件1还是对比文件2更适合作为涉案申请的最接近的现有技术。决定认为，涉案申请权利要求1请求保护的是当检测到选择对象具有点击热点的意图时，顺次指示指定区域内的热点，从而即使触摸屏相对于选择对象较小，用户也能够准确地选择期望的热点。对比文件2同样是为了解决图标在拥挤的屏幕上互相覆盖或堆叠而难以被准确选择的技术问题，其技术手段也是当光标意图选中某个图标时，选取光标所在位置特定范围内的区域，将区域内所有图标依次点亮，用户据此来选中被点亮的图标。而对比文件1所要解决的技术问题为被用户接触的可能性高的按键更容易接触，而被用户接触的可能性低的按键避免被错误地操作，其采用的技术手段为，检测手指的靠近，继而根据手指的靠近来确定用户选择图标的意图，然后根据该意图放大或缩小某个按键。可见，对比文件2所要解决的技术问题以及采用的技术手段均与涉案申请更相近，选择对比文件2作为最接近的现有技术更合适。

如果现有技术与发明的用途差异明显，应用场景不同，往往会导致该现有技术与发明要解决的技术问题无关，则以该现有技术作为改进的基础将难以获得通向发明的路径。

第46087号无效决定涉及专利号为201480000777.6，名称为"立体图像装置"的发明专利。涉案专利保护一种立体图像装置的光学器件，其解决了如何在立体图像装置中通过偏振分束器分割具有完整图像信息的光束，并将分割后的多组图像光进行调整，实现在大屏幕上投射高清晰度、高亮度的单一立体图像的技术问题。对比文件1涉及一种投影装置的照明装置。该案的争议焦点在于对比文件1与涉案专利的应用场景不同，本领域技术人员在对比文件1的基础上是否有动机改进得到涉案专利的技术方案。

决定认为，首先，对比文件1仅公开了一种投影装置的照明装置及投影装置，并未公开该投影装置是立体图像装置；其次，对比文件1解决的技术问题是在投影装置的照明装置中，照明区域的光锥角分布特征是零度附近的成分少，而具有该锥角分布特征的光向作为光阀的液晶显示元件照射时，存在无电场施加时产生双折射的角度成分较多致使图像对比度变低的问题，且在使用具有全息彩色过滤器的液晶显示元件作为液晶光阀的情况下，存在衍射效率无法充分获得、图像变暗的问题，而涉案专利解决的是如何在立体图像装置中通过偏振分束器分割具有完整图像信息的光束，并将分割后的多组图像光进行调整，实现在大屏幕上投射高清晰度、高亮度的单一立体图像的技术问题，二者所要解决的技术问题不同；再次，对比文件1中的偏光分束器是位于投影装置之内用于照明的照明装置中，其是投影成像之前的照明装置中的部件，仅为后续的投影成像作照明准备，起到基本的分束及照明区域光的锥角分布重新调整以提高对比度的作用，并不涉及任何成像的内容；而涉案专利的偏振分束器是位于投影照明装置之外，位于立体图像投影的光学系统中，两者在整个投影光学系统中的位置不同，应用场景完全不同，作用完全不同。可见，对比文件1的技术方案仅能对光源进行均衡准直处理及对锥角分布进行处理，并不涉及针对具有图像信息的光的处理，如果将具有图像信息的光通过具有小眼透镜的阵列，则必然会出现图像被分割且无法在屏幕上拼接成完整影像的结果。本领域技术人员在对比文件1公开在投影装置的照明装置中使用了偏光分束器的光路结构的基础上，没有动机将其应用于成像系统中进行图像的分割、重组和调制，也无法对对比文件1的光路进行彻底的改变，这种改变也不属于本领域的公知常识，即便改变，获得的也仅仅是投影装置的照明装置相关结构，并非如涉案专利所述的立体图像装置。

1.3 对发明构思和技术手段的考量

最接近的现有技术的选择并非简单地比较某项现有技术与发明的技术领域、技术方案、技术问题、技术效果在文字表述上的相关程度，而是要站在本领域技术人员的角度对上述因素进行全面综合分析，来判断两者在技术上是否存在合理的内在联系。

现有技术中的相关技术方案与发明的技术方案应用场景不同，且由此导致所要达到的目的不同，并不必然意味着上述现有技术不能成为本领域技术人员获得发明的技术方案的起点；如果二者在技术方面存在合理的关联性，则存在将上述现有技术作为最接近的现有技术以获得发明技术方案的可能性。

第23401号无效决定涉及专利号为01139459.5，名称为"印刷电路板的铜锡置换方法"的发明专利。根据涉案专利说明书的记载，为了利于印刷电路板焊接作业的进行，现有技术中使用含有化学锡的药液来浸泡或者冲刷印刷电路板，以使部分铜被置换成锡，但这一过程通常需要十几分钟的时间。为了缩短铜锡置换过程耗费的时间，涉案专利提供了一种改进的印刷电路板的铜锡置换方法，权利要求1中限定的铜锡置换方法的应用对象是具有数个铜接点的印刷电路板，并限定了铜锡置换方法的具体步骤，通过促进化学锡药液的流动来加快反应速率。对比文件1公开了一种用于制造多层印刷电路板的化学处理溶液的连续、顺序喷洒应用，根据对比文件1说明书的记载，多层印刷电路板的每个内层由夹在两个铜箔之间的环氧树脂浸渍的编织玻璃材料组成，为了提高粘接至铜箔表面的环氧粘合剂的粘合性，在铜箔表面进行准备性工艺，即在电路板内层的暴露铜表面上依序喷洒四种不同的化学组合物：①碱性清洁剂；②蚀刻液；③水性锡盐溶液及；④后处理溶液。其中第三步即涉及在电路板内层的铜箔表面与施加的化学锡药水之间发生铜锡置换反应。

合议组认为，首先，从技术领域来看，对比文件1与涉案专利中铜锡置换工艺的处理对象分别为多层印刷电路板的内层和印刷电路板，相关工序都是整个印刷电路板制造过程中的部分步骤，二者同属广义上的印刷电路板制造领域，技术领域具有高度相关性，只是所处的制造环节不同，也可以说是应用场景不同；其次，从技术手段来看，对比文件1与涉案专利

第三章 创造性

的铜锡置换工艺都是将待处理的印刷电路板或印刷电路板内层置于反应槽中并向其喷洒药液，使得部分铜被置换成锡，所用的设备和方法具有高度相似性，且对比文件1中的铜锡置换步骤相对独立，该步骤之前或之后的工序并不影响本领域技术人员对铜锡置换步骤进行改进；再次，从技术问题来看，涉案专利权利要求1解决的技术问题是缩短铜锡置换过程耗费的时间，而不在于如何利于印刷电路板焊接作业或是如何提高铜箔的粘合性，与铜锡置换工艺所处的制造环节没有必然联系，采用铜锡置换这一技术手段本身所要达到的目的不同不会影响本领域技术人员对这一技术手段的改进。同时，不断提高生产效率和降低生产成本是各个领域的普遍追求，对于印刷电路板制造过程中的铜锡置换工序来说，本领域技术人员为了提高生产效率和降低生产成本，自然存在改进生产工艺以尽可能缩短铜锡置换反应时间的需求，尽管对比文件1中的电路板内层在化学锡药液喷洒区域的停留时间较短（例如1分钟），但进一步缩短反应时间仍能够提高生产效率，因此本领域技术人员在对比文件1的基础上存在对其改进的动机。综上，对比文件1中铜锡置换的处理步骤与涉案专利权利要求1的技术方案在技术方面存在合理的关联性，以对比文件1作为起点具备获得权利要求1的技术方案的前景和希望。

尽管现有技术与发明的整体技术构思存在区别，但二者通过不同的技术逻辑最终获得的技术方案存在较多相同或相关的技术手段，则该现有技术与发明技术构思的区别可能并不影响本领域技术人员将上述现有技术作为最接近的现有技术，以其为起点进行进一步改进。

第51657号无效决定涉及专利号为201080056726.7，名称为"具有用于气体燃料的燃料罐的集装箱船"的发明专利。现有的集装箱船通常具有上部甲板上方的船舱区域，集装箱通常装载于集装箱船的外壳中和上部甲板上，船舱区域下方难以装载集装箱。为了有效地利用空间，涉案专利将燃料气体罐布置在船舱区域所在的上部甲板下方；为了保障船舱区域的安全，在船舱区域与燃料气体罐之间设置了阻挡部件；船舱区域、上部甲板、阻挡部件与燃料气体罐从上方开始沿垂直于上部甲板的方向依序排列。

对比文件2同样涉及集装箱船，具有用于集装箱的数量增多的存放空间，为了提高船身的抗扭刚度并减小扭转造成的拱度，在船身中设置连接船双外壳的稳定装置，从船的一侧到另一侧跨接。稳定装置设置在对提高抗扭刚度和阻止拱度的最有效的位置，优选稳定装置具有一基本上封闭的形成舱的空间结构，空间内可以包括燃油箱和/或其他存储装置，能补偿在船双外壳的区域内减小的舱容量，同时可以避免由于外壳的损坏导致燃料溢出的危险。在稳定装置的上面的空间设置甲板室（对应于涉案专利的船舱区域），在将集装箱堆叠到最大高度时仍保证船长对水面的可视性。

该案的争议焦点在于：涉案专利与对比文件2中都是将船舱区域或甲板室设置在甲板上方，并将燃料罐设置在其对应的甲板下方，但二者采用上述技术特征的技术逻辑不同，对比文件2是否能成为本领域技术人员获得涉案专利的技术方案的起点。

合议组认为，本领域技术人员知晓，船舱区域或甲板室是现有集装箱船通常都包含的部分，需要满足视野的要求，且其下方通常不能装载集装箱，而其设置位置和设置高度则是本领域技术人员在满足要求的基础上可以选择的。涉案专利的整体构思是按照通常的规则设置船舱区域，然后为了解决有效利用空间的技术问题，将燃料气体罐布置在船舱区域所在的上部甲板下方，并未考虑船体扭曲等稳定性问题；而对比文件2的整体构思是首先考虑船体稳定性问题，为了提高船身的抗扭刚度并减小扭转造成的拱度，在适当位置设置稳定装置，在此基础上，将甲板室合理地布置在稳定装置上方，同时将燃油箱设置在其对应的甲板下方。可见，涉案专利与对比文件2中设置船舱区域或甲板室的位置、燃料罐的位置的逻辑先后顺序、考虑因素不同，但二者最终都采用了将船舱区域或甲板室设置在甲板上方，并将燃料罐设置在其对应的甲板下方的技术手段，上述技术逻辑的区别并不影响本领域技术人员以对比文件2作为起点对集装箱船进行进一步改进，以获得涉案专利的技术方案。

若一项现有技术与要求保护的发明存在类似的技术手段，但这些技术手段在各自技术方案中所能起到的作用存在差异，技术方案整体上所要解决的技术问题也不相同，则在判断该现有技术的技术方案是否适合作为最接近的现有技术时，不仅需要考虑这些差异，也需要关注这些技术手段与技术方案中其他技术特征之间是否存在关联。

第37360号无效决定涉及专利号为200610160776.5，名称为"可改善显示品质的液晶显示系统及相关驱动方法"的发明专利。涉案专利权利要求1要求保护一种可改善显示品质的液晶显示系统，权利要求1对应的技术方案是为了解决现有技术中的液晶显示器的数据线间存在寄生电容,该寄生电容会产生耦合电压,从而使得数据线上的电压偏离预期值,相应地在像素单元上会产生色偏进而影响显示品质的问题。为此,权利要求1保护的技术方案中限定了在平行于栅极线的位置设置一电源线,以及多个第一耦合电容,所述耦合电容的一端耦接于上述电源线,耦合电容的另一端耦接于对应的数据线,通过电源线上的电位变化,可在耦合电容上产生电压差,进而提供耦合电压至相对应的像素单元,以补偿不同程度的色偏。

在将该权利要求1要求保护的技术方案与证据1所公开内容进行比对时,分析权利要求1所限定的"一第一电源线,平行于该多条栅极线;以及多个第一耦合电容,每一第一耦合电容的第一端耦接于该第一电源线,且每一第一耦合电容的第二端耦接于该相对应的数据线"是否被证据1公开时,决定认为,证据1中,分配电路内的SWg是TFT20(n,g)的开关线,SBb是TFT20(n,b)的开关线,上述各开关线的上升沿信号一方面充当对应的TFT20的开关信号,另一方面还对上述各开关线与数据分配线间连接的耦合电容进行充电,以消除分配电路TFT上的寄生电容带来的各数据分配线上的电位影响。可见,第一,涉案专利与证据1的寄生电容的来源不同,涉案专利需要消除影响的寄生电容是在数据线间存在的寄生电容,而证据1中需要消除影响的寄生电容是源极驱动器侧的分配电路内的TFT的栅-源极间存在的寄生电容,即涉案专利与证据1相比,不管是问题的来源还是所要解决的问题均有差异;第二,消除寄生电容的方式有别,涉案专利配置一电源线,并在电源线与相对应数据线间连接有耦合电容,而证据1在其分配电路内具有开关信号线,一方面将其作为所连接的TFT的开关信号线,另一方面使其兼有所连耦合电容的充电线的作用。因此,如果以证据1为最接近的现有技术,则本领域技术人员难以有动机在其基础上得到涉案专利的技术方案。

第33884号无效决定涉及专利号为201220056049.5,名称为"化学气相沉积装置"的实用新型专利。用于制造半导体芯片的气相沉积装置中包括旋转的主轴和随之转动的托盘。在工作时,芯片放置在托盘上,并由托盘带动其进行转动,同时通过气相沉积工艺在芯片表面沉积外延层。由于半导体芯片的高度精密性,对于托盘转动的平稳性和精度有着极高的要求。已知的半导体芯片制造装置中,托盘和转轴之间常用的连接方式之一为摩擦面连接，即转轴与基片托盘间通过一个带状的摩擦接触面进行连接，这样可以保证在转轴高速旋转时整个基片托盘会自发地调整成水平状态，但该方式存在着旋转加速和减速的过程中基片托盘和转轴容易发生相对位移，从而无法精确判断托盘旋转位置的技术问题。基于该技术问题，涉案专利对于主轴和托盘之间的连接方式进行改进，增加了同步运动配合结构，即设置突出部和与之配合的凹陷部。

证据1作为最接近的现有技术，其针对的改进点为托盘和转轴之间的另一种常见连接方式，固定连接，其要解决的技术问题是安装过程中需要的精度高、后续维修更换相关部件困难等，采取的技术手段为在托盘和转轴之间采用了可分离的连接方式，在安装过程中，将托盘放置在转轴之上即可。为了满足后续的旋转需求，证据1给出的具体实施方式为，在托盘和转轴之间设置独立保持装置，该独立保持装置具体体现为设置凹口和与之配合的凸起件或指状件。请求人认为证据1中由于转轴与托盘之间存在接触，也必然存在摩擦力的作用，因此公开了涉案专利中"通过基片托盘和旋转轴顶部之间的摩擦力使所述基片托盘围绕所述旋转轴的中心轴线转动"这一技术特征。

决定认为，涉案专利的发明构思是采用同步运动配合结构，来解决摩擦传动过程中转轴和托盘之间发生相对位移的问题，也即，正常转动时，转轴依靠摩擦力带动托盘旋转，同步运动配合结构只在急起、急停等特殊情况下才会产生作用，保证转轴和托盘之间不发生相对转动。证据1的发明构思则是采用接触传动这种可分离连接的方式，来克服以往的固定连接的缺陷，从其转轴顶部的形状可以看出，它并不包括摩擦带，转轴和托盘之间虽有接触，但它们之间的摩擦力仅仅是两个相互接触的部件在接触时所产生的不可避免的摩擦力，这个摩擦力与涉案专利中能够带动托盘运动的摩擦力完全不同，它不足以维持托盘随转轴转动，因此才要设置独立保持装置用于使转轴带动托盘转动，并且在转动时，独立保持装置要时刻发挥作用。由此可知，在二者方案中虽然均存在类似凸起指状件的结构，但二者在转轴带动托盘运动的过程中所起的作用并不相同，证据1的传动方式也并非摩擦传动，因此涉案专利权利要求中体现摩擦传动的技术特征自然也就构成了二者的区别，且本领域技术人员在证据1的基础上难以有动机改进得到涉案专利的技术方案。

2　发明的区别特征和发明实际解决的技术问题的确定

2.1　发明区别特征的确定

2.1.1　准确划分权利要求的技术特征

在评判创造性时，需要充分考虑特征之间的关联性。如果某个特征和其他特征一起才能实现其在发明技术方案中的功能和作用，并获得相应的技术效果，即这两个或多个特征是密切关联、不可分割的，那么，需要将这些特征作为一个整体去认定区别特征，进而，基于区别技术特征的整体确定发明实际解决的技术问题并认定现有技术是否给出技术启示。

在确定特征之间的关联性时，要立足于说明书中对于特征及其功能和作用的记载，并且结合说明书中实施例等内容所能证明的技术效果，站位本领域技术人员的技术水平，根据其掌握的技术知识和能力，客观分析技术特征之间的相互关系。

第46370号无效决定涉及专利号为201080063366.3，名称为"防水膜"的发明专利。涉案专利权利要求1保护一种防水膜，其由以下组成：……其中基本上反射性的无机粒子的平均直径为100~600μm，其近似等于或大于压敏粘合剂层的平均厚度，……并且其中防水膜不包括可剥离的防粘层。

证据1也公开了一种防水膜。由于涉案专利权利要求1中记载的"防水膜不包括可剥离的防粘层"采用否定式的表达方式，排除了防水膜包括可剥离防粘层的技术方案，而证据1中没有具体的文字表述其防水膜是否包含可剥离防粘层，该特征是否构成权利要求1与证据1的区别特征，成为争议焦点。

决定认为，首先，考查涉案专利说明书中关于该特征的记载，说明书中记载该膜不具有可剥离的防粘层，防粘层用于防止当膜被卷起时，膜的粘合剂部分粘贴至载体片或膜的其他部分，使用相对大的直径的粒子具有防止粘连的优势。其次，进一步分析制备防水膜的实施例、对比例以及测试的实验数据，通过分析可以获知，当反射性无机粒子的平均粒径未落入100~600μm范围内，或者远小于压敏粘合剂层厚度时，所得防水膜的抗粘连性较差，而当反射性无机粒子的平均粒径落入100~600μm范围内，同时近似等于或大于压敏粘合剂层厚度时，所得防水膜的抗粘连性较好。也就是说，涉案专利中防水膜的剥离粘结力在反射性无机粒子平均粒径大于压敏粘合剂层厚度的样本中抗粘连性较好，而只有在抗粘连性较好的情况下，防水膜才可以不包括可剥离防粘层，由此可知，涉案专利中关于反射性无机粒子平均粒径和压敏粘合剂层厚度之间的大小关系的限定实质上是实现防水膜不包括可剥离防粘层的关键技术手段。在确认防水膜不包括可剥离的防粘层是否构成区别特征时，需要同时考虑反射性无机粒子粒径和压敏粘合剂层厚度之间的大小关系特征，即这两个特征之间是密切关联的。最后，考查证据 1 中公开的内容，证据 1 中没有关于防水膜是否包括可剥离的防粘层的相关文字记载，也没有防水膜可剥离实验的相关实验数据予以说明。同时，证据 1 中公开了涂覆颗粒的粒径为 50~100μm，胶粘层的厚度为 127~1524μm，即，证据 1 中分别公开了颗粒粒径和胶粘剂层厚度的数值范围，但是没有重点关注两者之间的大小关系。并且，将证据 1 中颗粒粒径 50~100μm 与胶粘层厚度 127~1524μm 相比较可知，证据 1 公开的技术方案中颗粒粒径是小于胶粘剂层厚度的。结合涉案专利说明书的记载和本领域技术人员的技术知识可知，如果其防水膜不包括可剥离的防粘层，则抗粘连性较差，证据 1 的防水膜是必然具备可剥离的防粘层才能在应用前方便储存或运输。综合上述分析可知，证据 1 从整体上没有公开涉案专利中所述的反射性无机粒子的平均粒径近似等于或大于压敏粘合剂层的平均厚度，以及防水膜不包括可剥离的防粘层，上述两个特征密切关联、不可分割，一起构成了权利要求 1 相对于证据 1 的区别特征。

确定发明与最接近的现有技术之间的区别技术特征时，应当以申请文件中记载的内容为基础，通过意见陈述等方式补充增加的超出原申请记载的技术信息不能作为区别技术特征。如果认为权利要求的技术方案中包括了尽管没有明确的文字表述，但隐含的某些技术特征，那么，这样的技术特征应当是根据该权利要求中其他技术特征之间的关联，并结合本领域技术人员所掌握的常识综合判断后可以直接地、毫无疑义地确定的内容。

第 48686 号无效决定涉及专利号为 200910200286.7，名称为"发泡酚醛树脂组合物"的发明专利。涉案专利权利要求 1 要求保护一种发泡酚醛树脂组合物，该组合物包含作为连续相的酚醛树脂混合物和作为分散相的发泡塑料颗粒，该发泡酚醛树脂组合物通过将酚醛树脂混合物与发泡塑料颗粒搅拌混合，并进行加温、加压、发泡、固化而成。

证据1公开了一种膨胀型聚苯乙烯珠粒制备阻燃绝缘材料，阻燃绝缘材料的其他主要组分是热发泡的热固性树脂组合物。树脂组分优选为酚醛树脂、三聚氰胺－甲醛树脂或其混合物。通常优选预先形成树脂组合物，将树脂、表面活性剂、发泡剂以及催化剂结合，然后再将该树脂组合物与聚苯乙烯珠粒结合。将组合物喂料到模具，例如装配有加热装置的形成直线的模具。在模具关闭并锁好以承受压力后，施以加热，例如通过电解质加热装置。

在涉案专利权利要求1与证据1公开内容之间的区别特征认定方面，专利权人认为，涉案专利的发泡塑料颗粒是预先循环发泡，进入模具之后不再发泡，加压步骤后的发泡只针对酚醛树脂，而证据1是塑料颗粒在模具里和酚醛树脂一起发泡。专利权人提交了反证5至反证7予以佐证，其中反证5是在涉案专利实质审查过程专利权人针对审查意见通知书的意见陈述，专利权人在其中提出，证据1使用颗粒状可膨胀的聚苯乙烯，其与树脂混合后一起加热发泡成形，聚苯乙烯的发泡固化温度较高；而涉案专利发泡塑料颗粒是预先发泡制成的，在与酚醛树脂混合后发泡塑料颗粒不再发泡，只有酚醛树脂在70~80℃下进行发泡。反证6证明70~80℃是酚醛树脂最佳的发泡温度，反证7记载了聚苯乙烯的发泡温度是100℃，用于说明聚苯乙烯的发泡固化温度较高，酚醛树脂发泡固化温度较低。

决定认为，涉案专利权利要求1中没有限定其中的发泡塑料颗粒是否预先循环固化过，说明书中对此也没有进行明确说明，说明书仅记载发泡塑料颗粒选用EPS、EVA或PVC发泡颗粒。权利要求1中也未限定酚醛树脂与发泡塑料颗粒搅拌混合后的发泡温度，无法确定该发泡只针对酚醛树脂，而发泡塑料颗粒不再发泡。从涉案专利申请文件本身无法得出专利权人提出的涉案专利的发泡塑料颗粒是预先循环发泡，进入模具之后不再发泡，而加压步骤后的发泡只针对酚醛树脂的结论。反证5是涉案专利申请过程文件，其中叙述的内容仅能对原始申请文件起到澄清和补强的作用，而专利权人所主张的发泡塑料珠粒是预先循环发泡的等内容超出了原申请的记载，即原申请文件中不存在能够支撑该补充意见的基础。此外，由于涉案专利并未涉及发泡温度，反证6至反证7也不足以支持专利权人的上述主张，不能说明涉案专利权利要求1与证据1之间存在发泡温度不同的区别特征。

在将权利要求与最接近的现有技术进行比对时，应准确把握专利的发明构思和现有技术公开的技术方案，分析权利要求中各技术特征在解决的技术问题、实现的技术效果等方面是否紧密联系、相互依存，是否存在协同配合关系，是否需要整体考量，从而合理划分区别技术特征。

第47398号无效决定涉及专利号为200780045351.2，名称为"利用直流电源的分布式电能收集系统"的发明专利。涉案专利权利要求1保护的一种分布式电源收获系统包括：众多的DC电源；众多的变换器，每个变换器包括：与相应DC电源连接的输入终端；与其他变换器串联连接的输出终端，从而构成了一个串联串；MPPT部分，将变换器的输入终端的电压和电流设置成相应DC电源的最大功率点；和用于将输入终端接收到的电能转换成输出终端的输出功率的功率转换部分；和与串联串连接的能量供应器，能量供应器包括一个控制部分，负责将能量供应器的输入电压保持在预定值。

专利权人认为，本专利的多个功率变换器形成串联串，串联串与逆变器之间形成串联连接，功率变换器单独设置MPPT部分与逆变器输出电压保持在预定值之间存在特殊控制关系，通过串联连接到逆变器，功率变换器侧和逆变器侧共同形成了一个整体的电路结构，因此涉案专利权利要求1的技术特征"MPPT模块的最大功率输出"与"逆变器输入电压保持在预定值"需整体考虑，不能将其割裂并拆成两部分，孤立地看待逆变器的输入电压。

决定认为，通过阅读本专利和证据1的技术方案，可以梳理出涉案专利和证据1的技术发展路线。涉案专利背景技术中的传统太阳能发电系统包含单个MPPT模块，这种传统技术存在如下技术缺陷，即每个太阳能电池板无法工作在其最大功率点下，实现太阳能电池板的最大功率输出。为了最大化地提取来自太阳能电池板的输入功率，太阳能发电系统改进为包含多个MPPT模块，为每个太阳能电池板均提供一个MPPT模块。此时，将存在两种技术发展路径，第一种技术发展路径为，将包含MPPT模块的多个功率变换器串联连接到逆变器，第二种技术发展路径为，将包含MPPT模块的多个功率变换器并联连接到逆变器，这两种技术发展路径均为本专利背景技术所记载的现有技术。随着技术进一步的发展，为了防止逆变器输入电流增加，在逆变器中设置控制部分，用于将逆变器输入电压保持为预定值。沿着第一种技术发展路径，在功率变换器串联连接的基础上，结合逆变器输入电压保持为预定值，发展成为本专利的技术方案；沿着第二种技术发展路径在功率变换器并联连接的基础上，结合逆变器输入电压保持为预定值，发展成为证据1的技术方案。基于MPPT模块的工作原理，MPPT模块的最大化功率输出由太阳能电池板输出的电流和电压决定，而逆变器输入电压保持为预定值由功率变换器的输出电压决定，即便逆变器的输入电压未保持在预定值上，功率变换器仍然可以基于MPPT算法实现最大功率输出，反之亦然。因此，权利要求1的上述两个技术特征"MPPT模块的最大功率输出"与"逆变器输入电压保持在预定值"由于实现的技术手段、解决的技术问题以及产生的技术效果彼此相互独立，不存在协同配合关系，在划分区别技术特征时不应捆绑为一个区别技术特征。基于此，权利要求1与证据1相比，其区别特征为：每个变换器包括与其他变换器串联连接的输出终端，从而构成了一个串联串；以及与串联串连接的能量供应器。

2.1.2 通过技术特征的对比确定区别特征

要准确划定权利要求与最接近的现有技术之间的区别特征，前提是准确把握权利要求的保护范围，同时充分理解并准确把握最接近的现有技术公开的内容。

一份现有技术中可能存在多个技术方案，与权利要求进行对比时，最接近的现有技术应当是上述现有技术中与权利要求的技术方案最密切相关的一个技术方案，而不是一份现有技术中多个技术方案的组合；区别特征应当是将权利要求与上述最密切相关的一个技术方案进行对比得到的。

第44371号无效决定涉及专利号为201310561774.7，名称为"升降式停车库"的发明专利。根据涉案专利说明书的记载，现有技术中的立体停车库的下轨铺设需要开挖地基，安装不便，且轨道较高，影响倒车。为了解决上述技术问题，涉案专利对下轨的结构进行了改进，如其附图所示，权利要求1保护一种升降式停车库，其中对下轨的结构进行了如下限定："所述下轨（6）包括具有顶面、底面和位于两侧的两个侧面的且顶面中间部分开口的第一轨道（61），以及位于所述第一轨道（61）前部的由第一轨道（61）削除顶面和至少部分侧面形成的第二轨道（62）。"

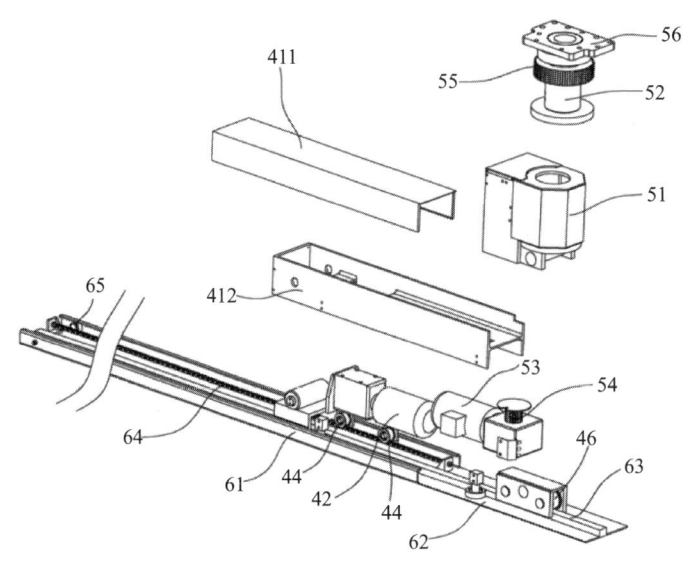

涉案专利附图

证据 1 公开了一种无避让型立体停车位的移动机箱的支撑移动机构，其附图显示了实施例 1 的技术方案，其中下轨道由横截面近"凸"字形的凸型轨道 2 和一侧设有侧向凹槽的侧向凹槽轨道 13 组成，侧向凹槽轨道与凸型轨道沿长度方向并排平行布置，侧向凹槽轨道与凸型轨道在它们的侧向方向上的投影部分重叠，凸型轨道的前端长出侧向凹槽轨道，而侧向凹槽轨道的后端可以长出，也可以不长出凸型轨道，凸型轨道 2 的高度低于侧向凹槽轨道 13 的高度。作为优选的方式，侧向凹槽轨道为一条，位于凸型轨道外侧，侧向凹槽轨道 13 的横截面为开口朝向凸型轨道 2 的近"C"字形的矩形槽状，其所述上翻边 131 向内折弯出为后滚轮限位的小折边 133，侧向凹槽轨道 13 上与所述上翻边相对的下翻边 132 向凸型轨道 2 方向延伸，宽于所述上翻边，而所述凸型轨道固定连接（焊接或螺栓固定）在所述侧向凹槽轨道的下翻边 132 上成为一个整体，再将下翻边与基础 1 固定连接。侧向凹槽轨道 13 优选为 1 条即可，因为只是为了平衡前后力矩的受拉，事实上，该侧向凹槽轨道 13 还可以为两条，分别位于所述凸型轨道 2 的两侧，对应的，所述后滚轮 14 为两个，分别装配在移动机箱 12 后端下部的两侧，对应适配于两个侧向凹槽轨道中，所述侧向凹槽轨道 13 与所述上翻边 131 相对的下翻边 132 与基础 1 固定连接，所述凸型轨道 2 直接固定连接在基础上，这种方式未用图示出。

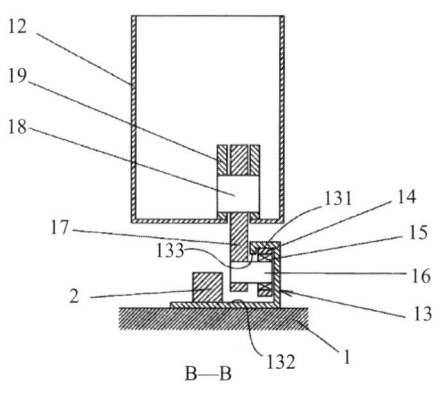

证据 1 附图

请求人认为,证据 1 中侧向凹槽轨道 13 为两条时,分别位于凸型轨道的两侧,侧向凹槽轨道的上翻边 131 内折弯出为后滚轮限位的小折边 133,而与上翻边相对的下翻边 132 向凸型轨道 2 方向延伸,宽于所述上翻边,凸型轨道固定连接在所述侧向凹槽轨道的下翻边 132 上成为一个整体,即对应了涉案专利中下轨道的第一轨道;证据 1 公开了侧向凹槽轨道与凸型轨道沿长度方向并排平行布置,凸型轨道 2 高度低于侧向凹槽轨道 13 的高度,且由证据 1 的附图可以看出第一轨道的前部长出侧向凹槽轨道的凸型轨道即对应涉案专利中的第二轨道,因此,证据 1 公开了权利要求 1 所限定的下轨结构。

合议组认为,证据 1 的实施例 1 中存在两种下轨道结构,第一种为一侧设有单个侧向凹槽轨道、凸型轨道设于侧向凹槽的下翻边上的单侧向凹槽轨道结构,第二种为凸型轨道直接固定在基础上,两条侧向凹槽轨道分离地设在凸型轨道的两侧并固定连接在基础上。请求人的上述主张实际上是将证据 1 中的上述第二种结构中的两条侧向凹槽轨道组合到第一种结构中作为最接近的现有技术与权利要求 1 进行对比,但这样的技术方案在证据 1 中实际上并不存在。将证据 1 公开的两种下轨道结构中的一种作为最接近的现有技术与涉案专利权利要求 1 进行对比可知,证据 1 的上述第一种下轨道结构未公开涉案专利的双侧向轨道结构,证据 1 的上述第二种下轨道结构中两条侧向凹槽轨道和凸型轨道需分别与基础进行固定安装,其结构与涉案专利中的下轨存在明显差别。因此,无论将证据 1 实施例 1 中的两个技术方案中的哪一个作为最接近现有技术与权利要求 1 进行对比,其均未公开包含权利要求1中所限定的第一轨道和第二轨道的下轨结构。

区别特征应当是将权利要求中限定的技术特征与最接近的现有技术之间进行对比得出的，未在权利要求中限定的技术内容不能构成区别特征。在将权利要求与最接近的现有技术进行比对时，如果二者对相关技术特征的文字描述不同，则需要站在本领域技术人员的角度分析二者的上述相关技术特征实质上是否相对应。

第35866号无效决定涉及专利号为200610075833.X，名称为"带形刀片的加工装置和方法"的发明专利。带形刀片是一种由带刃口的条状材料经冲切、弯曲加工形成的具有空间形状的刀片，用于安装在冲模上，冲切片状材料，其由条状刀片原材料经多个工序加工而成，现有技术中在将其从条状刀片原材料上裁断之后还需进行部分步骤的加工，容易产生精度或形状误差，而涉案专利对加工步骤进行了改进，在最后步骤再将带形刀片从条状刀片上断开，解决了上述技术问题。涉案专利权利要求1保护一种带形刀片的加工方法，包括一个弯曲过程，把尚未成形的条状刀片施加撞击成为预定需要的形状；和一个带形刀片分两段进行剪切的过程；带形刀片加工装置的第一组冲模、弯曲器、第二组冲模顺序沿原材料条状刀片的送进方向顺序排列；当原材料条状刀片由第一组冲模开始送进时，第一组冲模把尚未成形的条状刀片的顶端，即刃口一端，精确冲出需要精度和形状的缺口；随后，条状刀片送进至弯曲器，……，依次往复循环。

证据1公开了一种带形刀片的加工方法，装置具备对带形刀片B进行折弯和冲断的折弯冲断部、保持传送部以及辅助保持传送部的辅助保持部。保持传送部在折弯冲断部的加工前进行带形刀片B的刀刃冲切部分Bf和桥接部槽口部Bd的冲切加工，并在冲切加工完毕后保持带形刀片BB，使其通过折弯冲断部进行折弯和冲断；保持传送部具备桥接部冲切加工部和刀刃冲切加工部，桥接部冲切加工部生成桥接部槽口部Bd，刀刃冲切加工部综合处理作为折弯加工后的带形刀片的后端和折弯加工前的带形刀片的前端两者的刀刃冲切形状的组合，生成刀刃冲切部分Bf。承载桥接部冲切加工部和刀刃冲切加工部的传送基底由导轨引导，由螺杆机构驱动，在固定基底上沿图面垂直方向直线移动。在对刀刃冲切加工部的4种刀刃冲切阳模进行选择时，不需要重新设置控制轴，仅利用移动用于控制由桥接部冲切加工部和刀刃冲切加工部构成的保持传送部的螺杆机构即可。折弯冲断部对冲切加工完毕的带形刀片 BB 的刀刃冲切残余部 Bg 进行冲切剪断，即对折弯加工后的带形刀片 BC 的后端进行冲断，同时对冲切加工完毕的带形刀片 BB 的前端进行冲断。

专利权人认为，证据 1 中的保持传送部是保持移动的，通过移动的位置来确定加工刀片的长度，从而起到使结构简单、加工方法简单的作用；而涉案专利的第一组冲模不用移动，加工方法和证据 1 是不同的，证据 1 未公开权利要求 1 中的第一组冲模。

合议组认为，涉案专利权利要求 1 中限定了第一组冲模的作用是把尚未成形的条状刀片的顶端，精确冲出需要精度和形状的缺口，并限定了第一组冲模与弯曲器、第二组冲模之间的位置关系，但对第一组冲模的具体结构以及是否移动并未进行限定。证据 1 中的保持传送部的刀刃冲切加工部将尚未成形的条状刀片 BA 的顶端，冲切加工生成刀刃冲切部分 Bf，因此该刀刃冲切加工部的作用与权利要求 1 中限定的第一组冲模的作用相同。涉案专利说明书中也记载了第一组冲模可以是一个或多个的冲模装置，每个冲模装置可以带有不同的冲模形状，每次使用其中一个冲模装置把条型刀片的顶端在需要的位置上冲出需要形状的精密槽口，这与证据 1 中保持传送部的刀刃冲切加工部具备 4 种刀刃冲切加工部①、②、③、④是相对应的；并且，涉案专利说明书也没有对如何选用第一组冲模中的一个冲模装置在需要的位置冲出精密槽口进行具体描述，即没有对第一组冲模是否移动进行具体描述，因此不能得出涉案专利中的第一组冲模不移动的结论。综上，本领域技术人员可以确定证据 1 的保持传送部的刀刃冲切加工部包含在权利要求 1 所限定的第一组冲模的范围之内，与权利要求 1 的第一组冲模存在对应关系。

如果最接近的现有技术中记载的某技术手段存在不清楚或相互矛盾之处，站在本领域技术人员的角度，从最接近现有技术的技术方案的整体考虑，仍无法毫无疑义地确定该技术手段的具体内容，则不能认定其公开了权利要求中的相应技术特征，上述技术特征构成权利要求与最接近的现有技术之间的区别技术特征。

第 47714 号无效决定涉及专利号为 201821889711.9，名称为"一种三维旋转摇摆风扇"的实用新型专利。为了改善三维旋转风扇的受力稳定性，节省竖直方向的安装空间，涉案专利对现有技术中的三维旋转风扇进行改进。权利要求1保护一种三维旋转摇摆风扇，包括"底座（1）以及垂直于底座（1）的支撑杆（2），其特征在于，所述支撑杆（2）远离底座（1）的一端同轴且转动连接有安装环（3），所述安装环（3）的侧壁安装有驱动电机（4），所述驱动电机（4）的轴线与支撑杆（2）的轴线平行，所述驱动电机（4）的轴端设置有主动齿轮（5），所述支撑杆（2）上固定连接有与主动齿轮（5）啮合的从动齿轮（6）；所述安装环（3）的周侧设置有至少一个摆臂（7），所述摆臂（7）远离安装环（3）的一端设置有风扇组件（8）"。

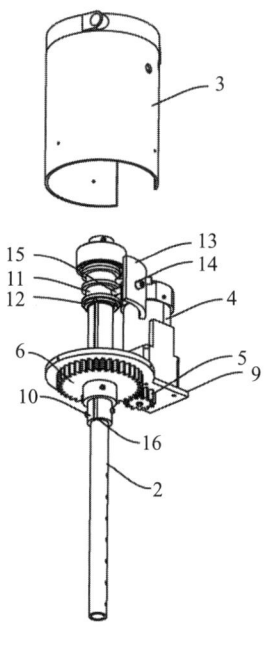

涉案专利附图

证据1公开了一种可三维旋转的针织机除尘装置，其包括主杆10、转动及电连接件20、驱动机构30、风扇连接杆40、风扇50、减速机构60及主控制器70。主杆10为中空管状体，呈竖向设置，其下端与机台100固接，其上端则装有转动及电连接件20及驱动机构30。转动及电连接件20包括碳刷定子21、外壳22、碳刷转子23及上轴承24、下轴承25，所述外壳22为圆筒状体，它通过装在其上下两端的上轴承24、下轴承25与主杆10可转动连接，使其可绕主杆旋转。在转动及电连接件上部设有驱动机构30，该驱动机构30包括第一步进电机31、小齿轮32、过渡齿轮33及大齿轮 34，其中，所述第一步进电机 31 固接于水平连接板 35 上，连接板 35 则固接在转动及电连接件的外壳 22 顶部。第一步进电机的电机轴上装有小齿轮 32，与该小齿轮啮合的过渡齿轮 33 包括一个过渡大齿轮 331 和与之一体且同轴的过渡小齿轮 332，所述过渡大齿轮 331 与小齿轮 32 相啮合，过渡小齿轮 332 则与大齿轮 34 相啮合，过渡齿轮的齿轮轴与连接板 35 可转动连接。所述大齿轮 34 固接于转动及电连接件的外壳 22 的顶部，并与过渡小齿轮 332 相啮合。驱动机构 30 在工作时，由第一步进电机 31 带动小齿轮 32 转动，经过渡齿轮 33 减速后通过大齿轮 34 驱动转动及电连接件 20 的外壳 22 及风扇连接杆 40、减速机构 60 及风扇 50 同步转动。

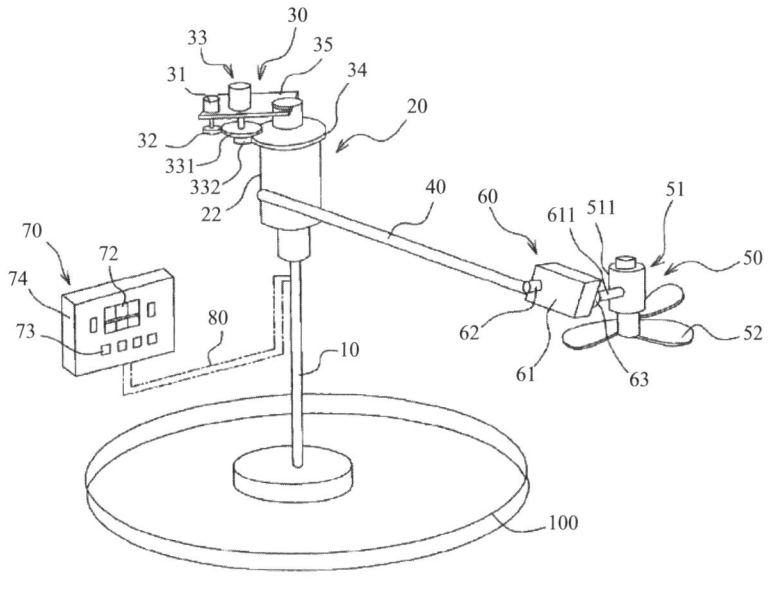

证据 1 附图

请求人认为，证据 1 中的大齿轮 34、主杆 10 分别对应于涉案专利的从动齿轮、支撑杆，证据 1 中的大齿轮 34 固接于转动及电连接件 20 的外壳 22 的顶部即公开了权利要求 1 中的"支撑杆（2）上固定连接有与主动齿轮（5）啮合的从动齿轮（6）"。

合议组认为，涉案专利中的驱动电机安装在安装环的侧壁上，与安装环一起转动，从动齿轮与支撑杆固定连接，是不转动的，请求人的上述主张实际上是认为证据 1 中的大齿轮 34 与主杆 10 是固定连接的。根据证据 1 的记载，第一步进电机 31 固接于水平连接板 35 上，连接板 35 固接在转动及电连接件的外壳22顶部,大齿轮34固定连接在可转动的外壳22的顶部,按照本领域技术人员的通常理解,第一步进电机31和大齿轮34固定连接在同一部件上,第一步进电机31无法带动大齿轮34转动,整个装置将不能正常运转。由证据1的记载能够确定转动及电连接件的外壳22是转动的,在此基础上,要使得证据1中的装置正常运转,可能的设置方式包括将第一步进电机31设置成随外壳22转动,同时使得大齿轮34与主杆10固定连接;也包括将第一步进电机31设置成不随外壳22转动,同时使得大齿轮34随外壳22绕主杆10转动等不同的方式。因此本领域技术人员不能毫无疑义地确定证据1采用的设置方式,在证据1中记载的是大齿轮34与可转动的外壳22固定连接,且证据1本身的技术方案存在上述问题的情况下,本领域技术人员根据证据1的记载无法得出大齿轮34与主杆10是固定连接的。因此,不能认定证据1公开了权利要求1中的技术特征"支撑杆(2)上固定连接有与主动齿轮(5)啮合的从动齿轮(6)"。

2.2 发明实际解决的技术问题的确定

在仅用结构和/或组成不能清楚地对产品进行限定的情况下,可以使用参数对产品进行定义,所述参数定义应当更为清晰地表达出技术方案,并与技术效果密切关联。若该参数定义与技术效果的关联并不明确,不能使本领域技术人员判断出选择了该参数范围的产品能够取得何种更为优异的技术效果,甚至使得技术方案的实施更为复杂化,且缺乏目的性,则这种参数定义的特征无法为确定发明实际解决的技术问题提供依据。

第42578号无效决定涉及专利号为200410010483.X,名称为"抛光垫"的发明专利。涉案专利涉及一种用于平整半导体基体的抛光垫,该抛光垫包含孔隙度为至少0.1体积%、在40℃和1rad/sec下,KEL能量损耗因子(以下简称KEL)为385~750 l/Pa以及模量E'为100~400MPa的聚氨酯聚合物材料。

证据1公开了一种抛光垫的制备方法,权利要求1与证据1相比,二者的区别在于:(1)权利要求1限定了孔隙度大于0.1体积%,而证据1没有对此进行限定;(2)权利要求1限定了抛光垫在限定的测试条件下(40℃和1rad/sec)的KEL和模量E',而证据1没有具体公开这两个参数。

对于KEL和模量E'这两个参数,涉案专利的说明书记载了其定义,其

中模量 E' 全称为弹性储能模量 E'，而 KEL 是应力－应变滞后回线中面积的量度，与应力和应变之间相角位移的正切值（tanδ）关联，KEL 是 tanδ 与弹性储能模量（E'）（以下简称模量 E'）的函数。然而，对于这两个参数的选择，究竟与解决何种技术问题相关联，还需要进行具体的认定。

专利权人主张，涉案专利的核心就在于，选择权利要求 1 限定的测试条件下测得的 KEL 和模量 E' 的聚氨酯聚合物材料制备的抛光垫，对晶片的缺损的降低是非常显著的，只有在这样的测试条件下，KEL 和模量 E' 才与缺陷度呈现出很强的相关性。涉案专利说明书提供了实验结果表 4、表 5A 和表 5B，表 4 的测量条件为 40℃、10rad/sec、0.2% 应变，该测量条件不在权利要求 1 的范围内，则 KEL 和模量 E' 与缺陷的值便没有相关性；而表 5A 中的 KEL 和模量 E' 与晶片的缺陷表现出很强的相关性。因此，这两个参数与技术方案所达到的技术效果之间的关系，即基于这样的区别，权利要求 1 实际解决了何种技术问题成为争议焦点。

决定认为，化学领域的实施例和对比例，通常是通过变换技术手段，来证明不使用权利要求中限定的技术特征就不能实现其主张的技术效果。具体到本案，涉案专利表 4 和表 5A 后四列显示的抛光垫抛光后的晶片缺损情况完全相同，本质上无法体现技术效果产生了差异。此外，两个表中 KEL 和模量 E' 这两个参数，取值均在一百到几百的数值范围，无论是表 4 还是表 5A 的数据，均无法看出随着 KEL 和模量 E' 的变化，晶片的缺陷程度有何相应的变化规律，因此，没有数据能够支持专利权人主张的上述参数与缺陷程度之间有"很强的关联性"。此外，进一步考察表 5B 的数值。表 5B 的测试条件与表 5A 相同，但是对于样品 2 的 KEL 和模量 E'，却得到了不同结果，第一行的参数测量结果与表 5A 相同，而第 2 至第 3 行的参数测量结果却与表 4 相同。专利权人主张这属于正常的测量误差，然而，如果测量误差可以是如此大的范围，那么本领域技术人员就无法确定在表 4 的测试条件下和表 5A 的测试条件下测得的数值究竟哪个更接近真实值，哪个误差更大，更无从判断究竟是哪一系列参数数值与晶片缺陷有相关性。

综上所述，本领域技术人员无法合理预测权利要求 1 的参数特征所涵盖的技术手段能够使技术方案达到相同的技术效果，解决相同的技术问题，换言之，这些参数所表达的技术手段构成的技术方案的效果是难以预先确定和评价的，本领域技术人员难以知晓这样选择参数的目的何在，参数的具体选择实质上没有给技术方案带来任何更为优异的技术效果，也没有通过对参数的选择实际解决何种技术问题。这种缺乏意义的参数选择是本领域技术人员不付出创造性劳动就可以进行的，权利要求1的技术方案不具备创造性。

如果发明创造中所记载的技术问题已经被最接近的现有技术解决，则需要根据二者之间的区别技术特征重新确定发明创造实际解决的技术问题。如果专利权人主张的技术效果并不是上述区别技术特征实际能带来的，则不能根据上述技术效果确定实际解决的技术问题。

第56269号无效决定涉及专利号为201520339376.5，名称为"推杆可换向的儿童推车"的实用新型专利。根据涉案专利说明书的记载，现有技术中存在推把可换向的儿童推车，但是推把换向后需要手动操作对前、后轮分别进行定向解锁和锁定，确保推车处于前轮可自由转向而后轮定向锁定的状态，整个过程步骤烦琐，操作麻烦，不够简便。为了克服上述缺陷，涉案专利提供了一种在推杆换向过程中能够同时对前、后轮同步实现定向锁定或解锁的推杆可换向的儿童推车。无效程序中修改后的权利要求1保护一种推杆可换向的儿童推车，包括推杆、前轮支架、后轮支架、设置在前轮支架底部的前轮、设置在后轮支架底部的后轮，推杆、前轮支架及后轮支架三者沿同一转动中心线相转动连接在一起；……推杆的下端固定连接有可沿转动中心线转动的转动部，转动部的外圆周面上开设有凹槽；前轮定向组件包括设置在前轮支架的上部并与转动部配合的前驱动件、设置在前轮支架的下部与前驱动件传动连接的前锁舌，前轮的轮架上设有与前锁舌配合的前锁槽；后轮定向组件包括设置在后轮支架的上部并与转动部配合的后驱动件、设置在后轮支架的下部与后驱动件传动连接的后锁舌，后轮的轮架上设有与后锁舌配合的后锁槽；推杆在正向固定位置时，前驱动件卡在所述凹槽中，前锁舌与所述前锁槽相脱离，后驱动件抵顶在所述转动部的外圆周面上，后锁舌卡在所述后锁槽中；推杆在反向固定位置时，前驱动件抵顶在所述转动部的外圆周面上，所述前锁舌卡在所述前锁槽中，后驱动件卡在所述凹槽中，后锁舌与后锁槽相脱离。

证据1与涉案专利属于相同的技术领域，并公开了权利要求1中的大部分技术特征，但证据1的推车在第一工作位置（对应于涉案专利的正向固定位置）时，前滑块（对应于涉案专利的前驱动件）与转盘外圆周面上的第一收容槽（对应于涉案专利的凹槽）相脱离，后滑块（对应于涉案专利的后驱动件）插在转盘外圆周面上的第二收容槽（对应于涉案专利的凹槽）中，前轮定向机构处于解锁位置，在第二工作位置时相反，也就是说，在与涉案专利相对应的工作位置，证据1中前后滑块与转盘上的凹槽的相对位置关系与涉案专利相反，权利要求1与证据1之间存在以下区别技术特征：推杆在正向固定位置时，前驱动件卡在所述凹槽中，前锁舌与所述前锁槽相脱离，后驱动件抵顶在所述转动部的外圆周面上，后锁舌卡在所述后锁槽中；推杆在反向固定位置时，前驱动件抵顶在所述转动部的外圆周面上，所述前锁舌卡在所述前锁槽中，后驱动件卡在所述凹槽中，后锁舌与后锁槽相脱离。

由于证据1的技术方案能够在推杆换向过程中对前、后轮同步实现定向锁定或解锁的功能，已经解决了涉案专利说明书中所记载的技术问题，因此需要基于上述区别技术特征重新确定权利要求1相对于证据1实际解决的技术问题。

专利权人主张，证据1中前后轮锁定或解锁的结构复杂，涉案专利采用简单结构在转动推把时实现前后轮锁定状态的转换，权利要求1的技术方案实际解决的技术问题为使得推车结构简单、成本低廉。

合议组认为，证据1中的推杆架在第一、第二工作位置之间绕固定轴转动，从而带动转盘转动，使得前后滑块与转盘的相对位置关系发生同步变化，进而使得前后驱动件在前轮支架或后轮支架上产生方向相反的上下滑动，最终导致前后轮定向滑块（对应于涉案专利的前后锁舌）的锁定或解锁，可见，证据1与涉案专利在前后轮锁定或解锁的动力输入端（推杆与转盘）及动力输出端（锁舌与锁槽）的动作方式是相同的。证据1与涉案专利在前后滑块与转盘上的凹槽的相对位置关系上的正反差异，实质上是由于二者在传动环节存在区别，但权利要求1中并未对前后驱动件与前后锁舌之间如何传动进行限定，不能体现其传动结构比证据1更加简单，由上述区别技术特征并不能获得涉案专利具有结构简单、成本低廉的技术效果，因此专利权人的主张不能成立。基于上述区别技术特征，权利要求1的技术方案实际上提供了与证据1技术效果基本相同的另一种传动方式，因此权利要求1的技术方案实际解决的技术问题在于：提供另一种前后轮同步定向解锁或锁定的传动方式。

对于说明书中记载的某个技术特征所起的作用，应当站位本领域技术人员对其进行核实，确认所记载的作用与上述技术特征之间是否存在对应关系，以判断其是否可以作为确定发明实际解决的技术问题的基础；对于尽管未记载在说明书中，但本领域技术人员利用其掌握的技术常识能够认识到的作用，也可以作为确定发明实际解决的技术问题的基础。

第38102号无效决定涉及专利号为201110414914.9，名称为"便携式清洗设备"的发明专利。为了使得清洗设备适合家用、便携，涉案专利对现有技术中的清洗设备进行了改进。权利要求1保护一种便携式清洗设备，包括壳体，位于所述壳体内的马达，由所述马达驱动的增压泵，连接所述增压泵并用于存储清洗用液体的容器，连接所述增压泵并用于操作者握持的喷枪，所述液体从所述喷枪喷出，所述喷枪上设有用于控制所述便携式清洗设备的控制机构，所述控制机构控制所述马达的运转状态，所述控制机构包括控制件，所述控制件控制所述马达的启动或关闭，所述控制件还控制所述马达在工作时的转速。权利要求7对权利要求1作了进一步限定，其附加技术特征为控制机构控制所述马达正转或者反转。马达正转时可以使水从喷枪喷出实现清洗功能，关于马达反转的作用，根据涉案专利说明书的记载，可以把喷枪的喷口插入外部水源中，然后控制马达反向旋转，使水最终进入水箱。

合议组认为，权利要求7的附加技术特征在证据1中未公开，构成权利要求7与证据1之间的区别技术特征。关于上述区别技术特征"控制马达正转或者反转"在涉案专利中实际解决的技术问题，尽管涉案专利说明书中仅记载了其作用是既能正常为喷枪供水，也能将水注入水箱，但可正反转动的电机是机械领域常用的驱动设备，其正转时通常是为了驱动设备正常运转，反转时则通常是为了排出堵塞物等功能的需要，因此本领域技术人员根据其掌握的技术常识，能够意识到涉案专利中的电机在反转时也能够实现排出堵塞物等功能，故解决排出堵塞物的技术问题也属于涉案专利基于权利要求7的附加技术特征而确定的实际解决的技术问题。如果基于该技术问题，本领域技术人员容易想到采用权利要求7的附加技术特征，那么在权利要求1不具备创造性的情况下，权利要求7也不具备创造性。

确定发明实际解决的技术问题所依据的技术效果应该是区别特征带来的。一项方法权利要求与现有技术的差别仅在于对多个常规步骤进行特定顺序的排列，只有当该权利要求具有优于现有技术的技术效果，并且是由于该特定顺序排列带来的时，该技术效果才可以作为认定该权利要求实际解决技术问题的依据。

第42355号决定涉及专利号为200480028732.6，名称为"净化过氧水溶液的方法、可由此得到的溶液及其用途"的发明专利。涉案专利权利要求1保护一种净化过氧化氢水溶液的方法，其限定了过氧化氢水溶液按顺序依次进行膜净化、吸附树脂净化以及离子交换净化的净化步骤。

请求人提交的证据4和证据5均为过氧化氢水溶液的净化方法，证据4公开了将过氧化氢溶液依次进行反渗透处理（属于膜净化）和离子交换处理的净化工艺，证据5公开了过氧化氢水溶液用反渗透膜过滤后，可以用吸附树脂等方式进一步去除过氧化氢溶液中的有机物。

请求人认为，在证据4的基础上结合证据5的技术启示，本领域技术人员容易得出权利要求1的方案。专利权人认为，根据证据4和证据5无法获得涉案专利的特定净化顺序，涉案专利借由该特定顺序可使净化后的TOC值达到1.0ppm以下，显著优于现有技术，具备创造性。基于相关证据，双方当事人均认可在过氧化氢水溶液的净化领域中膜净化、吸附树脂净化以及离子交换净化均为已有的常规步骤。本案的争议焦点在于，涉案专利对于这些常规净化步骤顺序的选择具有怎样的技术效果以及对解决技术问题发挥怎样的作用，是否产生了预料不到的技术效果。

决定认为，根据涉案专利说明书中记载的"所有步骤可以按任意顺序进行操作"，故涉案专利对于各步骤的顺序没有特定要求，任意顺序均能实现净化效果；虽然在具体实施方式部分提及了优选先进行膜净化步骤，但其后仍然可选择多种其他净化步骤；而且，在说明书中也仅记载了一种净化顺序的实施例，并无试验数据表明通过特定顺序能够获得更好的净化效果。

此外，在涉案专利的实施例中，TOC值为65ppm的过氧化氢溶液，在仅经过了第一步膜净化步骤之后，TOC值即可达到1.7ppm，该值已经明显优于现有证据中同样包括膜净化在内且经过多种净化步骤后的净化效果；而在第一步膜净化步骤之后，将浓度60wt%的过氧化氢水溶液稀释为32wt%的浓度，经过简单计算，其TOC浓度将由1.7ppm进一步降低为0.9ppm左右，这已经实现了将TOC浓度控制到1ppm以下的发明目的，其后进行的吸附树脂处理和离子交换处理虽然将TOC值进一步降低为

0.78ppm和0.49ppm，但与第一步膜净化所达到的显著净化效果相比，这也只是相应净化步骤所达到的常规净化效果，这种净化效果是完全可以预期的。因此，通过上述分析可知，涉案专利中对净化效果起至关重要作用的是第一步所选择的特定的膜和净化参数，而非特定的净化顺序。综上，涉案专利中这些常规净化步骤的顺序选择并未给其带来优于现有技术的技术效果，不能作为认定该权利要求实际解决技术问题的依据。

3 技术启示的判断

3.1 在现有技术中寻找解决技术问题的技术手段

3.1.1 应围绕发明实际解决的技术问题寻找

在创造性"三步法"的有关技术启示判断中，为避免"事后诸葛亮"情形的发生，本领域技术人员应以技术问题为导向在相应技术领域中寻求相应的技术手段，而非从不同现有技术中找到对应于权利要求技术特征的技术手段并将它们拼凑起来。若现有技术中所给出的技术手段并非用来解决所确定的实际要解决的技术问题，且就现有技术所呈现的内容来看，也并未意识到需要对该实际要解决的技术问题加以解决，则该现有技术难以给出将区别技术特征应用到最接近现有技术以解决其存在的技术问题的启示。

第41958号无效决定涉及专利号为200680037518.6，名称为"餐馆服务系统"的发明专利。涉案专利涉及一种餐馆服务系统，针对现有餐馆服务系统中采用由服务员为顾客提供上菜等服务而带来的耗费人力和时间的技术问题，或者在自助餐厅中由顾客自行取用食物而给顾客带来不便的技术问题，提供一种服务优良、费用低廉且具吸引力的餐馆系统，具体体现在仍保留由后厨在工作区为顾客烹饪或准备食物，顾客在就餐区餐桌处享用食物的形式，利用由轨道系统所形成的传送系统将工作区与就餐区连接，并全部或部分利用重力作用借助于传送系统将食物从工作区直接运送到就餐区对应的餐桌上，从而省去了服务人员运送食物或是顾客自行拿取食物的不便。该案的焦点问题在于：证据1、2是否给出涉案专利所提出的借助于轨道将后厨工作区与就餐区的餐桌直接连接使得食物可通过该轨道直接被输送到餐桌上的技术启示。

决定认为，证据1公开的食物供应装置中，提供了一种通过滑道或滑槽借助重力将食物从抬升平台传送到服务平台的装置，用这一装置获得了通过轨道将后厨工作区与服务台相连的技术效果，相较而言，涉案专利所限定的则可将工作区已准备好的食物直接通过轨道送至顾客的对应餐桌处。可见，证据1所公开的技术方案仅解决了从后厨工作区到提供上菜服务的服务员所处服务台间食物输送的问题，这样虽可一定程度上解决人力、时间问题，但最终仍需服务员将传送到服务台上的食物送到顾客的餐桌上，无法缓解所谓"最后一米"上菜距离的问题。证据1中虽然也考虑到了服务员手动上菜对于餐厅运营中人力及时间上所带来的不便，但其并未意识到需要提供一种彻底无须服务员介入仅凭结构设置就可实现后厨工作区与就餐区餐桌之间直接连接的食物传输的问题。看似涉案专利与证据1相比仅相差在将轨道延长至餐桌处，但若没有前述这一技术问题的提出，本领域技术人员也没有动机将证据1所公开的技术方案朝着涉案专利的方向进行改进。即便证据2涉及一种包裹承载装置及提升轨道的技术方案中公开了有关轨道结构的内容，但缺少前述动机的前提下，本领域技术人员也不会将二者予以结合。

3.1.2　对区别特征之间关系的考量

技术特征之间的技术关联性不等同于协同作用，如果区别技术特征之间仅存在一定的技术关联性，并未因共同使用而产生协同作用，那么，这些区别技术特征可以被分开评价，在其他现有技术已分别公开具有相同作用的技术特征的情况下，本领域技术人员有动机将其与最接近的现有技术相结合。

第270134号复审决定涉及申请号为201610063919.4号，名称为"微型阀门装置"的发明专利申请。如附图所示，涉案申请的微型阀门装置包括集气板16、阀门片17和出口板18，其中阀门片17位于集气板16和出口板18之间。集气板16具有第一贯穿孔163、第二贯穿孔164、第一卸压腔室165和第一出口腔室166；阀门片17具有阀孔170；出口板18具有第三贯穿孔181、第四贯穿孔182、第二卸压腔室183和第二出口腔室184。当气体自第一及第二贯穿孔163和164进入第一卸压腔室165和第一出口腔室166时，阀门片的阀孔170向下开启，气体流入第四贯穿孔182内，进行集压,当气体自第四贯穿孔 182 朝第二出口腔室 184 流动时,则使阀门片 17 向上移动并抵顶于集气板 16,使阀孔 170 关闭,第二出口腔室 184 内的气体沿连通通道 185 流至第二卸压腔室内,经第三贯穿孔 181 流出,进行卸压,涉案申请附图 1 和附图 2 分别示出了对应于涉案申请的阀门装置进行集压作动和卸压作动的示意图。此外,涉案申请还在集气板 16 和出口板 18 对应于阀孔 170 和第三贯穿孔 181 的端部处分别增设一凸部结构 167 和 181a,其中这两个凸部结构的高度均高于集气板 16 和出口板 18 抵接面(基准表面)的高度,以使阀门片 17 快速地抵触且封闭阀孔 170、第三贯穿孔 181,并对二者实现完全密封效果,同时在第三贯穿孔 181 周边还环设有限位结构 188,以辅助支撑阀门片 17,使其不会由于发生过大变形而产生塌陷。涉案申请的权利要求 1 要求保护一种基本如上述结构的微型阀门装置。

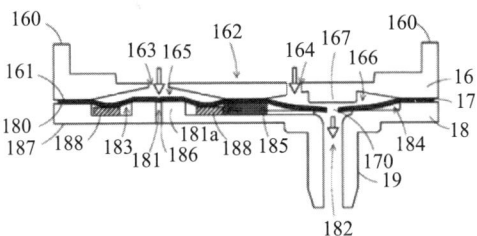

涉案申请附图 1

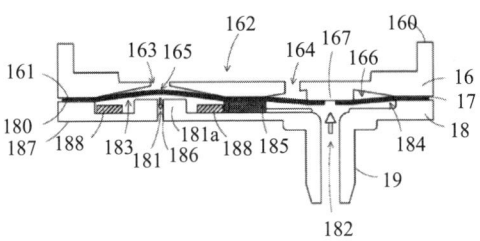

涉案申请附图 2

对比文件 1 作为涉案申请最接近的现有技术,涉及一种微型气压动力装置,其公开了涉案申请微型阀门装置的大部分结构。对比文件 2 涉及一种流体输送装置,其公开了在出口板设置的开口具有微凸结构,以与阀片相抵触从而施加一预力作用的技术手段。对比文件 3 则涉及一种微型阀门及装置,在其出口板的上表面形成有支撑,用于支撑阀门片,防止阀门片在压向阀座时过度变形而塌陷,其中支撑可为环形或弧形。该案的焦点主要在于现有技术是否就涉案申请权利要求1与对比文件1的区别技术特征"出口板处设置加高的凸部结构（181a）与环形限位结构（188）"给出相应的技术启示，促使本领域技术人员对最接近的现有技术进行改进以获得涉案申请的相应结构。

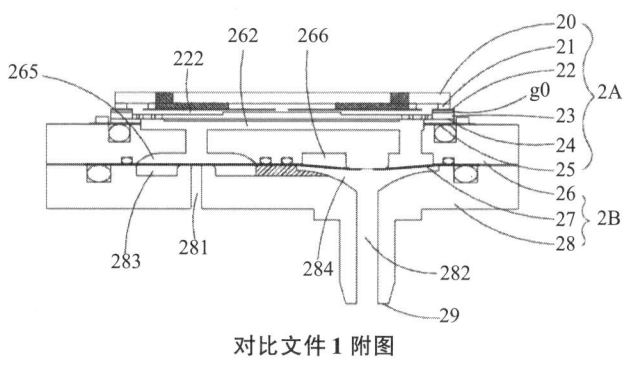

对比文件1附图

合议组认为，技术特征是指在权利要求所限定的技术方案中，能够相对独立地执行一定的技术功能，并能产生相对独立的技术效果的最小技术单元。从涉案申请说明书记载的内容来看，"凸部结构"要解决的技术问题是"加强使阀门片快速地抵触且封闭第三贯穿孔"，并达到一预力抵触作用完全密封的技术效果；"限位结构"要解决的技术问题是"辅助支撑阀门片"，使其不会塌陷。虽然涉案申请中采用加高的凸部结构和限位结构在技术上存在一定关联性，但凸部结构和限位结构在涉案申请中分别解决不同的技术问题，各自发挥相互独立的作用，并未因共同使用而产生协同作用，没有带来预料不到的技术效果。对比文件2明确公开了微凸结构可以提供一预盖紧效果，为了实现预盖紧功能，本领域技术人员有动机将对比文件2公开的上述结构用于对比文件1中；在此基础上，本领域技术人员能够意识到在对比文件1中采用该加高的凸部可能会导致阀门片变形过大的缺陷，对比文件3明确公开了采用呈环形的支撑结构（即限位凸起）支撑阀门片，可防止阀门片在压向阀座时过度变形而塌陷，在对比文件3的教导下本领域技术人员有动机将对比文件3公开的支撑结构应用到具有加高凸部的微型阀门装置中，以防止阀门片的过度变形。

在判断技术启示时，不仅要考虑其他现有技术公开的技术手段与区别技术特征是否实质上相同，其他现有技术公开的技术手段在其整体技术方案中所起的作用与区别技术特征实际解决的技术问题是否客观上相同，还要考虑区别技术特征之间以及区别技术特征与其他技术特征之间在结构和功能上是否存在着彼此支持和相互作用的协同配合关系，是否产生了整体技术效果，由此判断其他现有技术是否给出了促使本领域技术人员对最接近现有技术进行改进的技术启示。

第48868号无效决定涉及专利号为201110369508.5，名称为"主轴电机"的发明专利。涉案专利涉及一种主轴电机，主要用于笔记本电脑的薄型光盘驱动器，其在减小印刷电路板面积的同时能够防止灰尘进入，节约了生产成本。权利要求1与对比文件1的区别特征在于：所述底板500形成有外来物质流入防止护栏520，所述外来物质流入防止护栏防止外来物质通过所述露出单元710进入，所述PCB在与所述外来物质流入防止护栏相对应的位置处形成为部分的开口，所述外来物质流入防止护栏相对于所述底板以钝角竖立，所述外来物质流入防止护栏通过弯曲所述底板的一部分而形成，所述外来物质流入防止护栏沿着所述底板的边缘布置。专利权人认为，对比文件2没有公开区别技术特征"PCB上的形成的部分的开口"，也没有公开PCB的部分开口与外来物质流入防止护栏之间的对应关系，对比文件2的基板7中心是完整的密闭的环形结构，不具备打开通孔的开口，客观上无法起到防尘和节省PCB成本的作用，对比文件2没有给出与对比文件1进行结合的技术启示。

决定认为，在权利要求1中，位于底板边缘处的由弯曲底板一部分所形成的"外来物质流入防止护栏"与底板上由于PCB部分的开口所形成的"露出单元"在结构上形成相互配合关系，通过这种相互配合、共同作用的关系，产生了"通过免除电路基板向定子和底板之间的不必要的延伸并且通过防止外来物质进入定子和底板，降低制造成本"的整体技术效果。

然而，对比文件2已经公开了基板7形成有露出安装板8的与定子铁芯3相对的部分的露出单元，该露出单元所形成的基板7的部分开口在与把持部84相对应的位置处形成，并且，把持部84为非封闭的半环状结构，基板7从把持部84的非封闭处向外延伸，基板7的部分开口与能够防尘的把持部84之间协同配合，形成了对应关系。正是通过这种相互配合的关系，起到了与涉案专利相同的"防止灰尘进入电机安装板8与定子之间的间隙，同时又能免除电路基板7向定子和安装板之间的不必要的延伸，降低制造成本"的技术效果。因此,当本领域技术人员面对对比文件1所存在的灰尘等外来物质通过电路板35的露出单元进入电机内部的缺陷时,可以从对比文件2中得到上述技术启示,改进对比文件1。

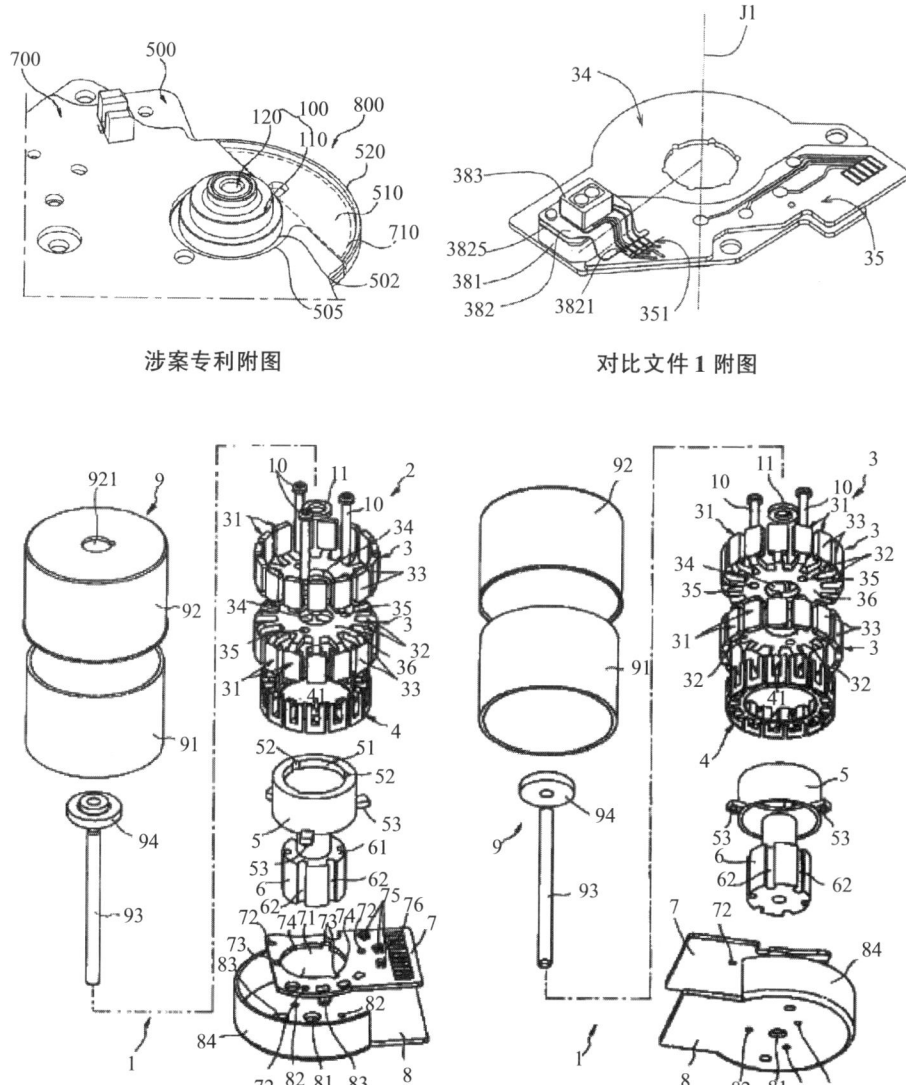

涉案专利附图

对比文件1附图

对比文件2附图

权利要求与最接近的现有技术相比,如果多个区别技术特征之间存在着相互协同关系,则多个区别特征所起的作用应当作为一个整体进行考量,换言之，不能将多个区别技术特征进行割裂，从而得出是否具备创造性的结论，而应当考虑多个区别技术特征之间的相互关系，确定其实际所解决的技术问题，进而判断现有技术是否给出相应的技术启示。

第40983号无效决定涉及专利号为201720987593.4，名称为"内翻转免拆卸折叠灯钩"的实用新型专利。涉案专利的权利要求1与证据1相比，其区别在于：(1) 钩体不同，权利要求1的两个钩体为结构不同的钩体，一个是带翻转连接头的钩体，另一个是不带翻转连接头的独立钩体；证据1的两个钩体相同，其未公开有关独立钩体的结构，即证据1没有公开特征"其中所述内翻转免拆卸折叠灯钩还包括调节螺母和独立翻转连接头，所述钩体还包括不带翻转连接头的独立钩体，所述独立翻转连接头的安装座旋转安装于所述灯具连接吊件的另一端"；(2) 灯钩翻转方向不同，权利要求1两个灯钩为内翻90°，且独立钩体还通过调节螺母使其可进行360°的旋转；证据1两个灯钩只能外翻，即没有公开特征"带翻转连接头的钩体能够向内侧方向翻转90°，所述独立翻转连接头能够向内侧方向翻转90°，所述独立钩体通过所述调节螺母安装于所述独立翻转连接头上并能够360°旋转，所述独立钩体的旋转平面与所述独立翻转连接头的翻转平面相互垂直"。

该案的焦点在于证据2是否公开了上述区别并给出了相应的技术启示。

决定认为，涉案专利中的两个钩体分别为带翻转连接头的钩体和不带翻转连接头的钩体，两者之所以采用不同的结构设计与它们的翻转方向密切相关，两个钩体通过结构上的相互配合来实现同时内翻转且互不干扰的折叠功能，因此上述区别涉及的钩体结构和灯钩翻转方向体现了两个不同钩体的配合关系，应当作为一个整体进行考量。证据2公开了一种可翻转免拆卸组合灯钩，在钩体的连接端设置有翻转连接头，钩体与翻转连接头之间可以实现360°旋转。在翻转连接头上设置有连接机构，钩体通过翻转连接头与连接机构之间可以实现90°翻转。安装时，将钩体带动翻转连接头作90°翻转，通过翻转连接头上的锁紧螺丝固定，松开锁紧螺丝，将钩体旋转到合适的位置，再用锁紧螺丝固定，然后整体上挂在吊杆或桁架管子上，用夹紧机构固定即可完成整个安装过程。证据2是针对灯具与灯钩拆卸组装不便的技术问题，从而提供一种免除使用过程中多次重复拆装的结构，钩体仅是一个单独的能够自身翻转和旋转运动的部件，其可旋转360°

的结构也是为了在安装时可以与需要装配的吊杆或桁架相配合从而使灯钩可在不同角度固定,并不需要与其他钩体相互配合以解决减小折叠后所占面积的问题,因此证据2并未给出解决上述技术问题的技术启示。

即使区别技术特征包含多个所属技术领域的惯用技术手段,如果本领域技术人员能够确定这些惯用技术手段与其他区别技术特征相互协同配合,共同解决一个特定的技术问题,则应当将这些区别技术特征作为一个整体看待,避免将区别技术特征中的各惯用技术手段单独抽离出来认定为公知常识。

第143381号复审决定涉及申请号为201410596914.9,名称为"多媒体播放进度控制方法及装置"的发明专利申请。涉案申请涉及多媒体播放进度控制方法及装置,其发明目的在于通过在显示字幕时,根据用户对所显示字幕信息上任一片段的播放触发操作,灵活地选择自己想要听的字幕所在片段,能够根据用户所选择的字幕,确定多媒体文件的播放起始时间,从而实现多媒体文件的播放进度调整。对比文件1涉及移动终端的音乐定位方法、装置,其发明目的在于通过在移动终端的音乐定位界面的音乐定位区域对歌词信息进行音乐定位操作,从而实现了音乐的定位播放,解决现有的用于移动终端的音乐定位装置中音乐定位精度较低以及用户操作效率较低的技术问题。通过具体对比,涉案申请和对比文件1之间的具体实现的技术手段存在明显区别。权利要求1相对于对比文件1的区别为:

(1)在显示字幕信息的过程中,如果检测到对所述字幕显示界面的拖动操作,在所述字幕显示界面的指定位置显示字幕对准指示线和跳播选项,在所述字幕对准指示线和所述跳播选项的位置处显示文字提示信息,所述字幕对准指示线用于突出显示所述跳播选项所对应的字幕;当所述拖动操作结束时,如果在预设时长内,未检测到对所述跳播选项的触发操作,取消所述字幕对准指示线和所述跳播选项的显示。(2)当检测到对所述跳播选项的触发操作时,确定检测到对所述字幕对准指示线对应字幕的播放触发操作,包括:当检测到对所述跳播选项的触发操作时,如果所述字幕对准指示线对应于一行字幕,确定检测到对所述一行字幕的播放触发操作;或,当检测到对所述跳播选项的触发操作时,如果所述字幕指示线对应于相邻两行字幕之间的空白处,确定检测到对所述相邻两行字幕中的第一行或第二行字幕的播放触发操作；或，当检测到对所述跳播选项的触发操作时，如果所述字幕指示线对应于一段字幕，确定检测到对所述一段字幕的播放触发操作。

本案的争议焦点在于，上述区别是否属于本领域的惯用技术手段，是否由此导致权利要求1不具备创造性。

决定认为，虽然涉案申请与对比文件1的发明目的基本相同，发明构思基本类似，但从具体实现的技术手段来看，二者存在明显的区别。涉案申请的技术方案的前提是不影响多媒体文件的正常播放，在检测到对跳播选项的触发操作，跳转到字幕对准指示线对应的字幕处进行播放之前，终端将不会停止之前的多媒体播放过程，故涉案申请在播放进度控制方面主要采取的是跳播方式，进而不影响多媒体文件的正常播放。而对比文件1的技术方案是音乐定位界面开启后，定位符对音频文件的当前播放位置的歌词信息进行指示（这时移动终端应停止播放该音频文件），歌词定位模块对歌词信息进行定位操作，音乐播放模块接收播放指令后，音乐定位界面关闭，音乐播放器从定位符指示的音频文件的待播放位置播放该音频文件。也就是说，对比文件1是先停止播放音频文件，拖动结束后再播放选定位置的音频文件。由此可见，对比文件1并不涉及跳播方式，也没有给出相应的技术启示。虽然在本领域中，拖动、点击、滑动都是常见的触发操作，使用文字提醒、预定时间未检测到就取消操作，文字和时间标签对应等也属于常用技术手段，但不能由此就直接认定包含这些特征的技术手段就是本领域的惯用技术手段，而应该将其作为一个整体来看待，考虑其组合而成的技术手段是否解决了特定技术问题。涉案申请相对于对比文件1的区别技术特征是将上述常用技术手段和跳播方式结合起来，解决了不影响正常播放的情况下灵活、快速地调整多媒体播放进度的特定技术问题，则不应直接将为解决特定技术问题重新组合而成的上述区别技术特征认定为本领域的惯用技术手段。

3.1.3 对现有技术中技术手段作用的认定

在寻找与区别技术特征相关的现有技术时，不仅要考虑区别技术特征本身，还要考虑区别技术特征在现有技术中所起的作用与其在专利中所起的作用是否相同。

如果区别技术特征被现有技术公开，但现有技术与权利要求中的上述区别技术特征所适用的整体技术方案不同,二者采用上述区别技术特征所考虑的因素不同,通常会导致上述区别技术特征在现有技术中所起的作用与在权利要求中所起的作用不同,则本领域技术人员没有动机将上述现有技术结合到最接近的现有技术中,以获得权利要求的技术方案。

第39311号无效决定涉及专利号为201010123307.2,名称为"球磨机台阶形筒体衬板"的发明专利。涉案专利权利要求1保护一种球磨机台阶形筒体衬板,所述球磨机台阶形筒体衬板,衬板的波峰为台阶形,一个波峰由至少两个台阶构成;所述台阶的高度均大于小直径磨球的半径,小于大直径磨球的半径;所述台阶的宽度均大于小直径磨球的半径。由于采用上述结构,当衬板顺时针方向运动时,每个台阶的侧面阻止小直径磨球的切向相对运动,使小直径磨球只与台阶的顶面产生短距离的摩擦;每个台阶的顶面支撑小直径磨球堆积到一定高度,使大部分大直径磨球只能接触到小直径磨球而与波峰隔离;使接触到台阶顶角的大直径磨球沿顶角滚动,变滑动摩擦为滚动摩擦,并且大直径磨球接触不到台阶的侧面,难以接触到顶面;由此,波峰的磨损大为减轻,衬板的使用寿命大幅度提高。

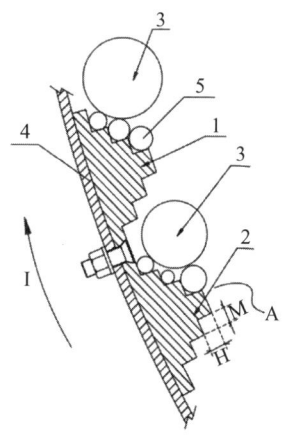

涉案专利附图

证据14公开了一种球磨机台阶形筒体衬板,衬板的波峰为台阶形,一个波峰由至少两个台阶构成,且台阶的宽度均大于小直径磨球的半径;但证据14中的台阶的高度均大于大直径磨球的半径。涉案专利权利要求1与证据14之间的区别在于:权利要求1中的台阶的高度均大于小直径磨球的半径,小于大直径磨球的半径,而证据 14 中的台阶高度均大于大直径磨球的半径。基于上述区别,权利要求 1 实际解决的技术问题是有效降低衬板波峰磨损。

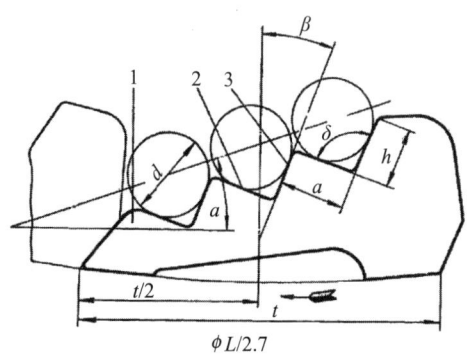

证据 14 附图

证据 12 在凸棱衬板的技术方案中公开了使用不同直径的磨球,并给出了凸棱节距、顶宽、高度的计算公式,其中凸棱顶宽 $b = (0.8 \sim 1.0)\ d$,凸棱高度 $h_2 = (0.5 \sim 0.75)\ d$,根据上下文可以理解,上述公式中的 d 是指平均球径,可见关于凸棱高度的计算公式中存在符合上述区别中关于台阶高度与球径的关系的限定。该案的焦点问题在于本领域技术人员是否有动机将证据 14 和证据 12 相结合以获得权利要求 1 的技术方案。

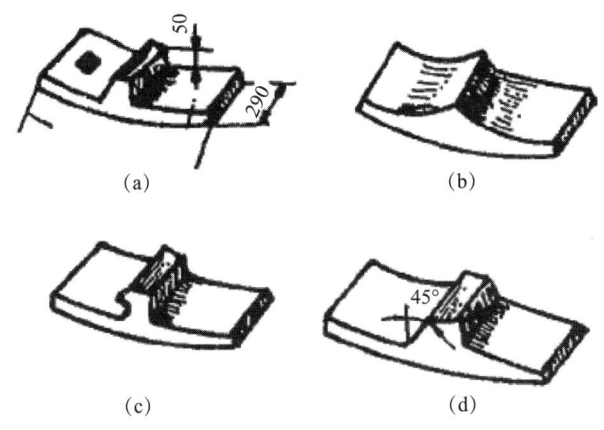

证据 12 附图

合议组认为,证据 12 中采用凸棱衬板的技术方案中并不存在至少两个

第三章 创造性

台阶,根据证据 12 的记载,如果凸棱高度小于二分之一平均钢球直径时,凸棱就不能很好地约束靠在衬板上的球层,当凸棱高度大于平均球径时,则会造成过大的提升,钢球不是落在物料上,而是直接砸在对面的衬板上。可见,证据 12 中凸棱高度范围的确定并非基于多个台阶与不同直径的磨球相配合的工作方式,其考虑的因素不涉及降低波峰磨损的技术问题,且本领域技术人员也无法确定证据 12 中的凸棱高度范围客观上能够起到降低波峰磨损的作用。另外,证据 12 与证据 14 的衬板的结构和形状存在较大差别,不同形式的衬板工作机理不同,对工作参数的要求也不同,证据 14 中明确限定的台阶高度排除了权利要求 1 所限定的台阶高度范围。因此,本领域技术人员从证据 12 中不能获得相应的技术启示,没有动机将证据 14 的衬板中的每个台阶的高度改变为证据 12 中的凸棱高度。

在判断现有技术中是否给出了将区别技术特征应用到最接近的现有技术以解决权利要求实际解决的技术问题的技术启示的过程中,当基于该现有技术的技术手段能够判断出不存在采用该区别技术特征的需求,并且二者所要解决的技术问题也并不相同时,通常认为该现有技术中并没有给出结合的技术启示。

第 36989 号无效决定涉及专利号为 01803652.X,名称为"优化的睡眠模式操作"的发明专利。在现有技术中,接收寻呼指示信道脉冲串和监视基本公共控制物理信道的强度仍需要终端经常完全脱离睡眠模式,因此涉案专利提出了以更好的方式减少终端因为接收而付出的功率消耗。涉案专利的发明点为:脉冲串中的数据部分运载了寻呼指示,其训练序列部分的传输电平和一条信道中传输的脉冲串中训练序列部分的传输电平具有预定义关系。权利要求 1 与证据 1 之间的区别技术特征也正体现了该发明点,即"至少运载寻呼指示的脉冲串中训练序列部分的传输电平和在一条信道中传输的脉冲串中训练序列部分的传输电平有一个预定义的关系,所述信道被用于测量无线连接的质量"。基于上述区别特征可以确定,涉案专利实际解决的技术问题是:减少接收寻呼指示和测量无线连接质量所需要的时间,从而减少因为接收而导致的功率消耗。

请求人认为,由于证据 1 和证据 4 均涉及 3GPP 中寻呼指示在 UE 和基站之间的传输,本领域技术人员在发送寻呼指示时,容易想到将证据 4 中公开的运载 PI 的脉冲串中训练序列的传输电平与在用于测量无线连接质量的信道中传输的脉冲串中训练序列的传输电平之间的预定义关系应用于证据1的PI传输中,以根据传输电平之间的该预定义关系来发送寻呼指示。

决定认为,首先,证据4仅仅公开了以与CCPCH的中置码相同的参考功率来传输所有激活的下行链路时隙的中置码,并没有明确揭示该所有激活的下行链路时隙的中置码包括寻呼指示信道上的脉冲串的中置码。证据4明确记载了该上行链路开环功率算法是针对PRACH以及专用信道的,而专用信道与寻呼指示这一公共信道存在不同,属于不同类型的信道,即使进一步考虑,证据4中公开的CCPCH的中置码和/或任何其他激活的下行链路时隙的中置码都能用作路径损耗测量的参考,但通常由于寻呼指示发送之后,UE还需要进一步监听寻呼信道,进而通过随机接入信道逐步提升功率直至建立专用信道,这一过程中才会出现上行链路功率控制的需求,因此,在证据4公开的上行链路开环功率控制方案中,并不会想到在寻呼指示发送时就将其训练序列部分(即中置码部分)与测量无线连接质量的信道中传输的脉冲串的训练序列部分建立预定义关系。其次,证据4揭示了为了使时延最小化,将所有激活的下行链路时隙的中置码均利用起来与CCPCH的中置码保持相同的参考功率,这样的设置会减少时延,但也同时使得UE更加频繁地进行测量从而更好地调整上行链路功率,这样无疑会增大UE的功率消耗。而涉案专利的权利要求1实际解决的技术问题是减少接收寻呼指示和测量无线连接质量所需要的时间,从而减少因为接收而导致的功率消耗,可见两者解决的技术问题并不相同。综上所述,证据4整体上没有给出将上述区别技术特征应用到证据1中以解决权利要求1实际解决技术问题的技术启示。

3.2 所属领域技术人员的改进动机对技术启示判断的影响

3.2.1 对改进最接近的现有技术的动机的考量

虽然最接近的现有技术与发明涉及相近的技术领域,但是由于二者的应用场景并不相同,由此导致二者所采用的具体技术手段也完全不同,在此基础上,本领域技术人员难以以该现有技术为起点产生将其改造成发明的动机。

第134715号复审决定涉及申请号为201310542776.1号,名称为"急倾斜煤层深部跨采区块段式倾向条带协调开采方法"的发明专利申请。涉案申请针对现有的急倾斜煤层的开采存在采出率低、生产效率低的问题,提出了一种急倾煤层深部跨采区块段式倾向条带协调开采方法，这种方法不仅能够解决现有技术中存在的上述问题，同时还能减少地表的不均匀沉降和变形。这种方法的技术方案为：以建（构）筑物保护煤柱为中心，将倾角大于45°的急倾斜煤层按开采水平、沿煤层走向划分多个块段式采区，在块段式采区内布置开采块段和倾向条带煤柱，依据非充分开采沉陷原理和煤柱稳定性要求，确定块段式采区的宽度和倾向条带煤柱宽度，在采区内布置多个俯伪斜工作面，采区内进行自上而下、切眼平齐、多工作面的联合回采，采区之间采取跳采区间歇布置、跨采区协调开采的方案。涉案申请的权利要求1在上述技术方案的基础上，还限定了对于中硬岩层，倾向条带煤柱宽度的最小尺寸以及块段式采区宽度的最大尺寸的计算公式。

对比文件1涉及一种建（构）筑物下压煤大条带协调式全部开采方法，其针对的是煤层倾角小于40°的水平、缓倾斜和倾斜煤层的开采，具体采用的技术方案为：首先，在建（构）筑物下压煤范围内布置至少3个开采工作面，开采工作面的斜长考虑采深、覆岩岩性，一般取三分之一到十分之一的最小采深，并与该条件下采用的工作面装备相适应。其次，开采分为两个阶段进行，第一阶段为跳采阶段，按照采一个工作面，留一个工作面，再采一个工作面的开采方式，遵循任意开采顺序的原则，按照生产需要依次进行；第二阶段为强采阶段，开采剩余的工作面，开采顺序从上到下，一次开采工作面的数量不少于2个，而且工作面需要连续向前推进，各开采工作面可以采用沿空送巷或沿空留巷方法不留区段煤柱，也可以留设区段煤柱，留煤柱时煤柱宽度必须小于十分之一最小采深。此外，对比文件1还公开当建（构）筑物下压煤为多煤层时，可采用从上至下或由下至上的顺序进行开采。

合议组认为，对比文件1公开的采煤方法适用于倾角小于40°的水平、缓倾斜和倾斜煤层的开采，因此其开采方法以及这种开采方法对岩层和地面的影响与涉案申请相比均不相同，具体体现在前者在开采时无须设置伪斜面，且不需留设条带煤柱或者只需设置尺寸较小的区段煤柱，未涉及划分多个采区，以及在同一采区设置多个工作面；而涉案申请针对的急倾斜煤层需要对多采区进行协调开采，在同一个采区中由于伪斜工作面的存在，需先开采上工作面，当上工作面推进到与下工作面切眼平齐时，上下工作面进行同步联合回采，采完一个采区，跳过相邻采区继续采下一个采区，采区间保留倾向条带煤柱，待下个采区采完后，再回采前一个采区。因此，以对比文件1作为最接近的现有技术时,由于其开采方法所针对的煤层情况与涉案申请相比存在较大差异,二者所采用的具体技术手段也显著不同,本领域人员很难以此为基础产生将其改造成涉案申请的动机。

对于被广泛使用的实现某种功能的机械结构,如果将其用于具体应用领域时仍实现相同的功能,亦不需要对该机械结构以及与其配合工作的部件进行创造性的改变或调整,且未产生预料不到的技术效果,则本领域技术人员有动机将其用于具体应用领域以实现相应的功能。

第51842号无效决定涉及专利号为200810243306.4,名称为"经编机铺纬小车的横移传动装置"的发明专利。涉案专利的横移传动装置用于经编铺纬机构的铺纬小车中,涉案专利附图1示出了涉案专利经编机铺纬小车的横移传动装置的结构,涉案专利附图2示出了涉案专利的经编机铺纬小车的横移传动装置安装在经编机横梁导轨上的结构。涉案专利的横移传动装置包括与经编机横梁导轨1滚动或滑动配合的横移支承座2以及置于该横移支承座2内的同步皮带轮3,驱动装置4固定连接在该横移支承座2上,所述同步皮带轮3由驱动装置4驱动转动,在所述导轨1上部沿其长度方向设置有同步传动带5,该同步传动带5的齿形面5-1与所述导轨1上表面相对设置,且其两端分别穿过所述横移支承座2的横向两侧与所述导轨1固定连接,在位于所述横移支承座2内的同步传动带5与所述同步皮带轮3啮合配合。通过驱动装置4驱动同步皮带轮3旋转,使得同步皮带轮3沿同步传动带的齿形面滚动,实现了横移支承座及铺纬小车沿着导轨长度方向作横移运动,涉案专利的传动装置结构克服了现有技术中由于齿轮齿条、同步皮带轮与齿条所带来的弊端,解决了现有技术中传动装置磨损严重,易引发窜动等技术问题。

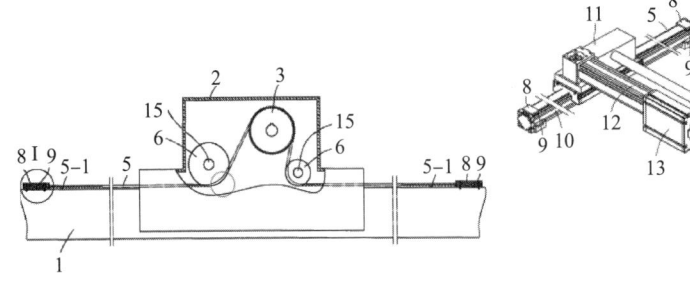
涉案专利附图1

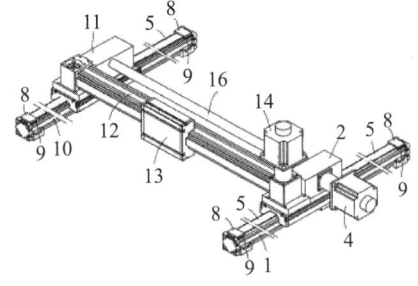
涉案专利附图2

证据2公开了一种同步带定位系统,其包括主体梁9和滑动或滚动连接在其上方的滑板10,主体梁的截面为U形,主体梁9两侧设滑轨,滑板10的上方固定设置有同步皮带轮驱动装置11,同步皮带8从滑板10的两侧伸出至主体梁两端部,与主体梁9端部固定连接,同步皮带轮驱动装置11固定于滑板10的上方,同步皮带轮驱动装置11的壳体内部,设有一个同步带驱动轮12和两个导向轮13,在主体梁9两侧还可以分别设置滑轨,滑板10下方两侧分别设置有与滑轨相匹配的滑轮机构15,同步带驱动轮12在其驱动装置的作用下,沿同步皮带8滚动,从而带动同步皮带轮驱动装置11在主体梁9上往复运动。

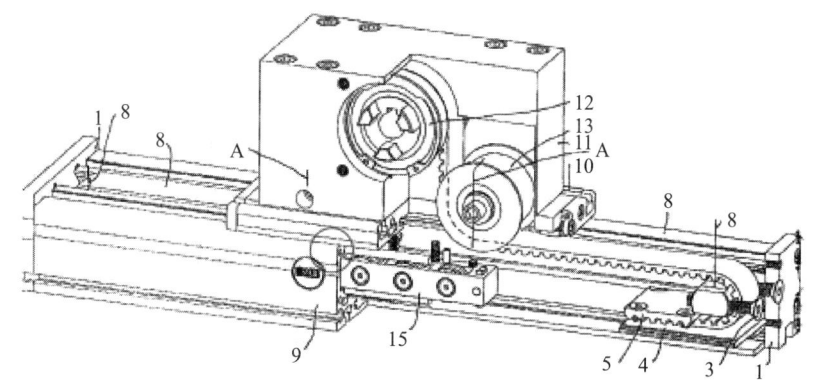

证据 2 附图

该案的争议焦点在于:本领域技术人员是否有动机将证据2中的横移传动装置应用到涉案专利的经编机铺纬小车上。合议组认为,涉案专利仅是将机械领域中被广泛使用的实现传动功能的机械结构具体应用到经编机领域,而对于经编机领域的技术人员来说,经编机铺纬小车同样涉及装置的往复移动,同样面临传动领域的技术问题,因而有动机从传动领域中寻找解决手段;且对于传动领域而言,采用同步带的传动方式已属于成熟技术,本领域技术人员深知该传动方式所带来的优点,在此基础上,由于证据2与涉案专利采用了基本相同的结构,基于该结构证据2也解决了与涉案专利相似的技术问题,因此本领域技术人员在面临上述技术问题时,有动机将证据2中的同步带定位系统应用于经编机铺纬小车;同时,由于权利要求1所保护的横移传动装置并未包含区别于通用传动装置的部件,也并不涉及传动领域以外的改进，这种应用也不存在适用性上的问题，因而也无须克服技术困难，其产生的技术效果也是本领域技术人员可以预料的，因此这种应用不需要本领域技术人员付出创造性的劳动。

一项权利要求与某现有技术相比，两者所要解决的技术问题不同，且出于解决各自技术问题的需要，采用了相悖的技术手段，若本领域技术人员试图改造该现有技术以获得该权利要求的技术方案，将会导致该现有技术无法解决其本身所要解决的技术问题并获得相应的技术效果，那么，该现有技术没有提供给本领域技术人员改进的动机，以促使本领域技术人员去其他现有技术中寻找相应技术手段并与该现有技术进行结合，从而得到该权利要求的技术方案。

第132587号复审决定涉及专利号为201410422578.6，名称为"一种基于条码数据的功能逻辑跳转方法、客户端及系统"的发明专利申请。涉案申请所要解决的技术问题是增强条码的跳转能力从而扩宽条码的应用场景和使用范围，为了解决该技术问题，涉案申请在服务器中存储有客户端条码数据对应的功能逻辑信息，用户扫码后将服务器端的功能逻辑信息返回给客户端执行逻辑处理。而对比文件1公开了一种执行二维码动作指令的方法，其所要解决的技术问题是在移动终端如何快速执行动作指令。为了解决该问题，只在移动终端单侧执行动作指令，而不与后台服务器交互，减少用户操作时间。本案的争议焦点在于：涉案申请执行二维码指令时，客户端和服务器交互从而提高数据处理能力；而对比文件1仅在移动终端处理数据以保证快速响应速度、仅在移动终端执行数据处理避免与后台服务器交互是否构成相反技术教导，对比文件1是否存在朝着涉案申请方向改进的动机。

决定认为，对比文件1中所要解决的技术问题是在移动终端如何快速便捷地执行动作指令，为了解决该问题，在二维码中存储有直接调用应用程序编程接口API的动作指令，移动终端只需要扫描一次二维码就可调用其中动作指令对应的API以执行动作指令，从而实现移动终端的相应功能。可见，对比文件1中只需要在移动终端侧扫码执行动作指令，移动终端完全不需要与后台服务器交互认证，从而能够减少服务器端与移动终端交互时间，最终获得快速便捷地执行动作指令的技术效果。涉案申请权利要求1为了增强条码的跳转能力从而扩宽条码的应用场景和使用范围，将与客户端条码数据对应的功能逻辑信息存储于服务器，并将功能服务器端的功能逻辑信息返回给客户端执行相应逻辑处理。也就是说，对比文件1中解决快速便捷的执行动作指令的关键在于移动终端与后台服务器不需要交互，而权利要求1中解决扩宽条码的应用场景和使用范围的关键在于将功能逻辑信息存储于服务器，客户端和服务器之间进行相应的数据交互。

对于本领域技术人员来说，移动终端与服务器处理数据各有优劣，移动终端处理数据响应时间短，但是数据存储和处理能力有限，而服务器与移动终端交互响应等待时间长，数据存储和处理能力强。在相同的硬件条件下，为了获得较快的响应速度通常仅在移动终端执行数据处理而避免与服务器端进行数据交互，为了获得较强的数据处理能力通常移动终端和服务器交互配合共同执行数据处理，在移动终端和服务器交互配合共同执行数据处理时必将降低移动终端的响应速度。由此可见，涉案申请权利要求1与对比文件1在解决各自技术问题时对于客户端和服务器之间是否需要数据交互采取的是完全相悖的方式。基于本领域技术人员的知识和能力的整体考量，为了保证移动终端快速的响应速度，本领域技术人员没有任何动机将移动终端独立执行数据处理改变为移动终端和服务器交互配合共同执行数据处理，如果本领域技术人员尝试改变对比文件1，在其中设置服务器处理数据并与移动终端交互，必然会延长移动终端处理时间，对比文件1将无法解决移动终端快速执行动作指令的技术问题，也无法获得快速便捷地执行动作指令的技术效果，因此，对比文件1给出了仅在移动终端处理数据避免与后台服务器交互的相反技术教导。虽然对比文件1在技术上存在设置服务器处理数据的可能性，但是，本领域技术人员在面对需要增强二维码跳转能力的技术问题时也不会想到在对比文件1中设置服务器处理数据并与移动终端进行数据交互，即对比文件1没有提供给本领域技术人员朝着此方向改进的动机，促使本领域技术人员去其他现有技术中寻找相应技术手段并与对比文件1相结合从而得到涉案申请权利要求1的技术方案。

若权利要求的技术方案的本质在于对通用技术领域的某一部件进行的改进，该部件的改进与其在专利具体的应用领域并无直接关联，那么在这种情况下，则通常应当认为本领域技术人员有明确的启示或动机到该通用领域寻找有关技术手段，该通用领域属于本领域技术人员可以考虑的与所述技术方案相关的技术领域。

第45496号无效决定涉及专利号为201821235733.3，名称为"操控杆锁紧装置、操控杆及电动车"的实用新型专利。涉案专利为一种操控杆的锁紧装置，该操控杆包括操控杆一10和操控杆二13，操控杆一10通过位于其下端部的连接杆11插接于操控杆二13内；锁紧装置12包括锁套121、锁柄123和锁止块124，锁柄123铰接于锁套121上，锁止块124安装于锁套121上，锁套121在安装锁止块124的位置处开设有通孔一1212，在操控杆二13与之对应处也设有通孔二132，锁柄123的转动可推动锁止块124沿通孔一1212和通孔二132运动，从而使其一端抵靠在连接杆11的外壁上，实现对操控杆一和二的锁紧。涉案专利的权利要求1以说明书为依据保护一种操纵杆的锁紧装置。

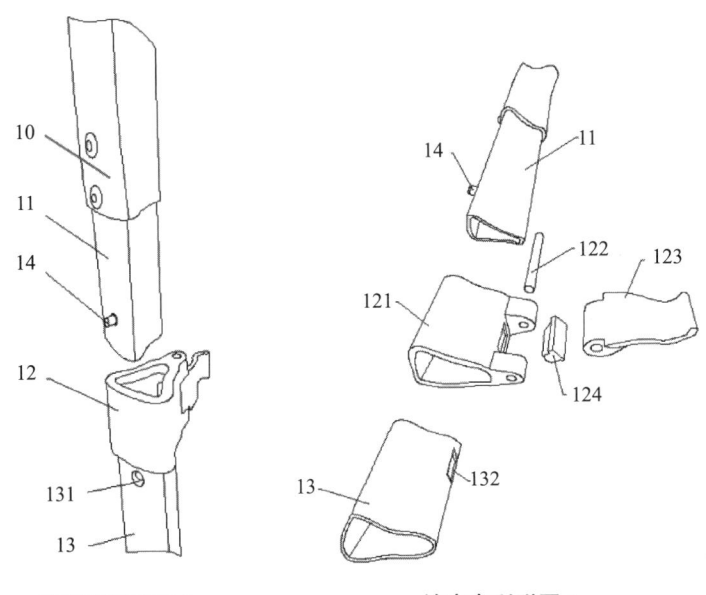

涉案专利附图1　　　　　　涉案专利附图2

证据3涉及一种伸缩管定位机构，该定位机构用于对伸缩管的长度进行调节，其中，伸缩管包括外管1和内管2，内管2插设于外管1内，所述定位机构包括：套管3、定位块4和按压板5，其中按压板5铰接于套管3上，定位块4安装于套管3上，套管3在安装定位块4的位置处开设有孔12，外管1对应位置处也开设有孔13，通过按压板5可推动定位块4沿孔12、13移动，以使定位块抵靠在内管2外壁上，从而完成伸缩管的定位。

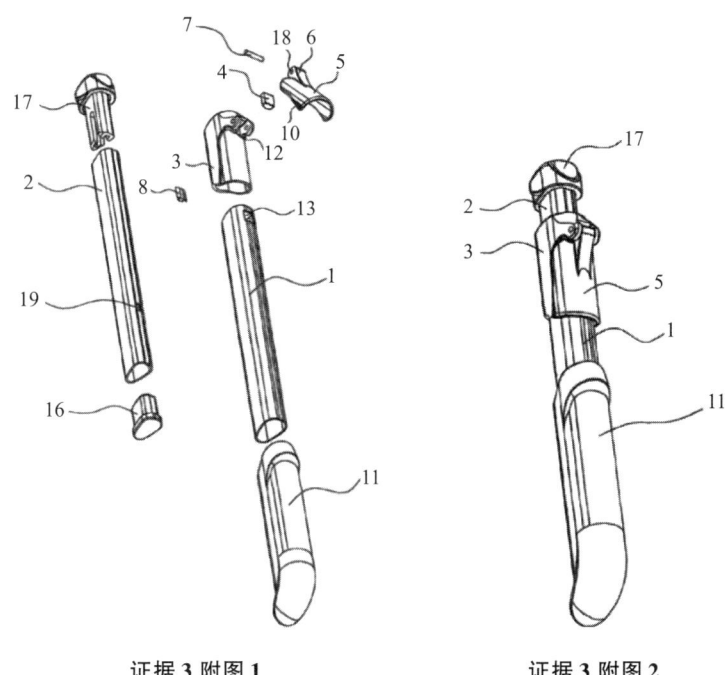

证据 3 附图 1　　　　　　　　证据 3 附图 2

该案的争议焦点在于：证据 3 和涉案专利的技术领域并不相同，本领域技术人员是否有动机到证据 3 所涉的技术领域寻找相关技术手段来评价涉案专利的创造性。

合议组认为，权利要求 1 要求保护一种操控杆锁紧装置，证据 3 公开了一种伸缩管定位机构。虽然涉案专利的操控杆锁紧装置针对的是现有技术中平衡车、滑板车、自行车等的操控杆不方便更换且锁紧不牢固的技术问题所作的改进，但是其问题的本质还是如何使得插接式管件之间的连接和锁定更加方便和牢固，其技术方案的改进与操控杆锁紧装置的具体应用场景并无紧密的关联，即操控杆锁紧装置的具体应用场景并没有对操控杆之间的连接方式或连接方法提出特殊要求，其所适用的仍是通用领域中管与管或杆与杆的连接定位方法。此时，为了解决上述技术问题，本领域技术人员有明确的启示或动机到上述通用领域寻求或借鉴有关技术手段。证据 3 公开的伸缩管定位机构，其为杆或管相互连接的通用领域，属于本领域技术人员可以考虑的与涉案专利相关的技术领域。本领域技术人员在面对证据 3 的技术方案时，可以确定该伸缩管定位机构可以用于电动车或自行车操控杆。

最接近的现有技术仅记载了设想或效果而未记载实现该设想或者效果的具体技术手段，本领域技术人员根据该设想或效果仅能在已经记载的技术方案的基础上作出符合其发明构思的合乎预期的推断，而不能得出有别于其发明构思的其他具体技术手段或技术启示。

第40869号无效决定涉及专利号为201610802371.0，名称为"一种产生按压声音的键盘开关"的发明专利。传统机械键盘厚度大，按键行程长，按键部件之间伴随敲击，因轴体撞击、导电部件之间的敲击而发声。随着电子产品小型化、便携式的发展趋势，机械键盘也逐渐向轻薄化发展，出现了减小按键行程的薄型机械键盘，但其同时严重降低了声响等用户体验。随着技术发展创新，新的超薄机械键盘结构发生较大变化，通过设置独立的发声腔增大薄键盘发声，给用户以击键反馈，增加用户体验。为了保证声音强度，发声腔采用弹性势能转化为动能的专用敲击部件，按压部件具有产生弹性势能和释放势能的空间高度。涉案专利所要解决的技术问题为提供一种产生按压声音的键盘开关，该键盘开关的发声腔包括按压块、导引斜面、限位块、弹簧，通过弹簧敲击底座发声，权利要求1详细地记载了发声腔内上述部件的具体位置，以及它们之间的相对位置、相互配合关系，从而使得弹性件蓄能后脱出敲击发声。作为最接近现有技术的证据1公开了发声腔包括按压块的凸棱、凸棱下端具有导引斜面、弹簧，通过弹簧敲击上盖发声；将两者比较后可知，两者的区别是发声腔的具体结构不同。基于上述区别可以确定，权利要求1实际解决的技术问题是：通过导引斜面与按压块共同配合使得键盘弹性件敲击发声，实现按压件对弹性件敲击时的避空，弹性件易于从按压块脱出以及对弹性件限位。

请求人认为，证据1说明书记载了"本发明中的实施例均是以弹性件敲击上盖为例，实际应用中可以设计由弹性件形变回弹敲击底座，或弹性件横向形变敲击按压件等均可"，据此可知，证据1给出了由弹性件敲击上盖改为敲击底座的技术启示，结合证据1说明书中的具体实施例，能够得到涉案专利的技术方案。

决定认为，首先，尽管证据1披露了弹性件可以敲击底座发声的技术效果，但是并没有记载弹性件如何敲击底座的详细技术方案，也没有公开弹性件敲击底座发声的具体按键结构，根据证据1公开的内容，本领域技术人员不能知晓如何对证据1进行更改从而获得涉案专利的具体结构。其次，涉案专利和证据1都是解决薄型按键开关的手感和发声的技术问题，都具有改善手感并能像大键盘一样在敲击时发出声音的技术效果，但两者的发明构思不相同，两者发声腔实现发声的部件所处的位置、配合关系不同，能量积蓄和释放方式也不同，使得二者的技术手段、工作方式产生差异。本领域技术人员从证据1出发，改变弹性件敲击发声位置的合乎预期的做法是改变弹簧的初始形态，例如，将弹簧未受到外力时的初始位置设置为弹簧敲击部与底座接触，则弹簧形变后恢复时就会敲击底座，而非设置为涉案专利中的按压块、导引斜面、限位块及弹簧的具体结构。对于本领域技术人员而言，难以仅从证据1中记载的弹性件可以敲击底座就想到涉案专利的具体发声结构，且这种改进与证据1的发明构思并不一致，需要付出创造性的劳动才能实现。因此，证据1的上述相关记载并不能给出将上述区别特征应用于证据1以解决权利要求1实际解决的技术问题的技术启示。

3.2.2 对不同现有技术结合动机的考量

判断权利要求的技术方案相对于不同现有技术的结合是否具备创造性，不能孤立地判断其技术特征是否分别被各现有技术公开，而应当站在本领域技术人员的角度，从整体上判断是否存在明确的、合乎逻辑的改进动机及结合启示，以使本领域技术人员能够显而易见地获得该权利要求的技术方案。

第45118号无效决定涉及专利号为201510886031.6，名称为"一种锁"的发明专利。如涉案专利附图1和附图2所示，涉案专利的锁包括设有挡槽的锁销3073B，通过进出于锁销的挡槽，来阻挡或释放所述锁销的移动的锁舌3071，锁舌3071上形成有驱动孔，驱动孔内形成有挡块，拉簧3073A作为第一施力构件，对锁销3073B赋予向开放所述锁口的方向移动的力，弹簧3078作为第二施力构件，对所述锁舌赋予向进入所述锁销的所述挡槽的方向移动的力，以及开锁控制组件，所述开锁控制组件包括：电机3077，电机驱动模块，驱动所述电机的输出轴的旋转，以及可以为曲柄构件3074的锁舌驱动构件，连接于所述电机的输出轴，该曲柄构件3074作用于驱动孔内的挡块，将所述电机的旋转驱动力转变成使所述锁舌从所述锁销的挡槽中移出的驱动力，用于检测锁舌3071是否移出所述挡槽的位置传感器3072A和3072B，所述锁舌上设有第一和第二限位片3071A和

3071B，所述位置传感器 3072A 和 3072B 为被设置在当锁舌 3071 移出所述挡槽时与所述限位片相抵接的位置的压力传感器，在所述限位片与其相抵接时生成限位信号，所述电机驱动模块基于该限位信号控制所述电机开停机。权利要求1要求保护一种具有如上结构的锁，涉案专利附图 3 示出了具有挡块的驱动孔的不同实施例。

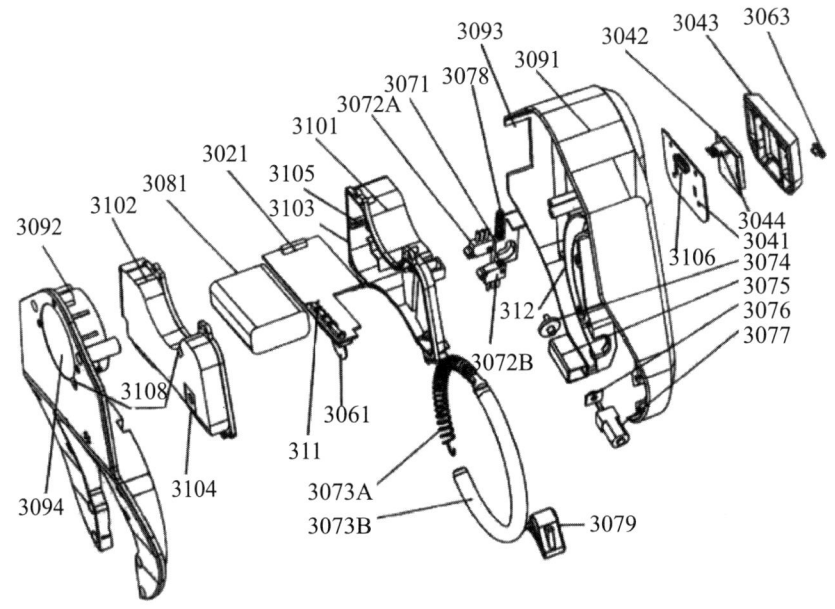

涉案专利附图 1

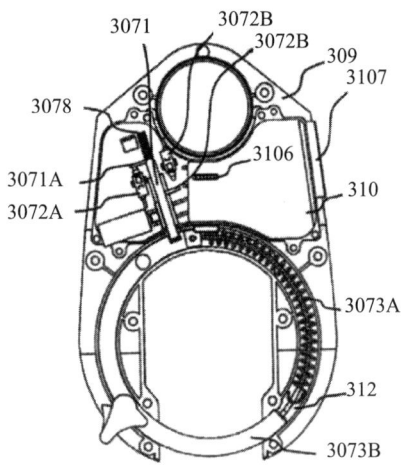

涉案专利附图 2

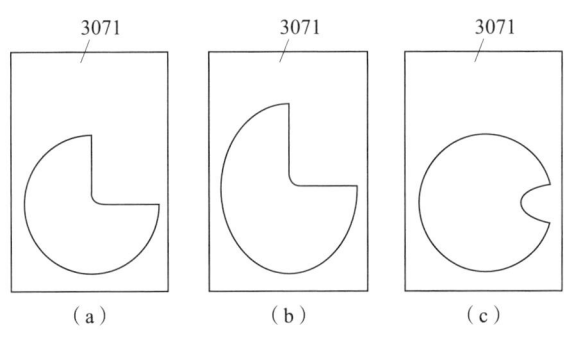

涉案专利附图 3

作为最接近现有技术的证据 3 公开了一种自行车用锁装置，证据 3 附图 1 示出了该自行车锁的整体结构，证据 3 附图 2 示出了该锁的锁定部件及其附近位置的剖视图。该锁可手动解锁或电动解锁，其中，证据 3 中锁杆 14 对应于涉案专利具有挡槽的锁销，锁定部件 15 对应于涉案专利的锁舌，锁杆返回弹簧 19、锁定侧施力弹簧 16 分别对应于涉案专利的第一施力构件、第二施力构件，解锁用马达 23，解锁控制部 8a 对应于涉案专利的电机及电机驱动模块，电动驱动凸轮 25 对应于涉案专利的锁舌驱动构件。证据 3 中锁定部件具有方形槽形式的电动驱动凸轮收容凹部 15d，电动驱动凸轮 25 通过抵接该槽的平直壁（推压部 15e）而将凸轮的旋转运动转化为锁定部件的直线往复运动。关于电机的控制，证据 3 在电动驱动凸轮 25 上同轴设置位置检测凸轮 29，当其每旋转一周运动到位置检测开关 31 处时，该位置检测开关 31 切换为 OFF 状态以停止电机，从而以确保电动驱动凸轮 25 可靠地旋转一周。因此，涉案专利权利要求 1 与证据 3 相比，存在以下区别：（1）将电机输出的旋转运动转变为被驱动部件直线往复运动的驱动结构不同，涉案专利采取的是驱动孔内形成挡块的结构，证据 3 利用的是槽的平直壁面。（2）涉案专利与证据 3 为控制电机所采取的位置检测手段以及控制方式不同，涉案专利在直线往复运动的锁舌上设置限位片，在锁舌移出挡槽时发出限位信号来控制电机的停止时机（电机可以立即停止或经过预定时间后停止），证据 3 是在作旋转运动的电动驱动凸轮上设置位置检测装置，每当凸轮转动到位置检测开关所在位置时停止电机，以确保凸轮可靠地旋转一周，即，涉案专利与证据 3 的位置检测对象不同、检测信号发出以控制电机停机的时机不同。

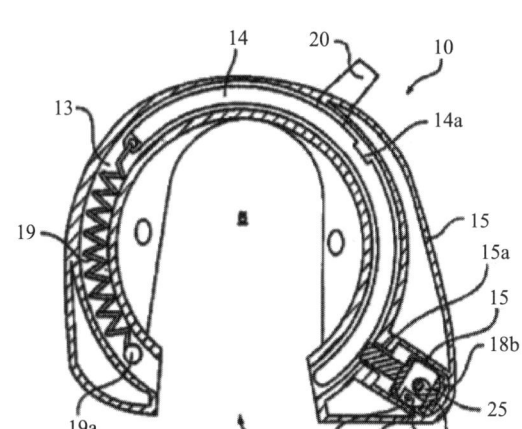

证据 3 附图 1

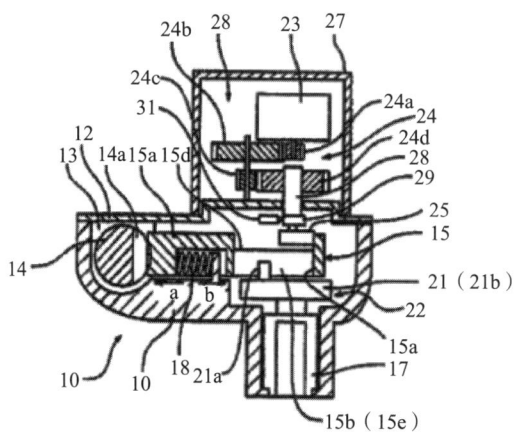

证据 3 附图 2

请求人认为,电动驱动凸轮与锁舌的运动状态和位置信息直接关联,二者之间存在一一对应关系,证据 3 中设置位置检测开关的根本目的和作用与涉案专利实质相同,均是对锁舌运动状态及锁具开闭状态进行检测和控制。判断锁舌的运动状态通常有直接检测和间接检测两种方式,证据 3 检测凸轮状态属于间接检测方式,证据 1 则公开了直接检测方式,因此,由证据 3 出发本领域技术人员能够从证据 1 中获得直接检测锁舌运动状态并控制电机停机的技术教导进而改造证据 3。

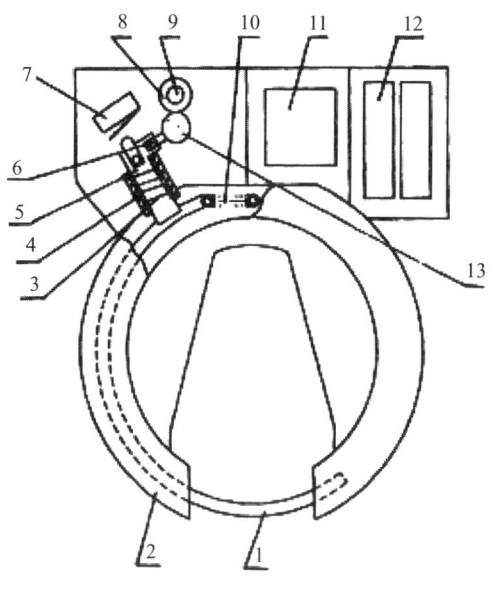

证据 1 附图

合议组认为,根据证据 3 的工作原理可知,在电动开锁时,证据 3 中锁定部件 15 的往复直线运动是通过电动驱动凸轮 25 作用于收容凹部 15d 的直线壁面(推压部 15e)来实现的。基于该驱动结构,当凸轮 25 驱动锁定部件 15 行进至上行行程顶点时,凸轮 25 必须继续转动来为锁定部件 15 回落让位。因此,证据 3 关注的电机控制目标是使凸轮可靠地旋转一周,一方面不干涉锁定部件 15 的回落,另一方面使凸轮返回起始位置为下一次开锁循环做好准备,因而证据 3 通过检测凸轮位置而非锁舌位置来控制电机是更直接且合乎逻辑的设计选择。证据 1 的锁杆 5 对应于涉案专利锁舌,其在拨叉 6 及弹簧 3 作用下进行直线往复运动,而拨叉 6 由电机 9 驱动在一定角度范围内转动,证据 1 的拨叉驱动方式不同于凸轮驱动方式,其电机无须转动一周后停止,因而基于证据 1 的驱动结构和控制方式,选择检测锁杆 5 的行进位置而不是拨叉的转动位置对于本领域技术人员而言是更直接且合乎逻辑的设计选择。由于证据 1 与证据 3 中驱动结构不同,对电机的控制要求也不同,证据 1 中在锁杆 5 上行行程顶端设置限位开关 7 以控制电机停机的位置检测及控制方式不适用于证据 3,本领域技术人员没有动机按照证据 1 的检测及控制方式改造证据 3。

权利要求的技术方案与最接近的现有技术相比，其区别在于实现相关功能的技术手段不同，权利要求中实现该技术手段的各部件虽属于机械领域的通用部件，但是在评判权利要求的创造性时，不仅要考虑各部件本身，更要考虑各部件在其应用环境中相互的有机联系，以及整体实现的技术功能。

第43168号无效决定涉及专利号为200710068736.2，名称为"针织横机的沉降片控制机构"的发明专利。针织横机的沉降片用于协助织针完成纱线的退圈、套圈、连圈、脱圈、成圈等操作，为了保证上述操作的可靠性和稳定性，针织横机设置了沉降片的控制机构。涉案专利针对现有技术的沉降片控制机构中零件较多，安装工艺复杂，以及推针三角通过复位压缩弹簧控制运动状态，在长期使用中，压缩弹簧易粘附异物使其卡滞，影响整体性能的缺陷，提出了一种零件少、具有特定压缩弹簧结构的针织横机的沉降片控制机构。如涉案专利附图1至附图4所示，沉降片控制装置包括：母板1、连杆2和推针三角A和B，连杆2和推针三角A和B分别位于母板1的两面，母板1上设有若干个长槽孔4，所述推针三角共有两组（A1，B1，A2，B2），每组为两个；每个推针三角与长槽孔4对应，分别通过位于母板1另一面的连接件与推针三角轴承17相连，整体在长槽孔4内上下运动。母板1两端固定有垫块20和支架15，垫块20上带有通透的凹槽，支架15压在垫块20上，从而与垫块20的凹槽构成一通孔，连杆2的低段（ad段、gh段）与高段（ef段、ik段）之间形成缺口5，具有该缺口5的一段连杆穿过所述的通孔，使得连杆2和母板1活动连接，母板1两端各有一个簧片8，垫块20上的限位块将簧片8的中间部分卡住，簧片8的两端被连接件限位，利用簧片8的弹性作用于连接件，从而使轴承17抵靠于连杆2上的缺口位置处。连杆2上固定有齿条12，齿条12通过马达及齿轮13的作用，带动连杆2左右运动，在齿条的带动下，轴承17在簧片8的作用下抵靠于连杆2的不同段位处，使其与之相连的推针三角A和B处于不同位置处，以作用于沉降片的针踵，使沉降片处于打开或闭合状态。

第三章 创造性

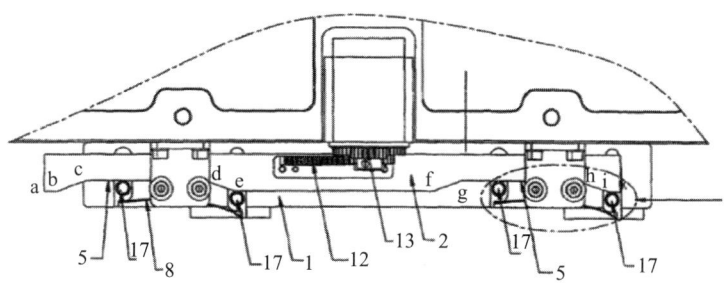

涉案专利附图1

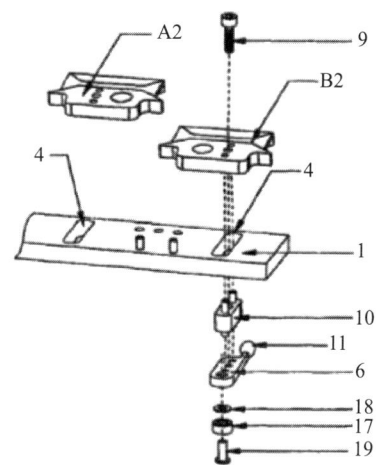

涉案专利附图2

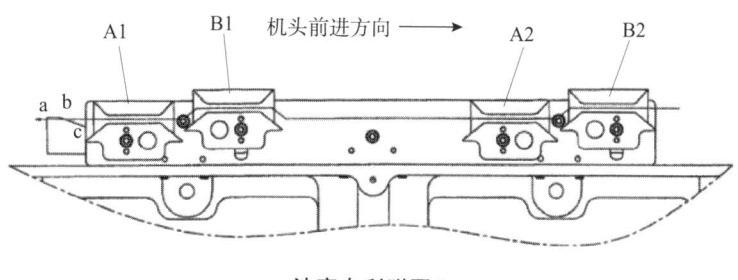

涉案专利附图3

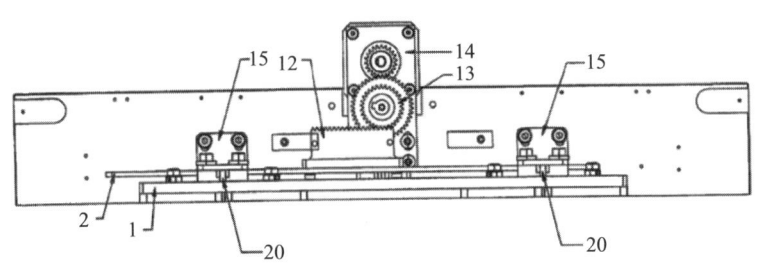

涉案专利附图4

请求人主张，涉案专利的权利要求1相对于证据1和本领域的公知常识不具备创造性。涉案专利权利要求1所要求保护的技术方案相对于证据1的主要区别在于二者用于使得推针三角处于连杆不同段位的复位弹簧的类型以及与其相关联的部件结构不同，具体为：涉案专利的复位弹簧为簧片，母板两端各设有一簧片，利用其弹性压住推针三角的连接件，并将轴承压紧在连杆上，垫块或支架上带有限位块，挡住所述簧片，而证据1中的复位弹簧为压缩弹簧，且每一压缩弹簧单独作用于一个推针三角。请求人认为，证据1中的压缩弹簧与涉案专利的簧片作用相同，都是用于推针三角的复位，而板簧作为复位弹簧使用属于本领域的公知常识，并提供了相应的公知常识证据。

合议组认为，由于涉案专利与现有技术的区别主要体现在实现相关技术功能的技术手段并不相同，涉案专利中该技术手段使用的各部件在机械领域虽属于通用部件，但是在评判该区别是否属于本领域的公知常识时，不仅要考虑各部件本身，更要考虑各部件在其应用环境中相互的有机联系，以及整体实现的技术功能。具体而言，请求人提供的公知常识性证据仅公开了在纺织机械领域利用弹簧的弹力使零件保持接触或恢复到原来的位置，按弹簧外形可分为螺旋弹簧、板弹簧、碟形弹簧、环形弹簧和盘簧等，由此该证据只能证明板弹簧具有复位功能属于公知常识，尚不能认定上述区别特征所限定的簧片安装位置及其与推针三角的连接件、限位块等部件之间的配合关系，即各部件构成的组件在具体环境下的应用属于本领域的公知常识，而这种应用恰恰是涉案专利相对于证据1，即相对于涉案专利背景技术所进行的改进。

在创造性判断中，不能仅凭现有技术中记载的"否定"信息就认定现有技术存在相反技术教导，而是需要在把握发明技术贡献的基础上，从本领域技术人员的视角出发，考虑该技术领域的发展水平、普遍认知和实际需求，对现有技术予以全面客观衡量，以确定现有技术所记载的"否定"信息是否存在使本领域技术人员舍弃该技术手段的认识或结合障碍。

第37072号无效决定涉及专利号为200880004304.8，名称为"定位、追踪和/或找回无线通信设备的装置和方法"的发明专利。涉案专利涉及用于定位、追踪和/或找回无线设备的方法和装置，其所要解决的技术问题是针对错放、丢失或被盗的无线设备能够被定位和找回，针对错放、丢失或被盗的无线设备中存储的数据能够被禁用和安全处理。为了解决上述技术问题，涉案专利技术方案包括：目标（即错放、丢失或被盗）无线设备接收到由第二无线设备或服务提供商发送的具有包括定位状态码的通信数据包（例如短消息），响应于检测到该通信数据包中的定位状态码，在目标无线设备上执行一个或多个定位例程（例如禁用键盘、捕获音频感官、确定地理位置等），以满足对目标无线设备定位和找回的需要，目标无线设备还可在秘密模式下操作，秘密模式禁止目标无线设备输出在非秘密模式下执行所述定位例程时产生的用户易察觉的指示（如显示的灯光或可听音）。涉案专利权利要求1对于秘密模式和非秘密模式下执行的定位例程内容没有进行进一步限定，对于秘密模式或非秘密模式下执行的定位例程完全可以根据实际需要进行选择。

对比文件1作为最接近的现有技术公开了一种用于控制和保护丢失、被盗的移动装置的方法和设备，其所要解决的技术问题是在移动装置丢失、被盗后，控制该移动装置以防止除帮助者以外的其他人使用。为了解决该问题，其方案是所有者借助远程控制电话经由例如短消息系统发送控制消息，丢失移动装置响应于接收到控制消息中的关键字及参数来执行相应操作，例如可锁定丢失装置，也可以命令移动装置经由短消息系统向给定号码发送关于位置和使用的信息，便于定位和追踪。

权利要求1相对于对比文件1的区别技术特征在于：执行步骤还包括在秘密模式下操作目标无线设备，秘密模式禁止目标无线设备输出在非秘密模式行执行所述一个或多个定位例程时产生的用户易察觉的指示。基于上述区别技术特征可以确定，涉案专利实际解决的技术问题是如何满足对丢失或被盗设备中存储的数据提供安全处理的需要。

对比文件4公开了用于通信装置失窃后阻止数据失窃和安全数据检索的方法和设备，其所要解决的技术问题是在便携式装置失窃后，如何阻止装置内数据的失窃，维护数据安全。为了解决该问题，其方案是在通信装置丢窃后，该装置可进入秘密模式以用于与寻呼中心传送重要信息而不被当前用户所察觉，对当前用户不应给出通信装置正在秘密模式中操作的可感知（可看见或可听见）指示。

双方当事人的争议焦点在于对比文件4是否给出了与对比文件1结合的技术启示。专利权人认为，对比文件1首先锁定移动设备并向当前持有者显示警告消息，使得当前持有者无法继续使用移动设备，对比文件1不关注移动设备中是否有重要数据，是否需要保护并将重要数据回传。而对比文件4关注的是数据存储装置中的数据比该装置本身更有价值，为了能够取回装置中的数据，可以舍弃对装置本身的找回需求。对比文件1和对比文件4的出发点截然相反，构成相反技术教导。

决定认为，首先，以对比文件1作为重塑发明的起点，基于本领域技术人员应有的知识和能力对对比文件1进行分析后确定，当设备丢失或被盗后，希望能够定位找回丢失设备是用户的直接反应，找回设备本身就意味着能够找回设备中存储的数据，即便未能找到设备，原用户也希望能找回其丢失设备中的重要数据，因此对比文件1客观存在与本专利相同的改进需求。其次，对比文件1中控制锁定丢失移动设备，其作用是防止未授权用户使用该设备，并通过向给定号码发送其位置和使用的信息进行定位和追踪，其更侧重于对设备自身的保护。对比文件4中允许当前用户使用装置，进入秘密模式下秘密传回重要数据，其作用是为取回装置中重要数据，其更侧重于对装置中存储数据的保护。可见，对比文件1和对比文件4描述的方案虽各有不同的侧重点，但是二者的出发点均考虑到在设备丢失时经常遇到的找回设备或找回重要信息的需求，本质上都是以保护原用户财物的安全作为出发点，而并非以是否禁用/使用设备作为出发点。也就是说，对比文件1通过锁定移动设备并传回位置信息的技术手段，在找回移动设备方面具有优势，对比文件4通过进入秘密模式并秘密传回重要数据，在找回无线设备中存储的数据方面具有优势，二者之间并不矛盾，本领域技术人员可以根据实际需要选择这两种方案，对比文件1与对比文件4不构成相反教导，不存在结合障碍。

若权利要求相对于最接近现有技术的区别特征,以及基于该区别特征所确定的实际解决的技术问题,与其具体的应用领域或应用场景并无紧密的关联,而是上述区别特征通用功能、作用的一般性应用,且上述实际解决的技术问题在最接近的现有技术中已给出了明确指引或者属于本领域公知的技术问题,则通常认为在该实际解决的技术问题的指引下,本领域技术人员能够获得明确的启示,有动机在上述区别特征通用功能的领域寻找实现上述通用功能的相关技术手段。

第51183号无效决定涉及专利号为201620535841.7,名称为"真空腔仓盖开启装置"的实用新型专利。针对现有技术中真空印刷机真空腔采用气缸开启闸门慢的技术问题,涉案专利提出了一种真空腔仓盖开启装置,该开启装置由动力总成和滚轮结构组成,通过动力总成驱动滚轮结构旋转,滚轮结构旋转通过牵拉件拉动所述仓盖开启,打开后真空仓上的安全轴心插入仓盖上的孔,实现对仓盖的固定。

证据1作为最接近的现有技术公开了一种真空印刷机,其包括用于密封真空仓的仓盖板。涉案专利权利要求1与证据1的区别在于:①仓盖开启装置的具体结构;②仓盖打开后,真空仓上的安全轴心与仓盖上的孔配合固定仓盖。

证据2公开了一种燃气化铁炉的烟道顶盖电动升降装置,具体公开了转轴与烟道顶盖一侧铰接、顶部通过滚轮轴安装有滚轮;电机的输出端装有辊筒轴,辊筒轴上安装有缠绕钢丝绳的辊筒,当电机转动时,带动辊筒轴和辊筒一起转动,拉动钢丝绳收紧或放松,钢丝绳另一端会将与其连接在一起的烟道顶盖沿一侧升起开启或反转放下关闭。

证据3公开了一种蒸纱机的侧开门装置,具体公开了当门体1打开达到最大限度时,电磁铁控制的定位销4插入定位孔3内实现自锁,可防止门体1出现意外而自动下落。

该案的焦点问题在于证据2和证据3与涉案专利的技术领域并不相同,本领域技术人员是否有动机到证据2、3所在的技术领域中寻找相应的技术手段。

合议组认为,关于区别①,涉案专利权利要求1和证据1中的仓盖在开启和闭合时其应用场景是相同的,只是开启装置的具体结构有所不同,但这种具体结构是盖子自动开启或关闭的通用功能的一般性应用,与真空丝网印刷机这一具体应用场景并无紧密关联，真空丝网印刷机并未对上述仓盖开启装置的具体结构提出特殊要求。本领域技术人员在技术问题"提供另一种结构的仓盖开启装置"的指引下，有明确的启示，到真空丝网印刷机这一具体应用领域之外，寻找实现绕轴转动的盖子自动开启或关闭功能的相关技术手段，因此本领域技术人员基于对相关功能的需求能够获得证据2。尽管证据2公开的是烟道的顶盖开启装置，但是该顶盖开启装置与烟道这一具体应用场景并无紧密关联，也并未对该顶盖开启装置的具体结构提出特殊要求，因此，在证据2公开了同样结构和功能的开启装置的情况下，本领域技术人员有动机将证据2中的开启装置应用于证据1中。

关于区别②，其限定了仓盖开启到位后的锁定机构，由此确定的实际解决的技术问题是：仓盖开启到位后，如何实现静态保护，增强安全性能。上述锁定机构是锁定盖子的通用功能的一般性应用，与真空丝网印刷机这一具体应用场景并无紧密关联，真空丝网印刷机并未对锁定机构提出特殊要求。证据1已经公开了可开启或关闭的仓盖，虽然未公开对仓盖开启到位后进行锁定的锁定机构，但本领域公知的是当仓盖打开到位后通常需要对其进行锁定以保证使用安全。因此，本领域技术人员在公知的技术问题"如何实现仓盖打开到位后安全锁定"的指引下，能够获得明确的启示，到真空丝网印刷机这一具体应用领域之外，寻找仓盖开启到位后对其进行锁定的相关技术手段，因此本领域技术人员基于对相关功能的需求能够获得证据3。尽管证据3涉及的是蒸纱机门体打开到位后的锁定装置，但是该门体锁定装置与蒸纱机的具体应用场景并无紧密关联，也并未对该门体锁定装置的具体结构提出特殊要求，因此，在证据3公开了同样结构和功能的锁定装置的情况下，本领域技术人员有动机将证据3中的锁定装置应用于证据1中。

如果权利要求的技术方案中多个部件之间存在配合关系，各个部件的形状、位置和连接关系是为了满足上述配合关系而设置的，各个部件在整个技术方案中所起的作用也与上述配合关系密切相关，不同的现有技术中分别公开了其中部分部件，上述部分部件并不存在与权利要求中的其他部件相关的配合关系，也不能起到与权利要求中的相关部件相同的作用，则本领域技术人员没有动机将上述不同的现有技术结合在一起，从而获得权利要求的技术方案。

第162922号复审决定涉及申请号为201710862075.4，名称为"一种球嘴"的发明专利申请。涉案申请涉及一种球嘴，由球头3和球籽1组成，权利要求1中限定了球籽为一体式的圆柱圆台复合结构，所述圆台位于圆柱下端，所述球籽的轴线位置设有充气孔；所述圆柱内嵌于球片内，所述圆台结构的外径从外向内逐渐变大，所述圆柱的直径大于等于圆台底部圆的直径；球嘴由硅橡胶与无纺布制成，所述硅橡胶与无纺布呈夹心结构。

对比文件1公开了一种硅橡胶球嘴，其由球头2和球籽1组成，球籽采用硅橡胶制造，球头采用天然橡胶制造；所述球籽为一体式的三段圆柱体结构，中段圆柱体直径大，两头圆柱体直径小，在球籽的轴线设有充气孔；所述球头呈U形结构，其内部设有与球籽形状大小相配合的空腔。

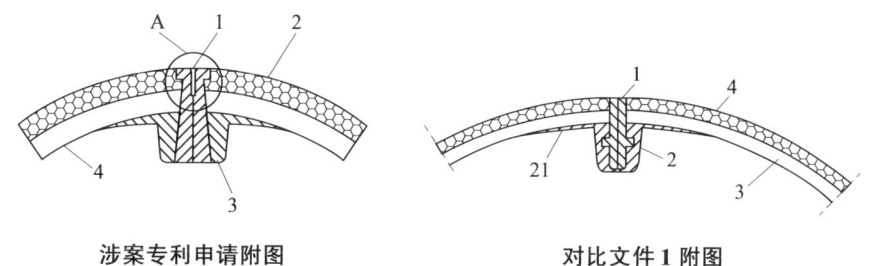

涉案专利申请附图　　　　　**对比文件1附图**

权利要求1与对比文件1之间的区别技术特征包括："球籽为一体式的圆柱圆台复合结构，所述圆台位于圆柱下端，所述圆柱内嵌于所述球片内；所述圆台结构的外径从外向内逐渐变大，所述圆柱的直径大于等于圆台底部圆的直径。"

对比文件2公开了一种软式网球的橡胶气门，气门本体3c形成为从外部向内部外径逐渐变小的锥状，具有提高密封性防止漏气的作用。

该案的争议焦点在于对比文件2是否给出了将一体式的圆柱圆台复合结构的球籽应用于对比文件1的技术启示，本领域技术人员在此基础上是否容易想到将对比文件2中的圆柱圆台复合结构变换为权利要求1所限定的结构。

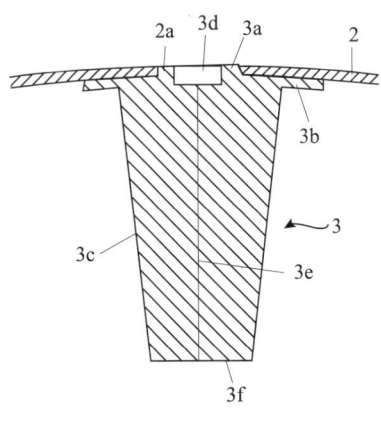

对比文件2附图

合议组认为,根据涉案申请说明书的记载,在充满气的状态下,球籽和球头是圆锥面接触,由于球体内气压的作用球籽受到向上的力,此力会使球籽和球头紧密接触避免漏气,同时球头对球籽有一个垂直于接触面的作用力,此力可以分解为水平方向的力以及竖直向下的力。水平方向的力可以挤压球籽上的充气嘴,保证充气嘴的密封;球体内气压对球籽的向上作用力和球头对球籽的向下作用力相互平衡,阻止球籽向上运动,一方面保证了球嘴的稳定性,另一方面也可以避免漏气。在充气时,球针插入球籽时球籽受力有向下运动的趋势,球籽上部的圆柱与球片面接触,给球籽向上的力,可以阻止球籽向下运动,保证了球嘴的稳定性。可见,涉案申请中圆柱圆台复合结构的设计是通过球籽与球头受力状况的配合,从而解决现有技术中球嘴慢漏气的技术问题以及减少充气时气针的插拔对球嘴甚至整个球体稳定性的影响。对比文件2公开的橡胶气门为一体结构,尽管其气门本体为圆台状,但对比文件2圆台状的气门本体并不需要与球头配合,因此本领域技术人员从对比文件2中不能获得采用圆柱圆台复合结构与球头配合以解决涉案申请所解决的技术问题的技术启示。同时,对比文件2并未公开技术特征"圆台结构的外径从外向内逐渐变大",相反,其气门本体的圆台结构外径从外向内逐渐变小,这是针对软式网球的特殊设计,由于气门外端部刚性较大,可以减小变形并尽量减少空气泄漏,内端部刚性较小,容易弹性变形而具有止回阀的功能,且圆台状利于减轻气门整体重量;可见,对比文件2中的圆台结构所起的作用与其整体技术方案密切相关,且与涉案申请中的圆台结构的作用不同。因此本领域技术人员没有动机将对比文件2中的圆台状气门本体3c应用于对比文件1,也没有动机进一步地将圆台状气门本体3c改造成外小内大的形状,以解决涉案申请所要解决的技术问题。

考查所属技术领域的技术人员是否有动机将现有技术进行结合时,应当站位所属技术领域技术人员,基于申请日前的现有技术,避免陷入"事后诸葛亮"的判断误区。

第35180号无效决定涉及专利号为201410450256.2,名称为"一种伸缩旋转型按摩器"的发明专利。涉案专利要求保护的按摩器特点在于在现有的伸缩型按摩器基础上增加了按摩头的旋转运动,从而形成复合运动,增强按摩效果。

证据1为伸缩型按摩器,涉案专利权利要求1与证据1之间的区别包括:权利要求1的按摩器为伸缩旋转型,而证据1的按摩器不具备旋转功能,仅为伸缩型,故权利要求1中的旋转机构以及与旋转机构相关的技术特征均为区别技术特征。基于上述区别技术特征,涉案专利实际解决的技术问题是提供一种将伸缩与旋转运动相结合的按摩装置。

证据2涉及一种延缓射精的训练装置,该装置包括壳体、电机20、安装环30、多根柔性刷毛40,在电机20的带动下,安装环30能够绕其中心轴转动。证据2实质为一种旋转型按摩器。

本案争议焦点在于本领域技术人员是否有动机将证据1中的伸缩型按摩器和证据2中的旋转型按摩器相结合,从而得到权利要求1中所限定的同时具有伸缩和旋转功能的按摩器。

决定认为,根据涉案专利说明书的记载,其发明构思是使按摩器能够产生伸缩和旋转的复合运动,这种复合运动比单一的伸缩运动或旋转运动具有更佳的按摩效果,同时实现伸缩与旋转运动能够产生一加一大于二的按摩效果。因此,判断涉案专利是否具备创造性的重点在于证据1、2是否公开了该发明构思或者给出了相应的技术启示。证据1和证据2均没有公开能够产生伸缩和旋转复合运动的按摩器,也没有给出相应的技术启示使本领域技术人员有动机将两者结合,如果认为将两者结合即能得到涉案专利,则属于《专利审查指南2010》第二部分第四章第6.2节所述的"事后诸葛亮"的情形。并且即使将证据1、2相结合,本领域技术人员若不对各部件的连接、安装、控制关系进行创造性的改造,也不能得到涉案专利的技术方案。综上，本领域技术人员没有动机将证据1、2相结合从而得到涉案专利权利要求1的技术方案。

3.2.3 对技术发展趋势引导作用的考量

创造性技术启示的判断，应当是站位本领域技术人员，以发明所要解决的技术问题为导向，确定现有技术整体上是否给出了改进的动机来解决所述技术问题。即使两篇或多篇现有技术的结合公开了发明的技术方案的技术特征，但是，如果基于本领域技术人员在申请日之前所掌握的技术水平以及认知能力，结合在申请日之前的技术发展状况，本领域技术人员没有合理动机改进现有技术，也无法确定两篇或多篇现有技术结合之后形成的技术方案能否解决发明所要解决的技术问题，则本领域技术人员不能将两篇或多篇现有技术相结合从而显而易见地得到发明所要保护的技术方案。

第33344号无效决定涉及专利号为97196762.8，名称为"发光装置及显示装置"的发明专利。涉案专利的技术内容主要涉及可以发出白光系列光的半导体发光二极管的制造。涉案专利使用氮化物系化合物（典型的如GaN）基的蓝光LED作为光源，激发Ce掺杂的钇铝石榴石（YAG：Ce）荧光体发出黄色或更高波长的光，通过蓝光与黄色系列光的混合，得到白色系列的光。由于YAG：Ce荧光体具有良好的稳定性，可以长期处于强度较高的LED蓝光附近而不劣化，且由于该荧光体具有耐高温、耐潮湿的特点，具有较好的环境耐受性，能够稳定地（荧光体不易劣化、耐候性好）发出白色光。

请求人主要提交了两组现有技术的证据：一组证据为以GaN蓝光LED为基础激发有机荧光染料发光后通过混色发出白光；另一组证据为YAG：Ce荧光体在受到非蓝光LED光源，例如高压或低压汞灯、荧光白炽灯、阴极射线、离子激光等光源激发后，可以发出黄色系的光。

该案的争议焦点在于，本领域技术人员在涉案专利申请日之前，是否有动机将现有技术中已有的YAG：Ce荧光体应用到新近发明的GaN蓝光LED中，从而实现性能稳定（荧光体不易劣化、耐候性好）的白色发光。

决定认为，该案创造性技术启示判断的关键问题在于，确定申请日之前本领域技术人员所掌握的技术水平。基于最接近的现有技术和区别技术特征的确定，涉案专利实际解决的技术问题为：现有的由混色发出白色光的GaN基发光二极管发光装置中存在荧光体劣化以及耐候性差的问题。对于将蓝光 LED 与有机荧光体相配合发出白色光的技术方案，荧光体劣化成为问题，采用例如使荧光体远离蓝光 LED 的技术手段可以在一定程度上缓解劣化的发生，这是本领域技术人员在涉案专利申请日之前解决荧光体劣化这一问题的认知水平。本领域技术人员知晓在非蓝光 LED 作为光源的环境中，YAG：Ce 荧光体具有较好的稳定性；但本领域技术人员并不知晓在如 GaN 蓝光 LED 发出的光强很强（约为 $100kW/m^2$）、温度较高（大于 100℃）的环境中，YAG：Ce 荧光体的稳定性如何。

考虑到 GaN 蓝光 LED 发出的光强很强（约为 $100kW/m^2$）、温度较高（大于 100℃）的这一具体环境，基于本领域技术人员的认知水平，本领域技术人员不能预料到 YAG：Ce 荧光体在 GaN 蓝光 LED 的特殊发光环境中是否依然可以不发生劣化，更不能确定使用"蓝光 LED + YAG：Ce 荧光体"的技术方案就能解决上述技术问题，本领域技术人员从现有技术中不能得到技术启示，选用现有技术中已经存在的理化性质相对于有机荧光体更为稳定的 YAG：Ce 荧光体，将其与 GaN 蓝光 LED 相配合实现稳定发光。因此，本领域技术人员在涉案专利的申请日之前没有动机将现有技术中已有的 YAG：Ce 荧光体应用到新近发明的 GaN 蓝光 LED 中，从而实现性能稳定（荧光体不易劣化、耐候性好）的白色发光。

如果相关技术在申请日之前尚处于发展的早期阶段，本领域技术人员囿于申请日之前的知识和能力，不能预期对现有技术改进后是否能解决发明所要解决的技术问题以及获得发明所要实现的技术效果，则在该现有技术基础上改进并获得发明要求保护的技术方案对本领域技术人员来讲是非显而易见的。

第 45911 号无效决定涉及专利号为 200680038150.5，名称为"透明导体及其制备方法、层压结构以及显示装置"的发明专利。涉案专利涉及一种透明导体，包括：衬底；以及传导层，所述传导层在所述衬底上，并且包括多根金属纳米线，其中，所述透明导体的光透射率大于 85%，且表面电阻率在 10Ω 至 1000Ω 之间。对比文件 1 公开了一种透明导体，该透明导体包括衬底和传导层，该透明导体具有上述光透射率和表面电阻率；在该技术方案中，衬底和传导层明显为互相独立的技术特征，二者在整体技术方案中发挥不同的作用，权利要求 1 与对比文件 1 的区别仅在于传导层中包括的传导纳米线不同，权利要求 1 中传导纳米线为金属纳米线，对比文件1中传导纳米线（也称之为超细导电纤维）为碳纳米管。基于上述区别特征，权利要求1实际解决的技术问题为如何低成本、高产量地制造具有改善电学、光学和力学性能的透明导体。

请求人认为，对比文件1给出了属于超细导电纤维的碳纳米管以及属于超细金属纤维的金属纳米线均可作为超细导电纤维固定在基材上用于制造导电制品的技术启示。在此基础上，本领域技术人员容易想到用金属纳米线替换对比文件1中的碳纳米管作为超细导电纤维，获得权利要求1的技术方案。

决定认为，涉案专利涉及一种可用作显示装置、发光器件、薄膜电池等的透明电极，或可用作防静电层、电磁屏蔽层的透明导体。该技术领域中，在涉案专利申请日之前已广泛使用的透明导体主要包括三种，一是包括ITO、ATO等金属氧化物的透明导体；二是包括传导聚合物的透明导体；三是包括碳纳米管的透明导体。上述第三种透明导体代表了一种研究方向，即使用传导纳米线，也称为超细导电纤维制造的透明导体，这类透明导体薄膜是涉案专利申请日前本领域技术人员普遍知晓的研究方向。本领域技术人员知晓，常见的超细导电纤维包括超细碳纤维、超细金属纤维和超细金属氧化物纤维等，超细碳纤维包括碳纳米管、碳纳米角、碳纳米线等，超细金属纤维包括金纳米线、银纳米线、镍纳米线等，超细金属氧化物纤维包括氧化锌纳米管或纳米线等。

尽管本领域技术人员知晓上述超细导电纤维的种类，也了解超细导电纤维可制成透明导体的研究方向，但是在采用各种具体超细导电纤维制造透明导体时，由于各种具体超细导电纤维的物理、化学性能大不相同，制备方法及工艺参数也各有不同，使得透明导体的制造方法也颇有不同，采用已有的制造方法直接替换其中的超细导电纤维，并不能获得具有预期电学、光学和力学性能的透明导体。例如，以对比文件1的实施例2为基础，用金属纳米线替换其中碳纳米管，采用相同工艺步骤和参数，由于涂覆溶液中金属纳米线浓度太小，金属纳米线的含量不足以建立足够的导电路径，导致其表面电阻率很高，从而很难获得具有相应表面电阻率和透光率的透明导体。实质上，由于金属纳米线和碳纳米管的物理、化学性能大不相同，例如直径明显不同、稳定性明显不同、表面性能明显不同等，使得采用金属纳米线与采用碳纳米管制备透明导体的方法具有明显差异，包括前述金属纳米线的含量，也包括固化条件，使用还原剂，使用防腐剂等其他工艺。

从该技术领域的发展脉络看，在涉案专利申请日之前、包括对比文件1的公开日前后，采用超细导电纤维制成透明导体的技术尚处于发展的早期阶段，对金属纳米线的研究主要集中在如何大规模制造稳定、均匀的金属纳米线，没有证据表明采用金属纳米线制备透明导体的现有技术被公开。因此，对于本领域技术人员而言，在涉案专利申请日之前的技术发展状况下，以其所具有的知识和能力，改进对比文件1时，简单用金属纳米线代替碳纳米管并不能得到权利要求1所述表面电阻率和透射率的透明导体，也不能预期包括金属纳米线的该透明导体的其他电学、光学、力学性能，即不能获得权利要求1的技术方案，也不能预期其技术效果。可见，在对比文件1的基础上进行改进并获得权利要求1的技术方案对本领域技术人员而言是非显而易见的。

3.3 发明构思对技术启示判断的影响

如果两份现有技术的技术方案与专利所要实现的功能基本相同，分别公开了专利权利要求中的部分技术特征，但上述两份现有技术的技术方案采用了不同的构思，且分别公开的部分技术特征与其整体技术方案的其他部分密切配合，则本领域技术人员通常难以从各现有技术的技术方案中将其部分技术特征从整体技术方案中抽离出来，拼凑形成专利权利要求的技术方案。

第52475号无效决定涉及专利号为201280063827.6，名称为"用于机动车的流体容器"发明专利。涉案专利涉及一种用于机动车的流体容器1，例如油箱，该流体容器具有至少一条夹持带3，该夹持带至少部分地包围流体容器以将流体容器保持在机动车车体的预定固定点处，流体容器为挤出吹塑模制式塑料容器，在容器外围接缝的正好相对置的点处具有一体成型的突起部8，夹持带在没有额外固定装置的情况下以受制方式预安装在流体容器上，其中，上述突起部接合至夹持带上与其对应形成的开口9中。

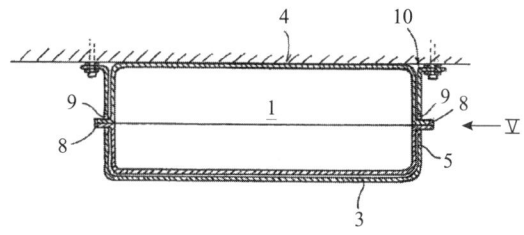

涉案专利附图

证据1公开了一种将油箱固定到机动车辆上的装置，油箱1通过两条金属绑带3固定到机动车辆的地板2上；油箱下表面中央部分具有固定件8，其包括椭圆形端部9和圆柱形基部10，该固定件可以通过吹塑来获得；绑带3上设有与固定件8配合的椭圆扣孔11，其宽度大于端部9的宽度，而长度则小于端部的长度；将油箱1安装到车辆地板2下方时，首先将绑带3安装到油箱上，使每条绑带穿过固定件8的端部9并使端部9垂直于扣孔11伸出，然后将绑带旋转90度，使绑带3通过端部9锁定在油箱上，端部9垂直于扣孔11伸出，即组装好了油箱和绑带，然后将绑带3的两端分别固定在车辆地板上。

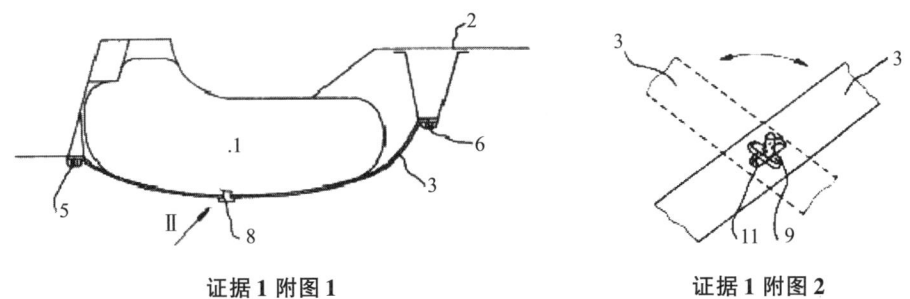

证据1附图1　　　　　　　　证据1附图2

证据2公开一种箱体的安装结构，树脂箱体T两侧分别设有突起12和突起13；机动车的发动机舱R内的发动机罩壁架11上具有基本水平的附接部5，安装支架1通过螺钉14安装到附接部5上，支架1由坚固的钢板弹簧材料制成，其两端弯曲形成的竖立部构成第一接合部2，可以防止箱体沿其纵向方向移位；每个竖立部上设有矩形凹口，凹口的两个侧表面形成第二接合部3，箱体T下部两侧的突起12插入凹口中，可以防止箱体T沿其横向方向移位；第一接合部2的上部弯曲成槽形构成第三接合部4，用于容纳箱体T上的长条矩形突起13，可以防止箱体T向上移动。两侧的第一接合部2的上端彼此倾斜靠近，当将箱体T插入支架1中时，两个第一接合部2的上端被箱体T挤压彼此向外，箱体T由安装支架1的第一、第二和第三接合部2、3和4稳定地保持。

合议组认为，证据1公开了涉案专利的流体容器和夹持带，并公开了流体容器上有一个突起部（即固定件8），夹持带上有一个对应的开口，但未公开涉案专利中的容器通过挤出吹塑模制形成，突起部设在容器外围接缝的正好相对置的点处，即突起部至少有相对布置的两个；证据2公开了

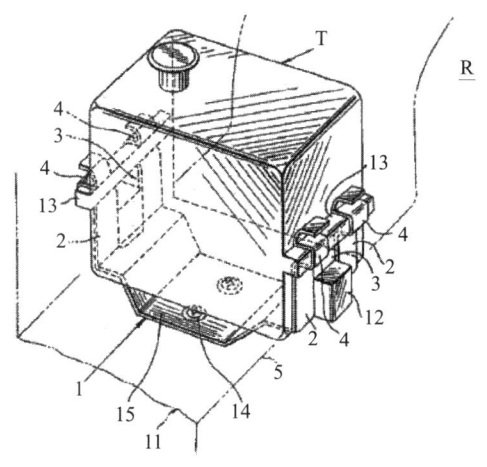

证据2附图

容器外围正好相对置的点处设有相对布置的两个突起部（即突起13），然而，证据1与证据2中突起部的数量、位置和结构与相配合的其他部件密切相关，二者的技术方案分别自成体系，工作方式完全不同；证据1中的金属绑带3需转动90度以锁定在油箱上，在证据1的绑带和油箱上分别设置两个以上相互配合的开口和突起部将导致绑带无法转动，而证据2中的支架在固定容器时不能相对于容器转动，证据1中的突起部无法与证据2中的与突起部配合的其他部件相配合，本领域技术人员在面对证据1和证据2的情况下，没有动机从两个完整的技术方案中各抽取一部分要素拼凑在一起并进行改造以获得涉案专利的技术方案。

在考量技术手段之间的替换是否属于本领域公知常识时，需从发明及现有技术的技术构思出发，考量该替换前后所要解决的技术问题是否相同、能获得的技术效果是否是显而易见的。

第41901号无效决定涉及专利号为201621039192.8，名称为"眼镜镜脚更换结构"的实用新型专利。涉案专利要求保护一种眼镜镜脚更换结构。该技术方案解决的技术问题是：现有技术中当对现有眼镜的眼镜脚进行更换时，需要使用专业工具将枢接镜脚和镜框的螺丝旋上或旋下，由此带来操作不便且在反复操作后容易造成螺丝和螺丝孔的配合松动的技术问题。为此，涉案专利通过在镜框和镜脚之间设置转接件实现了镜框与镜脚的便捷拆接和更换，并保证佩戴的稳定性。权利要求1中限定了技术特征"该转接件一端与镜框枢接，另一端与镜脚连接；转接件与镜脚连接一端设有凸字形固定孔，转接件上设有一与固定孔连通的侧面孔，在该侧面孔靠近镜框的侧边或靠近镜脚的侧边上设有一凸起；镜脚与转接件连接的一端设有一插接头，在插接头上设有一卡块，卡块与插接头对应转接件上的固定孔"。通过将插接头和卡块分别对应到固定孔的圆孔部和方孔部上，转动镜脚就可将镜脚和转接件连接，更换镜脚时只需将镜脚旋转然后拔出即可。

证据1公开了一种可拆换眼镜脚的眼镜，该眼镜利用插柱与插孔配合对插，并配合利用插柱上的扣部随插柱旋转而与插孔上的扣孔配合扣装，使得眼镜脚可拆换式地连接安装于眼镜主体上，拆装和安装方便，用户可根据实际情况随时随地更换眼镜脚的款式、大小以及眼镜的佩戴方式。具体地，通过设置在镜框上的插柱与设置在连接体中的插孔配合实现拆换，在该插柱的径向上贯穿设置条形通孔，并利用扣部相对条形通孔对称设置，该条形通孔可为扣部提供变形空间，使得两扣部相对插柱具有弹性，以便于扣部与扣孔扣合连接或脱离扣合。

权利要求1与证据1之间的区别之一为：涉案专利的转接件一端与镜框枢接，另一端与镜脚连接，证据1中的连接体一端与脚体枢接，另一端与镜框连接。

决定认为，涉案专利中的转接件和镜框通过枢接形成一个使用时不容易拆卸的整体，将眼镜脚插接在该转接件上，使用时眼镜脚本身容易从镜框和转接件的整体上拆卸更换；而证据1中的转接件和眼镜腿通过枢接形成一个使用时不容易拆卸的整体，将眼镜框插接在转接件上，使用时，眼镜腿和转接件一起从镜框下拆下更换。也就是说，涉案专利在进行镜脚更换时，通过插拔操作更换的对象是镜脚本身，而证据1的技术方案在进行镜脚更换时，通过插拔操作更换的实际对象是镜腿和连接件的共同结构。由于两者所更换的具体对象存在差别，导致两者在更换效果上也存在相应差别：涉案专利的更换对象结构简单，生产成本低；而证据1的更换对象结构复杂，生产成本高。相比于证据1，涉案专利权利要求1的技术方案可以实现简化更换部件结构、降低制造成本的有益效果，因此将证据1中连接体的连接关系替换成区别技术特征中所限定的转接件的连接关系并不是本领域的公知常识。

如果其他现有技术公开了与区别技术特征结构或功能相关的技术特征，并解决了与发明实际解决的技术问题相关的技术问题，但上述其他现有技术中解决其技术问题的原理与发明不同，最接近的现有技术中不存在能够应用上述原理的环境，则本领域技术人员难以从上述其他现有技术中获得将其与最接近的现有技术相结合以形成发明的技术方案的技术启示。

第211115号复审决定涉及申请号为201410742091.6，名称为"制冷器具以及用于制冷器具的风扇组件"发明专利申请。轴流风扇在推动气体流动的同时，气体会对风扇的扇叶产生与气流方向相反的推力，当现有技术中的风扇转轴竖直安装且气流方向向上时，该推力竖直向下，与风扇的重力方向相同，这样会使得风扇的振动的幅度增大，从而增加风扇组件运行时的噪声。为了降低风扇组件运行时的噪声，涉案申请权利要求1中限定风扇组件的旋转轴16偏离竖直方向一预设角度，使得风扇组件受到向下的反推力与风扇重力不完全重合，反推力被分解为重力方向和水平方向，减弱了在竖直方向的振动幅度，从而降低了风扇组件运行时的噪声。

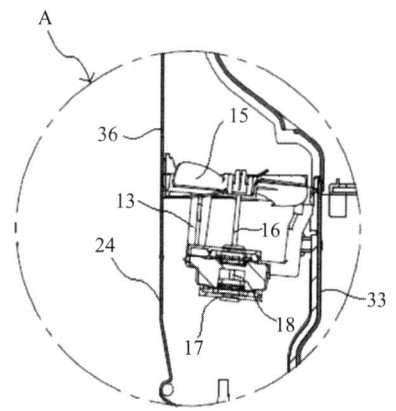

涉案专利申请附图

对比文件1公开了一种用于制冷器具的轴流风扇组件，其风扇5由电机模组14驱动，风扇5的旋转轴25垂直于水平面地竖直安装，且气流方向向上，即与涉案申请所描述的现有技术中的风扇转轴安装方式一致。

对比文件2公开了一种用于冷却装置的鼓风机，鼓风机包括电动机4和连接到电动机4的旋转轴5尖端的风扇6；电动机4固定在支架7上，其旋转轴5与支架7正交，风扇6从冷凝器2方向吸入空气，为克服现有技术中支架7垂直安装于单元基座1上,由于电动机4的旋转轴5在推力方向(轴向)上具有游隙,导致旋转轴5的基端在旋转时与轴承反复碰撞产生噪声的问题,对比文件2对支架进行改进,改进后的支架7以一定角度安装在水平放置的单元基座1上,因此旋转轴5相对于水平方向在风扇6侧定位成角度θ倾斜。由于旋转轴5相对于单元基座1(水平方向)倾斜,远离风扇6的旋转轴5的基端抵接在轴承上,避免了旋转轴5的基端在旋转时与轴承反复碰撞,从而有效地消除了由于反复碰撞而产生的噪声。

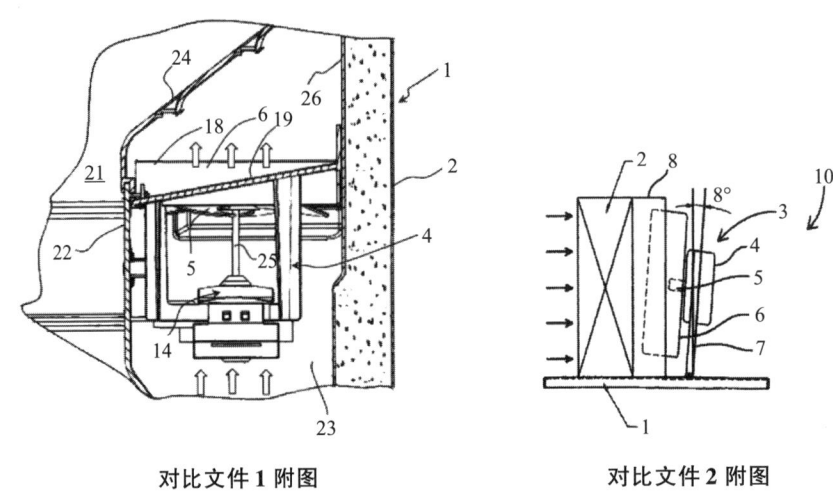

对比文件1附图　　　　　　对比文件2附图

决定认为,涉案申请中降低噪声的原理是减小反推力在重力方向的分力,从而降低风扇在竖直方向的振动幅度。与此相比,对比文件2中气流方向基本上是水平的,风扇的安装方式使得风扇有远离电机的运动趋势,尽管其与涉案申请一样都是为了降低噪声,但其所针对的噪声产生的原因在于电动机4水平的旋转轴5基端在轴向上与轴承之间存在游隙,使得旋转轴5的基端与轴承反复碰撞从而产生噪声;可见对比文件2中噪声的产生原因与涉案申请不同,本领域技术人员从对比文件2中并不能获得降低涉案申请中的风扇噪声的技术启示。从另一个角度来看,对比文件1中的风扇的旋转轴25是竖直的,电机位于风扇的下方,气流方向竖直向上,其对风扇产生的推力竖直向下,使得风扇有向下运动靠近电机的运动趋势,并不存在对比文件2中所述的噪声来源,因此,当本领域技术人员面对对比文件1和对比文件2时,难以想到将对比文件2中降低噪声的技术手段应用于不存在相同噪声来源的对比文件1中,也无法在对比文件1的基础上结合对比文件 2 进而获得涉案申请权利要求 1 的技术方案。

3.4 准确把握现有技术的公开内容对技术启示判断的影响

在考量现有技术的附图是否公开了权利要求的技术特征时，需要将附图所示的内容结合于该现有技术的整体的技术方案中，综合考量待判断的内容与该现有技术中其他技术特征之间的关联及其在整体技术方案中所起的作用等因素，若本领域技术人员不能直接地、毫无疑义地确定，则不能认定该现有技术的附图公开了所述技术特征。

第 48575 号无效决定涉及专利号为 201420249883.5，名称为"用于运输干散货的集装箱"的实用新型专利。涉案专利涉及运输干散货的铁路用集装箱，现有的柔性集装箱中干散货分布不均匀，装料管有可能在集装箱尚未被加载满之前就已经被堵塞。为此，如涉案专利附图 1 所示，涉案专利的集装箱包括柔性嵌入件 1、装料支架 3、装料管 4，其中如涉案专利附图 2 所示，柔性嵌入件 1 的形状设置成朝着装料管 4 变宽的梯形棱镜形状，通过这一设置，可以使得柔性集装箱中干散货分布更均匀，实现装料管在集装箱尚未被加载满之前已经被堵塞的可能性更小的技术效果。

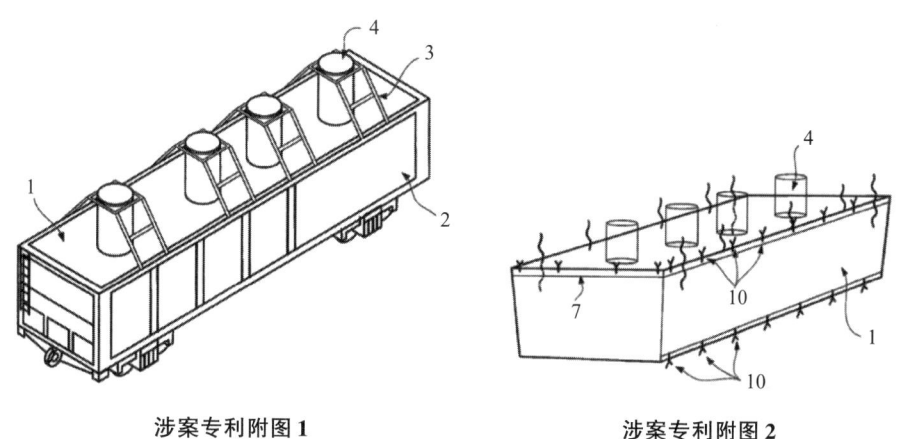

涉案专利附图 1　　　　　　涉案专利附图 2

证据 3 公开了一种散装货集装箱（柔性集装袋），该集装袋 12 包括盆 28 和盆盖 32，盆 28 包括底板 280 以及连续的第一、第二、第三和第四侧壁面板 281、282、283 和 284，四块侧壁面板协作以形成环形侧壁 285。集装袋 12 由柔性材料制成，并且适用于柔性中间散装货集装箱单元。

该案的争议焦点之一在于证据 3 是否公开了区别技术特征"所述柔性

嵌入件具有朝着所述至少一个装料管变宽的梯形棱镜形状"。请求人认为，虽然证据3的文字部分没有直接提及梯形棱镜形状，但证据3附图1和附图2明确公开了集装袋12具有梯形棱镜形状，基于上述附图公开的内容以及部件相关关系，本领域技术人员显然可以得出该柔性袋的形状可以是"梯形棱镜形状"的结论。专利权人提交了反证1，该反证1为证据3发明人出具的声明，该发明人声称证据3未公开涉案专利权利要求1中的"梯形棱镜形状"。

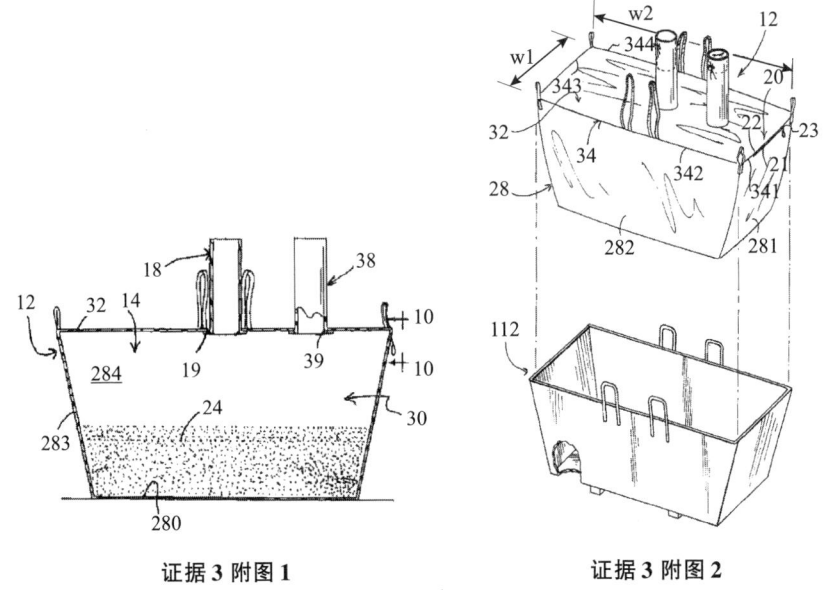

证据3附图1　　　　　　　　证据3附图2

决定认为，首先，证据3的上述附图均为示意图，并非从工程上对集装袋12的形状等作精确的表述，不能准确反映集装袋12的真实形状。其次，证据3为了使废物灰尘均匀分布以实现集装袋的填充容量最大化，采用的技术手段是利用人工伸入灰尘耙26进行耙平，第二和第四侧壁面板282、284之间具有短宽度w1，第一侧壁面板281和第三侧壁面板283之间具有较长的长宽度w2。因而，整体考量证据3的公开内容，本领域技术人员不能直接地、毫无疑义地确定出集装袋12的形状为梯形棱镜形状。再次，反证1，即证据3发明人作出的声明进一步佐证单纯由证据3的附图并不能确定集装袋12的形状为梯形棱镜形状。

判断是否可以从对比文件附图所示出的内容直接地、毫无疑义地确定某些技术特征时，应站位于本领域技术人员，以对比文件公开的技术方案的整体为基础，结合其所知晓的普通技术知识进行认定，避免仅仅依据对比文件的某一视角下的剖面视图进行片面认定，也避免将根据附图所示的内容无法直接地、毫无疑义地确定的某些功能或者作用武断地认定为对比文件附图所公开的内容。

第37908号无效决定涉及专利号为200710161547.X，名称为"具覆晶结构的发光二极管装置"的发明专利。涉案专利背景技术部分指出，现有的覆晶封装工艺仅使用焊球对焊球，或者焊球对焊垫等接触面积有限的电性连接方式，使得覆晶芯片产生的热量不易通过数量有限的焊球很快被导出。涉案专利通过在覆晶芯片的焊垫上分别设置导电引脚，使得覆晶芯片和散热底座的接触面积增加，提升器件的散热能力。如涉案专利附图所示，权利要求1限定了第一导电引脚131，位于该覆晶芯片130的第一电极251与该第一导电支架121之间，并电气地连接该第一电极与该第一导电支架，用以增加该第一电极与该第一导电支架之间的接触面积；第二导电引脚132，位于该覆晶芯片130的第二电极252与该第二导电支架122之间，并电气地连接该第二电极与该第二导电支架，用以增加该第二电极与该第二导电支架之间的接触面积。

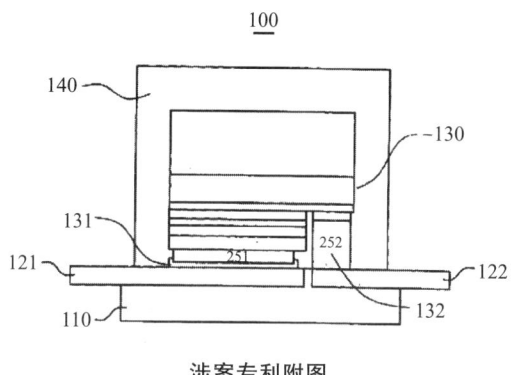

涉案专利附图

该案争议焦点在于，对比文件4的"导电凸点64a、64b"是否"增加了电极59a、59b与导电支架62a、62b之间的接触面积"。请求人认为，由对比文件4的附图可见，导电凸点64a、64b的截面积大于相应电极59a、59b的截面积，因此导电凸点64a、64b显然增加了电极59a、59b与导电支架62a、62b之间的接触面积。专利权人认为，涉案专利中增加接触面积是为了提高散热性能，对比文件4并未提及散热的问题，不能确定对比文件4的导电引脚增加了电极与导电支架之间的接触面积。

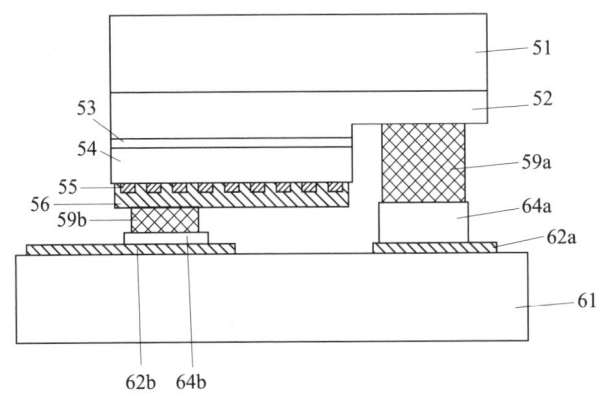

对比文件4附图

决定认为，首先，涉案专利的导电引脚用以增加电极和导电支架之间接触面积的目的在于提升发光二极管的散热能力，对比文件4的文字部分既没有记载任何关于散热的内容，也没有记载任何导电凸点与电极面积大小的内容，说明对比文件4并未关注上述技术问题。本领域技术人员从对比文件4中不能得到提升发光二极管散热能力的技术启示。因此，不能仅从对比文件4的附图所示的内容就确认导电凸点64a、64b的存在增加了电极与导电支架之间的接触面积。其次，对比文件4说明书附图作为示意性的截面图，虽然在当前视角显示导电凸点64a、64b的截面积大于相应电极59a、59b的截面积，但并不能确定在其他视角上二者面积的大小关系如何，尤其是在说明书没有任何文字记载的前提下，不能据此认为导电凸点的存在增加了电极与导电支架之间的接触面积。最后，在本领域中，"导电凸点"一词通常指以焊球接触的形式实现器件与基板之间的电连接，其实质接触面积近似点接触而不是面接触。在涉案专利和对比文件4均未特别说明的前提下，不宜将导电凸点理解为能够增大接触面积的面接触的方式。综上所述，对比文件4附图没有公开权利要求1中的"第一、第二导电引脚用以增加相应的电极与导电支架之间的接触面积"这一技术特征。

当权利要求与最接近的现有技术之间的区别特征涉及多个具体的技术细节时，如果作为其他现有技术的3GPP文档因其仅对其记载的技术方案进行概括性的描述，并未详细披露该技术方案的技术细节，则认为该其他现有技术未能公开上述区别特征。

第 41860 号无效决定涉及专利号为 200880113726.9，名称为"无线通信移动台装置和响应信号扩频序列控制方法"的发明专利。涉案专利所要解决的技术问题为不增加通知信息造成的开销而削减移动台中的盲解码的次数。为解决该技术问题，涉案专利根据与移动台自身基于 CFI 的值来改变搜索空间的定义，无须频繁地从基站向移动台通知搜索空间信息。权利要求 1 与对比文件 1 相比，其区别特征在于："所述 PDCCH 被分配给了根据控制格式指示符值变化的多个控制信道单元区域中的、与所述 PDCCH 的控制信道单元占用数对应的特定的控制信道单元区域；按照根据所述控制格式指示符值变化的、所述 PDCCH 占用的控制信道单元和所述特定的 PUCCH 的扩频序列之间的关联对应，控制所述响应信号的扩频序列。"基于上述区别特征可以确定，权利要求 1 实际解决的技术问题是如何确定特定的控制信号单元区域以及如何控制相应信号扩频序列。该案的争议焦点在于对比文件 2—3、5—9 是否均公开了与涉案专利控制信号区域类似的正交组合示例图表。

决定认为，对比文件 2—3、5—9 均属于 3GPP 文档，由于 3GPP 文档通常为涉及 3GPP 的标准类文档，不是专利文献，其一般仅概述性地描述技术方案，不会公开涉及技术细节的技术内容，缺乏对于技术细节的详细记载。虽然对比文件 2—3、5—9 均公开了正交覆盖码正交序列组合的图表，但这些对比文件所公开的正交组合示例的图表均未公开涉案专利的控制信号单元区域的涉及多个具体技术细节的技术特征，不能相当于本专利权利要求 1 所限定的控制信号单元区域，因此对比文件 2—3、5—9 均未公开上述区别特征。

如果最接近的现有技术仅披露了某一技术特征，但未就其所起到的作用进行说明，本领域技术人员在该现有技术公开内容的基础上，依据所掌握的技术常识能够确定该技术特征的作用，并能够判断其与权利要求中相应技术特征所起的作用和原理相同，则应认为该现有技术就该技术特征给出了相应的技术启示。

第 51842 号无效决定涉及专利号为 200810243306.4，名称为"全棉无纺布医用敷料的生产方法"的发明专利。针对现有技术中先将原棉进行脱脂和漂白，再进行水刺的工艺方法，存在将所有杂物、杂质一起漂白，能源消耗大、成本高，以及脱脂后棉网的吸附力强，即使经过后续的水刺工序，细小杂质也不易去除的缺陷，涉案专利的全棉无纺布医用辅料的生产方法采用高压水流对棉网进行缠结（俗称高压水刺），并且将脱脂和漂白工艺置于高压水刺后的工艺流程。权利要求1保护的技术方案包含了上述技术手段。

证据5作为最接近的现有技术公开了一种棉纤维无纺布的生产方法，包括水刺、清洗和漂白工序，脱脂和漂白步骤在水刺工序之后，但是证据5中采用的是低压水刺，且证据5并未记载将脱脂和漂白工序置于水刺步骤之后的原理和作用。专利权人认为，证据5中采用的是低压水刺，没有给予本领域技术人员技术启示在采用高压水刺时仍将脱脂和漂白工序置于水刺工序之后。

决定认为，证据5已经公开了将脱脂和漂白工序置于纤维的水力缠结水刺工序之后，其虽然采用的是低压水刺，但是并不妨碍本领域技术人员将证据5公开的工艺步骤应用于高压水刺的条件下。这是因为，与涉案专利的高压水刺相比，低压水刺清除杂质的能力更弱，若将脱脂工序置于水刺工序之前，由于脱脂带来的吸附效应将更加导致细小杂质不易去除这一缺陷的产生。此外，无纺布的制造原料本身含有杂质，虽然证据5公开的是低压水刺，但是其在一定程度上也能够达到清除杂质的效果，若将漂白工序置于水刺工序之前，会造成将过多杂质与纤维一起漂白所导致的浪费，这属于本领域技术人员能够意识到的技术问题。因此，虽然证据5未明确记载将脱脂和漂白工序置于低压水刺工序之后的原理和作用，但是，本领域技术人员在证据5的基础上，能够意识到将脱脂和漂白工序置于水刺工序之后的原理和作用，而当采用高压水刺时，将水刺工序前置的需要依然存在。

当现有技术局部所公开的某个技术特征的字面含义与权利要求的技术特征的含义相同或类似时，不能简单地认为该现有技术已经公开了该权利要求的技术特征，而是应在通读现有技术的基础上对该现有技术局部所公开的技术特征的含义进行整体判断，从而客观准确地认定权利要求的技术特征是否被该现有技术所公开。

第36657号无效决定涉及专利号为201520439003.5，名称为"一种光伏组件及其自动清扫装置"的发明专利。涉案专利权利要求 1 与对比文件 1 的区别之一在于：权利要求 1 中框架跨搭在待清扫的光伏面板上，设置在框架另一端的支撑轮与光伏面板的下侧边具有预定的间隙；而对比文件 1 的一对端头行走传动箱是夹持在待清扫面板两端。

请求人认为，对比文件 5 公开了"导向轮与太阳能电池模块 101 的框架 104 之间，设置一些余量，由此可以应对行进方向上的太阳能电池组件 101 的错位或突起物"，其中的"余量"就相当于上述区别技术特征中的"间隙"，因此对比文件 5 公开了上述区别技术特征。

决定认为，对比文件 5 中是采用多段式设计，支撑构件之间通过铰链 40 相连接。通过铰链，两个清洁装置组件 10 可以围绕中心轴线——连接部 20 自由旋转。例如在对比文件 5 附图中第 N 列的两个太阳能电池模块 101 中，位于同列中的太阳能电池模块受到台架尺寸变化的影响而发生偏移，从而无法整齐地排列，这种结构正是为了解决这个问题。如果对比文件 5 的导向轮和框架 104 之间存在间隙，首先与对比文件 5 说明书中的记载"工作轮 14 与太阳能电池模块 101 的框架 104 接触并行进"和"通过导向轮 32 可以防止清洁装置从相对于安装基准面倾斜的太阳能电池模块 101 上脱落、跌落下来，并且可以增强清洁装置沿着太阳能电池模块 101 的上端和下端线性地移动时的稳定性"相矛盾；其次，如果存在间隙，很有可能导致对比文件 5 中的多段式设计的支撑构件无法正常工作甚至相对于安装基准面倾斜从太阳能电池模块 101 上脱落、跌落下来。通读对比文件 5 可知，其并未提及光伏板在 Y 轴方向上的参差，而仅涉及光伏板在 Z 轴方向上的角度变化和高度变化，其在多个支撑构件之间设置铰链的目的在于使得清洁装置的连接部可以根据角度变化而灵活地旋转，即使由于台架等的尺寸变化而导致太阳能电池模块无法平行排列，也可以稳定地清洗和运行。并且，对比文件 5 中的导向轮 32 为柱状轮，其旋转轴的长度远大于端面直径。这种柱状轮的作用在于：清扫装置因为太阳能电池模块在 Z 轴方向上的角度或高度发生变化而发生枢转时，相应的在 Z 轴方向上会产生高度的变化，而该柱状轮侧面的面积大，仍然能够保持与框架相接触，从而能够增强清洁装置沿着太阳能电池模块移动时的稳定性。因此，本领域技术人员根据对比文件 5 的整体内容可以确定"导向轮 32 与太阳能电池模块 101 的框架 104 设置一些余量"中的"余量"，实际上指的是"导向轮与框架接触范围更大"，不应该将"余量"理解为"间隙"，故对比文件 5 并没有公开上述区别技术特征。

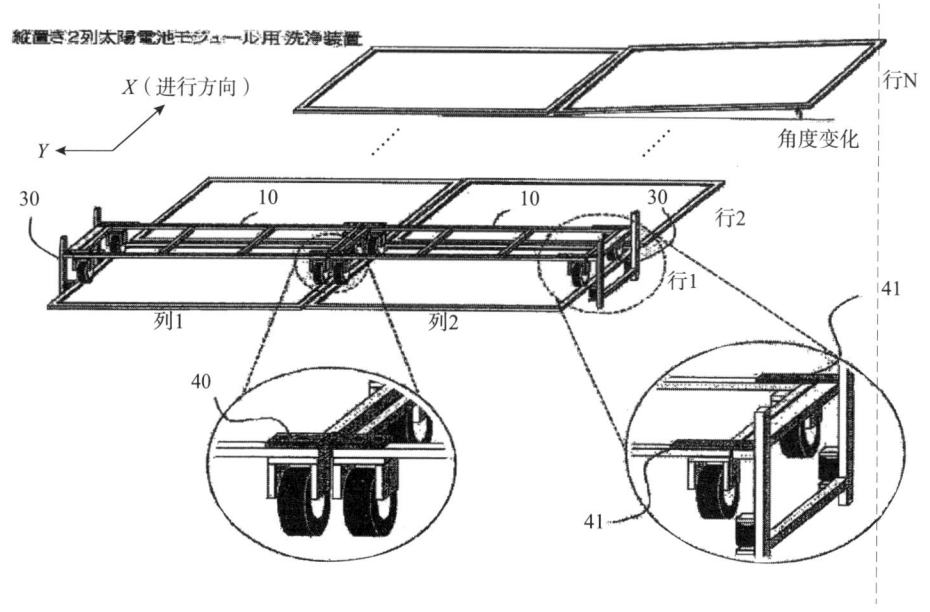

对比文件5 附图

虽然现有技术系通过多种技术手段的组合来解决某一技术问题，但所述多种技术手段各自独立地起作用，相互之间无协同配合及相互作用关系，基于本领域技术人员的视角可以确定，单独采用其中一种技术手段时也可以解决上述技术问题，则不能因为现有技术公开的是多种技术手段的组合而认为该现有技术未给出单独采用其中一种技术手段来解决上述技术问题的技术启示。

第43886号无效决定涉及专利号为201720802328.4，名称为"一种SCR系统用压力传感器"的实用新型专利。涉案专利涉及一种SCR系统用压力传感器，其要解决的技术问题为在低温环境下，SCR系统中的尿素溶液发生冻结结冰后体积会发生膨胀，进而对压力传感器造成损害。涉案专利所采用的主要技术手段为通过设置具有不同孔径的液体流入通道，当尿素溶液冻结时，通过改变尿素溶液的冻结顺序和控制冻结溶液的体积，使导压孔的出液口先冻结，导压孔的入液口后冻结，从而使得SCR系统主流道内尿素溶液冻结时的膨胀压力不会再传递到基座上，由此保护基座不被破坏。涉案专利权利要求1相对于证据1的主要区别为涉案专利设置不同截面尺寸的导压孔,即权利要求1中的导压孔包括开设在凸台中上部的第一导压孔和与第一导压孔连通的第二导压孔,第一导压孔的出液口为所述导压孔的出液口,所述第一导压孔的截面尺寸不大于所述第二导压孔的截面尺寸,而证据1中的通孔1的截面尺寸上下一致。权利要求1实际解决的技术问题为在低温环境下确保传感器不被破坏由此可顺利完成对SCR系统中液体的压力检测。

  该案的争议焦点在于证据4是否给出将上述区别应用到证据1中以解决相应技术问题的技术启示。

  决定认为,证据4公开的技术方案采用了两方面的技术手段来解决由于液体凝固而对传感器装置造成损害的技术问题,即:(A)增设补偿元件和(B)在流体管道中设置毛细管通道或减小通道截面。依据证据4说明书的记载可知,通过设置由槽,或缝隙,或沟道形成的毛细管通道来确定处于对应管道内的流体开始凝固时的优先区域,而位于膜片下方的轴向腔同样具有类似于上述毛细管通道的功能,可见证据4中上述管道所处的低温环境具有同一性,位于管部以及轴向腔中的少量液体均可首先凝结,进而有助于应对随后更大量的流体,尤其是存在于较大截面的管道部分中的流体的凝固而造成的膨胀,其所形成的冰塞可构成一种"自然屏障",既能避免流体进一步流入可能发生故障的区域,又能应对有效体积内的凝固物质向膜部的方向的推力。由此可知,证据4中管部所形成的毛细管通道及小截面的轴向腔均可以在第一时间形成冰塞,两者的冻结时间是一致的,同时由于轴向腔的截面小于内腔的截面,使得轴向腔内的液体优先于内腔冻结,因此可以获得阻碍流体进一步推积向膜部延伸进而对其造成损害的技术效果,这与涉案专利中"所述第一导压孔的截面尺寸不大于所述第二导压孔的截面尺寸"的效果相当;另外,证据4中通过在敏感元件的腔内设置补偿元件明显减小了对相应膜部和/或与之连接的检测元件造成损坏的风险,也就是说,该补偿元件与"流体管道中存在的毛细管通道或任何情况下截面减小的通道"针对由于膨胀而损害设备这一问题分别发挥其各自的作用,该技术方案实质上是将补偿元件通过其自身的弹性来缓解液体冻结体积膨胀所造成的压力,与同时通过减小液体流通截面来减少液体量进而缓解对传感器膜片造成的压力相组合,组合后的技术效果实质上是上述两个技术手段的加和。基于此,本领域技术人员完全可以知晓,单独采用毛细管部或具有小截面的轴向腔也在一定程度上可以达到使位于上述空间内的液体优先凝结进而阻碍大流量液体冻结对膜片造成损害的技术效果；本领域技术人员可以获得将液体导入通道的直径进行部分缩减，形成靠近传感器膜片的小截面管道和靠近进液口的较大截面管道的不同孔径的联通管道的技术启示，在此技术启示下本领域技术人员有动机将上述区别应用到证据1中。

对于现有技术中记载的技术信息的理解应当全面客观。基于依赖实验验证的医药化学领域的技术方案具有技术效果可预测性较差的特点，本领域技术人员在阅读现有技术文献时不仅应关注其中记载的具体技术手段，还需要考虑现有技术是否教导应用该技术手段来解决技术问题具有合理的成功预期。

如果现有技术仅推测所述技术手段可用于解决某一技术问题，但是尚待进一步的研究确定，则应当认为现有技术没有向本领域技术人员提供可以采用该技术手段解决相关技术问题的充分教导。

第172256号复审决定涉及申请号为201380031228.0，名称为"针对血清组X脑膜炎球菌的疫苗"的发明专利申请。涉案专利申请涉及免疫原性组合物在制备用于免疫对象抵抗血清组X脑膜炎球菌的药物中的应用，其中所述免疫原性组合物包含：fHbp抗原、NHBA抗原和NadA抗原中的每一种。

对比文件2公开了一种以液体制剂形式提供的4CMenB疫苗，该疫苗包含NadA抗原、fHbp抗原、NHBA抗原融合蛋白和源于脑膜炎球菌NZ98/254的外膜囊泡。对比文件2讨论部分记载如下内容："我们的研究不是设计为提供疫苗对全球脑膜炎球菌B菌株的覆盖数据，在不同地区，该菌株个体的成分的存在及表现存在差异。4CMenB疫苗抗原在成人研究中针对124个血清组B菌株中的85%中引发免疫反应。针对年龄特异的、国家特异的、区域特异的代表菌株的覆盖研究正在进行，首批数据表明覆盖73%~87%近期在五个欧洲国家流行的菌株。另外，由于疫苗抗原不一定与特异的血清组关联，单独的脑膜炎球菌表面蛋白，例如H因子结合抗原，也可能提供对其他血清组的覆盖，包括A、C、W–135、Y，甚至X，对于它现在还没有疫苗存在。支持该使人兴奋的展望的近一步的临床数据是需要的。"

本案的争议焦点在于，对比文件2的讨论部分的内容是否公开了4CMenB也可以针对血清组X具有免疫作用或给出了相应启示。

决定认为，首先，对比文件2整体上研究的是4CMenB疫苗对于血清组B脑膜炎球菌的免疫效果，并未对4CMenB疫苗对于血清组X脑膜炎球菌的免疫作用进行针对性的实验。对比文件2的讨论部分仍主要对4CMenB疫苗对于血清组B脑膜炎球菌的覆盖进行预期，并提出即使对于血清组B脑膜炎球菌，其也可能无法全面覆盖，而非指出其能够针对多种亚型A、C、W-135、Y和X提供非特异的免疫保护。其次，对比文件2对于脑膜炎球菌各血清组疫苗的研制进行了介绍，从中可以看出对于血清组B以及血清组X的疫苗并不能根据单一抗原的作用简单推断。例如，针对A、C、W-135以及Y的疫苗是基于血清组特异性的荚膜多糖，但血清组B的荚膜多糖类似于神经细胞粘附分子，产生抗体的作用很弱。为了开发对血清组B具有广泛保护的疫苗，进行全基因组测序后以鉴定出在多数脑膜炎菌株表面的蛋白，并经体外和体内试验才得到对血清组B具有免疫作用的多种抗原的组合物4CMenB。即使是4CMenB，对于血清组B也并非能覆盖全部菌株。在此基础上，对于对比文件2中明确指出尚没有针对血清组X有效的疫苗，本领域技术人员不能预期4CMenB对于血清组X也有效。再次，对比文件2中"单独的脑膜炎球菌表面蛋白，例如H因子结合抗原，也可能提供对其他血清组的覆盖，包括A、C、W-135、Y，甚至X，对于它现在还没有疫苗存在。支持该使人兴奋的展望的近一步的临床数据是需要的"的描述只能理解为单独的表面蛋白（fHbp抗原或其他表面蛋白）可能提供对除血清组B之外的其他血清组（A、C、W-135、Y，甚至X）的覆盖，而不是fHbp一定覆盖X，具体的对应关系需要进一步的研究。鉴于对比文件2所述的疫苗复杂性以及血清组X尚无疫苗，即使fHbp能够覆盖X，也是其有可能作为针对血清组X的疫苗成分之一，但并非含有fHbp就一定是有效的疫苗，更不能预期原本作为血清组B疫苗的4CMenB对于血清组X也是有效的疫苗。因此，对比文件2的讨论部分没有给出4CMenB针对血清组X具有免疫作用的充分教导。

如果现有技术仅概括性提及所述技术手段可用于解决上位概念限定的技术问题，而其实际解决的具体技术问题与发明创造解决的技术问题属于上位概念限定下的不同类别的下位技术问题，并且本领域已知不同类别的下位技术问题通常应采用不同的技术手段,则本领域技术人员不能从上述现有技术的这种概况括性描述中获得将所述技术手段用于解决发明创造的技术问题的技术启示。

第47812号无效决定涉及专利号为201210507318.X,名称为"用于治疗潜伏性结核的喹啉衍生物"的发明专利。涉案专利权利要求1保护一种化合物在制备药物组合物中的应用,所述药物组合物用于治疗潜伏性结核(TB),其中所述化合物为具有以下结构的(αS,βR)-6-溴-α-[2-(二甲基氨基)乙基]-2-甲氧基-α-1-萘基-β-苯基-3-喹啉乙醇或其药学上可接受的酸加成盐。

涉案专利说明书实施例1和实施例2分别验证了权利要求1所述化合物对休眠牛结核杆菌(BCG)和休眠结核分枝杆菌(H37RV)具有杀菌活性,实施例1、2所采用的牛结核杆菌和结核分枝杆菌是导致人类感染结核病的主要病原菌,所采用的试验模型也证实了这两种代表性的结核杆菌在休眠状态下均能够被涉案专利的化合物有效杀灭,在此基础上本领域技术人员能够预期化合物12能够有效杀灭休眠的结核杆菌,进而可用于治疗潜伏性结核。

证据1公开了一种取代喹啉衍生物,说明书实施例B7和表1具体公开了化合物12(即涉案专利权利要求1所述化合物),说明书实施例C药理学实施例公开了化合物12抗结核分枝杆菌和抗耻垢分枝杆菌ATCC607的体外抗菌活性测试,其根据标准方法计算化合物所实现的生长抑制百分比,试验结果显示化合物12的MIC值为0.07,PIC50值为8.7。证据1提及发明提供了治疗患有分枝杆菌疾病或具有患分枝杆菌疾病危险的患者的方法,包括给所述患者施用治疗有效量的本发明化合物或药物组合物。

涉案专利的"潜伏性结核"是指结核杆菌在体内以非复制、代谢减退状态存在,个体不显示疾病症状的感染状态。该案争议焦点之一在于在证据1披露其化合物可以对结核分枝杆菌和抗耻垢分枝杆菌ATCC607具有体外抗菌活性的情况下，本领域技术人员是否容易想到将该化合物用于抑制潜伏性的结核分枝杆菌，继而用于治疗潜伏性结核。

决定认为，"具有患有分枝杆菌疾病危险"这一概念相对上位宽泛，涵盖了所有具有患病风险的情形，例如感染 HIV 后自身免疫系统遭到破坏、劳累导致自身免疫力下降、近距离接触感染者、接触带有大量病原体的物品等情况均属于"具有患有分歧杆菌疾病危险"的范畴，"具有患有分枝杆菌疾病危险"并不能等同于"潜伏性结核"，在证据 1 并未公开所述化合物可有效治疗潜伏性结核的情况下，本领域技术人员仅基于证据 1 公开的"本发明提供了治疗……患有分枝杆菌疾病危险的方法"这一泛泛记载并不能得到将证据 1 的化合物用于治疗潜伏性结核的技术启示和能够治疗成功的合理预期。证据 1 在背景技术部分描述了通常在 2 个月的加强杀菌期后需要 4—6 个月的继续治疗或灭菌期来消除持续存在的杆菌和将复发的危险减至最小，因而缩短总治疗长度、降低给药频率的有效药物将是有益的，但所述记载仅表明了研发抗结核病新药的必要性以及新药研发的方向和渴望达到的效果，并未表明证据 1 的化合物事实上取得了所述效果，也未表明缩短治疗周期的效果与抑制非活动期结核杆菌直接相关。从整体上看，证据 1 在化合物活性和治疗疾病方面仅公开了化合物对结核分枝杆菌、耻垢分枝杆菌具有体外抗菌活性，并未记载和讨论任何与潜伏性结核相关的内容。两个实施例均是"根据标准方法计算化合物所实现的生长抑制百分比"，所针对的均是处于活动期正在生长复制的细菌，而非潜伏性结核菌。根据证据 12 公开内容，本领域已知针对生长繁殖旺盛的菌群和暂时休眠菌群使用不同的治疗方法，对于活性结核具有效果的药物不一定对潜伏性结核具有效果，二者的治疗方式和药物选择是不同的，对潜伏性结核的治疗往往更为困难。因此，证据 1 并未给出关于所述化合物与抑制潜伏性结核之间相关性的技术启示，即使本领域技术人员根据化合物治疗活动期结核的有效性可能会去尝试将其用于治疗潜伏性结核，但在无法合理预期治疗活性结核的药物对于潜伏性结核也同样有效的情况下，并不能显而易见地将所述化合物用于治疗潜伏性结核。

如果现有技术仅泛泛罗列了大量面向技术改进的可能的技术手段，而未阐述或证明各种技术手段与具体技术改进方向之间的明确对应关系，本领域技术人员面对实际解决的技术问题时并不会有目的地从中选择特定的具体技术手段，则应认为现有技术并未给出相应的技术启示。

第 48078 号无效决定涉及专利号为 201280050716.1，名称为"α-淀粉酶变体以及编码它们的多核苷酸"的发明专利。涉案专利权利要求 1 要求保护一种 α-淀粉酶变体，限定了两个位点的具体突变 K176L + E185P，以及与 SEQ ID NO：14 的氨基酸 1—481 的序列一致性至少 98%。说明书表 1-4 证实了在 pH4.5 或 4.8、低钙和高温时包括所述 K176L + E185P 突变的 α-淀粉酶变体的热稳定性相对于参考淀粉酶都有很大的改善。

证据 1 公开了具有改变性质的 α-淀粉酶变体，这些变体具有 α-淀粉酶活性并且相对于亲本 α-淀粉酶表现出以下至少一种性质的改变：底物特异性，底物结合，底物裂解模式，热稳定性，pH 活性，pH 稳定性。亲本酶可以是 LE399。证据 1 罗列了每一类性质的改变相对于亲本 α-淀粉酶的所有可能的位点以及相应位点的所有可能的突变，其中在低 pH 和/或高温下增加的稳定性、取代产生更疏水的氨基酸残基类，所述 pH 范围在 pH5.5 与 6.2 之间，罗列的取代中包括 K176A，G，I，L，M，F，P，W，Y，V；E185I，L，M，F，P，W，Y，V。

该案的争议焦点在于本领域技术人员是否有动机将已知的 K176L 和 E185P 突变组合制备 α-淀粉酶变体。

决定认为，权利要求 1 相对于证据 1 实际解决的技术问题是提供一种在低 pH 值、低钙和高温下热稳定性改善的 α-淀粉酶变体。从证据 1 公开内容看，其泛泛涉及淀粉酶多个不同方面的性能的改善，其中罗列的可以突变的位置几乎涵盖了序列上的每一个位置，且每个位置上给出了多种可选范围，列出了所有可能的氨基酸取代形式，且从其针对不同位点罗列的不完全相同的氨基酸取代形式中难以确定其选择和取舍氨基酸范围的规律。在具体涉及酸性和/高温下具有增加的热稳定性的突变中，罗列了从第 5 位氨基酸到第 483 位氨基酸的数量众多的突变形式，具体位点涉及 399 个位点，每个位点的突变方式从一种到十多种不等。

基于证据 1 简单罗列的上述内容，本领域技术人员在没有明确指引的情况下，没有动机从众多的可选择突变位点中具体选择 176 和 185 这两个位点，更不会进一步从证据 1 中罗列的 176 和 185 的多种可能的突变方式中直接选择将 K176L 和 E185P 这两种具体的特定突变方式组合，因为证据 1 同等罗列了 176 位的 10 种突变，185 位的 8 种突变，并未进一步教导哪种突变或突变组合获得的突变体能够解决相应的技术问题或更为优选。另外，证据1提及的pH范围在pH5.5与6.2之间，而涉案专利证实在pH4.5或4.8时包括所述两个突变的α-淀粉酶变体的热稳定性相对于参考淀粉酶都有很大的改善，而在证据1并未对具体位点的突变进行实验并建立突变和性能关联性的基础上，单纯基于证据1的位点和突变方式的简单罗列，本领域技术人员对于所述技术效果是无法预期的。本领域技术人员基于证据1的整体泛泛教导并不会有目的地主动去选择相应的具体技术手段，即将K176L和E185P组合以解决发明实际解决的技术问题，权利要求1相对于证据1是非显而易见的。

3.5 合乎逻辑的分析推理和有限的试验对技术启示判断的影响

3.5.1 合乎逻辑的分析推理

如果针对权利要求所要解决的技术问题，现有技术中对于如何在其基础上进行改进给出了充分的技术指引，本领域技术人员在该现有技术的基础上经过合乎逻辑的分析即可得到权利要求的技术方案，那么该权利要求的技术方案对于本领域技术人员来说是显而易见的。

第39429号无效决定涉及专利号为201620537094.0，名称为"一种停车入位检测系统"的实用新型专利。现有的道路停车入位检测系统通常采用视频检测的方式，为了提高检测的准确度，涉案专利在视频检测的基础上，增加了地磁车辆检测器。权利要求1要求保护一种停车入位检测系统，包括N个摄像机、M个地磁车辆检测器和控制器，其中控制器分别与摄像机和地磁车辆检测器连接，用于对视频帧进行分析，得到停车入位检测结果，且从地磁车辆检测器获取车辆检测信号，以确定所述停车入位检测结果是否准确，在所述停车入位检测结果准确时，发出停车入位检测结果信号。

证据1公开了一种路侧停车管理系统，在每个车位上设置有车位占用检测装置，车位占用检测装置具体包括但不限于地磁检测装置、超声波检测装置、地感线圈检测装置、视频检测装置等，它们在实现检测车位上是否有车的功能上各有优缺点，存在受到外界干扰的可能，因此单独采用任何一种都有可能出现误判，为了提高车位占用状态检测的准确性，可以将上述装置之间进行组合，互相弥补各自的缺陷；其中一个实施例中的车位占用检测装置包括超声波检测装置和地磁检测装置;通过综合分析两者的检测结果得出车位占用状态会更加准确,例如只有当超声波检测装置及地磁检测装置都检测到有车辆才能确定车位上有车辆停放;车位占用检测装置的具体组合方式并不以上述描述为限,本领域技术人员在上述记载的实施方式的基础上,还可以想到其他的组合方式。控制装置与车位占用检测装置等通信,可以接收或发送车位检测信息及车位占用检测装置控制消息等。

决定认为,证据1中列举了车位占用检测装置具体包括但不限于地磁检测装置、超声波检测装置、地感线圈检测装置、视频检测装置等,明确记载了单独采用其中任何一种检测方式都有可能出现误判,采用多种检测方式的组合可以提高车位占用状态检测的准确性,并且给出了车位占用检测装置包括超声波检测装置和地磁检测装置的实施例;同时,证据1中还明确记载了车位占用检测装置的具体组合方式并不以上述描述为限,本领域技术人员在上述记载的实施方式的基础上,还可以想到其他的组合方式。由此可见,证据1已经明确给出了组合多种检测方式以提高检测准确度的技术启示,并给出了可以选择的检测方式,在此基础上,本领域技术人员很容易想到将其中的地磁检测装置和视频检测装置组合起来综合分析以提高检测准确度。证据1的系统中也包括接收和发送信号的控制装置,并公开了当两种检测装置都检测到有车辆才能确定车位上有车辆停放。当车位占用检测装置包括地磁检测器和视频检测器时,为了实现正常的控制功能,本领域技术人员很容易想到将证据1的控制装置分别与视频检测器的摄像机和地磁车辆检测器连接,对视频帧进行分析,得到停车入位检测结果,并且从地磁车辆检测器获取车辆检测信号,以确定所述停车入位检测结果是否准确,在所述停车入位检测结果准确时,发出停车入位检测结果信号。可见,权利要求1的技术方案是本领域技术人员在证据1给出的技术指引的基础上,经过合乎逻辑的分析即可获得的。

3.5.2 有限的试验

若权利要求中包含的参数本身属于本领域的常规参数,权利要求中所限定的上述参数及取值是本领域技术人员通过有限的试验即可获得的,且本领域技术人员根据说明书的记载也无法确定上述参数及取值的选择或者组合能给权利要求的技术方案带来预料不到的技术效果,则上述参数特征不能给权利要求的技术方案带来创造性。

第26034号无效决定涉及专利号为200810066387.5，名称为"阵列式消声器"的发明专利。涉案专利的阵列式消声器由吸声管体1和支架2组成，吸声管体1内部填充吸声材料，相邻的吸声管体1轴线之间按一定形状排列，例如按等边四边形、等边三角形等排列，吸声管体1通过螺栓固定安装在支架2上，而支架2则固定于通风管道3内。涉案专利的权利要求1限定了一种吸声管体截面为圆形的阵列式消声器，除限定该阵列式消声器的结构特征外，还对所述阵列式消声器的尺寸参数进行了如下限定："吸声管体（1）轴线之间的距离为400mm，吸声管体（1）截面面积$4\times10^4 mm^2$，长300mm，邻近通风管道壁的吸声管体（1）轴线与通风管道（3）壁之间的距离为200mm。"此外，在涉案专利的说明书中，给出了消声器性能指标（含消声量TL、气流再生噪声L_w以及压力损失ΔP）的计算公式，同时比较了当吸声管体截面为矩形时的阵列式消声器与片式消声器之间的性能差异。

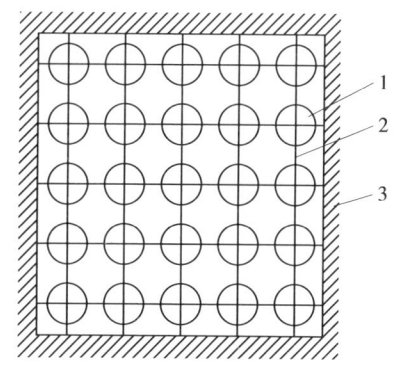

涉案专利附图

请求人主张，涉案专利的权利要求1相对于证据1及本领域公知常识不具备创造性，其中权利要求1与证据1的区别之一，即权利要求1中上述尺寸参数的特征属于本领域公知常识。具体理由为：上述尺寸参数实际限定了吸声管体占整个通风管道的截面积之比，即消声器的通流比，该参数的选择属于本领域技术人员可以通过有限的试验获得的；此外，根据涉案专利说明书记载的关于消声量的计算公式，具有上述参数的阵列式消声器并不能满足行业标准中规定的消声效果。专利权人则认为，涉案专利的发明点之一即在于上述参数的限定,由于在涉案专利申请日前,并未有阵列式消声器消声量的计算公式,均采用现有的片式消声器的计算公式,根据实验反复推算获得,请求人的计算结果存在误差,但专利权人并未提供相应的计算过程和结果。

决定认为,如专利权人所述,涉案专利权利要求1中限定的尺寸参数属于本领域技术人员在现有片式消声器计算公式的基础上,通过有限的试验可以推导并获得的,采用现有计算公式进行计算和进行常规试验都是本领域技术人员所具有的能力的范畴,不需要付出创造性劳动,并且根据涉案专利的说明书和现有证据无法确定上述参数相较于现有技术能够产生预料不到的技术效果的情况下,上述尺寸参数不能给权利要求1的技术方案带来创造性。

技术原理并不等同于技术手段,在现有技术没有披露技术原理与可能的技术手段之间存在确定对应关系的情况下,基于已知的技术原理获得非常规的技术手段可能需要付出创造性的劳动,并非仅通过合乎逻辑的分析或者有限的试验就可以实现。

在判断包含数值范围的技术特征的技术启示时,通常需要考虑如下几个方面:第一,本领域是否存在常规的取值范围及该取值范围与相应数值范围的关系;第二,现有技术中是否给出了如何进行数值范围选择的技术启示,例如可以根据该启示有动机进行若干次有方向性的试验来进一步获得特定的数值范围;第三,还应考虑该数值范围所达到的技术效果与现有技术中所能预见的技术效果是否一致。

第39289号无效决定涉及专利号为201310556488.1,名称为"一种旋流干煤粉气化炉"的发明专利。涉案专利与对比文件1均涉及干煤粉气化炉,二者的区别在于涉案专利限定了排渣口与反应室的具体直径比例。

请求人主张,原料在反应室中反应时间越长,相应的碳转化率也就越高是本领域公知的原理,改变气化炉的排渣口和反应室的具体直径比例是本领域的惯用技术手段,本领域的技术人员可以经过有限的常规试验获得涉案专利的具体比例。

决定认为,首先,涉案专利是通过调整排渣口和反应室的直径合适比例的方式而进一步提高碳转化率,虽然"原料在反应室中反应时间越长相应的碳转化率也就越高"是本领域普遍知晓的技术原理,但是能够实现提高碳转化率的具体技术手段有很多，现有技术中通常采用改变反应室结构或长径比的方式，例如，对比文件1中限定其反应室呈特定的上大下小的形状，对比文件2限定了其反应器的高度和直径满足特定的比例，可见该案中的技术原理与技术手段之间并不存在唯一对应的关系。请求人并未提供任何证据表明具体采用调整排渣口和反应室的直径比的方式以提高碳转化率属于本领域公知常识。涉案专利说明书明确指出其相对于现有技术的改进在于将排渣口与反应室的直径进一步缩小为1∶3~1∶4，请求人也未主张该范围属于本领域的常规取值范围，且现有技术中也均未给出进一步缩小两者之间比例的技术启示，本领域技术人员并没有进行相应方向调整的动机。

其次，对比文件2明确记载了其气化反应器采用高压料浆的方式进料，且灰渣以固态的形式由排渣口排出，而对比文件1的气化装置采用干煤粉进料，熔渣通过液体的形式从排渣口排出，而进料形式的不同将会导致对气化炉的压力、原料以及进料结构的要求不同，而排渣形式的不同将会导致对排渣口尺寸的要求不同，为防止堵塞，固态排渣相对于液态排渣需要更大的排渣口直径。同时，对比文件2明确记载了其将反应器的内径与排渣口直径设置为1.5~3.5的目的是"减轻排出灰渣在炉膛锥底部的积累与对排渣口材料的冲刷腐蚀"，而非用于提高碳的转化率。由此可见，对比文件2与对比文件1在进料方式和出渣形式上明显不同，且其设置反应器的内径与排渣口直径比的目的也与涉案专利不同，即使其公开了涉案专利所限定的比例，本领域的技术人员在此基础上也不会想到将对比文件1、2相结合。

在判断发明的技术方案是否属于本领域技术人员通过有限的试验就能够获得时，不仅要考虑这样的试验是否可以通过常规的技术手段进行，还需要考虑本领域技术人员通过试验选择或确定该方案具体技术内容的难易程度。

虽然发明是通过公知技术手段实现，貌似通过有限试验就能够获得，但是如果通过该公知技术手段获得的试验结果具有随机性和不确定性，试验结果不可预期，且试验可能是无限的，则本领域技术人员难以借助这种公知技术手段，通过有限的试验获得权利要求的技术方案。

第278146号复审决定涉及申请号为201380044310.7，名称为"大豆事件

pDAB9582.816.15.1 检测方法"的发明专利申请。涉案专利权利要求 1 保护一种在包含大豆 DNA 的样品中检测大豆事件 pDAB9582.816.15.1 的方法。根据说明书记载,使用携带双元载体 pDAB9582 的卸甲的土壤杆菌菌株 EHA101 来转化大豆子叶节外植体,获得含有大豆事件 pDAB9582.816.15.1 的转基因大豆,所述 pDAB9582 在 T 链 DNA 区内含有选择标志物 pat v6 和感兴趣的基因 cry1F v3 和 cry1Ac synpro。使用定量酶联免疫吸附测定法对转基因大豆进行检测,重组 Cry1F、Cry1Ac 和 PAT 蛋白表达水平在从 T2 至 T6 世代的所有谱系间是稳定且一致的。

对比文件 1 公开了另一种同时表达 Cry1F、Cry1Ac 和 PAT 的转基因大豆事件 pDAB9582.814.19.1,以及使用 TAQMAN 测定法鉴定大豆事件 pDAB9582.814.19.1 的存在。权利要求 1 与对比文件 1 相比,区别在于:上述目标基因在大豆基因组中插入序列和侧翼序列交接点区域的序列不同,以及基于上述序列设计引物进行大豆事件检测的 PCR 方法也不同。

在生物育种领域,对大豆等农作物通过转基因改良以提高其昆虫抗性以及对除草剂的耐受性等性能属于普遍存在的需求和目的。在基因组的特定位点插入相应基因,使宿主获得相应的功能也是本领域的常规技术手段,对比文件 1 中也给出多种定点插入的方法和系统,例如 CRE/LOX、FLP/FRT 等。基于对比文件 1 中大豆事件 pDAB9582.814.19.1,给出可以在目标大豆基因组中插入 Cry1F、Cry1Ac 和 PAT 蛋白基因从而使得转基因大豆获得抗虫和抗除草剂性能的启示,本领域技术人员有动机去开发另一种在目标大豆基因组中同时插入 Cry1F、Cry1Ac 和 PAT 蛋白基因以赋予抗虫和抗除草剂性能的转基因大豆。权利要求 1 是否具备创造性关键在于本领域技术人员在对比文件 1 公开内容的基础上是否能够容易地获得另一种同时插入 Cry1F、Cry1Ac 和 PAT 蛋白基因以赋予抗虫和抗除草剂性能的转基因大豆,并设计相应的大豆事件的检测方法。决定认为,获得转基因大豆是一个非常复杂的过程,并非简单地在基因组的特定位点插入相应基因并使其表达的事件,在转基因大豆创建过程中会面临着诸多不可预测的变量或随机因素,从而影响获得满足性能和农艺学标准的稳定的特定大豆事件。采用本领域常规技术手段将外源目的基因 Cry1F、Cry1Ac 和 PAT 导入亲本大豆基因组的步骤中,存在着大豆基因组水平、染色体水平和/或基因水平中外源基因插入位点的随机性问题。对比文件 1 中也指出了将转基因导入并整合入植物基因组中牵涉一些随机事件,凭借许多转化技术诸如土壤杆菌属（即农杆菌属）转化、基因枪和 WHISKERS，无法预测转基因在基因组中的插入位点。而且外源基因被随机插入大豆基因组中，可能会导致转入的基因不表达、表达水平太高，对植物本身的生理生化特性产生影响等不同后果，这些影响和结果都是本领域技术人员所无法预测或事先确定的。在转基因大豆的鉴定和筛选过程中，还存在转基因的失活、纯合体致死效应等非孟德尔遗传现象，并不一定能获得符合商业上可接受标准的农艺学性状的转基因大豆。大豆由 20 个染色体组成，共有约 11.5 亿个碱基对，其中含有数千个基因，本领域技术人员通过转化技术，将目标基因 Cry1F、Cry1Ac 和 PAT 随机插入大豆基因组后筛选获得与涉案申请的大豆事件 pDAB9582.816.15.1 插入位点相同转基因大豆的概率非常低，鉴定和筛选过程需要付出难以预计的劳动量。因此，在对比文件 1 公开内容的基础上，本领域技术人员无法通过合乎逻辑的分析、推理来确定 Cry1F、Cry1Ac 和 PAT 合适插入位点，也难以通过有限的试验来鉴定和筛选特定大豆事件 pDAB9582.816.15.1。

4 其他因素对判断发明创造性的影响

4.1 技术偏见

技术偏见，是指在某段时间内、某个技术领域中，技术人员对某个技术问题普遍存在的、偏离客观事实的认识，它引导人们不去考虑其他方面的可能性，阻碍人们对该技术领域的研究和开发。

如果本领域技术人员对于解决特定技术问题采用的技术手段的认知并未达到普遍偏离客观事实的程度，则不应认为这种认知构成了技术偏见。现有技术中实现同一功能的不同技术手段可能各有优缺点，如果某种技术手段在某些方面的缺点不足以导致本领域技术人员不去考虑采用该技术手段的可能性，则本领域并不存在采用该技术手段不能解决相关技术问题的技术偏见。

第 51924 号无效决定涉及专利号为 201080038785.1，名称为"电机"的发明专利。根据涉案专利说明书的记载，三相感应电动机常用来驱动螺旋式压缩机，现有技术中的电动机通常使用铜或铜合金制成绕组，但其成本较高，为解决上述问题，涉案专利权利要求 1 中的螺旋式压缩机系统中的三相高电压电动机的定子芯包含铝的绕组，其具有208V与575V之间的运行电压等级范围。

判断涉案专利权利要求1是否具备创造性的焦点问题在于：在涉案专利优先权日之前，本领域是否存在不能使用铝制绕组电机驱动三相高电压螺旋式压缩机的技术偏见。专利权人认为反证1至反证10能够证明本领域存在上述技术偏见，涉案专利通过放大定子槽形、增加铁心长度等技术手段，在不实质性增大其直径和/或长度的情况下保持了电动机的性能且降低了成本，克服了本领域的技术偏见，因此将铝制绕组电机应用于权利要求1限定的大功率压缩机具有创造性。

决定认为，现有技术中没有记载使用铝制绕组电机驱动三相高电压螺旋式压缩机的技术方案，并不表明本领域技术人员普遍认为不能采用这一技术方案，即不能表明涉案专利采用上述技术方案就是克服了技术偏见。根据专利权人提交的反证1至反证10的记载可知，涉案专利优先权日以前公开的反证均未明确记载或教导采用铝线绕组的电机不能用于三相高电压螺旋式压缩机，即未明确记载本领域中存在"铝线绕组的电机不能用于驱动三相高电压螺旋式压缩机"的技术偏见。相反，由上述反证中记载的内容可知，采用铝线制作绕组相对于铜线而言虽然存在一些缺点和问题，但采用铝线绕组的电机在现有技术中也广泛存在，铝线绕组同样能够实现电机的基本功能，现有技术中已经存在通过放大定子槽形、增加铁心长度等手段，使得铝线绕组电机能够与铜绕组电机保持同等效率，同时也具有成本低等其他方面的优点。从反证3与证据7中记载的铝线绕组电机的功率、电压范围来看，现有技术中采用铝线绕组的电机完全可以为专利权人所述的"三相高电压螺旋式压缩机"提供动力，采用这一技术手段也不需要克服任何技术障碍。综上，铝线电机与铜线电机在不同的方面具有各自的优缺点，都能够实现电机的基本功能，铝线电机的缺点并不足以导致本领域技术人员不去考虑采用其驱动三相高电压螺旋式压缩机的可能性，专利权人提交的上述反证不能证明在涉案专利优先权日之前本领域存在铝制绕组电机不能应用于三相高电压螺旋式压缩机的技术偏见。

4.2 预料不到的技术效果

公知常识或常规技术手段通常提供了技术领域中解决某些技术问题的可能性，但对本领域技术人员而言，不能将这种可能性直接等同于确定性，还需要围绕这些常规技术手段应用到特定技术方案后产生的技术效果进行详细考查。如果所解决的技术问题契合了特定技术领域的效果需求，成功突破了现有技术瓶颈，具有预料不到的技术效果，则该技术方案具备创造性。

第43478号无效决定涉及专利号为02123000.5，名称为"丁苯酞环糊精或环糊精衍生物包合物及其制备方法和用途"的发明专利。权利要求1保护一种丁苯酞环糊精衍生物包合物，其含有丁苯酞和羟丙基-β-环糊精，二者的分子摩尔比为1∶1～10。涉案专利通过环糊精或环糊精衍生物对丁苯酞的包合作用，来提高丁苯酞的水溶性，解决了丁苯酞水溶性低，不能直接用于注射剂型的欠缺。经测定在25℃时，丁苯酞羟丙基-β-环糊精包合物在水中的溶解度达924mg/100mL。

请求人主张，大量证据，如证据2和证据4表明，羟丙基-β-环糊精或类似的环糊精及环糊精衍生物可以用来包合多种药物，解决药物水溶性差的技术问题，因此本领域技术人员能够想到使用羟丙基-β-环糊精包合丁苯酞，从而得到涉案专利的包合物。

决定认为，证据2涉及"药物的溶解性可以通过转化为无定形态或通过以环糊精包合而得到改善"的技术内容，其要解决的技术问题是获得稳定的无定形态药物，有效阻止药物结晶。证据2表1给出了34种药物通过羟丙基-β-环糊精等环糊精衍生物增溶效果的数据，其中包合后的药物溶解度最大为238mg/mL，最小为0.2 mg/mL，相差1000多倍，而且不同药物包合前后溶解度的变化情况也差异巨大，增溶作用从增加不到1倍到增加到三个数量级不等，增溶效果参差不齐。而且，这34种药物绝大多数为固体形态，在结构上与丁苯酞也并不相近。

证据4公开了环糊精对几种药物溶解度和稳定性的研究，其中记载了"表3列出了一些CD（即环糊精）对药物的增溶作用。CD对难溶性药物在水溶液中的增溶作用与所用的CD及被增溶的药物分子的结构和性质有关。要预测某一CD分子对一种药物的增溶作用的程度是困难的，至今只有一些经验性的认识"。可见，证据4记载的信息也印证了丁苯酞增溶之后的效果是难以预测的。

通常情况下，药物领域中优良助剂的出现仅仅提供了制备优良制剂的可能性。对于羟丙基-β-环糊精这样一种潜在的优良增溶剂，具体能适用于哪种活性化合物中，适用之后又能起到何种程度的增溶效果，都需要进一步的探究。证据2和证据4给出其对几十种药物溶解度和稳定性的研究结果，应当认为给出了羟丙基-β-环糊精在其他结构并不相近的药物上应用的"可能性"，但其是否能用于丁苯酞的包合，能否增溶、增溶程度大小均是不可预期的。更重要的是，对于不同的药物而言，其溶解度增加程度的意义和价值是各不相同的，而这种意义和价值，取决于药物、剂型的医学价值，能够治疗疾病的严重程度，是否具有其他可替代药物，以及增溶后药物使用的安全性等诸多方面的因素。

根据涉案专利说明书的记载，无论是治疗因脑缺血引起的各类疾病，还是治疗血栓，都无一例外地需要所使用的药物制剂具有快速释放、迅速达到治疗效果的目的，采用静脉滴注是临床上对于急性病症的最常用方法，由于丁苯酞呈油性，只能将其简单地制成软胶囊供口服使用。而急性脑梗患者发病后，有半数患者的吞咽功能都会受到影响。涉案专利通过使用羟丙基-β-环糊精包合使丁苯酞的溶解度增加，为将其制备成静脉给药的针剂剂型提供了可能性。涉案专利说明书中已验证了羟丙基-β-环糊精确实能提高丁苯酞的水溶性，将丁苯酞制备成注入体内的针剂等剂型，凸显了丁苯酞增溶后制备成注射液直接静脉给药的医学价值，足以证明二者的结合取得了预料不到的技术效果。

5 几种不同类型发明的创造性判断

5.1 组合发明

如果一项权利要求包含的多个技术特征相对独立，不存在密切配合的协同关系，分别解决不同的技术问题，各个技术特征之间的组合并未带来功能上的相互作用关系，则上述技术特征之间属于简单叠加的关系；如果上述各个技术特征分别在不同的现有技术中公开或属于本领域的公知常识，将多个现有技术和/或本领域公知常识进行简单组合即可得到该项权利要求的技术方案，则该项权利要求不具备创造性。

第51204号无效决定涉及专利号为201922357776.X，名称为"浴桶"的实用新型专利。根据涉案专利说明书的记载，为了解决现有浴桶不易收纳、占用空间大的技术问题，涉案专利提供了一种可拆卸折叠的浴桶。无效决定所针对的修改后的权利要求1保护一种浴桶，包括支撑架和柔性桶体;所述支撑架用于支撑柔性桶体,以使所述柔性桶体形成用于洗浴的容腔;所述支撑架包括上固定架和下支撑管,在所述上固定架上拆卸设置有多个下支撑管,所述上固定架穿设在所述柔性桶体的开口;所述上固定架包括多个上连接管和多个上连接件,多个所述上连接管通过上连接件首尾相连形成上固定架,所述上连接管的两端均设置有弹扣,所述上连接件上设置有与弹扣对应的固定孔;多个所述上连接管中至少一个为弧形的开口朝下的上连接管,该所述上连接管形成把手;所述柔性桶体上设置有排水管和排水口,所述排水口设置在所述柔性桶体的底面上,所述排水管设置在所述柔性桶体的侧面的下部;所述柔性桶体的侧壁为多层结构,由内向外依次为 PVC 布、海绵、夹网布和春亚纺。

证据 7 公开了一种折叠浴桶,其包括上支架、左侧支架、右侧支架、防水袋、浴缸盖和头枕。上支架包括左连接杆、右连接杆和两个圆弧弯管,依次首尾插接围成一个闭合框架结构,支撑杆上部固定在第一三通连接管的下方管体内,并且通过第一三通连接管与两个圆弧弯管之间铰接。防水袋下部有排水阀,排水阀位于防水袋侧面的下部,并且为伸出防水袋、具有阀门的短管。

证据 3 公开了一种管架游泳池边管结构的改进,管架游泳池包括环形管架和设于环形管架内的游泳池,该环形管架包括若干刚性边管、可串次装接若干边管的联接头及若干个脚管。边管两端部内均固设有第一锁接装置,第一锁接装置包括第一固接座、第一容置槽、第一弹销和第一弹簧等部件,边管两端部均开设有第一让位孔,第一弹销在第一弹簧弹力作用下伸出边管的第一让位孔。联接头具有水平被插接部、一个下被插接部,水平被插接部上开设有第一通孔,边管端部插接于水平被插接部,第一弹销在第一弹簧的弹力作用下插接于第一通孔,以锁接边管的端部和联接头。边管端部直接插接于水平被插接部内即可自动锁接,便于装配。

证据 4 公开了一种折叠沐浴桶,在桶体部的桶壁外侧的底部设有排水阀,并在桶体部的底部设有排水口,以便将残余的水从桶底排出。

决定认为,证据 7 公开了权利要求 1 中的支撑架和柔性桶体,并公开了多个上连接管、多个上连接件、下支撑管及相关安装关系,还公开了与权利要求 1 中位置相同的排水管。权利要求 1 与证据 7 之间的区别为:①权利要求 1 中上连接管的两端均设置有弹扣,上连接件上设置有与弹扣对应的固定孔,证据 7 仅公开了该连接件为三通连接管且与连接件铰接;

②权利要求 1 的上连接管中至少一个为弧形的开口朝下的上连接管以形成把手，证据 7 中的连接杆和圆弧弯管在水平方向上均为平直的，不具有开口朝下的弧形；③权利要求 1 还包括设置在柔性桶体底面上的排水口；④权利要求 1 的柔性桶体侧壁为多层结构，由内向外依次为 PVC 布、海绵、夹网布和春亚纺，证据 7 未公开防水袋的具体材质。

基于区别①，权利要求 1 的技术方案实际解决的技术问题是提供一种便于拆解和安装的连接结构，以便实现浴桶的折叠。证据 3 中的边管相当于权利要求 1 的上连接管，第一弹销相当于权利要求 1 的弹扣，连接头相当于权利要求 1 的上连接件，第一通孔相当于权利要求 1 的与弹扣对应的固定孔，可见，证据 3 公开了区别①，并且区别①在证据 3 中的作用与其在涉案专利中所起的作用相同，都是提供一种便于管件拆装的连接结构。

基于区别②，权利要求 1 的技术方案实际解决的技术问题是便于浴桶的搬运和进出浴桶。在日常生活中，人们在使用浴桶沐浴而进出浴桶时，为了避免滑倒、保护自身安全，一般都会借助把手等可供使用者把持的结构，对于如证据 7 所述的折叠浴桶而言，即便其不具有把手，在日常使用时，使用者进出浴桶时也很容易将浴桶的边缘作为把持部位，以便支撑自身重量、维持身体平衡，因此，本领域技术人员容易想到利用折叠浴桶自身的管件在浴桶边缘形成利于把持的形状，从而有动机将证据 7 中上支架的连接杆或弧形弯管中的至少一个设置成弧形的开口朝下的管件，以便形成可供使用者把持的把手，这对于本领域技术人员来说是容易想到并实现的。

基于区别③，权利要求 1 的技术方案实际解决的技术问题是提高浴桶的排水效率，使排水更干净。证据 4 的折叠沐浴桶底部设有排水口，能够起到排水更干净的作用，可见证据 4 公开了区别③，并给出了将其应用于证据 7 以便解决上述实际技术问题的技术启示。同时，为了提高浴桶的排水效率，在浴桶底部设置排水口是本领域的常用技术手段。

基于区别④，权利要求 1 的技术方案实际解决的技术问题是提高浴桶的防水保温效果。防水保温是本领域对浴桶的基本要求，为了防止浴桶内的水温过快下降而将桶壁设置为多层结构是本领域的惯用技术手段，而采用何种材质构成多层结构以及各个材质的排布次序，都是本领域技术人员根据实际需要和保温要求进行的常规选择，区别④所限定的材质均是本领域常用于浴桶桶体的材质，这种材质的选择和内外次序的设置也未带来预料不到的技术效果。

综上所述，区别①~④分别使得权利要求 1 解决了浴桶管架的连接、浴桶搬运、排水和保温的技术问题，这些技术问题之间没有相互联系或协同作用，解决这些技术问题的技术手段也是相对独立、没有相互联系或协同作用的，因此，在证据 7 的基础上结合证据 3 和证据 4 以及本领域常规技术手段以得到权利要求 1 的技术方案，只是技术特征的简单组合，对于本领域技术人员来说是显而易见的。

5.2 要素变更的发明

如果发明与现有技术之间的区别在于省略了某个要素，而该要素的省略是本领域技术人员根据实际需要所作的省略，省略的目的是解决普遍需求的技术问题，该要素省略之后，其相应的技术效果也随之消失，则认为该要素省略并不能给发明带来创造性。

第 196201 号复审决定涉及申请号为 201810156887.1，名称为"使用宽带数据转换器的多标准前端"的发明专利申请。涉案申请涉及一种使用宽带数据转换器的多标准前端。传统的多服务收发器在面积、成本和功耗上效率都不佳，涉案申请简化了多服务收发器的接收器和/或发射器前端，直接将模拟信号转换为数字信号，不需要将模拟信号先转换为中频信号然后再转换为数字信号。涉案申请的权利要求 1 为：一种耦合到通信媒介的多服务收发器，其包括，第一前端模块和第二前端模块，其经配置以分别接收第一接收模拟信号和第二接收模拟信号并放大所述第一接收模拟信号和所述第二接收模拟信号以生成第一放大模拟信号和第二放大模拟信号，且经配置以分别提供第一发送模拟信号和第二发送模拟信号，其中所述第一接收模拟信号和所述第二接收模拟信号分别表示第一服务的第一接收服务内容和第二服务的第二接收服务内容，所述第一发送模拟信号和所述第二发送模拟信号分别表示所述第一服务的第一发送服务内容和所述第二服务的第二发送服务内容，所述第一接收服务内容和所述第二接收服务内容经由所述通信媒介一起接收，所述第一发送模拟信号和所述第二发送模拟信号经由所述通信媒介一起发送；合成器，其经配置以组合所述第一放大模拟信号和所述第二放大模拟信号以生成第一复合模拟信号；模数转换器 ADC，其经配置以接收所述第一复合模拟信号并生成第一复合数字信号；

以及信道器,其经配置以接收所述第一复合数字信号并生成第一数字流和第二数字流,所述第一数字流和所述第二数字流分别表示所述第一服务的所述第一接收服务内容和所述第二服务的所述第二接收服务内容。

对比文件1公开了一种多载波收发器,模拟信号经滤波放大后在混合器中转换到中频,之后复用器的合成器将各个信号进行合成,生成的复合信号传输到模数转换器以生成数字信号。即,对比文件1的模拟信号经中频转换后再转换为数字信号。

权利要求1与对比文件1之间的区别之一在于:权利要求1中前端接收和放大模拟信号,合成器组合所述模拟信号生成复合模拟信号,模数转换器ADC接收该复合模拟信号并生成复合数字信号,而对比文件1在信号放大之后在混频器中转换到中频,然后再合成和模数转换。该案的争议焦点在于:相比于对比文件1,权利要求1的技术方案省略了前端模块中的混频器是否给其带来了创造性。

决定认为,在本领域中,在理想模式下,可以省略在混合器中将射频转换到中频这一过程。但是,目前受ADC/DAC器件的性能限制,一般仍无法直接对射频信号尤其是高频信号进行采样,因此采用对中频进行数字化的方式,即把射频信号经过混频后搬移到中频,再进行ADC采样。也就是说,对于本领域技术人员来说,基于成本考虑省略掉昂贵的器件来选用已有的ADC也是容易想到的。尽管复审请求人声称本申请避免使用昂贵的模拟混频器、振荡器和PLL,但是,本申请说明书并没有记载任何替代解决方案或者对ADC本身作出任何改进,仅仅是替换为直接处理高频信号的ADC。由此可见,本领域技术人员可以根据实现效果、设备成本或设备面积等多种策略来设计和选择通信设备中的零部件,如果仅从减小设备成本的角度考虑,而不考虑现有的ADC直接对射频信号进行模数转换所要实现的分辨率等技术难点和技术效果,那么在这种策略的指导下,本领域技术人员容易想到可以省略混频器这个部件,在仅考虑成本情况下的单纯省略简化零部件对于本领域技术人员来说是显而易见的。

6 化学领域发明的创造性判断

6.1 化合物发明的创造性

在化学领域的专利文献中,马库什类型的权利要求,比如包含大量取代基的通式化合物,是常见的权利要求类型。在审查实践中,除了选择发明这种较为特殊的形式之外,通常不会使用一篇专利文献中的通式化合物作为现有技术公开的最接近技术方案,而是要求选取现有技术中公开的具体技术方案,也即具体化合物,与要求保护的无论是具体化合物还是通式化合物,进行结构对比,以确定区别特征。

这种选取最接近技术方案的要求是由马库什权利要求的性质决定的。众所周知,化合物通式具有不同取代基范围,如果在其中选取具体的基团进行排列组合,可能涉及的是成千上万种化合物;并且,即使这样的权利要求能够获得说明书确认的技术效果的支持,本领域技术人员也只能大致预期通式范围内的化合物应当具有类似的技术效果,但并不能确定其中任何一个具体化合物的确切技术效果。

在化合物创造性评价中,从现有技术中所选取的用于对比的最接近技术方案通常应当是被清楚、完整公开的确切的技术方案,至少也应当能够反映出足够的技术信息,以便通过对比清楚确认化合物发明的结构改造之处及其效果。因此,在创造性评判进行结构和效果的比较时,原则上不能将发明要求保护的化合物与现有技术中概括而得的通式化合物进行比较,更不能与通过对其中的基团定义进行重新排列组合,进一步"虚拟"出更小范围的通式化合物,甚至是具体化合物进行比较。

第42474号无效决定涉及专利号为02819025.4,名称为"作为血清素再摄取抑制剂的苯基哌嗪衍生物"的发明专利。涉案专利权利要求1保护一种通式表示的化合物或其药学上可接受的酸加成盐,请求人以证据3公开的通式Ⅲ的化合物作为最接近的现有技术评价权利要求1的创造性。

决定认为,通式Ⅲ的化合物不属于适格的最接近现有技术,具体原因体现在:创造性评判基准中之所以要求在现有技术中选择确定最接近现有技术,是将该特定技术方案作为现有技术整体状况的代表以便完成相应的评判过程,包括将之与发明技术方案进行比较以确定发明作出的技术改进是什么,以及这种改进给发明带来了什么样的技术效果,并在这种技术效果基础上确立发明实际解决的技术问题,从而进一步判断所属领域技术人员针对上述认定的技术问题能否获得引入区别特征的启示。同时,为欲达到成功质疑专利技术方案创造性的目的,该最接近现有技术应该能够成为获得发明技术方案的合理的起点,否则,所属领域技术人员将无法由此产生解决相应技术问题的动机。在化学领域中，从现有技术中所选取的要与发明的马库什通式化合物进行比较的技术方案通常应当是被清楚、完整公开的确切的技术方案，至少也应当能够反映出足够的技术信息，以便通过对比可以清楚确认发明进行的结构改造在哪里以及是什么，这样的结构改造产生的效果是什么。

然而，证据3中，通式Ⅲ化合物是仅在对其目标产物制备过程的一般性描述中出现了以通式形式记载的化合物，主要用以说明化学反应的进行方式，由于证据3并未给予该中间体以任何其他关注，导致对于该通式化合物各取代基的定义也只能理解为是参见这些取代基在证据3对其最终产物所给出的相应定义范围，这样的定义范围是经概括得出的过于宽泛的范围。对于这样一个范围，请求人未提供该通式Ⅲ所涉及范围内的任何具体技术方案以及进一步的技术信息来说明该范围确切的结构和效果，故无法将该范围与涉案专利进行有技术意义的比较分析；如果在该通式Ⅲ不同取代基范围内容内选取具体的基团进行排列组合则可能涉及成千上万种化合物，这样通过排列组合而得到的虚拟化合物也无法在创造性评判中进行具有技术意义的结构和效果的对比。

在结构对比的基础上，如果发明要求保护的化合物在结构上与已知化合物不接近，并具有一定用途或效果，即可以认定其具备创造性；而两种化合物结构上是否接近，则应当结合其技术领域进行判断。该判断方式的内在逻辑与"三步法"是一致的。具体而言，当发明要求保护的化合物与最接近现有技术的化合物"结构不接近"时，发明对最接近现有技术所作的贡献在于对化合物结构进行了超出本领域常规程度的改变，如果这一技术贡献能够得到确认，那么相应的技术问题就已经得到解决，此时当然无须再与现有技术进行用途或效果上的比对。

第38394号无效决定涉及专利号为201280004097.2，名称为"作为抗病毒化合物的缩合的咪唑基咪唑"的发明专利。权利要求1保护的具体化合物（下称维帕他韦）与证据1公开的化合物0.0044结构对比如下：

第三章 创造性

涉案专利化合物维帕他韦

证据 1 化合物 0.0044

请求人认为，二者具有共同的异色烯并苯核心（即 ），区别在于图中所示的 1~4。从 HCV1b 的 EC50 结果比较来看，维帕他韦并没有取得更高的抗 HCV 活性，因此，权利要求 1 相对于证据 1 实际解决的技术问题是获得另一种抗 HCV 活性较高的化合物，证据 1 至证据 3 分别就维帕他韦与证据 1 化合物在结构上的上述区别 1~4 给出了技术启示，故获得权利要求 1 的技术方案是显而易见的，该权利要求不具备创造性。专利权人认为，证据 1 所主张的化合物 0.0044 为四环稠合 的基本核心部分，没有公开或教导权利要求 1 五环稠合的基本核心部分 ，且稠环上杂原子分布差异明显，四环的排列方式也与涉案专利明显不同，可见权利要求 1 与证据 1 化合物的基本核心部分不相同，二者结构上不接近，权利要求 1 相对于证据 1 具备创造性。

决定认为，对于化合物权利要求的创造性，除了《专利审查指南

2010》第二部分第四章"三步法"的一般性规定外,在《专利审查指南2010》第二部分第十章"有关化学领域发明专利申请审查的若干规定"还进一步细化了相应的判断方法,即:(1)结构上与已知化合物不接近的有新颖性的化合物,具有一定的用途或效果就可以认为它有创造性而不必要求其具有预料不到的用途或者效果;(2)结构上与已知化合物接近的化合物,必须要有预料不到的用途或者效果,其创造性才能被认可。这一判断方法虽然出现在第二部分第十章,但其内在逻辑与"三步法"其实是一致的。具体而言,当发明要求保护的化合物与最接近现有技术的化合物"结构不接近"时,发明对最接近现有技术所作的贡献其实应当被认定为对化合物结构进行了超出本领域常规程度的改变,如果这一贡献能够得到确认,则相应的技术问题就已经得到解决,此时当然无须再与现有技术进行用途或效果上的比对;相反,当二者"结构接近"时,通常意味着结构上的区别较小,此时需要依据该化合物的用途和/或效果,重新确定其对最接近现有技术的贡献。

根据以上规定,对于化合物权利要求而言,判断其是否具备创造性,可以首先判断发明要求保护的化合物与最接近现有技术的化合物在结构上是否接近。根据《专利审查指南2010》第二部分第十章第6.1节的规定,判断两种化合物在结构上是否接近,与所在的技术领域有关。一般而言,结构接近的化合物必须具有相同的基本核心部分或者基本的环结构。

针对该问题,首先,稠环是两个或多个环共用相邻两个碳或杂原子形成的环体系,因彼此之间相互连接而成为一个整体骨架,在没有相反证据的情况下,通常作为一个整体环单元而不能被随意切分。

其次,判断某一结构单元是否构成最接近现有技术化合物的基本核心部分还需要考虑最接近现有技术的整体教导。合议组进一步查明,除J-Y-J通式(Ⅰ)之外,证据1还公开了该式(Ⅰ)化合物的具体方案,其包括M^0-W-M^0、M^0-W-M^9、M^9-W-M^0或M^9-W-M^9、$M^{10}-W-M^0$、M^0-W-M^{10}、$M^{10}-W-M^9$、M^9-W-M^{10}、$M^{10}-W-M^{10}$。关于中心部分W,证据1提供了多种实施方案,包括三环、四环以及五环稠合的结构,

例如 [结构式] 等。

在涉及四环的环系统中，W 是 [结构式] 或 [结构式] 的环系统，其中 U 为 CH 或 N，且 X 为—CH_2—、—C（=O）—、—CH_2CH_2—、—$CH_2CH_2CH_2$—或—CH=CH—，或者 X 为—OCH_2—、—CH_2O—、—CH_2OCH_2—或 CF_2；

其中在一个具体实施方案中，W 选自 [结构式] 和 [结构式]；

在 W 是五环系统的实施方案中，W 选自 [结构式]、[结构式] 和 [结构式]。

可见，证据 1 公开的式（Ⅰ）化合物中心部分的结构中，无论是四环还是五环稠合体系，均未涉及在多环稠合系统中稠合有咪唑环的情形。本领域技术人员按照证据 1 的整体教导可以确定，在证据 1 化合物 0.0044 中，四环稠合的 [结构式] 应当是其结构的中心部分。

关于中心部分 W 两侧的基团 M^0 和 M^9，证据 1 的相应记载是，在一个具体实施方案中，M^0 为咪唑基且 M^9 为苯并咪唑基，式（Ⅰ）化合物具有例如以下结构：[结构式]；

证据 1 还公开了上述 M^0 和 M^9 的定义同样适用于 M^0—A—A—M^0、

M^0—A—A—M^9、M^9—A—A—M^0 或 M^9—A—A—M^9 等形式的式（Ⅰ）化合物；以及 M 可以是 M^{11} 且为 [结构式图]。

可见，无论是咪唑、苯并咪唑以及更为复杂的含咪唑的三环稠合结构，均应属于证据1定义的式（Ⅰ）化合物的两臂结构，其与前述中心部分是单键连接而非稠合关系。这与权利要求1中咪唑环构成五环稠合体系的一部分的结构是完全不同的。

再次，在化学领域，权利要求1这种多环稠合体系与证据1公开的由单键连接的"稠环-芳环"或者"稠环-稠环"体系具有不同的电子排布和空间构型，化学性质通常也不同，本领域技术人员一般不会认为二者属于接近的结构，更何况请求人也未提供其他的现有技术证据证明，就HCV抑制作用而言，权利要求1的五元稠合体系在结构上与证据1公开的四环稠合体系在本领域中可以被认为是接近的结构。

基于以上理由，应当认为，权利要求1化合物与证据1化合物0.0044在结构上不接近，在涉案专利说明书检测并验证了该化合物具有一定的泛基因HCV抑制活性等的情况下，以证据1为最接近的现有技术不足以破坏权利要求1的创造性。

在化合物的创造性判断过程中，结构相似的判断应当建立在化合物构效关系分析的基础上，具体而言是化合物的核心结构以及活性必需基团等信息的确认。如果现有技术中没有提供足够的技术启示，则本领域技术人员通常不会有动机对现有技术化合物的核心结构或者活性必需基团进行调整并预期其仍能保持技术效果。

第45997号无效决定涉及专利号为00818966.8，名称为"取代的噁唑烷酮和其在血液凝固领域中的应用"的发明专利。权利要求1保护的具体化合物（下称利伐沙班）与证据3公开的化合物A结构对比如下：

第三章 创造性

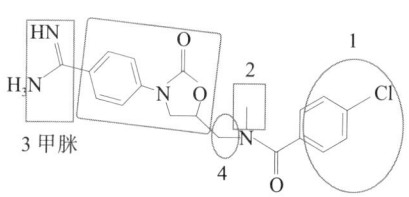

| 涉案专利化合物利伐沙班 | 证据 3 化合物 A |

请求人认为，二者具有共同的亚苯基噁唑烷酮核心结构（即 ），其他证据就上述结构区别给出了启示，故权利要求 1 不具备创造性。

决定认为，证据 3 涉及一种苄脒衍生物，其公开的化合物通式为：

其中 R^1 可以是取代的—C（=NH）—NH_2，R^3 是 R^5 或—[C$(R_5)_2$]$_m$—COOH，R^3 与 X 一起还可以是—CO—N—，由此形成五元环，其中 R^3 是—C=O，X 是 N；可见，证据 3 通式中 R^1 的定义固定为甲脒基或其前体结构，即，与右侧苯基构成苄脒基，且说明书制备例中的化合物也均是苄脒基；而 X 和 R^3 基团有多种定义，二者形成噁唑烷酮五元环只是其中的部分定义，证据 3 公开的制备例中一半以上化合物没有噁唑烷酮结构，证据 3 本身给出的技术信息是，苄脒衍生物是一种 Xa 因子抑制剂。尽管涉案专利化合物和证据 3 的部分化合物，如化合物 A，都具有亚苯基 - 噁唑烷酮部分，但噁唑烷酮并不是证据 3 化合物的必需基团，苯基 - 噁唑烷酮不能构成请求人主张的权利要求 1 化合物与证据 3 的"共同的核心结构"。

如上所述，证据 3 是一种苄脒基为活性基团的 Xa 抑制剂，本领域技术人员从该现有技术出发，为了获得更多不同结构的化合物，通常会选择尝试将苄脒基结构以外的其他位点取代基进行改进，而不是将该固定结构中的甲脒基替换为涉案专利化合物的吗啉基。请求人提交的其他证据同样指明苄脒结构是化合物获得 Xa 抑制活性不可缺少的部分，也就是说，证据 3

中苄脒结构是 Xa 抑制活性的必需基团，因此，权利要求 1 的化合物与最接近现有技术公开的化合物并不具有相同的核心结构，本领域技术人员也没有动机使用其他基团替换苄脒基中的甲脒基。因此，权利要求 1 的利伐沙班具备创造性。

当要求保护的化合物与现有技术公开的化合物"结构接近"时，通常意味着结构上的区别较小，此时需要依据该化合物的用途和/或效果，重新确定其对最接近现有技术的贡献；所述的用途和/或效果，可以是新的技术效果，也可以是对原有技术效果的改善。

第 47328 号无效决定涉及专利号为 201180056716.8，名称为"被取代的多环性氨基甲酰基吡啶酮衍生物的前药"的发明专利。权利要求 1 保护式（Ⅰ）所示的化合物或其制药上可接受的盐，其具有对于帽依赖性核酸内切酶的抑制活性，作为前药，施与后在体内形成具有对于帽依赖性核酸内切酶的抑制活性的式（Ⅱ）母体化合物，可以作为流感传染病的治疗剂和/或预防剂。

证据 3 涉及一种下式（Ⅰ）所示的具有 HIV 整合酶抑制活性的多环性氨基甲酰基吡啶酮衍生物，并公开了一系列具体化合物，

涉案专利说明书背景技术部分提及了包括证据 3 在内的现有技术，认为证据 3 中公开的化合物与涉案专利的化合物结构类似而用途不同。

决定认为，涉案专利说明书提供了有关母体化合物、前药化合物的制备以及效果数据，在此基础上，权利要求 1 实际解决的技术问题是提供具有帽依赖性内切核酸酶活性抑制剂作用的前药。判断权利要求 1 是

否具备创造性，首先需要确认现有技术中是否提供了 HIV 整合酶抑制剂与帽依赖内切酶抑制剂二者在机理上存在内在联系，使得本领域技术人员足以认定 HIV 整合酶抑制剂也能够具备帽依赖内切酶抑制剂的作用。然而，分析请求人提供的证据 6 和证据 7，并不能证明二者在机理上存在内在联系。

证据 6 涉及整合酶抑制剂治疗艾滋病毒/艾滋病，其中描述了开发整合酶抑制剂的分子基础和基本原理，先导化合物的主要类别，以及蛋白质—核酸相互作用的界面抑制剂的概念，其可能适用于临床使用的链转移抑制剂。证据 6 还给出了所述二酮芳基类（DKA 类）化合物的示例性化合物，5CITEP，指出此类作为整合酶抑制剂，具体而言是链转移抑制的机理，通过与金属离子的螯合阻止病毒 3'DNA 末端与整合酶的结合，从而抑制 HIV 整合酶活性。证据 7 公开了 2，4 - 二氧代 - 4 - 苯基丁酸这种已知的流感核酸内切酶的抑制剂，其作用机理与锰离子相关。

证据 6 没有涉及流感病毒帽依赖性内切酶，也没有任何内容可以使本领域技术人员认为二酮芳基类 HIV 整合酶抑制剂可以通过与流感病毒帽依赖性内切酶活性位点中金属离子的螯合，实现对帽依赖性内切核酸酶活性的抑制。证据 7 仅仅记载了具体的 2，4 - 二氧代 - 4 - 苯基丁酸可以抑制流感核酸内切酶活性，并未公开或教导 DKA 类 HIV 整合酶抑制剂同样可以抑制帽依赖性内切核酸酶活性。证据 7 的帽依赖性内切核酸酶涉及由三个亚基 PA、PB1 和 PB2 组成的流感病毒三聚体聚合酶，也没有证据表明其能够等同于 HIV 整合酶，更不能进一步认定二者的抑制剂是相同的作用机理。

因此，尽管HIV整合酶抑制剂和帽依赖性内切核酸酶抑制剂在机理上都涉及某些金属离子，例如锰离子与活性位点螯合从而发挥抑制活性，但结合证据6和证据7的内容，不能得出二者之间存在必然联系的结论。事实上，本领域技术人员公知，在涉及酶的作用机制中，许多都与金属离子有关，但这并不足以促使本领域技术人员认为HIV整合酶抑制剂和帽依赖性内切核酸酶抑制剂是以完全相同的作用机理、发挥完全相同的作用，从而显而易见地认为证据3公开的HIV整合酶抑制剂具备用作帽依赖性内切核酸酶抑制剂的潜力。

因此，证据3结合证据6和证据7不足以破坏权利要求1的创造性。

6.2 组合物发明的创造性

组合物大多是由现有技术中已知的化学物质组合而成的，组合物发明的目的通常不在于提供一种全新的物质或材料，而是在于提供具有特定性能的产品。组合物发明往往体现在组分增减替换或组分比例调整，在判断组合物发明创造性时，需要考虑组分或其比例的改变对组合物带来的影响，特别是对组合物的性能或效果的影响。

在组合物发明创造性的评判中，"组合物中的各组分组合后是否具有协同作用""现有技术是否存在组合的技术教导"是常见的争议焦点，二者体现在三步法中的第二步和第三步中。

在判断组合物中的组分组合后是否具有协同作用时，应从说明书技术方案记载的信息、权利要求书的撰写方式、实验方案的设计路线以及具体的实验数据等方面进行综合判断。具体而言，首先，应基于专利申请文件说明书中技术方案部分对各组分的描述、权利要求书的撰写方式判断各组分在组合物中所起的作用；其次，应通过对说明书实验方案的设计路线的分析，明晰其比较对象、关注的技术效果等；最后，应就实施例记载的组合物的实验数据进行分析，综合判断组分组合后是否具有协同效果。由于化学发明在多数情况下的可预测性较低，通常情况下，组合物各组分之间产生"协同作用"，需要实验数据来证实，因此，若专利权人未能提供具体实验数据证明组分组合后的技术方案相对于各组分单独使用所取得的技术效果，不能认为所述组分的组合具有协同作用。

在判断现有技术是否存在组合的技术教导时，不能仅仅因为现有技术记载了某些组分的引入存在技术缺陷，就认为现有技术存在相反教导。在判断是否构成相反教导时,要将技术缺陷和组分结合在一起看待,而不能割裂。应分析该组分的引入所导致的技术缺陷与该专利的发明目的之间是否存在关联,如果该专利关注的是与该技术缺陷无关的其他方面的效果,那么不能当然地认为现有技术存在相反教导。因为任何一项发明所追求的并非是各方面都完美的方案,从另一个角度看,现有技术既然已经提及了某种组分的引入会导致某技术缺陷,那表明该组分的引入已是现有技术。发明不追求克服该缺陷时,当然可以在组合物中引入所述组分从而获得各组分的组合。

第40792号决定涉及专利号为200580024784.0,名称为"芳族聚碳酸酯树脂组合物及其制备方法"的发明专利。权利要求1涉及一种芳族聚碳酸酯树脂组合物,含有一定量的(1)芳族聚碳酸酯即A组分;(2)全氟丁磺酸钾盐即B组分;(3)阻燃剂即C组分,以及选自D、E、F、G、H、I的其他组分,并具体限定了C组分选自卤素系阻燃剂、有机磷系阻燃剂、有机金属盐系阻燃剂、有机硅系阻燃剂中的至少一种。

作为最接近现有技术的证据1公开了阻燃性芳族聚碳酸酯树脂组合物的模塑制品,其与权利要求1的区别在于:证据1未公开C组分。双方当事人争议的焦点在于:是否基于C组分的添加,使得B组分与C组分具有协同作用,进一步提高C组分对组合物带来的阻燃性。

决定认为,对于组合物类发明,其往往是增减或调整其中的某些组分,在判断其创造性时,需要考虑这种改变对组合物的影响,特别是作用或效果方面的影响,由此确定发明实际解决的技术问题。尽管涉案专利说明书记载了"通过含有C成分,通过其与B成分的协同效果,阻燃性得到提高",该效果描述并未得到证实,不能作为确定发明实际解决的技术问题的依据。首先,由权利要求书可以看出,除权利要求1—5、8、13中必须包括C成分外,权利要求6—7、9—12、14—17中均不必然包含C成分,从权利要求书的撰写方式看,C成分并非涉案专利的必要组分。其次,由涉案专利说明书中实验方案的设计可以看出,说明书中的比较例1、3—17、19—20中B成分的氟离子含量未落入权利要求1范围内,比较例2中B成分的用量未落入权利要求1范围内,比较例18不含B成分。可见,涉案专利意在比较B成分的有无、B成分的用量及其氟离子含量对所制得芳族聚碳酸醋树脂组合物的影响,而非关注C成分对组合物性能的影响。再次，涉案专利说明书表 5 中的实施例 13、表 8~表 13 中的实施例 19—40 均不含 C 成分，然而其与包含 C 成分的实施例 1—12、14 相比，除在是否包含 C 成分上存在差别外，还在其他组分及含量上存在差别，即上述实施例的对比不是平行对比试验。本领域技术人员无法依据这些实施例记载的实验数据确认包含 C 成分的组合物与不含 C 成分的组合物相比，取得了更加优异的技术效果。退一步，即使不考虑在其他组分及含量上的差别，仅就实验数据本身而言，包含 C 成分的组合物与不含 C 成分的组合物相比，也并未展现出更加优异的技术效果。例如，包含 C 成分的实施例 14 与不含 C 成分的实施例 13 相比，均未产生滴落现象及 PTFE 凝聚，虽然实施例 13 中的最长燃烧时间为 5.1 秒，略长于实施例 14 中的 4.6 秒，然而该数值远小于实施例 1—4、7—8、10、12 中的最长燃烧时间。可见，实施例 13 和 14 的结果均属于在"良好技术效果"范围内的一个浮动值，没有发生任何本领域技术人员认知范围内的从劣到优的明显变化。在所述实验数据不能证明 B 成分与 C 成分结合相对于单独使用 B 成分取得了更加优异的技术效果的情况下，权利要求 1 相对于证据 1 实际解决的技术问题为：通过增加特定添加剂进一步改善芳族聚碳酸酯树脂组合物的特定性能。

关于现有技术是否存在组合的技术启示。就证据 1 而言，其公开了"对于包含含溴阻燃剂或含磷阻燃剂的常规阻燃性芳族聚碳酸酯树脂组合物而言，一般难以在超过300℃的高树脂温度下进行注塑……""包含含溴阻燃剂或含磷阻燃剂的常规阻燃性芳族聚碳酸酯树脂组合物不能用于生产耐热性及阻燃性都令人满意的薄膜塑制品……"。但上述内容记载于证据 1 的背景技术部分，是证据 1 对于现有技术的描述，尽管其中指出了含溴阻燃剂和含磷阻燃剂在耐热性和稳定性方面无法令人满意，但不能否认，在芳族聚碳酸酯树脂组合物中使用含溴阻燃剂和含磷阻燃剂是现有技术中常见的选择，这些阻燃剂在其他性能方面的优越性使得本领域技术人员仍有动机选择上述阻燃剂。在涉案专利并非是解决"耐热性和阻燃性无法都令人满意"的技术问题的情况下，本领域技术人员可以根据实际所需的性能并权衡各阻燃剂的优缺点，最终选择合适的阻燃剂。

药物组合物是由药物活性成分与药用辅料构成的有机整体，药物组合物发明既有通过调整药物活性成分的种类和用量来改变组合物的治疗活性或治疗效果，也有通过调整药用辅料种类和用量来改变组合物的制剂性能，如稳定性、溶解性、安全性等。如果药物组合物的改进点在于调整药用辅料的组合，判断该组合物创造性时关键在于考查改进后的药物组合物是否具有更好的制剂性能并基于此确定实际解决的技术问题，进而判断现有技术是否给出为获得该性能而选择药用辅料特定组合的教导。

第28962号无效决定涉及专利号为201310321766.5，名称为"硝苯地平缓释片及其制备方法"的发明专利。涉案专利的硝苯地平缓释片是由硝苯地平以及海藻酸钠、乳糖、葡萄糖酸钙、PVP－K30乙醇溶液、硬脂酸镁等辅料制成。证据1公开了一种硝苯地平缓释片，其由硝苯地平、乳糖、PVP k29/32、低取代羟丙甲纤维素、海藻酸钠以及硬脂酸镁制备而成。涉案专利与证据1在组成上的主要区别在于：涉案专利含有葡萄糖酸钙作为螯合剂，证据1不含有螯合剂，并且涉案专利未使用低取代羟丙甲纤维素作为崩解剂和粘合剂，涉案专利各组分含量与证据1不同。

请求人认为，低取代羟丙甲纤维素是制药领域中常用添加剂的一种，它对于硝苯地平缓释片并不是必不可少的成分。证据2公开了由硝苯地平、海藻酸钠、填充剂和润滑剂制备而成的硝苯地平缓释剂，其中就不含有低取代羟丙甲纤维素，根据证据2的教导，本领域技术人员可以选择从证据1中去掉低取代羟丙甲纤维素。在涉案专利中，葡萄糖酸钙与海藻酸钠溶液结合形成水凝胶的Ca^{2+}，以增强凝胶溶液的稳定性。证据3公开了海藻酸可以与大部分的二价或多价金属离子结合形成胶体，而且海藻酸钙胶体有较好的稳定性，对人体没有任何毒性。证据2采用磷酸氢钙作为填充剂，也起到了增强海藻酸钠凝胶溶液的稳定性的作用，在此基础上选用葡萄糖酸钙是本领域技术人员的常规选择。海藻酸钠、乳糖、葡萄糖酸钙、PVP－K30乙醇溶液、硬脂酸镁等都是本领域常用的助剂，其在改进药剂某些方面的性能也是本领域技术人员所熟知的。因此，在证据1、2和3的基础上，通过常规手段并经过有限的试验后容易得到涉案专利的技术方案。

决定认为，在药物制剂领域，常用药物辅料的功能和用途已有较为清楚的研究，但是一种药用辅料的作用通常不是单一的，其功能和应用可能是多方面的，如螯合剂具有增加药物溶解度、提高药物吸收、降低药物刺激等作用。药用辅料之间的不同组合以及用量调整会对药物制剂的稳定性和释放度等性能带来影响，为达到特定制剂效果的药用辅料选择不应被简单视为无须创造性劳动的组合过程。涉案专利将葡萄糖酸钙作为药用辅料，大大增强了凝胶溶液的稳定性，使硝苯地平缓释片的释放接近 0 级释放。而且不同用量的海藻酸钠对硝苯地平缓释片的释放度产生影响，随着海藻酸钠用量的增加，硝苯地平的释放度减慢。涉案专利说明书使用证据 1 和证据 2 作为参照比例进行了对比试验，从对比结果看，相比于证据 1，涉案专利的光照稳定性提高，相比于证据 2，涉案专利的曲线变化更规律，各片之间差异小，释放度曲线好。权利要求 1 相对于证据 1 实际解决的技术问题是提供一种稳定性好、释放度好的硝苯地平缓释片。证据 1 和证据 2 与涉案专利均涉及由多种辅料和硝苯地平组成的缓释剂，葡萄糖酸钙在涉案专利中作为螯合剂与海藻酸钠溶液结合形成水凝胶的 Ca^{2+}，以增强凝胶溶液的稳定性，证据 1 含有低取代羟丙甲纤维素作为崩解剂和粘合剂，证据 2 的磷酸氢钙作为充填剂使用，葡萄糖酸钙、低取代羟丙甲纤维素、磷酸氢钙在三个制剂中承担的功能和发挥作用存在差别。证据 3 公开了海藻酸可以与大部分的二价或多价金属离子结合形成胶体，工业上大多采用钙离子作为交联剂，但没有公开葡萄糖酸钙作为螯合剂。从证据 1、2、3 中不能得出通过去除证据 1 中的低取代羟丙甲纤维素，并添加用葡萄糖酸钙来获得涉案专利上述技术效果的教导。因此，现有技术中虽然公开了用不同辅料组合制备硝苯地平缓释片剂的技术方案，但是没有教导按照涉案专利技术方案选择辅料及其用量，涉案专利的辅料组合方案提高了硝苯地平制剂的稳定性并控制其释放速度，相对于现有技术是非显而易见的。

中药组合物是依据中医药理论并通常以多种中药材为原料配制而成。中药组合物发明与现有技术的区别体现在中药材及其用量的不同时，审查其创造性需要结合中药组合物的组方结构，判断中药材及其用量的改变是否使得该中药组合物与现有技术产生实质性差别。如果中药材的增加，使得中药组合物形成新的药物配伍关系，解决了现有组合物中未曾认识到的技术问题，则应当认为该中药组合物具备创造性。

第 33809 号无效决定涉及专利号为 201010562564.6，名称为 "一种治疗嘴歪眼斜的药物组合物及其制备方法" 的发明专利。涉案专利权利要求 1 保护一种治疗嘴歪眼斜的外用药物组合物，原料药组成为：生姜 8～22 份、巴豆 1.5～4.5 份、斑蝥 1～3 份、麝香 0.05～0.15 份、甘草 0.5～2.5 份。根据说明书的记载，涉案专利提供的药物组合物，对于治疗嘴歪眼斜疗效显著，具有不留疤痕、恢复快的效果。说明书记载本发明药物组合物治疗患者的治愈率为99%。在典型病例治疗中，嘴歪眼斜的患者在使用涉案专利药物后恢复正常，面部药蚀紫红色皮肤30天后恢复。

请求人提交了证据1、证据2和证据3，其中证据1公开了将斑蝥、巴豆、麝香研粉，将药粉填入姜片洞内上灸，直到穴位出现水泡为止，不可再灸，无水泡可适当增加几次。证据2公开了将斑蝥、巴豆仁、鲜姜捣为糊，用麝香虎骨膏敷患侧牵正穴，可治疗面神经麻痹。证据3公开了甘草具有清热解毒、调和诸药等功能，在复方配伍中添加甘草能减低或缓解药物的偏性或毒性。请求人认为，证据1公开了斑蝥、巴豆、麝香、姜片治疗面瘫，证据2给出上述中药材可用于外敷的技术启示，教导本领域的技术人员可以采用外用方式来治疗面瘫。证据3公开了甘草具有清热解毒、调和诸药等功效，在复方配伍中，能减低或缓解药物的偏性或毒性，而且根据"四逆汤"组方，甘草可缓生姜之热，根据《本草纲目》，甘草可解巴豆、斑蝥之毒，因而本领域技术人员容易想到在斑蝥、巴豆、麝香、姜片的组方中增加甘草来调和药物的毒性。在增加甘草后，本领域技术人员可以根据情况调整各种药材的用量，进而得到权利要求1的技术方案，而不需要花费创造性劳动。

决定认为，涉案专利与证据1的区别在于涉案专利原料药中增加了甘草，并调整了原料药的重量配比。证据1记载了患者在使用其药物组合物后会不同程度地出现水泡，而涉案专利对皮肤的作用较为温和，未见水泡产生，由此确定涉案专利实际解决的技术问题是提供一种副作用小的治疗嘴歪眼斜的药物组合物。对于药味甘草的增加，中医治疗需要辨证施治、遵循治法治则，中药组方需要根据病情、治法和药物性能进行中药材间的配伍。证据1是利用毒性药材巴豆、斑蝥的烈性来治疗疾病，遵循该治法治则，即便证据3中记载了甘草具有调和诸药，减低或缓解药物偏性或毒性的功能，《本草纲目》公开甘草可解巴豆、斑蝥之毒，本领域技术人员没有动机在证据1的基础上进一步加入甘草来缓和药性。再者，相同中药材在不同组方中可能发挥不同作用，本领域技术人员在面对具体的组方如证据1时，甘草的使用仍需结合具体的药味组成及其疗效进行具体判断。证据3亦表明甘草与不同药味配伍后，其所发挥的功效存在差别，有缓药物热性的，也有缓药物寒性的，即使均与干姜同用，也会因其所在组方不同，而产生或缓药之热性，或协调药性的不同作用。四逆汤主治少阴病，方用附子为君药，干姜为臣药，二者相须为用，配伍炙甘草为佐使，补脾胃而调诸药，可缓姜附燥烈辛散之性。四逆汤的组方及功效与证据1不同，基于四逆汤中甘草的作用，不能显而易见地获得将甘草与斑蝥、巴豆、麝香、生姜配伍外用的技术启示。

综上，上述证据没有给出将甘草与斑蝥、巴豆、麝香、生姜所得药物组合物之间进行配伍以获得在治疗嘴歪眼斜同时，具有不留疤痕、恢复快的效果的技术启示。

6.3 制备方法发明的创造性

方法权利要求通常用原料、工艺过程、操作条件、步骤或者流程等技术特征来限定。如果方法权利要求中包含了功能、用途等技术特征，这些技术特征仅是对已知方法的机理阐释或者效果描述，通常不足以给该方法权利要求带来创造性。

第31135号无效决定涉及专利号为01815617.7，名称为"滴眼液"的发明专利。涉案专利保护一种抑制滴眼液中活性成分16-苯氧基-15-脱氧-15,15-二氟-17,18,19,20-四去甲前列腺素$F_{2\alpha}$异丙酯（下称他氟前列素，属于二氟前列腺素衍生物）含有率降低的方法，其手段包括在他氟前列素溶液中加入聚山梨酯80和乙二胺四乙酸二钠。证据1公开了一种他氟前列素的眼用溶液，含有聚山梨酯80。证据1还公开了二氟前列腺素衍生物滴眼液配制的通用方法，包括加入乙二胺四乙酸钠等稳定剂。

专利权人认为，本发明人发现聚山梨酯80抑制他氟前列素在容器上吸附，而乙二胺四乙酸或其盐能抑制他氟前列素分解，聚山梨酯80和乙二胺四乙酸二钠的加入对他氟前列素含有率降低具有特定的抑制作用，由此形成他氟前列素滴眼液制造的新应用，对现有技术具有创造性贡献。

本案的焦点问题是聚山梨酯80和乙二胺四乙酸或其盐在抑制他氟前列素含有率降低的作用机制上的新发现能否为二者在他氟前列素滴眼液制备中的应用带来创造性。

决定认为，制造加工方法通常应使用工艺过程、操作条件、步骤或者流程等技术特征限定并由此体现其技术贡献。在涉案专利的他氟前列素制造加工方法中，抑制活性成分被容器吸附、抑制活性成分分解是对各组分如何实现预期效果的机理阐释，抑制含有率降低属于技术效果的描述，而非是对于工艺步骤的限定。证据1的技术方案中含有聚山梨酯80，其所含有的聚山梨酯 80 当然也通过涉案专利所揭示的机理发挥着作用，证据 1 同时教导可以包含本领域常用的乙二胺四乙酸实现进一步的稳定，可见，证据 1 教导了在制备滴眼液过程中加入聚山梨酯 80 和乙二胺四乙酸的技术手段同时该技术手段将提高滴眼液的稳定性。虽然证据 1 中未揭示涉案专利所述的抑制吸附、抑制分解的机理，但是，聚山梨酯 80 和乙二胺四乙酸在证据 1 滴眼液中发挥的作用和所实现的效果与其在涉案专利中是相同的，涉案专利并不会因为"抑制……被容器吸附""抑制……分解"这样对效果实现方式的阐述，以及"含有率降低"这样效果的描述而具备创造性。

通过常规工艺将药物制备成常见剂型，通常不能赋予该制备方法创造性，但是如果该常规工艺出乎意料地解决了该药物在制剂过程中未曾被认识到的技术问题，带来有益的技术效果，则该药物制备方法具备创造性。

第 37618 号无效决定涉及专利号为 200680039474.0，名称为"醋酸苯卓昔芬制剂及其生产方法"的发明专利。涉案专利权利要求保护一种制备醋酸苯卓昔芬晶型 A 的药物组合物的非水方法，包括将醋酸苯卓昔芬晶型 A 直接混合、干法制粒或滚压法制剂。

证据 1 公开了一种湿法制粒制备的醋酸苯卓昔芬——快速溶解的制剂，其中含有微粉化的醋酸苯卓昔芬 10.0，快速流动的乳糖 NF31.60，微晶纤维素（Avicel PH101）25.0，淀粉 1500 20.0，月桂基硫酸钠 1.50，羟乙酸淀粉钠 NF 10.00，Syloid 244，0.15，抗坏血酸 1.5，硬脂酸镁 0.25。涉案专利与证据 1 公开内容主要区别在于：（1）涉案专利限定苯卓昔芬为晶型 A，证据 1 中未明确苯卓昔芬的物质形式；（2）涉案专利采用非水方法制剂，而证据 1 中采用湿法制粒。

请求人认为，证据 1 公开了一种湿法制粒制备的醋酸苯卓昔芬快速溶解的制剂，制剂中含有微粉化的醋酸苯卓昔芬和乳糖等药物辅料。直接混合、干法制粒和滚压法都是本领域常规的制剂方法，本领域技术人员容易想到用非水方法替换证据 1 中湿法制粒来制备醋酸苯卓昔芬制剂，涉案专利说明书中未记载采用非水方法带来预料不到的技术效果，因此涉案专利不具备创造性。

决定认为，多晶型以及晶型转化是药物化合物的常见现象，但是晶型转化是复杂的过程，受各种理化因素影响，如温度、压力、粒度、组成等。涉案专利说明书采用非水方法制备醋酸苯卓昔芬晶型 A 制剂，目的在于降低制剂过程中醋酸苯卓昔芬晶型 A 发生转化。根据说明书记载，醋酸苯卓昔芬存在 A 和 B 两种晶型，晶型 B 在热力学方面更加稳定，晶型 A 在溶解性和生物吸收方面具有优势。湿法制粒中水的使用会导致在处理和存储过程中增加多晶型转化的可能，而使用非水方法制备醋酸苯卓昔芬晶型 A 药物组合物，则可以发挥其溶解性和生物吸收方面的优势。专利权人提交的补充实验表明，采用湿法制粒制备片剂时，晶型 A 向无定型形式转化的比率为 33%～58%，操作温度升高将加速这种转化，在稳定性测试中也发现无定型物质有所增加。与之相反，采用涉案专利的干法制粒或者滚压法制备片剂时，没有显示晶型 A 向无定型形式转化。证据 1 涉及醋酸苯卓昔芬的长期给药方案，使用湿法制粒制备了醋酸苯卓昔芬的快速溶解制剂。但是包括证据 1 在内的现有技术并未公开醋酸苯卓昔芬存在晶型 A 和晶型 B，以及两种晶型存在理化性质差异，本领域技术人员没有动机去抑制制剂过程中晶型 A 的转化。此外，非水方法制粒和湿法制粒都是药物领域常规的制剂方法，这两种方法都涉及可能引起晶型转化的不同因素，在案现有技术证据没有表明非水方法制粒与有效减少和阻止一种特定晶型发生转化之间具有明确的对应关系，本领域技术人员面对降低制剂过程中的醋酸苯卓昔芬晶型 A 转化的技术问题时，没有动机特意采用非水方法。因此，涉案专利采用非水方法制备醋酸苯卓昔芬的晶型 A 药物组合物的技术方案是非显而易见的。

6.4 制药用途发明的创造性

制药用途发明通常是基于物质在机体内产生的预防或消除病理病因的技术效果而带来了物质在药物制备方面的应用价值。如果现有技术仅是提及物质在机体内的作用机制与疾病的致病机理可能有关，而该疾病的致病机理存在多样性和不确定性，那么本领域技术人员通常不会将该物质的作用机制与疾病的治疗方案关联，不会从现有技术中获得将该物质用于制备所述疾病的药物的用途。

第 46004 号无效决定涉及专利号为 200880111892.5，名称为"β-阻断剂在制备用于治疗血管瘤药物中的用途"的发明专利。萘心安又称普萘洛尔，是一种已知的心血管治疗药物。涉案专利的发明人在使用萘心安治疗患有毛细血管婴儿血管瘤患儿的心脏病时，意外发现萘心安对毛细血管婴儿血管瘤产生疗效,在此基础上形成涉案专利,要求保护萘心安或其药物盐在制备用于治疗毛细血管婴儿血管瘤药物中的用途,是一项"老药新用"发明创造。

请求人认为,萘心安或其药物盐用于治疗毛细血管婴儿血管瘤的应用可以从现有技术中获得教导。证据10用婴幼儿的血管瘤样本研究跨越自然生命周期的血管瘤中的细胞凋亡与增殖,结果发现增生期血管瘤凋亡低,但一岁至四岁儿童获得的渐进期样本中凋亡增加了五倍。据此推论,在生命的第二年增加的细胞凋亡可以抵消细胞增殖,并可能参与血管瘤的消退,触发增生的内皮细胞凋亡的试剂可以成为血管瘤的有效治疗剂。证据11研究了β阻断剂诱导培养的毛细血管内皮细胞凋亡,结果表明广谱β拮抗剂和β2特异性拮抗剂都会促进毛细血管内皮细胞凋亡,广谱β阻断剂萘心安比β2特异性阻断剂对于损伤这些细胞更有效。由于证据11公开萘心安能够促进毛细血管内皮细胞凋亡,证据10公开触发增生的内皮细胞凋亡的试剂可以有效治疗血管瘤,因此,本领域技术人员容易想到将萘心安或其药物盐用于治疗毛细血管婴儿血管瘤。

决定认为:创造性的判断应当以最接近的现有技术为出发点,正向考查现有技术中是否存在朝向发明创造的技术方案调整和改进的教导。对于一项"老药新用"的发明创造来说,药物的性能和作用机制通常已经为本领域知晓,一旦该技术方案被提出,沿着已知的药理学、病理学有关机理的蛛丝马迹,很容易重构一条符合线性逻辑关系的路径而反推得到该技术方案,但是如果这种证明方式忽视了体内的复杂生理环境、忽略了致病机理的多样性和不确定性,则容易产生"事后之明",会对发明创造的创造性作出不当评价。

通过启动细胞凋亡杀伤肿瘤细胞是诸多抗肿瘤药物的作用机制,但是一种细胞凋亡诱导剂是否确实有效治疗特定肿瘤,需要综合考虑该诱导剂的作用机制以及该肿瘤疾病的治疗机理。证据10中仅由细胞凋亡与血管瘤消亡二者并行的现象推测内源性血管生成抑制剂的存在,但是并未进一步研究内源性血管生成抑制剂的种类、结构以及更加细化的作用机制,仅停留在非常初步的设想阶段。婴儿毛细血管瘤是一种先天性良性肿瘤,其治疗方案与一般的肿瘤治疗存在较大差异,且婴幼儿对于常见的细胞凋亡剂耐受性有限,本领域技术人员无法据此确认常见细胞凋亡剂均适合用于婴儿毛细血管瘤的治疗。证据11研究肺损伤,萘心安是作为引起肺损伤的有害剂诱导细胞凋亡,面对治疗婴儿血管瘤的研究课题时,通常不会从一份肺纤维化损伤机制的研究文献中寻找技术启示。证据11也表明凋亡途径是复杂的,单独的毛细血管内皮细胞β阻断诱导细胞凋亡,但是同时阻滞血管内皮细胞以及成纤维细胞时,则可保护内皮细胞免于凋亡,证据11无法给出萘心安对治疗婴儿毛细血管瘤是否有效的确定结论。因此,涉案专利相对于证据10和证据11的结合具备创造性。

虽然与制药用途发明创造相比,现有技术已经将相同活性成分作为食品成分,并且食用后对相同疾病产生类似的预防或治疗效果,但是两者的技术应用领域不同、活性成分作用机理差异较大,导致存在阻碍本领域技术人员从现有技术中获得制药用途方案的技术障碍,那么该制药用途发明是非显而易见的。

第151634号复审决定涉及专利申请号为201410334466.5,名称为"2—(取代苯氨基)苯甲酸及其酯类化合物制备FTO抑制剂的用途"的发明专利申请。涉案专利请求保护式I化合物用于制备治疗与FTO蛋白表达量相关的疾病的药物组合物的用途,说明书指出与FTO活性相关的疾病为代谢综合征、2型糖尿病、心血管疾病、高血压、中风和癌症等疾病。对比文件1公开了一种富含至少一种GPR40非脂肪酸激动剂的食品,用于治疗或预防超重、肥胖和/或代谢紊乱。GPR40非脂肪酸激动剂可选自具有如下结构的灭酸类。

涉案专利申请的式I化合物　　　　　　**对比文件1的灭酸类结构**

决定认为,涉案专利申请涉及的是药物组合物的制药用途,而对比文件1公开的为食品组合物,两者涉及的技术领域存在技术标准和要求的差异,对比文件1的食品领域技术方案不必然可以转用于药物领域。

对比文件1公开了该食品组合物用于治疗或预防超重、肥胖或代谢紊乱的机制在于:味蕾中表达的GPR40是一种脂肪味受体,灭酸类化合物以及其他公开的化合物为 GPR40 受体非脂肪酸激动剂,其可激动 GPR40 受体产生脂肪味道。灭酸类化合物可以在制作食品组合物时中用作脂肪替代品,减少了脂肪的摄入量,进而控制体重,治疗或预防超重、肥胖、代谢紊乱。对比文件 1 披露化合物的作用机制决定了其中的化合物必须应用于食品组合物中,发挥其模拟和替代食品中脂肪的作用,从而达到辅助治疗肥胖等疾病的效果。对比文件 1 没有公开化合物通过在体内代谢产生药理活性而起治疗作用,本领域技术人员基于对比文件 1 公开的机制不会显而易见地想到将该食品组合物中的灭酸类化合物单独分离开来再与药物制剂辅料制备成药品组合物,用于治疗与 FTO 蛋白表达量相关的疾病。

再者,申请日前本领域对 GPR40 受体与糖尿病之间关系存在不一致的认识,比如,有证据表明,胰岛素的 β 细胞外层有一种称为 GPR40 的受体,它能接受糖和脂肪过量的信息,分泌胰岛素。胰岛素分泌降低血糖,有助于治疗糖尿病。另有证据表明,肥胖通过 GPR40 受体引起糖尿病。可见,本领域技术人员不能得出 GPR40 激动剂能治疗糖尿病的明确结论。在对比文件 1 公开内容基础上,本领域技术人员并不能显而易见地将所述 GPR40 非脂肪酸激动剂用于制备治疗 FTO 活性相关的疾病的药物。

6.5 多肽的创造性

当请求保护的酶变体与现有技术公开的野生型酶相比存在特定位点的取代或取代组合的区别时,如果现有技术中不存在技术启示使本领域技术人员有动机将所述特定位点的取代和组合应用于野生型酶从而改善其具体特性,且已有实验表明特定位点的取代和组合与酶变体改善的特性之间具有直接关联,那么该酶变体具有创造性。

第 155379 号复审决定涉及专利申请号为 201280043436.8,名称为"α 淀粉酶变体及其编码多核苷酸"的发明专利申请。涉案专利权利要求 1 请求保护一种 α 淀粉酶变体,其中在对应于 SEQ ID NO:2 的成熟多肽的位置 128、143、141、192、20、76、123、136、142、165、219、224、265、383 和 410 中的一个或多个位置上进行取代,其中所述变体具有 α 淀粉酶活性,且其中所述变体 α 淀粉酶与 SEQ ID NO:2 的成熟多肽具有至少 97%、至少 98%、至少 99% 序列同一性,并且还进一步限定了所述变体包含的具体取代位点、取代方式或所述取代的组合。

对比文件1公开了一种耐热的α淀粉酶,并具体公开了其对应的氨基酸序列SEQ ID NO：4。经比对,SEQ ID NO：4与权利要求1的SEQ ID NO：2具有99%序列同一性,仅在对应于SEQ ID NO：2的成熟多肽的位置41位氨基酸不同。权利要求1与对比文件1的区别特征在于：权利要求1进一步限定了在对应于SEQ ID NO：2的成熟多肽的位置128、143、141、192、20、76、123、136、142、165、219、224、265、383和410中的一个或多个位置上进行取代或取代组合。

决定认为,涉案专利说明书记载,WO2004/055178（即对比文件1）公开了来自微小根毛霉（Rhizomucor pusillus）的编码一种名为AM782的α淀粉酶的基因。但是,这种α淀粉酶在没有冷却的条件下的储存稳定性差。本发明目的是提供AM782的储存稳定变体,所述变体保留良好的生淀粉水解活性。在涉案专利申请说明书实施例中,表1所示变体均显示出优于野生型的热稳定性,表2至表4所示变体均显示出优于野生型的储存稳定性。涉案专利申请是以对比文件1所公开的α淀粉酶作为亲本,在此基础上提供亲本α淀粉酶变体,通过变体来实现更好的酶应用性质,例如提高的热稳定性或储存稳定性等。权利要求1对现有技术做出的贡献在于在亲本酶的基础上,确认了与该酶的热稳定性相关的具体位点及取代方式,从而提供了可改善热稳定性的特定取代及其组合。

对比文件1的主要工作在于提供新α淀粉酶AM782。虽然说明书中提及该多肽可以是人工变体,并可通过定点诱变等常规手段在多肽分子的功能关键区之外进行修饰以获得活性变体,但是对比文件1既没有提及以提高该酶的热稳定性或储存稳定性为目标而寻找变体,也没有对该酶分子进行任何位点突变尝试,因此,对比文件1未能在涉案专利申请权利要求1所述的各突变位点与酶的热稳定性之间建立起联系,也无法提供在上述特定位点进行特定取代从而获得具有更优热稳定性酶变体的技术启示。尽管因本领域普遍知晓变体可能存在某些性质上的改善从而具备对野生型酶进行突变的动机,但是该动机并不能够足以教导本领域技术人员知晓在哪些具体位点进行何种改变以改善野生型的何种性质。

相反,确定与某种功能或性质具有紧密关联的具体位点及其组合通常需要本领域技术人员对序列结构进行更多的研究分析和实验设计和验证才能获得。虽然涉案专利申请所做的文库构建、筛选及测序工作均是通过本领域已知的常规技术实现的,但是涉案专利申请是以自己的发明构思为主导，结合具体实验设计，有针对性地采用了常规技术，在野生型酶的471个氨基酸残基中明确了可改进热稳定性的特定突变位点及组合，获得了需要的变体，并对所获结果进行了验证，这并不是在对比文件1公开内容基础上根据本领域公知的方法就可以显而易见地获得的。

通过计算机分析、序列比对等生物信息学手段是预测两种生物序列之间功能异同和关系亲疏的重要途径。但是利用生物信息学方法预测结论准确性受多种因素影响，在预测方法本身不具有可靠性、预测的具体结构区域与其功能之间关系不具有确定性等情形下，利用生物信息学方法的预测结论通常不足以为改造生物序列提供足够动机和具体指引。

第38452号无效决定涉及专利号为200780037776.9，名称为"具有改变性质的葡糖淀粉酶变体"的发明专利。涉案专利涉及一种改善亲本葡糖淀粉酶的比活和/或热稳定性的方法，所述亲本葡糖淀粉酶由SEQ ID NO：1、2或3的氨基酸序列组成，其中在所述亲本葡糖淀粉酶中引入I43F/R/D/Y取代。

请求人认为，证据2公开了亲本里氏木霉葡糖淀粉酶序列，其与涉案专利的亲本酶序列SEQ ID NO：1、2或3完全相同；证据1公开了一类具有改善的热稳定性或活性的黑曲霉葡糖淀粉酶变体；证据4通过序列比对的方法分析了多种来源的葡糖淀粉酶序列，证明了来自里氏木霉和黑曲霉的葡糖淀粉酶具有结构同源性，由此教导本领域技术人员将证据1的黑曲霉葡糖淀粉酶变体与证据2的亲本里氏木霉葡糖淀粉酶进行序列比对以获得改构启示。经序列比对发现，证据1中一个变体的取代位点正好对应于证据2中酶序列的I43位点，本领域技术人员会对该位点进行氨基酸取代。因此，涉案专利相对于证据1、2和4公开的内容不具备创造性。

决定认为，涉案专利与证据2公开的亲本里氏木霉葡糖淀粉酶序列相比，区别技术特征在于：（1）涉案专利保护一种改善亲本葡糖淀粉酶的比活和/或热稳定性的方法，而证据2涉及亲本葡糖淀粉酶序列；（2）涉案专利在所述亲本酶中引入I43F/R/D/Y取代，而证据2并未公开制备酶变体的相关信息。根据涉案专利说明书的记载，就变体相对于亲本而言的性能比值（PI数值）而言，I43R的热稳定性PI值，乙醇筛选测定中的I43D、I43F、I43R和I43Y的PI值以及增甜剂筛选测定中I43D、I43F和I43R的PI值均大于1，证明上述变体相对于亲本具有改善的比活和/或热稳定性。

涉案专利实际解决的技术问题是提供一种改善亲本葡糖淀粉酶的酶学性能的方法。案件的争议焦点在于能否在证据2的基础上，依据证据1和证据4的教导，通过序列比对手段获得相应的技术启示。

通过计算机分析、序列比对等生物信息学手段是预测两种生物序列之间功能异同和关系亲疏的重要途径。但是利用生物信息学方法来分析预测生物序列的结构和功能，是否为改造生物序列提供足够动机和具体指引需要视具体情况而定。

本案中，里氏木霉和黑曲霉分属不同的微生物属，根据全序列比对结果可知，来源于里氏木霉和黑曲霉的葡糖淀粉酶序列的同一性仅为44.6%，由此难以想到将证据1中黑曲霉葡糖淀粉酶的改构启示直接应用于里氏木霉葡糖淀粉酶的序列中。证据4并未考虑里氏木霉葡糖淀粉酶全长序列，仅对里氏木霉葡糖淀粉酶部分保守区序列进行了比对分析，且比对区段并不包含I43位点所在的片段。基于证据4公开的内容，所属领域技术人员不会想到将黑曲霉葡糖淀粉酶序列作为比对基础，来获得对里氏木霉葡糖淀粉酶相应区段进行改构的启示。

从预测方法可信度看，证据1对于可选的突变位点仅是给出了一般性的泛泛教导，预测突变选择时采用了三种不同的方法，具体实施方式中采用计算机软件预测，其结果差异非常大，显示预测结论存在很大的不确定性，预测结果难以给出明确的技术教导。从具体结构区域与其功能之间的关系看，根据证据1公开的各个突变区、突变亚区、优选突变位点、优选取代氨基酸残基及其组合，可知潜在可选的突变位点多达200多个，理论上在每个位点上都可选择与原有残基不同的其他19种氨基酸取代，这是近乎天文数字的组合选择，而且突变选择的结果具有不确定性。即使能够想到依据证据1的黑曲霉葡糖淀粉酶序列变体来确定里氏木霉葡糖淀粉酶变体序列，在面对证据1不确定信息的条件下，也根本无从选择可能改善酶学性能的具体突变。

综合判断，所属领域技术人员由证据1、证据4的预测信息中并不能获得相应的技术启示，并不会在此基础上形成有目地将证据1所述特定位点上的氨基酸取代应用于证据2的亲本酶，以改善该酶相应性能的动机，且说明书已经通过实验表明上述特定位点上的氨基酸取代具有改善该酶特性的效果，因此，涉案专利相对于所述证据的组合是非显而易见的，具有创造性。

6.6 关于化学领域的补充实验数据

申请文件作为当事人为申请专利保护提交的法律文件，承载着在申请日时所确立的申请人的技术贡献。我国的专利制度采用先申请原则，在满足授权条件的情况下，同样的发明创造只向最先申请的人授予专利权，抢占更早的申请日则意味着在相同领域的技术研究中占据更有利的竞争地位，但这也从时间维度上为申请人划定了发明完成的界限，其要求专利保护的权利只能通过申请日时已经完成的技术贡献来支持。与之相应地，专利制度"公开换保护"的原则也为确定技术贡献的范围提供了划界依据，申请文件客观呈现的内容即是申请人在申请日时所完成的发明工作，同时也是对其智慧贡献进行可专利性评价的事实基础。

申请日时已经完成但未写入申请文件中的内容，如果本领域技术人员无法获知，或者即使知晓但无法将其与发明内容建立联系并且结合考虑，也不能作为判断发明技术贡献的依据。申请文件中能够体现技术贡献的技术效果应当是本领域技术人员根据说明书公开的内容能够确定的。因此，基于我国的先申请制原则，需以申请日之前申请人完成的发明创造工作以及所提交的申请文件作为判断其能否获得授权的最主要依据。

国家知识产权局于2020年底发布了"关于修改《专利审查指南》的公告（第391号）"，第二部分第十章中"3.5.2 药品专利申请的补交实验数据"规定明确了申请日后补充实验数据能够证明技术效果的前提在于"补交实验数据所证明的技术效果应当是所属技术领域人员能够从专利申请公开的内容中得到的"。由此，如何认定"专利申请公开的内容能够得到的技术效果"便成为判断补交实验数据能否接受的焦点问题。为此，《专利审查指南》提供【例1】对补交实验数据的具体适用进行了诠释。

【例1】除了需要应用于"3.5.2 药品专利申请的补交实验数据"这一个具体确定领域以外，还必须满足以下两个条件：（1）化合物A是具体公开的化合物，并且在申请文件中已经制备得到，这个条件排除了包含多个化合物的通式的情况，也排除了众多表格化合物中通过申请日后实验进一步筛选出的优选化合物；（2）另一个条件是化合物A的某一种具体活性已经公开，而并非众多可能追求的活性中通过申请日后实验确认选择一种具体优选活性，或者从对活性含糊不清的描述中，选择出一种确定的活性，这一条件排除了对于跑马圈地式的可能活性或者机理罗列，日后再筛选特定活性或用途的情形。由此可见，准确理解【例1】必须基于"先申请制"这一基本原则，明确排除申请日后对于优选化合物的筛选以及优选活性的筛选的情况。

由此，对于补充实验数据，重点在于考量此类证据要证明的事实中，哪些属于申请日时能够从申请文件公开的内容得到的，从而作出合理审慎的判断。

第46013号无效决定涉及专利号为201310414119.9，名称为"吡喃葡萄糖基取代的苯基衍生物、含该化合物的药物、其用途及其制造方法"的发明专利。其权利要求保护化合物恩格列净。为证明该化合物具备创造性，专利权人提交了各种类型的证据，包括证人证言、原始实验数据、在后发表的文章等，作为补充实验数据用于证明恩格列净对于SGLT-1和SGLT-2抑制效果的选择性，即对SGLT-2抑制效果较好，而对SGLT-1的抑制效果显著降低。

决定认为，首先，判断申请文件对发明的公开是否聚焦于恩格列净这一具体化合物。涉案专利说明书中仅记载了"根据本发明的通式I化合物具有低于1000nM、优选低于200nM的EC50，最优选的通式I化合物具有低于50nM的EC50"的概括性描述，未给出任何针对具体化合物的活性实验数据。对于具体化合物的公开程度仅为列举了17个具体化合物的化学名称，其中具体化合物（3）为恩格列净化合物；提供了57个具体化合物的制备方法，其中包括恩格列净化合物的制备方法。由此可见，根据申请文件的内容，本领域技术人员得到的技术信息是通式I化合物具有SGLT-2抑制活性，无法聚焦到恩格列净化合物这一个具体化合物是具有高选择性抑制SGLT-2/SGLT-1这一显著效果的优选化合物。

其次，判断申请文件是否聚焦所述化合物由于SGLT-1抑制活性极低而导致SGLT-2/SGLT-1极高选择性这一具体的活性。说明书中对技术效果的记载如下："吡喃糖基取代的苯衍生物，特别是对钠依赖葡萄糖协同转运蛋白SGLT，特别是SGLT-2具有活性。……根据本发明的通式I的化合物及其生理上可接受的盐类具有有价值的药理性质，特别是对于钠依赖型葡萄糖协同转运蛋白SGLT，特别是SGLT-2具有抑制效果。另外，根据本发明化合物对于钠依赖型葡萄糖协同转运蛋白SGLT-1具有抑制效果。与对于SGLT-1的可能的抑制效果进行比较时，本发明化合物优选选择性地抑制 SGLT-2。"由此可见，申请文件对于活性的描述不难看出，该通式 I 化合物对 SGLT 各种亚型都具有抑制活性，如 SGLT-1 和 SGLT-2，但相对比两种亚型，其希望具有更加优异的 SGLT-2 抑制活性，在说明书中并未排除其对于 SGLT-1 的抑制活性；并且，说明书记载的活性实验也是针对于 SGLT-1 和 SGLT-2 的活性实验，其中未提供具体化合物进行测定的模型。据此，本领域技术人员面对申请文件时，无法得出涉案专利的恩格列净化合物具有比现有技术中类似化合物更低的 SGLT-1 抑制活性从而导致显著提高的 SGLT-2/SGLT-1 选择性的技术效果。

综上，申请文件中并未明确恩格列净为效果显著提高的一个具体化合物，也未明确该化合物对 SGLT-1 具有相比现有技术更低的抑制活性，从而导致 SGLT-2/SGLT-1 选择性高这一具体的活性。事实上，恩格列净对于 SGLT-2 抑制活性并不优于现有技术，专利权人主张其特点恰恰在于"对 SGLT-1 的抑制活性出人意料地低"，但这一效果是根据申请文件无法获知的。

专利权人提供的申请日前的现有技术也无法证明该类化合物达到具体何种高选择性，即，对于 SGLT-1 的抑制浓度是显著不抑制，还是在抑制的基础上明显低于 SGLT-2，本领域技术人员从中无法获知申请日时本领域对于 SGLT-1 抑制效果的整体需求。即便有证据证明现有技术中存在这样的普遍需求，然而根据涉案专利说明书公开的内容，本领域技术人员也无法获知具体化合物恩格列净达到了何种程度。合议组充分考量涉案专利申请日提交文本的公开程度后，认为专利权人并未完成在申请日时对于其技术方案具有其在后主张之技术效果的证实及公开责任。

补充实验数据能否被采纳，对于其形式并无特别要求，其既可以是典型的实验报告，也可以是嵌入到当事人意见陈述中的实验内容，其是否具有证明力的关键在于补充实验数据要证明的技术效果能否被确认以及该技术效果是否能从原申请文件中得到。如果本领域人员通过专利说明书的内容进行分析，能够明确获知该发明从初始即聚焦于解决某个特定的技术问题，并且说明书也记载了明确的实验结论，此时围绕该技术问题补充实验数据可以视为说明书相关结论的印证或完善而被采纳。

第 46153 号无效决定涉及专利号为 2019100234609，名称为"普纳布林组合物"的发明专利。涉案专利涉及普那布林一水合物晶体形式1化合物，根据说明书的记载，普那布林一水合物晶体形式1化合物具有的技术效果是：在特定溶剂体系，即kolliphor（40质量%）和丙二醇（60质量%）的混合物中比无水普那布林更好的溶解度（完全溶解）、同时兼具较好的稳定性和吸湿性。

在无效程序中，专利权人以意见陈述的形式进一步补充了具体实验结果，"经溶解度测定可知，晶体形式1的普那布林一水合物在该体系中的溶解度是无水普那布林的5倍左右。具体地，在25℃下，在2 mL的kolliphor（40质量%）和丙二醇（60质量%）的混合溶剂体系中，……涉案专利的普那布林一水合物晶体形式1经2小时的溶解度即达到了23 mg/mL。这也进一步证实了在该特定的溶剂体系中，普那布林一水合物形式1具有显著更优的溶解性，且能实现快速溶解。"

决定认为：首先，意见陈述内容虽然没有记载在说明书中，但可用于印证实施例所记载的技术效果。其次，本领域已知，普那布林溶解性低，临床上需要与增溶剂联合注射，说明书的记载也表明，无水普那布林或普那布林一水合物形式1在水或其他有机溶剂中的溶解度均不理想，只有普那布林一水合物形式1在特定的溶剂体系下显示出较高的溶解度。实施例1的实验过程也表明，普那布林在乙醇或乙醇水溶液中即便在高温下溶解性也很低，冷却到70℃即产生沉淀。结合说明书表10给出的普那布林一水合物在各种溶剂中的重量法溶解度数据，普那布林一水合物在水中的溶解度在15℃和45℃下均小于1 mg/mL，在多种有机溶剂中溶解度均比较低。实施例5证实，普那布林一水合物与无水普那布林相比在kolliphor（40质量%）和丙二醇（60质量%）混合物中显示出更好的溶解性。从这些内容可以看出专利权人是经过各种溶解体系的筛选后，最终选出了普那布林一水合物晶体在这种特定溶剂体系中完全溶解的结果，这一结果对于普那布林注射液的研究有积极意义，这种改进是本领域技术人员无法预期的，而且在产业上是有益的。

涉案专利公开的内容切实证明了其化合物的技术效果，在无相反证据的情况下，应当认为专利权人实际完成了说明其技术效果的证明责任。如果请求人提交的证据不足以证明其主张的现有技术与涉案专利技术效果相当，应当由请求人承担不利后果。

第42407号无效决定涉及专利号为01807269.0，名称为"吡咯取代的2-二氢吲哚酮蛋白激酶抑制剂"的发明专利。涉案专利权利要求1保护以下式I化合物或其可药用盐：，权利要求7保护在该通式范围内的具体化合物"舒尼替尼"。式（I）化合物中，R^6是取代的酰胺基，是式I化合物相对于最接近现有技术的改进之处（最接近现有技术与R^6位置对应的基团为取代的烷基）。

根据涉案专利说明书的记载，涉案专利的化合物具有蛋白激酶调节能力，用于治疗和蛋白激酶活性反常有关的疾病，这些疾病包括癌症。对于生物活性实验，涉案专利记载了体外实验和体内实验两部分。在体外实验层面，涉案专利测试了119个化合物对于PDGF、VEGF等七种蛋白激酶的体外生化实验活性，其中包括"舒尼替尼"。结果显示"舒尼替尼"对包括PDGF、VEGF等六种蛋白激酶具有调节活性。在体外实验中涉案专利还进行了细胞实验，结果显示"舒尼替尼"对于结肠癌、肺癌、神经胶质瘤和表皮样癌四种不同肿瘤细胞均具有抑制活性。在体内实验层面，其测试了"舒尼替尼"对于上述四种癌症的抑制作用，结果显示"舒尼替尼"在体内同样具有抑制所述四种肿瘤生长的作用。

证据6是涉案专利的专利权人在先申请的专利（即下文所述的证据3）的优先权文件。其也公开了具有治疗或预防蛋白激酶引起的障碍疾病的化合物，其中化合物13的结构如下：。在针对该化合物的体外实验中，测试了该化合物对于包括PDGF、VEGF在内的三种蛋白激酶的体外生化实验活性，结果仅显示出化合物13对PDGF、VEGF这两种蛋白激酶具有调节活性；之后在 PDGF、FGFR 和 EGFR 这三种激酶诱导的 BrdU 掺入测定的体外细胞实验中，结果显示所述化合物对所述三种蛋白激酶具有调节活性。但是，对于体内实验层面的研究，证据 6 仅仅记载了实验模型，并没有进行测试实验并提供实验结果。

证据 3 继续了证据 6 的实验，其中不仅记载了证据 6 化合物 13 的体外实验，还记载了针对神经胶质瘤的体内实验。但是，其体内实验没有测试请求人作为最接近现有技术使用的上述证据 6 的化合物 13，而是测试了化合物 5（ ），并强调了该化合物的肿瘤抑制效果优于其他化合物，为其优选化合物。

请求人主张涉案专利的式 I 化合物与证据 6 的化合物 13 的技术效果相当。专利权人主张，涉案专利不仅测试了所述化合物对于蛋白激酶的体外生化实验和细胞实验，还记载了舒尼替尼对于多种不同癌症具有抑制效果的相关的体内实验。本领域已知，体内实验比体外实验的结果更有意义，证据 6 没有公开体内实验的化合物和实验结果，证据 3 没有测试化合物 13 的体内实验。因此涉案专利相对于现有技术具有改善的生物活性。

本案的争议焦点即在于涉案专利与证据 6 和证据 3 各自公开的实验结果之间是否具有可比性。

合议组查明，涉案专利和现有技术均公开了体外实验和体内实验，但是无论体外实验亦或体内实验两者均存在诸多不同。第一，在体外实验中，证据 6 和涉案专利两者测试的蛋白激酶数量和种类不完全相同，涉案专利测试的靶点数量和种类相对更多。而且，对于两者均进行了测试并显示出化合物对其具有调节活性的蛋白激酶，两者的测试方法不相同，且所述测试方法的不同直接影响到测试的结果。在这种情形下，合议组认为涉案专利与现有技术的体外实验结果不具有可比性。第二，证据 6 仅仅记载了体内实验的模型，没有进行具体化合物的测试。尽管证据 3 进行了体内实验的测试，但其没有使用证据 6 的化合物 13 进行体内实验，而是使用了其优选化合物 5，由于证据 3 公开化合物 5 的肿瘤抑制效果优于其他化合物，因此证据 3 记载的体内实验结果不能代表证据 6 的化合物 13 的结果。合议组认为，现有技术没有对证据 6 的化合物 13 的体内实验进行测试，并且也无法预期其效果。

本案中,请求人主张涉案专利的化合物相对于现有技术证据 6 化合物 13 技术效果相当,应当由请求人提供证据证明该结果。细究请求人提交的现有技术证据,其与涉案专利在效果实验部分存在诸多不同,例如测试靶点、测试方法等,且其没有测试与涉案专利最接近化合物的体内实验,也无法预期其效果,因此请求人提交的现有技术证据与涉案专利在技术效果方面无法进行比较,从而导致所述证据尚不足以支持其主张。对于涉案专利来说,涉案专利公开的体外实验和体内实验结果均证明所述化合物对多种不同的蛋白激酶具有调节活性,且对四种不同的肿瘤生长具有抑制作用。加之,如专利权人强调的体外实验仅仅是对化合物活性的初步筛选,只有在体内实验中显示出活性的化合物才可能最终走向成药。因此,在无相反证据的情况下,涉案专利公开的内容,切实证明了其化合物在多靶点癌症的治疗中有效。专利权人实际完成了说明其技术效果的举证责任。

7 涉及计算机程序的发明的创造性判断

7.1 包含商业规则和方法特征的发明的创造性判断

在对包含商业规则和方法特征的发明的创造性判断中,判断权利要求实际解决的问题是否为技术问题成为难点,原因是上述区别特征通常既包含技术特征也包括非技术特征,特别是对于技术特征与非技术特征之间相互关联的区别特征解决技术问题的认定通常成为争议的焦点。判断非技术特征能否独立于技术特征而存在,其作用能否与技术特征相关,以及能否与技术特征共同解决技术问题等,都是创造性判断过程中亟待解决的难点,也是社会公众比较关注的热点,也决定了该类发明是否具备创造性的结论走向。

对于包含商业规则和方法特征的发明而言,如果权利要求与最接近现有技术相比,其区别特征包含了非技术特征,例如将商业规则应用于不同于现有技术的应用场景,所述商业规则与所述应用场景中的处理过程相互支持、相互作用,使得处理过程中的信号走向、信息控制方式发生较大变化,进而导致所述处理过程产生了较大的差异,且这种应用能够共同解决应用场景中的技术问题并获得不同于现有技术的有益效果,则应对其进行客观认定，而不能一味地否定非技术特征的作用。

第44977号无效决定涉及申请号为201580000024.X，名称为"一种移动电源的租借方法、系统及租借终端"的发明专利。涉案专利所要解决的技术问题是随着多种功能的各类电子产品的普及，其功耗逐渐加剧，及时充电需求剧增，现有技术没有提供自助从移动电源租借终端租借移动电源的技术，无法给用户提供灵活的充电服务。对此，涉案专利提供一种移动电源的租借方法、系统及租借终端。证据2涉及了移动电源的租售设备、租借过程及租借方式，权利要求1与证据2之间的区别在于，涉案专利权利要求1中的租借方法是在移动终端、云端服务器、移动电源租借终端三方之间实现的移动电源的租借，具体包括在租借过程中的第一、第二、第三借入移动电源的指令在三方之间进行的发送与接收，还包括如何通过身份识别号码识别移动电源、移动电源租借终端的身份，以及根据上述数据信息进行移动电源租借的具体过程。基于上述区别特征可以确定，涉案专利权利要求1实际解决的技术问题是：如何通过移动终端、服务器、租借终端实现移动电源的网上租借。请求人认为，证据3涉及基于手机APP的自行车租赁管理方法和系统，其技术架构及租赁规则与上述区别特征类似，给出了与证据2结合的技术启示。

决定认为，首先，证据3通过手机、服务器、锁车车墩（站点控制器）三方的配合实现自行车的快速租赁，同时通过二维码识别锁车车墩，通过在自行车上设置识别芯片实现手机用户与自行车的绑定，并通过数据信息在三方之间发送和接收实现自行车的租赁过程，其公开了通过手机、服务器、锁车车墩的三方架构实现自行车的快速租赁的方案。而涉案专利权利要求1是在移动终端、云端服务器、移动电源租借终端三方之间实现的移动电源的租借。虽然二者均是通过移动终端、服务器、相应的租借设备的三方架构形式实现的事物的网上租赁，但应用场景差异较大，证据3中的自行车租借过程是租赁人在能够观察到被租物品的情况下完成被观察的自行车的租用，与涉案专利权利要求1中的移动电源租借不同，涉案专利权利要求1中的用户租用的移动电源是在云端服务器的控制下包括核对移动电源的相应状态信息后得到的，也就是说之前用户并不知晓所借电源的情况，完全由权利要求1中的移动终端、移动电源租借终端、云端服务器组成的技术架构进行判断、选择和提供，因此，二者的处理过程存在较大的差异。

其次，证据 3 涉及的是自行车的共享，用户在该场景下租赁自行车时，可以通过自身的观察或实践租赁到合适的车辆，此过程依赖于用户的操作。而涉案专利的移动电源的租赁，无须用户过多的参与即可实现符合条件的电源的租赁，该过程由服务器及租借终端本身确定，包括租借终端、电源本身的状态、可用情况等，用户无须进行干预，使得电源租赁过程变得可靠、高效，改进了以往租赁过程的多种不足。尽管证据 3 与涉案专利相比在技术架构及租赁规则方面类似，但这种租赁规则应用于不同于涉案专利的应用场景中，涉案专利中租赁规则与应用场景中的处理过程相互支持、相互作用，使得该处理过程中的信号走向、信息控制方式发生较大变化，进而导致该处理过程产生了较大的差异，且这种应用能够共同解决应用场景中的技术问题并获得不同于现有技术的有益效果，这种效果是技术与所述场景的融合带来的。

因此，对于本领域技术人员而言，在证据 2 公开的电源租借方法的基础上结合证据 3 公开的自行车租赁管理方法无法显而易见地通过移动终端、云端服务器、移动电源租借终端三方架构实现移动电源的租借方法，无法得到权利要求 1 的上述区别特征，而且上述区别特征使得权利要求 1 取得了移动电源的方便租借的有益技术效果。

7.2 涉及人机交互领域的发明的创造性判断

对于涉及人机交互技术的发明创造而言，用户体验是不可忽略的技术效果之一。尤其是在移动互联产品中，在产品设计与研发初期，就是以提升用户体验为首要的研发任务。对于这类发明的创造性判断，需要将发明作为一个整体看待，综合考虑技术手段、技术问题和技术效果三要素，尤其在技术效果的判断中，用户体验也要作为其中的考量因素。

第 44626 号无效决定涉及申请号为 201410204545.4，名称为"基于指纹识别的终端及其待机状态下的登录方法、系统"的发明专利。在传统的指纹登录操作中，对于待机状态下的终端，在指纹识别之前先需要对终端进行唤醒，因此传统的指纹登录操作实际上需要两个步骤，第一步骤是唤醒终端，例如按下电源键或 Home 键，终端被唤醒，等待指纹解锁；第二步骤是指纹识别，例如在扫描指纹输入区域，判断是否有指纹输入，扫描到用户输入的指纹信息之后进行验证,若验证成功,则登录成功,进入终端系统。涉案专利的指纹检测识别模组用于在扫描识别模式下扫描并识别用户输入的指纹信息,若对所述指纹信息识别成功,则唤醒主控芯片,并将指纹识别成功的确认信息发送至所述主控芯片;所述主控芯片用于在接收到所述指纹识别成功的确认信息之后,对终端进行解锁,使用户成功登录。即,用户只需进行一次指纹扫描的操作,就可以实现指纹登录,其中终端首先进行指纹识别,只有在指纹识别成功的基础上,同步实现终端的唤醒和登录。在用户体验上,从传统的需要用户进行两步操作的登录方式简化成一步操作即可登录,简化了操作,提升了用户体验度。

请求人认为,证据1中的指纹传感系统110相当于涉案专利的指纹扫描模组;证据1中的软件可编程电容检测器基于可编程间隔周期性地检查指纹传感器上是否存在对象相当于涉案专利的周期性启动触摸操作检测功能;证据1中电容检测器检测到近场对象后,启用电子组件以读取和处理图像相当于涉案专利的在检测到用户的触摸操作之后,进入指纹扫描模式;证据1中仅在指纹传感器检测到手指的存在时,才将主机系统唤醒,并将指纹图像数据提供给主机,相当于涉案专利若扫描到有用户输入指纹信息,则所述指纹扫描模组唤醒主控芯片,并将扫描到的指纹信息发送至所述主控芯片。

专利权人认为,证据1是检测是否存在对象,对象可能是薄膜、汗液、污垢和油,而并非本专利权利要求1中限定的检测是否有"用户进行触摸操作";并且,在证据1中,当检测到手指的存在时,会通过中断线发送中断信号,并将指纹图像数据通过数据线传送,当主机系统准备就绪时,从控制和数据线上读取指纹图像数据来处理中断,即证据1中不将指纹图像数据直接发送给主机。而且,证据1不将指纹图像数据直接发送给主机是和其发明目的密切相关的,即不随意中断正在工作中的主机。

决定认为,涉案专利权利要求1是针对传统的指纹验证操作做出的改进,其解决的技术问题是提供一种在待机状态下基于指纹识别的终端登录方法及系统,能够在待机状态下,周期性地启动指纹扫描模组的检测功能,包括触摸操作检测和指纹扫描识别,同时实现唤醒和识别的步骤,从而实现简化用户的登录操作过程,通过仅扫描一次用户指纹完成唤醒和识别,提升用户体验度的技术效果。在权利要求1的技术方案中,若扫描到有用户输入指纹信息,则通过所述指纹扫描模组唤醒作为组成终端一部分的主控芯片，而不是唤醒终端，终端依旧处于待机状态，后续的指纹信息识别也是由主控芯片完成，而非终端，只有在指纹信息识别完成后才唤醒终端同时实现登录终端，因此是一次指纹扫描实现登录的。而证据1解决的技术问题是避免主机系统被不必要地中断，使主机系统能够更有效地使用其处理时间。证据1在判断确定是指纹信息而非其他干扰对象信息时唤醒的是主机系统，也就是说，无论主机处于工作状态还是非工作状态，一旦指纹扫描系统判断存在手指，就会马上发送中断信号给主机系统，然后由主机系统对所述指纹信息进行识别，其本质上还是传统的指纹登录系统，第一步唤醒终端，第二步对指纹进行识别。可见，证据1的具体识别方式、唤醒操作中涉及的对象以及唤醒对象的目的均不同于涉案专利，两者所解决的技术问题和所产生的技术效果也是不同的。

涉案专利权利要求1与证据1相比，至少存在以下区别特征：若扫描到有用户输入指纹信息，则所述指纹扫描模组唤醒主控芯片，并将扫描到的指纹信息发送至所述主控芯片，以使所述主控芯片对所述指纹信息进行识别，并在识别成功之后，对终端进行解锁，使用户成功登录。基于上述区别特征，涉案专利实际解决的技术问题是通过仅扫描一次用户指纹完成唤醒和识别，实现终端的解锁和登录，从而简化用户的登录操作过程，提升用户体验度。而证据2中是通过传感器按下按钮而对机械开关的致动然后执行分层唤醒策略。在执行分层唤醒策略中是通过传感器上的低功率事件唤醒（WOE）电路进行轮询实现的，并且传感器可以在分层唤醒策略中采用多个检查，其可以包括在唤醒主机电子设备之前或者在唤醒主机电子设备的任何组件（例如，CPU的某些部分或全部）之前进行的至少三个阶段，而该CPU的某些部分或全部为用于早期处理以确定期望成像的对象（例如手指）在传感器之上或附近所需的，以便防止错误唤醒，从而最小化总功耗，也就是说，CPU参与的是判断手指是否存在的过程，而不是指纹认证的过程。证据2解决的技术问题是通过低功率事件唤醒电路来防止误唤醒主机电子设备，减少主机电子设备的功耗。可见，证据2公开的传感器和主机设备的硬件结构以及解决的技术问题与涉案专利是不相同的，并且其唤醒机制、唤醒对象以及唤醒时机与涉案专利均不相同。因此，证据2没有公开上述区别特征，也无法给出与证据1进行结合的技术启示。

对于涉及"人机交互技术"的 GUI 发明而言，GUI 是用户与计算机进行交互操作的工具，也是底层程序代码的前端表现形式，GUI 交互技术通常包括平面布局、交互场景、操作对象、交互过程、结果等多项内容以及它们的内在关联。与涉及计算机程序的发明的创造性判断相同，对涉及 GUI 的发明的创造性审查时，应将功能上彼此相互支持、存在相互作用关系的算法特征或方法特征与技术特征作为一个整体考虑。因此，对于涉及 GUI 的发明，不光要看技术方案体现了怎样的交互过程，还要结合技术发展的背景，综合考查其应用场景、所要解决的技术问题、操作的对象、采用的手段，以及相应结果等多种因素对技术方案的整体限定作用。只有对上述这些因素进行全面考虑，才能准确理解 GUI 发明实质保护的技术内涵，进而客观准确地评价其创造性。

第36696号无效决定涉及申请号为201310491586.1、名称为"计算装置中的活动的卡隐喻"的发明专利。涉案专利涉及移动终端上应用程序的切换和关闭。在使用视窗系统的台式计算机中，应用程序的切换、关闭往往通过任务栏、桌面窗口、任务管理器等实现。这种基于窗口或按钮的交互技术往往是在较大的显示界面上通过鼠标点击或对特定控件的拖拽来完成，操作方式具有局限性。随着移动终端的出现，技术人员也将台式机的视窗系统移植到其上，但是由于运算处理能力以及显示面积有限，因而在某一时刻只能显示当前运行的应用程序，用户无法看到其他程序，切换起来既不直观，也不方便。随着移动终端的运算处理能力增强，允许同时运行若干应用程序，因此上述缺陷在屏幕有限的移动终端中越发凸显。涉案专利为了克服该缺陷，采用"卡隐喻"的方式对应用程序进行管理，将应用程序以卡片的形式显示在屏幕区域中。之后通过对多个卡的手势操纵，实现对相应应用程序的切换和关闭。涉案专利的技术方案能够大大简化现有移动终端中切换和关闭应用程序时所要执行的操作，用户操作直观有效，体验较佳。证据1涉及手机操作系统的触控功能，通过几十个实施例介绍了启发法在各个应用程序实施例中的运用。所谓启发法，是一种依据关于系统的有限认知和假说，得到关于此系统的结论的分析行为，即证据1中的启发法可以理解为一种接收触摸输入，生成相应控制命令的方法。

请求人认为，证据1明确记载了将启发法用于确定输入命令，因此启发法整体应该被视为一项技术方案，公开了"左右掠过的手势切换卡，上下掠过的手势关闭卡"的方案。从文字记载来看，涉案专利对于第一应用程序和第二应用程序没有任何定义，第一应用程序和第二应用程序可以是同一应用程序，第一卡对应于第一应用程序，第二卡对应于第二应用程序，因此证据1的多个浏览器网页相当于涉案专利的第一卡和第二卡。

专利权人认为，同一手势在不同的应用程序中启发法的定义不同，因此不同应用程序实施例中的启发法属于不同的技术方案。涉案专利的卡用于表征多个应用程序，因此涉案专利的第一卡和第二卡与证据1的多个浏览器网页不同。

决定认为，首先，需要判断启发法在证据1的各个应用程序实施例中如何理解。根据证据1的记载，启发法在浏览器程序中可实现为：接收左右掠过的手势，改变多个网页在浏览器窗口中的位置；在图像管理程序中可实现为：接收上下掠过的手势，滚动相册列表。可见，证据1中启发法包含多种具体的实现方式，每个应用程序只是选择了其中的一种或多种来应用启发法。在具有触控功能的GUI交互技术中，一个手势实现的功能受限于硬件环境以及软件的应用场景。在同一硬件环境下同一手势在不同的软件应用场景中可以代表不同的功能，但在同一应用场景中，这些功能只能被择一地使用。如果抛开应用场景而仅仅根据文字记载，推断证据1中记载的多种手势功能均属于同一启发法中的多个实例，将可能导致该启发法中同一手势同时对应于多种功能，而这显然是不符合GUI的根本设计逻辑的。因此，证据1的启发法在不同应用程序中的解释不同且相互独立，不能认定证据1的启发法在整个移动终端中的应用构成"一项技术方案"。

其次，对于权利要求1的第一卡和第二卡的认定，权利要求1中有如下记载："同时操作第一应用程序和第二应用程序；第一卡对应于第一应用程序，第二卡对应于第二应用程序。"涉案专利优先权日处于2008年，当时的移动终端虽然允许同时运行多个应用程序，但在狭小的屏幕空间上不能很好地对这些应用程序进行管理。涉案专利正是基于此而提出。因此，结合涉案专利的说明书可以理解，权利要求1的卡必然代表多个应用程序，使得该方案具备对同时运行的多个程序进行管理的能力，从而能够解决现有技术中真正的痛点。权利要求1手势操作的重点就在于，它是在多个应用程序之间的操作。而证据1只是一个应用程序的内部操作，其与程序间的操作和管理在操作对象、操作目的和实现上都存在着差异，因而不能简单地认为将其用到多个应用程序之间去是显而易见的。

对于涉及图形用户界面的发明的创造性判断，除了考虑发明所记载的技术方案本身，还要考虑该技术方案在图形用户界面领域中所要解决的技术问题以及所具有的技术效果，该技术效果既包括发明的技术特征直接作用于产品带来的或者是在产品中必然产生的效果，也包括用户使用产品过程中的直观感受，亦即用户体验。

第44244号无效决定涉及申请号为201710018905.5，名称为"拍摄方法、装置及移动终端"的发明专利。在图形用户界面领域的现有技术中，移动终端例如手机在线拍摄视频的方式为，打开摄像界面，按住屏幕上的拍摄按钮开始拍摄内容，当用户需要旋转手机继续拍摄的时候，按住拍摄时手指随便移动（手指保持按压屏幕操作）而不会终止拍摄，但其缺乏与拍摄按钮的交互操作，用户无法直观感受到拍摄进程。涉案专利可以在按压按钮的过程中通过按钮运动与按钮形状的一致变化，给出镜头变化的提示，大大提高了拍摄者的拍摄体验。涉案专利的权利要求1涉及一种拍摄方法，所述方法包括：接收对移动终端屏幕上显示的拍摄按钮的按压操作，开始拍摄；当所述按压操作从第一位置移动到第二位置时，所述拍摄按钮沿着所述按压操作的移动路径由所述第一位置移动至所述第二位置，并继续拍摄，其中，所述第一位置为所述拍摄按钮位于所述移动终端屏幕的初始位置，所述第二位置为所述移动终端屏幕上除所述初始位置之外的任一位置；当所述按压操作终止，所述拍摄按钮移动到所述第一位置，并终止拍摄；所述方法还包括：当按压所述拍摄按钮的载体在所述屏幕上移动时，所述拍摄按钮的形状随所述载体移动而做出一致方向的位姿变化，用于提示用户当前的操作信息。

请求人认为，作为最接近现有技术的证据2公开了拍摄按钮随载体移动而进行变化，且能够提示当前的拍摄信息，在此基础上，容易想到拍摄按钮在屏幕上移动时，形状随载体移动而做出一致方向的位姿变化，这是本领域的惯用技术手段。

决定认为，权利要求1与证据2之间的区别特征为，当按压所述拍摄按钮的载体在所述屏幕上移动时，所述拍摄按钮的形状随所述载体移动而做出一致方向的位姿变化，用于提示用户当前的操作信息。基于该区别特征可以确定，涉案专利实际解决的技术问题是如何使用户清晰知晓当前操作动作。根据涉案专利说明书记载的内容可知，该区别特征表明，通过位姿变化提示用户当前的操作信息，即当拍摄按钮被按住的情况下，手指在屏幕中随意拖动时，按钮会随手指移动而做出一致方向的位姿变化或者反馈，例如，手指在屏幕中拖动，拍摄按钮按照手指的拖动轨迹，动态变化成与轨迹一致的不规则形状，或者变换成带有与轨迹运动方向一致的箭头的按钮形状，实现在简洁直观的交互反馈的同时增加拍摄趣味性，从而获得良好的用户体验。而证据2是通过进度条提示拍摄进度，拍摄按钮的圆环粗细与载体的运动轨迹不一致，无法用于使用户清晰知晓当前操作动作的运动轨迹，不具备涉案专利所具备的"告知用户当前的操作动作，使得用户清晰知晓当前操作动作，提高直观感受，提高用户体验，满足用户需求的效果"的技术效果，并且没有证据表明上述区别技术特征在视频拍摄中属于公知常识。

第四章 说明书

《专利法》第 26 条第 3 款规定，说明书应当对发明或者实用新型作出清楚、完整的说明，以所属技术领域的技术人员能够实现为准。这一规定体现了专利制度"以公开换保护"的基本原则，专利申请人在获得一定时间期限内的独占权的同时，负有向社会公开其发明创造的义务，充分公开发明创造的技术方案，使得所属技术领域的技术人员能够实现该发明创造。这样的公开对于专利申请人而言是其获得专利权的对价，对于社会而言则是贡献了切实有用的技术信息，既能够避免他人因重复研发相同技术而造成的浪费，又有助于创新者以新的起点开发新的技术，从而推动科学技术的进步，实现设立专利制度的初衷。

判断发明或者实用新型的说明书是否符合《专利法》第 26 条第 3 款的规定，核心在于准确把握"以所属技术领域的技术人员能够实现为准"这一标准。所属技术领域的技术人员能够实现，是指所属技术领域的技术人员按照说明书公开的内容，就能够实现该发明或者实用新型的技术方案，解决其技术问题，并且产生预期的技术效果。

1 "能够实现"的必要条件

说明书对发明创造作出清楚、完整的说明是所属技术领域的技术人员依据说明书公开的内容实现该发明或者实用新型的前提条件，也即必要条件。

1.1 清 楚

说明书清楚描述发明或者实用新型要求保护的技术方案，应当写明发明创造所要解决的技术问题、为解决该技术问题所采用的技术方案以及该技术方案所能达到的技术效果，而且说明书应当使用发明创造所属领域的技术用语来描述，准确地表达发明的内容，使所属技术领域的技术人员能够准确地理解其技术方案。

如果根据说明书的描述，所属技术领域的技术人员无法确认某一技术术语的准确含义，无法确定采用该技术术语的技术手段在要求保护的技术方案中的具体作用，亦无法确认采用该技术术语的技术手段与其他技术特征之间的关系，则说明书对该技术方案没有作出清楚、完整的说明。

第48012号无效决定涉及专利号为201821642605.0，名称为"一种8寸油扩散泵"的实用新型专利。请求人主张，根据涉案专利说明书的记载，本领域技术人员无法知晓"第二密封圈16""第三密封圈17"的具体安装结构及其作用，涉案专利权利要求1—7要求保护的技术方案在说明书中公开不充分，不符合《专利法》第26条第3款的规定。

决定认为，根据涉案专利说明书的记载，涉案专利的发明目的是克服小型真空设备无配套的扩散泵的问题，提供一种8寸油扩散泵。该油扩散泵包括泵身1、进气口2、扩散器4、排气口5、油标6、法兰9、第一级喷嘴11、泵芯杆13、第二级喷嘴14、第三级喷嘴15和冷却系统20，油扩散泵泵身1的顶部设置有进气口2，油扩散泵泵身1的一侧外部连接有扩散器4，扩散器4的上方设置有排气口5，扩散器4的一侧设置有油标6，油扩散泵泵身1的底部设置有保护罩7，保护罩7的上方设置有加热器8，油扩散泵泵身1的顶端外侧设置有法兰9，法兰9的一侧设置有第一密封圈10，油扩散泵泵身1的内部设置有第一级喷嘴11，第一级喷嘴11安装在一级喷嘴座12上，一级喷嘴座12与泵芯杆13相连通，泵芯杆13的外侧设置有第二级喷嘴14，第一级喷嘴11通过泵芯杆13与第二级喷嘴14安装成一体，第二级喷嘴14的下方设置有第三级喷嘴15，第三级喷嘴15通过导流管3安装固定在加热器8的上方，第二级喷嘴14的下方设置有第二密封圈16，第三级喷嘴15的一侧设置有第三密封圈17，油扩散泵泵身1的一侧设置有连接杆18，连接杆18上套接有紧固螺栓19，油扩散泵泵身1的外侧设置有冷却系统20。针对涉案专利权利要求1中的技术特征"所述第二级喷嘴14的下方设置有第二密封圈16，所述第三级喷嘴15的一侧设置有第三密封圈17"，说明书文字部分的记载相同，说明书附图示出了第二密封圈16位于第二级喷嘴14与下方导流管之间，第三密封圈17位于第三级喷嘴15与下方导流管3之间。根据本领域公知的油扩散泵工作原理，油扩散泵中的油被加热产生大量油蒸汽，油蒸汽经各级导流管由各级喷嘴定向高速喷出，被抽气体分子不断扩散到蒸汽流中并被抽出，以形成真空。根据上述工作原理，喷嘴与导流管之间需要保持供油蒸汽喷出的间隙，而涉案专利中在第二、第三喷嘴与其下方对应的导流管之间设置了第二、第三密封圈，且没有在说明书中说明第二、第三密封圈的具体作用及其安装方式，本领域技术人员无法理解第二、第三密封圈在油扩散泵中所起的作用，也不清楚第二、第三密封圈如何安装，才能既发挥其作用又不影响油蒸汽的喷出。由于涉案专利说明书未对第二、第三密封圈的具体作用及其安装方式作出清楚、完整的说明，使得本领域技术人员无法实现涉案专利的技术方案，因此，涉案专利说明书没有充分公开权利要求1—7的技术方案，不符合《专利法》第26条第3款的规定。

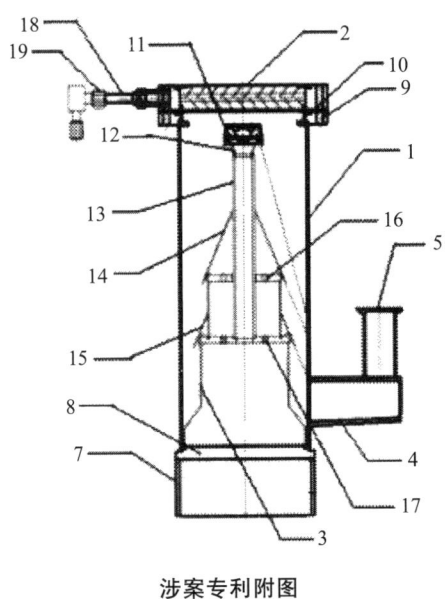

涉案专利附图

对说明书公开内容的理解，应当站位于所属领域技术人员，结合发明创造所解决的技术问题、为解决该技术问题而采取的技术手段及所要达到的效果，从整体上理解说明书及其附图中记载的技术信息的实质含义。

第36307号无效决定涉及专利号为201410502494.3，名称为"一种适合绿茶制作的多槽锅"的发明专利。涉案专利在说明书背景技术中记载了现有技术中绿茶杀青理条机使用的多槽锅通常由锅框、多片U形槽板和若干块支撑间隔板构成，存在的技术问题是锅体在受热膨胀且连续作业状态下一直存在长度方向下坠弯曲变形、宽度方向出现鼓块的问题。涉案专利对现有技术中具有锅框、U形槽板、间隔板的多槽锅进行改进,将现有技术的整体多槽锅改进为多只分体锅搭接。

请求人认为,说明书中记载的以下技术特征不清楚,即说明书未对"关节式搭接技术""前后分体锅锅体的无缝活动式对接""多槽锅好比一个多关节躯体"的含义、结构及其装配关系和实现手段,"间隔板"的结构和含义,"该多槽锅从长度向划分至少由二只以上的独立的分体锅搭接而成"中"独立的分体锅"和"搭接"的含义,"在每只分体锅的两端面上各设置一块间隔板"中的设置间隔板与分体锅的连接关系和与锅框的位置关系,锅框、U形槽板、间隔板、牵引管、分体锅五个部件之间的位置和相互间连接关系及其对效果的影响,以及间隔板与分体锅端面的位置关系进行清楚、完整的说明,导致说明书不符合《专利法》第26条第3款的规定。

专利权人认为,本领域技术人员在说明书公开内容的基础上,能够理解每个技术手段所要产生的技术效果,自然会完成间隔板、搭接片、牵引管等具体部件的尺寸、参数等设计,以能够达到技术效果的方式实现技术方案。锅框、U形槽板等部件属于涉案专利的背景技术,本领域技术人员清楚如何设计和安装这些部件。

决定认为,涉案专利是将现有技术中的整体多槽锅改变成分体锅,没有改变锅框与其他部件的位置及其连接关系。涉案专利说明书对分体锅中的U形槽板、间隔板、牵引管等各部件的位置及其连接关系作了明确限定,锅框、U形槽板、间隔板、牵引管、分体锅五个部件之间的位置和相互间连接关系是清楚的。说明书附图示出了多槽锅的立体结构以及U形槽板和间隔板搭接前后的结构。对于本领域技术人员而言,对照涉案专利的附图,并结合涉案专利说明书记载的具体实施方式,能够明确专利的技术方案、所要解决的技术问题以及所要实现的技术效果。具体地,说明书中记载的间隔板、锅框、U形槽板均是现有技术的多槽锅中已有的术语,在没有任何特殊说明的情况下,本领域技术人员可以理解涉案专利说明书中记载的间隔板、锅框、U形槽板均与现有技术中所述相同术语的含义及其结构相同,并能够基于具体的多槽锅的功能、结构而对间隔板、锅框、U形槽板的结构及其在多槽锅中的配置关系加以调整适用。在U形槽板纵向之间设置牵引管是涉案专利的技术改进之一,说明书记载的技术方案和技术效果部分均对其位置和其他部件的连接关系及其作用效果有明确说明。对于说明书记载的"该多槽锅从长度向划分至少由二只以上的独立的分体锅搭接而成""在每只分体锅的两端面上各设置一块间隔板",结合说明书附图3和附图4以及说明书记载的具体实施方式可知,在两只分体锅的搭接处,前锅间隔板一31和后锅间隔板一3b之间具有间隙32,在每只分体锅的前后端面上只设置一块间隔板,其目的在于减少对U形槽板的约束,使它们增强对抗膨胀量的能力。"每只分体锅的两端面"是指前锅后端面和后锅前端面。说明书记载的"关节式搭接技术""前后分体锅锅体的无缝活动式对接""多槽锅好比一个多关节躯体"均记载在说明书的有益效果部分,这些术语的含义实质是以拟人化的方式体现了涉案专利多槽锅消化热膨胀量通过分体锅前后具有类似关节状的装配关系来实现,本领域技术人员可以理解,这种拟人化描述所体现的具体结构、装配关系实质上为前锅U形槽板的尾部伸过前锅间隔板上的U形通孔形成一搭接片,顶部逐渐向下倾斜的搭接片伸过后锅间隔板的U形通孔,搭接在后锅U形槽板上。因此,涉案专利说明书记载的内容是清楚的,本领域技术人员根据说明书记载的内容可以实现权利要求1所限定的技术方案,涉案专利说明书已经充分公开了权利要求1的技术方案,符合《专利法》第26条第3款的规定。

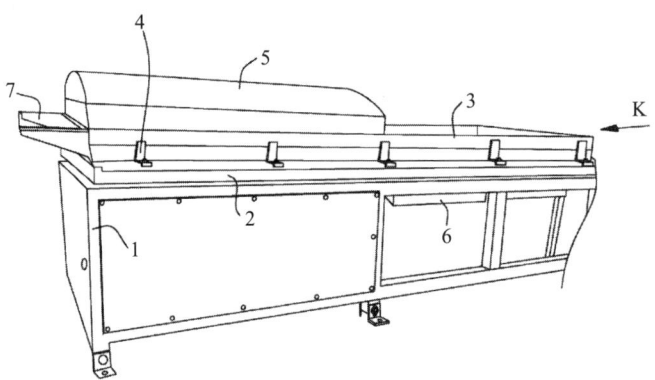

涉案专利附图1(涉案专利多槽锅的立体结构示意图)

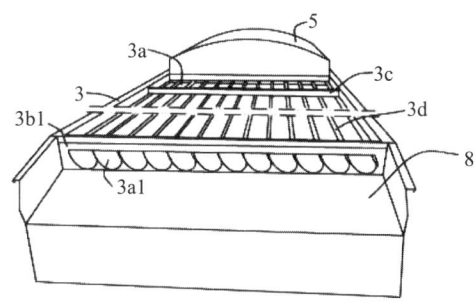

涉案专利附图 2（附图 1 中 K 向结构示意图）

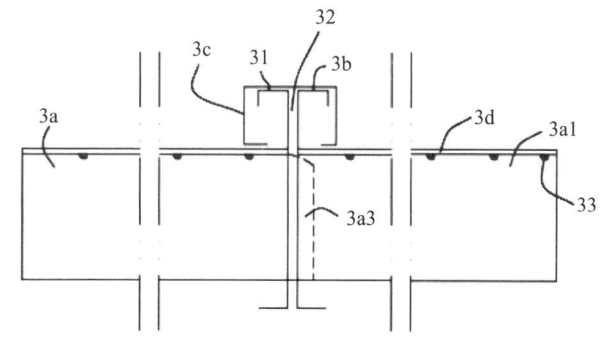

涉案专利附图 3（U 形槽板和间隔板搭接前的分解结构示意图）

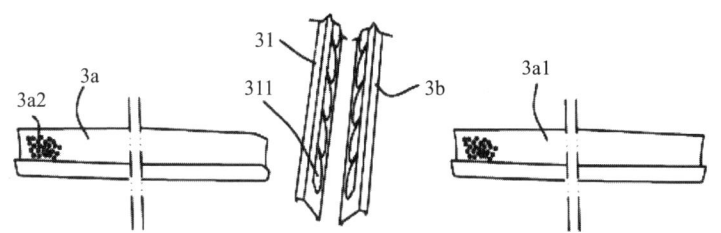

涉案专利附图 4（附图 3 中 U 形槽板和间隔板搭接后的侧面结构示意图）

1.2 完 整

说明书应当完整描述发明或者实用新型要求保护的技术方案，是指说明书不得缺少理解、实现发明或者实用新型所必不可少的内容。

1.2.1 缺乏具体技术手段通常不满足完整说明的要求

如果所属领域技术人员以发明所要解决的技术问题以及所要达到的技

术效果为指引，根据说明书中已明确记载的部件之间的连接关系和相互作用关系，利用其所掌握的技术知识和技术能力，可以实现对上述部件之间的相互作用关系的进一步设置，则不能认为说明书因缺少对该进一步设置的技术手段的记载而公开不充分。

第42871号无效决定涉及专利号为201721806787.6，名称为"一种面团分切机"的实用新型专利。涉案专利的面团分切机1的工作过程为：电机2带动推块8、压块9和转筒10动作，转筒10上的通孔101正对推块8，从下料斗4下来的料落入推块8的前方，推块8向前移动并把面料推入通孔101内并迫使面料挤出压杆102，使压杆102移出，通孔101内容纳有面料，转筒10转动使得压杆102朝上，压块9压下压杆102并挤出面料，转筒10转动，被挤出的面料被刮刀11切断并落入位于其下方的输送带12上，由一伺服电机12a驱动的输送带12把切下来的面团送出。

请求人认为，涉案专利说明书仅仅记载了涉案专利技术方案可以产生的技术效果，并未记载通过何种技术手段达到上述的技术效果，尤其是如何通过单一电机利用第一曲柄、第二曲柄、第三曲柄来分别操纵推块、压块及转筒相互配合来达到其分切效果。因此，涉案专利说明书没有记载与所要解决的技术问题相对应的技术手段，因而不符合《专利法》第26条第3款的规定。

决定认为，涉案专利说明书第0019至第0020段记载了电机2通过皮带带动一转动杆3转动，转动杆3通过铰接的第一曲柄5连接一推块8，通过铰接的第二曲柄6铰接于转筒10并驱动其往复翻转，转动杆3通过铰接的第三曲柄7铰接于压块9并驱动其压下压杆102。转动杆3上沿其轴向固定有三个凸轮31，三个凸轮31分别与第一曲柄5、第二曲柄6和第三曲柄7铰接，当电机2驱动转动杆3转动时，三个凸轮31分别驱动第一曲柄5、第二曲柄6和第三曲柄7动作，从而带动推块8、压块9和转筒10动作。根据涉案专利说明书记载的上述内容可知，涉案专利的电机驱动转动杆转动，转动杆的转动驱动相铰接的第一曲柄、第二曲柄和第三曲柄分别带动推块、转筒和压杆动作，至于第一曲柄、第二曲柄和第三曲柄之间的时序关系，是本领域技术人员根据推块、转筒和压杆所要完成的既定动作结合其所应具备的知识水平和设计能力能够进行合理设置的，并能够达到相应的技术效果，因此，涉案专利说明书对技术方案进行了清楚、完整的说明，所属技术领域的技术人员能够实现涉案专利所要求保护的技术方案。

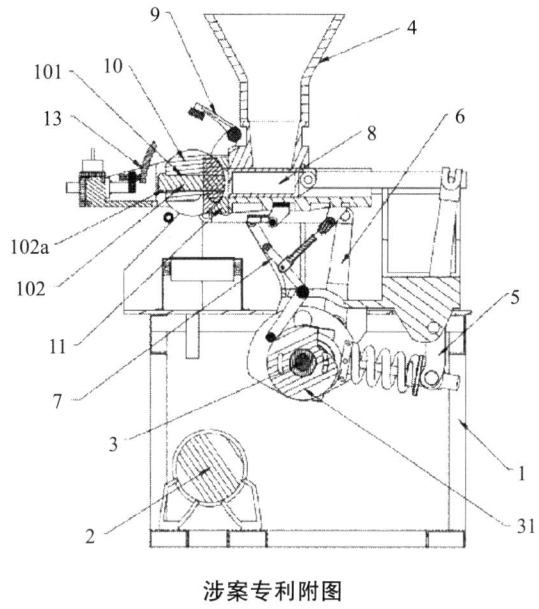

涉案专利附图

1.2.2 完整说明并不意味着文字描述要面面俱到

对于并非本发明所要解决的技术问题，如果所属领域技术人员根据公知技术手段或者现有技术能够解决该技术问题，则不应要求说明书必须记载相关技术手段。

第 40015 号无效决定涉及专利号为 201010220304.0，发明名称为"使用聚氨酯发泡袋封堵瓦斯抽放孔"的发明专利。请求人认为，涉案专利权利要求 1 中限定了"使袋的隔离中封处于两只手中间，两手稍加用力即可把隔离中封冲开，或解开外部的隔离装置，然后，两手分别一松一紧依次揉擦，以使袋中两类物料充分混合，将缠绑着聚氨酯发泡袋的瓦斯抽放管送入瓦斯抽放孔，其中包括垂直向上或垂直向下的瓦斯抽放孔，袋中物料膨胀，当其膨胀力大于袋的材质所能承受的强度时，就会产生自爆"。涉案专利说明书援引的专利文献（即证据 6）的专利申请人曾在其所提交的意见陈述书（即证据 7）第 28 页第 3 段阐述了"在无法压封的特殊位置，即在袋的中间部位横向压制中封是一种创新，公知的封口机等只能封边，国内外市场没有中封机或深封压机之类"，即专利权人用以得到"在中间部位从内部或外部隔开的袋子"所使用的封压机是现有技术中不存在的,而涉案专利中没有公开该封压机的具体结构以及如何应用该封压机制得在该中间部位从内部或外部隔开的袋子,本领域技术人员根据涉案专利说明书及其援引的证据6无法得到该"在中间部位从内部或外部隔开的袋子"。证据6在其说明书中记载了"两个相对独立的袋,或一个较大的袋中包含一个较小的袋,两个袋分别装有特定的异氰酸酯和特殊聚醚,使用时只需冲开或打开中间部位的隔离层或采用压迫的方法,使较大的袋中所包含的较小的袋破裂,用手揉攥",并声称"把该袋放置在作业部位即可膨胀自爆",所属技术领域的技术人员不能实现这些技术特征,异氰酸酯和聚醚或聚醚多元醇的混合无法产生物料膨胀自爆,"特定的"和"特殊"的字样不能认为交代了异氰酸酯和聚醚或聚醚多元醇之间的物质的量的比例。因此,根据涉案专利说明书的记载,本领域技术人员不能实现权利要求1所述的可膨胀自爆的技术方案,因此涉案专利说明书不符合《专利法》第26条第3款的规定。

决定认为,涉案专利是针对现有技术存在的使用双组分聚氨酯物料封堵瓦斯抽放孔时,难以做到配比准确和充分混合、因物料外置浪费而难以保障封堵效果的技术问题,通过在使用前将聚氨酯发泡袋的一端用胶带缠绑在瓦斯抽放管上,防止送入瓦斯抽放孔时聚氨酯发泡袋从瓦斯抽放管上脱落或错位,两类聚氨酯物料分别位于聚氨酯发泡袋中的由隔离中封或者外部隔离部件隔开的两个容腔中,入孔前,手动冲开中封或打开外部隔离,并通过揉攥而实现两类物料的充分混合,从而避免了现有技术中存在的配比不准确、混合不充分以及外置物料造成物料浪费的技术问题。首先,如何设置中封或从外部隔离开两种物料的容腔并不是涉案专利所要解决的技术问题,实现该技术特征的设备并不属于涉案专利必须公开的技术内容。其次,证据7是证据6在专利申请授权过程中提交的意见陈述书中的观点,并不能仅以证据7当然地作为反映涉案专利现有技术客观状况的证明。最后,国内外是否存在现有的加工设备也不是直接决定涉案专利相应技术特征能否实现的唯一判断标准,而是应当站在本领域技术人员的角度,根据涉案专利说明书对技术方案的记载,结合涉案专利的现有技术的状况以及本领域技术人员的知识和能力进行综合判断。就涉案专利说明书及相对应的权利要求1记载的"在中间部位从内部或外部隔开的袋子"的技术特征,本领域技术人员根据涉案专利的技术方案基于本领域的现有技术状况能够知晓如何实现在中间部位从内部或外部隔开的袋子。至于"自爆"所需的两种物料的成分和配比，涉案专利为如何使用现有封堵物料实现更好封堵效果的方法的技术方案，其所要解决的技术问题不涉及对双组分聚氨酯物料的改进，涉案专利背景技术部分中已经明确记载了用双组分聚氨酯物料封堵瓦斯抽放孔的现有技术，在"自爆"效果的实现上，本领域技术人员基于该领域的现有技术状况和使用条件，完全可以实现使其有效自爆的双组分聚氨酯物料发泡袋。因此，涉案专利的说明书已经充分公开了权利要求 1 的技术方案，符合《专利法》第 26 条第 3 款的规定。

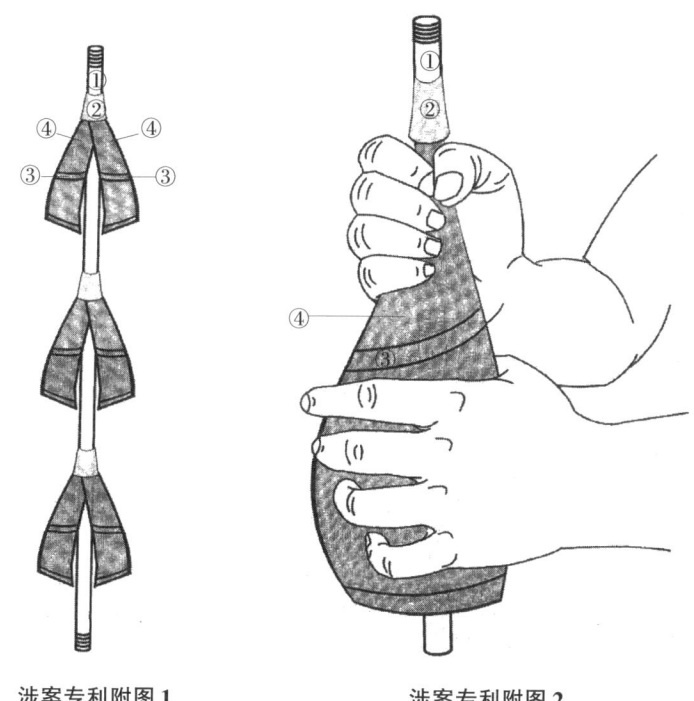

涉案专利附图 1　　　　涉案专利附图 2

2 "能够实现"的判断

能够实现，是指所属领域技术人员根据说明书记载的内容，能够实现发明或者实用新型的技术方案，解决其技术问题，并且产生预期的技术效果。因此，判断"能够实现"既需考虑说明书记载的内容，亦需考虑所属领域技术人员的知识和能力。

2.1 权利要求与能够实现

如果所属领域技术人员基于其所具备的知识和能力结合说明书记载的技术手段，无法采用该技术手段实现权利要求的技术方案，解决其所要解决的技术问题，达到预期的技术效果，则说明书对包含该技术手段的权利要求的技术方案没有充分公开。

第 47486 号无效决定涉及专利号为 201620478289.2，名称为"电梯故障诊断装置、和用于电梯故障诊断的控制器"的实用新型专利。请求人认为，涉案专利权利要求 7 记载了技术特征"根据左右抱闸的开/合闸动作的加速度信号以及所述电梯轿厢的垂直运行速度信号，判断电梯的曳引轮的绳槽与曳引钢丝绳之间的摩擦系数"，尽管说明书第 0042 段给出了上述技术手段，但本领域技术人员采用该技术手段无法解决对曳引轮与曳引绳表面磨损情况进行判断的技术问题，本领域技术人员无法实施权利要求 7 记载的技术方案，因此涉案专利说明书不符合《专利法》第 26 条第 3 款的规定。

决定认为，涉案专利的发明目的是提供一种电梯故障诊断装置以及控制器，通过该诊断系统与方法能够便于维护人员对电梯故障的定位和解决，分析电梯监视的各部分实时状态而预测故障的发生，提出维修警告，从而将电梯的重大故障防患于未然。涉案专利说明书第 0035 段中记载了"根据加速度振动传感器 1015 检测到的开/合闸动作的加速度 a，可知抱闸抱住滑轮的有用摩擦力为 $F=\mu F_N=\mu ma$，其中 μ 是曳引轮的绳槽与曳引钢丝绳的摩擦系数，F_N 为抱闸压力，m 为质量"，涉案专利说明书第 0042 段中记载了"电动机转动时由于曳引轮的绳槽与曳引钢丝绳之间的摩擦力，带动钢丝绳使轿厢与对重作相对运动，轿厢在井道中沿导轨上下运行。该摩擦力 $F=\mu ma$，其中 a 是上述抱闸上的传感器输出的信号，抱闸刹车运行检测单元可以实时监测 a 的变化，m 是质量，保持不变。实际电梯使用时，钢丝绳与曳引轮会产生磨损，需要及时维护。电梯的垂直运行速度与摩擦力 F 息息相关，当抱闸正常时，加速度信号 a 是正常的，则轿厢的垂直运行速度的异常情况可由摩擦系数 μ 决定。当钢丝绳与曳引轮表面磨损导致 μ 值变大，则轿厢的垂直运行速度会变慢；相反，若 μ 值变小，则轿厢的垂直运行速度会变快。因此，可通过实时监测轿厢的垂直运行速度反推出 μ 值的大小，从而得到钢丝绳与曳引轮表面磨损情况"。从说明书记载的上述内容可以看出，曳引轮的绳槽与曳引钢丝绳的摩擦系数是通过抱闸抱住滑轮的有用摩擦力和加速度进行换算的，然而，涉案专利说明书中记载的加速度是抱闸的加速度，故通过 $F=\mu F_N=\mu ma$ 得到的摩擦力是抱闸和曳引轮之间的摩擦力，所以其中摩擦系数也应该是抱闸和曳引轮之间的摩擦系数，并非钢丝绳与曳引轮绳槽之间的摩擦系数。另外，在电梯实际运行过程中，当抱闸时，只是抱闸与曳引轮之间发生相对运动，而钢丝绳与曳引轮绳槽之间一般不会发生相对运动，故钢丝绳与曳引轮绳槽之间的摩擦系数与轿厢的垂直运行速度并不相关，关于如何通过轿厢的垂直运行速度来反推出钢丝绳与曳引轮绳槽之间的摩擦系数在涉案专利说明书中并未明确记载，本领域技术人员基于其所应具备的知识水平结合涉案专利说明书公开的内容无法得到钢丝绳与曳引轮绳槽之间的摩擦系数的确定方式，故涉案专利权利要求7所要求保护的技术方案在说明书中没有得到清楚、完整的说明，本领域技术人员基于说明书记载的内容不能实现该技术方案、解决相关技术问题并产生预期的技术效果，故涉案专利说明书不符合《专利法》第26条第3款的规定。

如果说明书对于权利要求中限定的某个技术特征并未给出可实施的具体技术手段，致使所属领域技术人员无法实现该权利要求的技术方案，则说明书将因缺乏解决技术问题的技术手段而被认为没有充分公开该发明创造。

第37068号无效决定涉及专利号为201120004314.0，名称为"光电缆用FFRP带"的实用新型专利。专利权人在无效程序中对涉案专利的权利要求书进行了修改，修改后的权利要求1要求保护一种光电缆用FFRP带，由一个带状体构成，其中限定了"所述的带状体具有韧性，所述的韧性至少抵抗横向和纵向180°的弯折"。

请求人认为，涉案专利说明书中缺少对上述特征的相关描述，致使说明书公开不充分。专利权人认为，涉案专利的改进点在于纤维的排布和胶粘剂的选择，涉案专利说明书有关韧性的限定隐含了这些内容。

决定认为，关于说明书中是否已给出了可实现"带状体至少抵抗横向和纵向180°的弯折"的具体技术手段足以达到本领域技术人员能够实现其技术方案的程度。首先，涉案专利说明书中所记载的带状体的韧性"至少抵抗横向和纵向180°的弯折"是对于带状体的功能或效果的描述，并不包含组成带状体的纤维和胶粘剂这两种成分的具体组成结构、组分比例、设置步骤、设置条件，不包含达到上述功能效果的技术手段。其次，涉案专利说明书记载的技术方案为光电缆用FFRP带的带状体是由设置在胶粘剂中的复数根纤维构成的，其中至少一根纤维的延伸方向与带状体的延伸方向相同，其余纤维有多种设置方式，如均匀或周期性分布在胶粘剂中，与带状体延伸方向相同，与带状体延伸方向成任意角度，纤维之间交织或周期性交织等；纤维的材质是玻璃纤维、芳纶、碳纤维或其他高强度低延伸率的纤维或它们的混合物；纤维的横截面积之和占带状体横截面积的50%～98%；带状体横截面呈矩形或近似矩形；带状体的厚度为0.1～6mm，宽度为1～120mm；胶粘剂是无机胶粘剂、有机胶粘剂、天然胶粘剂、合成胶粘剂、树脂型胶粘剂、橡胶型胶粘剂、复合型胶粘剂、热塑性胶粘剂、热固性胶粘剂或者热熔胶，或上述胶粘剂中的两种或两种以上的混合物。根据说明书中记载的上述技术方案，本领域技术人员无法确定如何设置光电缆用FFRP带的结构使其韧性至少抵抗横向和纵向180°的弯折。最后，说明书中详细记载了对于胶粘剂的材料选择内容，虽然与胶粘剂的韧性相关，但如涉案专利说明书第0008段中所列举的胶粘剂种类所述，均为常用热固性胶粘剂材料，即使按照专利权人主张"至少抵抗横向和纵向180°的弯折"给出了选择韧性好的胶粘剂的技术教导，因胶粘剂具有韧性、黏性等属于公知常识，本领域技术人员在已知胶粘剂属性的情况下，仅根据涉案专利说明书所记载的内容，依然无法确定具体如何选择韧性好的胶粘剂，如何通过对常用热固性胶粘剂进行改进，从而达到记载在涉案专利说明书中的相对于现有技术韧性"至少抵抗横向和纵向180°的弯折"的技术效果。因此，涉案专利说明书未明确记载解决"光电缆用FFRP带的带状体的韧性至少抵抗横向和纵向180°的弯折"这一技术问题的技术手段，本领域技术人员根据说明书公开的内容亦无法确定采用何种技术手段，才能够实现"光电缆用FFRP带的带状体韧性至少抵抗横向和纵向180°的弯折"的技术效果，故涉案专利说明书存在公开不充分的缺陷，不符合《专利法》第26条第3款的规定。

2.2 技术问题、技术效果与能够实现

能够解决发明或者实用新型所要解决的技术问题或者能够达到预期的

技术效果，是发明或者实用新型的技术方案能够实现的重要因素。在审查实践中，发明或者实用新型所要解决的技术问题是否能够得到解决，或者预期技术效果是否能够达到，是判断发明或者实用新型的技术方案是否被说明书充分公开的重要依据。

2.2.1 技术问题与能够实现

虽然说明书给出了技术手段，但所属领域的技术人员基于其所具备的知识和能力可以判断出采用该技术手段并不能解决发明所要解决的技术问题，导致所属领域技术人员不能实现发明的技术方案，则说明书没有达到公开充分的要求。

第171159号复审决定涉及专利号为201410803851.X，名称为"特殊吸波材料"的发明专利申请。涉案申请针对现有的吸波材料吸波效果不理想的技术问题，提出了一种吸波材料及其制备方法。涉案申请的技术方案为：在隐形物的表面设置导电层，在隐形物内部安装大容量蓄电池、大功率耗电器、可变电阻器、开关等电器，使这些电器与隐形物表面的导电层形成直流回路，产生直流电流；当外来电磁波碰到隐形物表面时，外来电磁波将随同直流电流一起被大功率耗电器消耗掉，从而实现隐身的目的。

决定认为，首先，当物体被电磁波照射时，电磁波与物体相互作用会使得电磁能量朝各个方向散射。因此，本领域中，研究物体的雷达特性就是研究物体的散射特性，当雷达接收天线不能接收到电磁波与物体相互作用时产生的散射电磁波时，即实现了隐身的目的。涉案申请的发明构思为：将隐形物表面的导电层作为天线，使其接收外来电磁波，从而使接收的外来电磁波随直流电流一起被耗电器消耗掉。合议组引入公知常识性证据1（2014年7月由聂在平主编、电子科技大学出版社出版的《天线工程手册》，该书的前言部分指出"作为天线设计的工具书，《天线工程手册》是无线电工程师最为重要的工具书之一"）予以佐证。证据1的第4篇的第28章"天线的雷达散射截面"第28.1节介绍了天线散射基本理论的技术知识，根据第28.1.3节"天线散射理论"记载的内容可知，雷达截面是表征物体散射电磁波能力大小的一种度量，雷达截面越大，散射能力越强。涉案申请中的大功率耗电器相当于天线负载，上述证据1记载的内容表明无论有没有天线负载，接收天线处的结构项散射场都是存在的，并且当负载与天线不匹配时，还将产生天线模式项散射场。散射电磁波被雷达接收机天线探测到就会暴露目标，无法实现隐身。其次，为了更直观地理解结构项散射场和天线模式项散射场，从接收天线的接收效率的角度进行解释。合议组引入公知常识性证据2［2006年8月由（美）克劳斯等著、电子工业出版社出版的《天线》（第三版），该书的内容简介部分指出"本书是关于天线的经典著作，本书可作为相关专业高等院校的本科生和研究生的教学用书，以及工程技术人员的参考用书"］予以佐证。证据2的第21章第21.15节"用做接收和用做发射的考虑"记载了："设接收天线从来波中收集功率PA，假定在天线与传输线之间以及传输线与负载之间都理想地匹配，则递送到接收机（即负载，涉案申请中为大功率耗电器）的功率由公式（1）求得（参见证据1的第597页21.15a接收状态下面一段内容）。在理想匹配的情况下，接收机（涉案申请中为大功率耗电器）得到天线所收集功率之半，而另一半再被辐射出去。"证据2中的"另一半再被辐射出去"指的就是证据1中的"天线的结构项散射场"，原因在于天线从来波中接收能量，天线本身具有辐射电阻，因此，即使在理想匹配（这也是天线的最大功率传送条件）的情况下，天线接收的能量亦不会全部传送给负载，大约有一半的能量会被天线再次辐射出去。再次，在雷达扫描中，雷达发射天线会发射出一定频率的电磁波，该电磁波为高频电磁波。因此，涉案申请中雷达发射天线传输到隐形物的导电层的信号为高频电磁波，复审请求人所称的"交变电流"实际上是以高频电磁场的形式存在的。用基本电路理论来分析直流和低频交流电路，是因为导线和电器的尺寸远远大于波长，在整个长度内直流和低频交流电的电压和电流的幅值和相位均不变。而对于高频电路，由于传输线和电器的尺寸和波长可比拟，例如可能为一个波长的几分之一或几个波长，因此，在整个长度内高频信号的电压和电流的幅值和相位都可能发生变化。因此，传输高频信号的设备为波导、同轴线、微带线等微波器件，用于传输直流电和低频交流电的导线不能用于传输高频无线电，因为能量一传输到导线，就被反射回天线（也就是无法实现天线和导线之间的阻抗匹配）而使得能量无法传输到负载（涉案申请中为大功率耗电器）。合议组引入公知常识性证据3［2014年6月由（美）陈运涛等编、国防工业出版社出版的《雷达技术基础》，该书的内容简介部分指出"本书可作为任职教育雷达维修工程专业学员的专业课教材，也可作为工程技术类电子工程专业学员的参考资料"］予以作证。证据3的第2章第2.1节"雷达的传输线与微波元件"记载了:"雷达传输线也就是高频微波传输线,起着传送电磁波能量的作用。低频电流可以用普通导线传输,因为在低频情况下线路本身的分布电容、分布电感的影响和电磁辐射非常微弱,但是在超高频情况下线路本身的分布电容、分布电感的影响和电磁辐射成为主要矛盾。因此超高频电流不能在普通导线上传播,必须采用特殊结构的传输线。"高频电磁场无法在用于直流电流的普通导线上传输,高频交流电也无法在普通导线上和直流电流进行叠加。对于涉案申请来说,由于所用的普通导线无法实现高频交流电的传输,因此,能量会反射回天线(涉案申请中为隐形物表面的导电层),从而被天线再次辐射出去,也就是证据1中提到的天线模式项散射场。

综上,涉案申请中隐形物表面的导电层从来波中接收到的电磁波能量基本上全部向空间散射出去,而并不会随同直流电流被大功率耗电器所吸收,从而无法实现隐身的目的。也就是说,虽然涉案申请给出了技术手段,但所属领域技术人员采用该手段并不能实现隐身,不能解决所要解决的技术问题。因此,涉案申请的说明书不符合《专利法》第26条第3款的规定。

2.2.2 技术效果与能够实现

医药化学领域存在技术效果可预期性较低的特点,如果所属领域技术人员无法合理预期发明能够达到预期的技术效果,则该技术效果需要说明书记载相应的实验数据予以证实,而证实的程度应当是所属领域技术人员足以相信并能够实施的程度。说明书中具体实施例的数目,应当足以使所属领域技术人员理解发明,并判断在权利要求所限定范围内的技术方案都可以实施以及如何实施并能够取得所述技术效果。

第46004号无效决定涉及专利号为200880111892.5,名称为"β-阻断剂在制备用于治疗血管瘤药物中的用途"的发明专利。涉案专利保护一种β-阻断剂在制备用于治疗毛细血管婴幼儿血管瘤药物中的用途,所述β-阻断剂为萘心安或其药物盐。关于萘心安治疗毛细血管婴幼儿血管瘤的效果,说明书中提供了实施例1至3,其中实施例1为患有毛细血管婴幼儿血管瘤的男婴,采用激素治疗过程中发现心脏问题,因而降低激素用量,引入3mg/kg/天萘心安治疗心脏问题,意外地发现对毛细血管婴幼儿血管瘤迅速产生疗效,14周时毛细血管婴幼儿血管瘤完全扁平。实施例2为针对患有毛细血管婴幼儿血管瘤的男婴，采用激素治疗，毛细血管婴幼儿血管瘤持续扩大，因而2月龄时降低激素用量，引入2mg/kg/天萘心安，发现对毛细血管婴幼儿血管瘤迅速产生疗效，毛细血管婴幼儿血管瘤病变迅速软化，显著变小，眼睛能够自然张开。实施例3针对患有毛细血管婴幼儿血管瘤的女婴，直接引入2mg/kg/天萘心安，对毛细血管婴幼儿血管瘤迅速产生疗效，随后是渐进性的改善，7月龄毛细血管婴幼儿血管瘤消退，8个月时停药无反弹。

请求人认为，对于萘心安治疗毛细血管婴幼儿血管瘤效果，涉案专利说明书仅提供3个治疗病例。实施例1至2并未单独使用萘心安，难以证明是使用萘心安的治疗效果。实施例3虽单独使用萘心安，血管瘤的治疗效果差异较大，甚至很大比例可以自愈，难以确定是使用萘心安的治疗效果。仅仅三个治疗病例也不具有统计学上的意义，并不能确定治疗效果。因此，涉案专利说明书没有证明萘心安治疗毛细血管婴幼儿血管瘤的效果。

专利权人认为，涉案专利说明书实施例1至3均在引入萘心安治疗后5~14个月治愈，证据显示毛细血管婴幼儿血管瘤的自愈、消退均发生在2岁后，涉案专利的治疗对象均小于2岁，实施例1至3能够证实涉案专利的技术效果。

决定认为，涉案专利记载了毛细血管婴幼儿血管瘤的3个临床治疗例，实施例1至2虽然在采用萘心安治疗的同时还给予了激素，但从其记载能够确认萘心安的引入产生了治疗效果。实施例1中用不同激素相继给药，其疗效为毛细血管婴幼儿血管瘤被稳定，而在施用萘心安后，迅速观察到血管瘤颜色、质地等的变化，显示引入萘心安疗效明显。实施例2中激素治疗效果不佳，毛细血管婴幼儿血管瘤继续扩大，在施用萘心安后，亦迅速观察到对毛细血管婴幼儿血管瘤的疗效。针对实施例3中的病例不施用激素，仅使用萘心安同样迅速观察到对毛细血管婴幼儿血管瘤的治疗作用。上述实验数据整体上能够使本领域技术人员确认萘心安可以用来治疗毛细血管婴幼儿血管瘤，而不会将其视为激素的疗效，或认为萘心安必须和激素同时应用才能获得相应疗效。同时，请求人提交的相关证据以及专利权人提交的相关反证均表明，毛细血管婴幼儿血管瘤即使能够自行消退，通常也不会发生在实施例所针对的低月龄的患儿，医学界至今不认为该病属于可以放任不管、等待自愈的情况。因而，实施例1至3中患者毛细血管婴幼儿血管瘤的好转应当归因于萘心安的引入的效果而非自愈的结果。虽然说明书仅记载了 3 个临床治疗例,但是说明书中实施例数目多寡不足以构成合理的反驳理由,而且结合说明书对 3 个临床治疗例的描述可以看出涉案专利的发明人从意外发现到重复验证的实践历程,基于说明书中的 3 个临床治疗例,本领域技术人员已经能够确信萘心安在治疗毛细血管婴幼儿血管瘤上可以取得相应疗效。因此涉案专利的说明书已经充分公开了权利要求 1—11 请求保护的技术方案,符合《专利法》第 26 第 3 款的规定。

说明书记载的用以证明发明的技术方案可以实现其效果的实验数据应当是真实可信的,应达到所属领域技术人员足以相信的程度。如果说明书记载的实验数据明显违背科学常理,超出了所属领域技术人员的常规认知,则这样的实验数据未达到使得所属领域技术人员"足以相信"的程度。

第 41183 号无效决定涉及专利号为 201610203379.5,名称为"一种抗癌注射液及其应用"的发明专利。涉案专利涉及一种抗癌注射液,由将一定比例的氯化钠和氯化镁在水中搅拌直至完全溶解而制备得到。根据涉案专利说明书的记载可知,涉案专利提供的抗癌注射液,无须手术、化疗和放疗,仅仅注射该抗癌注射液就可以达到抗癌的目的,而且可彻底杀死癌细胞,疗程短、无复发,对于正常的细胞不具有任何危害,对人的身体不构成任何毒副作用。涉案专利说明书具体实施例部分记载了将 47.96g 氯化钠和 42.30g 氯化镁溶解于 1L 蒸馏水中,搅拌完全溶解后得到抗癌注射液,用该抗癌注射液以不同浓度抑制不同类型癌细胞的 3 个体外检测试验,以及用该抗癌注射液治疗 5 个不同种类癌症患者的临床应用。专利权人认为,现有技术没有表明涉案专利的抗癌注射液不能治疗癌症,涉案专利说明书的记载已经对涉案专利的治疗效果进行了充分验证,因此涉案专利的说明书的公开是充分的。

决定认为,根据本领域技术常识,钠、镁、氯离子是人体的重要组成元素,是维持人体正常生理功能不可缺少的物质,起到维持渗透压、保持酸碱平衡、稳定人体内环境等作用。氯化钠和氯化镁常用于临床治疗和生理实验,但通常用于平衡电解质、用作药物载体等情形。

在说明书记载的体外检测实验中,在注射液浓度非常低的情况下仍然产生细胞增殖抑制作用,实验结果超出了本领域技术人员的常规认知。例如,检测实验一中,所测试注射液浓度为原液浓度的 1/100 时,抑制率为 13.13%。检测试验一使用 DMEM 培养基稀释药物,当终浓度为 1/100 时,培养基本身和注射液的氯化钠分别为0.634mg和0.048mg。DMEM培养基中还含有氯化钙、硫酸镁、氯化钾、碳酸氢钠等多种无机盐，在培养基本身即存在大量钠离子、氯离子、镁离子等的情况下，仅再加入少量的相应离子就使得原本为细胞提供营养、维持和促进细胞生长增殖的培养基的性质发生了质的变化，产生了对细胞增殖的明显抑制作用，这超出本领域技术人员的常规认知。

在说明书记载的乳腺癌（早期）、肝癌（晚期）、结肠癌（中期）、鼻咽癌（早期）、淋巴癌（中期）5个具体患者病例中，3天内注射抗癌注射液2次，每次注射量最少为2.5mL，最多为10mL，最后一次注射后间隔21天，体内癌细胞全部被杀死，治疗至今癌症无复发。在目前癌症临床治疗周期普遍较长且治愈率仍普遍较低的情况下，这样的结果是不可思议的。一般而言，上述注射液输入人体，会导致体内电解质的变化，而这样的变化也是在输入足够量的基础上实现的，但是涉案专利却使用所述常规组分用于治疗在医药领域治疗难度大的各种癌症，在对患者较小给药量的情况下对多种癌症均实现了治疗周期短且治愈不复发的治疗效果，这种结果超出本领域技术人员的常规认知。

综上，说明书记载的用于证明发明技术效果的体外测试实验和临床应用例的实验结果在多个方面均存在不符合实验科学一般性规律的特点，最终结果超出了本领域技术人员对现有技术中已有的手段、方式及效果的普遍认知，明显违背科学常理，致使说明书所提供的实验数据的整体真实性不可信，不能证明涉案专利的抗癌注射液能够实现抗癌的目的和效果。因此，涉案专利的说明书公开不充分，不符合《专利法》第26条第3款的规定。

一项完整的发明创造不仅要有确定的技术方案，而且还要有确定的或者所属领域技术人员能够合理预期的技术效果，而对于技术效果的说明，既可以通过对发明技术方案的理论分析加以阐明，说明其产生技术效果的机制或原理，也可以通过列出实验数据的方式予以说明，但不得仅断言发明具有某种技术效果。如果发明的技术效果根据其性质无法由现有技术的理论合理预测，说明书也没有公开任何实验效果数据，那么所属领域技术人员有理由怀疑该申请的技术效果仅仅是一种推测或构想，其说明书没有对其作出清楚、完整的说明。

第34631号无效决定涉及专利号为201410027400.1，名称为"无光饰面聚酰亚胺膜机及其相关方法"的发明专利。涉案专利权利要求 1 保护一种基膜，包括化学转化的聚酰亚胺、低电导率炭黑和聚酰亚胺颗粒消光剂。

请求人认为，涉案专利的权利要求 1 的技术方案使用聚酰亚胺颗粒作为有机消光剂，而说明书除指出有机颗粒可以是消光剂，可用于聚酰亚胺应用的有机消光剂为聚酰亚胺颗粒之外，说明书全文并未再提及其他使用有机颗粒的内容，且具体实施例部分使用的消光剂均是无机颗粒，因此，说明书对涉案专利的技术方案未作清楚、完整的说明。

专利权人认为，聚酰亚胺是聚合物中热稳定性最高的品种之一，热分解温度都在 500℃ 左右，本领域技术人员可以确信其可以如使用二氧化钛或二氧化硅一样的方式使用。

决定认为，涉案专利的发明目的是提供一种介电强度更高且可减少消光剂使用量的无光饰面基膜，其中基膜两面均具有 2 至 35 的 60 度光泽度值。根据涉案专利说明书的记载，涉案专利实施例 1–18 以及对比例 1–16 的结果证明，针对无机颗粒作为消光剂，以不同含量、不同 D50 以及不同密度加入化学转化的聚酰亚胺或热转化的聚酰亚胺基膜，对基膜两面光泽度以及介电强度产生了不同的影响。通过说明书的上述记载可以确定，影响消光效果的因素不仅在于基膜采用化学转化法合成，也在于消光剂的量、中值粒度和密度，仅仅依靠化学转化法合成基膜无法实现基膜两面均具有 2 至 35 的 60 度光泽度值的效果。至于聚酰亚胺颗粒作为有机消光剂能否取得上述技术效果，说明书除记载"可用于聚酰亚胺应用（可承受聚酰亚胺合成的热条件）的消光剂为聚酰亚胺颗粒"之外，说明书全文并未提及有机颗粒作为消光剂的实施方式和具体实验结果。

根据涉案专利说明书记载的内容可知，基膜采用化学转化法合成是减少消光剂使用量的关键之一，同时，消光剂的量、中值粒度和密度也是直接影响基膜是否具有 2 至 35 的 60 度光泽度值的重要因素。需要强调的是，上述根据说明书可直接得出的结论均是基于无机颗粒消光剂的实施例和原理而确定的，将无机颗粒替换为与基膜组成一致、相容性好的聚酰亚胺有机颗粒时，上述原理将无法适用，在此情况下，使用聚酰亚胺有机颗粒作为消光剂将会取得怎样的技术效果是无法预期的。而且，涉案专利并未限定聚酰亚胺颗粒作为消光剂时的颗粒密度，而有机颗粒与无机颗粒在颗粒密度上差异显著，说明书中记载的关于无机消光剂颗粒密度应大约为 1.10～1.65g/cc 方可达到相应的光泽度的要求，该密度范围的要求不能直接套用在聚酰亚胺有机颗粒上。由于无机颗粒和有机颗粒的化学性能截然不同，在没有实验数据进一步证实的情况下，本领域技术人员无法确信将实施例组合物中的无机颗粒替换为聚酰亚胺颗粒后仍可达到减少消光剂使用且介电强度更好、基膜两面均具有 2 至 35 的 60 度光泽度值的技术效果。故而，在没有明确的实施方式以及技术效果表征的情况下，本领域技术人员有理由怀疑涉案专利说明书声称的关于使用聚酰亚胺颗粒作为有机消光剂的技术效果并非建立在真实的科学实验基础上，而仅仅是一种推测或构想。因此，涉案专利说明书未对发明作出清楚、完整的说明，致使本领域技术人员无法实现权利要求 1，不符合《专利法》第 26 条第 3 款的规定。

2.3 实验证据与能够实现

当所属领域技术人员依据现有技术的整体技术状况，结合其具备的常规技能，无法预期权利要求的技术方案具有声称的用途和/或使用效果时，则可以在说明书中提供相应的实验数据，以证明所述技术方案具有上述声称的用途和/或使用效果。如果说明书中提供的实验数据能够证明权利要求的技术方案的可行性，而且数据之间满足自洽的要求，能够使所属领域技术人员确信该技术方案能够解决技术问题，则认为该技术方案能够解决其技术问题并产生预期的技术效果。

第 43465 号无效决定涉及专利号为 201480059526.5，名称为"安静性和轻量性优异的弹性网状结构体"的发明专利。请求人认为，说明书没有记载实现涉案专利权利要求 1 中的纤维直径控制为"0.10mm 以上且 0.65mm 以下"同时将接合点数控制在"200 个/g 以上且小于 500 个/g"的具体技术方案，通过对涉案专利实施例及对比例的分析，可以发现影响纤维直径和接合点数的参数有很多，并没有规律可循，涉案专利说明书第 0051 段仅记载了影响线条体纤维直径和接合点数的若干技术特征，即喷嘴面与牵引输送机的距离、树脂的熔融黏度、孔口的孔径和喷出量、引入的速度、孔口的孔间隔等因素，而影响"纤维直径和接合点数"的具体参数还有其他因素，导致所属技术领域的技术人员无法准确地实现同时控制上述两个参数在限定的范围内，本领域的技术人员还需要付出大量的劳动进行各项单因素或组合因素试验才能实现涉案专利所要达到的技术结果，导致涉案专利说明书公开不充分，不符合《专利法》第 26 条第 3 款的规定。

决定认为，涉案专利权利要求 1 要求保护一种产品网状结构体，限定了"（a）该连续线条体为中空截面，（b）该中空截面的中空率为 10% 以上且 50% 以下，（c）该连续线条体的纤维直径为 0.10mm 以上且 0.65mm 以下，（d）该无规环接合结构体的平均每单位重量的接合点数为 200 个/g 以上且小于 500 个/g"，与说明书第 0013 段记载的"通过在连续线条体为中空截面的三维无规环接合结构体中，将连续线条体的纤维直径控制在特定的范围内且控制构成三维无规环接合结构体的接合点的数量，由此发现压缩时和恢复时的声音小且轻量性优异的网状结构体，从而完成了本发明"一致，即涉案专利通过同时限定纤维直径、中空率和接合点数实现涉案专利的发明目的"提供轻量性优异且降低了压缩时和恢复时的声音的弹性网状结构体"，解决了产品安静性和轻量性的技术问题。说明书第 0051 至 0054 段记载了制造该产品的工艺方法及影响纤维直径和接合点数的工艺参数，且实施例中记载了接合点数、纤维直径、中空率的测量方法，以及涉案专利权利要求 1 限定范围内的具体实施例，说明书的实验数据也证实了预期的技术效果。由此可见，涉案专利说明书公开了实现同时控制纤维直径和结合点数在限定范围内的必要内容，说明书记载的"根据喷嘴面与设置在使树脂固化的冷却介质上的牵引输送机的距离、树脂的熔融黏度、孔口的孔径和喷出量、引入的速度等而确定环直径和线条体的纤维直径以及接合点数"已经列出主要需要控制的参数，涉案专利说明书表 2 列出了 8 个实施例、7 个比较例，其中 8 个实施例均在涉案专利的保护范围内，制备方法与产品数据之间、不同实施例/比较例之间、同一实施例中的多项数据之间也不存在明显矛盾或是不合理之处。说明书提供实验数据的目的在于证明技术方案的可行性，目前数据之间满足自洽的要求，能够使本领域技术人员确信技术方案能够解决技术问题。

2.4　化学发明的能够实现

在有机化学领域中，针对化合物的合成，本领域技术人员可以根据相关理论推测出多条可能的反应路径，但在实践中，特别是针对具体化合物的合成，哪一条反应路径能够实施，需要选择何种适合的反应试剂和反应条件，如何确认化合物确实被合成出来，则需要本领域技术人员付出一定程度的劳动，有时则可能是创造性劳动。此外，即使化合物被成功合成，其是否能够具备期望的效果，必须借助于实验结果加以证实才能得到确认。

相对于技术效果的确认,化合物的制备和鉴定对本领域技术人员而言是相对较为容易完成的,因此,在说明书提供了通用制备方法并且已经获得可信的效果数据的基础上,如果没有发现这些内容中存在明显矛盾或者违反常理之处,通常不再对具体化合物的制备和鉴定提出严格要求,但这并不等于免除了专利权人对上述两方面的证明责任。因此,对于化合物发明而言,特别是具体化合物的发明,仍然需要说明书提供相对完整的有关制备、确认和技术效果的信息。

第36902号无效决定涉及专利号为00816941.1,名称为"吡咯并[2,3-d]嘧啶化合物"的发明专利。涉案专利的权利要求1要求保护一种式为3-{4-甲基-3-[甲基-(7H-吡咯并[2,3-d]嘧啶-4-基)-氨基]-哌啶-1-基}-3-氧代-丙腈的具体化合物,或其可药用盐;该化合物是涉案专利说明书实施例14的标题化合物。

请求人认为,说明书唯一详细记载反应条件的实施例1中,方法C的产物实际上存在两个反应位点,但实施例1仅提供了产物的低分辨率质谱数据,无法确切地判断产物的结构。在涉案专利优先权日之时,实施例14中所列的中间体及其对应的方法中的原料均为新化合物,而说明书未公开如何获得该原料和中间体,也未公开采用何种方法能制备以及该方法的具体实验条件,同样的,该实施例的低分辨率质谱数据也不足以使得本领域技术人员确认产物结构;说明书中仅提供了JAK3酶测定的方法以及测量化合物体外对IL-2依赖性T-胚细胞增殖的抑制作用的方法。这两个测试方法均未给出任何具体的实验数据,并且整个说明书中也没有提供任何活性实验数据。因此,涉案专利说明书未充分公开涉案专利保护的化合物的制备、确认和用途,不符合《专利法》第26条第3款的规定。

决定认为:

(1) 关于化合物的制备

除该标题化合物之外,涉案专利说明书的实施例 14 还提供了另一个具体化合物名称 3 - (4 - 甲基 - 3 - 甲氨基 - 哌啶 - 1 - 基) - 3 - 氧代 - 丙腈 NCH₂CC(O)—N(CH₂)—N(NHCH₃),并记载了通过"类似于实施例 1 所述的方法"制备标题化合物。按照本领域的一般理解并参考实施例 1 的表达方式,实施例 14 中的另一个化合物应当是用于制备目标化合物的中间体,因此,本领域技术人员首先想到的是如何使用该中间体,按照实施例 1 的合成思路获得权利要求 1 的化合物。

可见,在实施例 1 中,哌啶环上左侧"乙酰基"的位置实际上一直处于被苄基保护的状态,在吡咯并 [2,3 - d] 嘧啶环与哌啶环连接后,经方法 C 脱保护,最终,在方法 D 中通过与乙酰氯的反应,使"乙酰基"引入化合物结构中。因此,如果按照实施例 1 的合成思路,不可能出现实施例 14 中带有乙酰基的该中间体。可见,涉案专利说明书关于如何制备权利要求 1 化合物的记载存在前后矛盾之处,对本领域技术人员而言,涉案专利说明书实施例对于如何获得该化合物的记载是含糊不清的。

(2) 关于化合物的确认

在涉案专利说明书中,除明确表述通过"类似于实施例 1 所述的方法"制备权利要求 1 化合物之外,还给出了通式 I 化合物及其盐的通用制备方法和一些反应条件,可以按照此处的记载,结合本领域技术人员已知的方法制备涉案专利化合物。假定无视实施例 14 本身提供的中间体，经由类似于实施例 1 的途径来制备权利要求 1 的化合物。观察涉案专利说明书实施例 1 方法 C 产物的结构可知，其哌啶环部分和吡咯并［2，3 - d］嘧啶环部分分别具有一个仲胺 - NH - 结构，从理论上推测，二者均可能在方法 D 与乙酰氯反应，也就是说，不能排除出现下式 3 种反应产物的可能性，其中前两者是同分异构体。

由此，各步骤反应产物的确认就显得尤为重要。在涉案专利说明书实施例 1 中，提供了 4 个步骤获得的产物的 LRMS（M + 1）值。本领域技术人员公知，LRMS（低分辨率质谱）能用于粗略测定化合物的分子量，但并不能确定化合物的结构，尤其是在产物中有可能出现同分异构体的情况下。因此，涉案专利实施例 1 的 LRMS（M + 1）检测结果，特别是方法 D 的结果并不足以使得本领域技术人员确认，其确实获得了目标产物。实施例 2 - 26 也仅提供了终产物化合物的 LRMS 值，本领域技术人员同样无法确认实施例 14 提供的低分辨率质谱数据确实对应于权利要求 1 化合物的结构。因此，对于权利要求 1 涉及的化合物的确认，涉案专利说明书未能充分公开。假定权利要求 1 的化合物是经由类似于说明书记载的通用方法，由其中间体通过直接偶合制备，也仍然不能解决化合物的制备和确认的问题。没有证据表明实施例 14 涉及的中间体是已知化合物或者可以通过本领域技术人员已知的方法制备，专利权人也承认其是新化合物，也就是说，在缺乏相应的制备和确认信息的情况下，尚不能确认该中间体化合物本身在优先权日之前确实制得，更不要说在此基础上进一步制备涉案专利权利要求 1 的化合物了。

（3）关于化合物的用途

对于涉案专利化合物作为 JAK3 抑制剂及其作为免疫抑制剂治疗某些具体疾病的效果：①涉案专利说明书除所记载的两个生物测定方法，以及前述"体外测定试验显示出式 I 化合物或其药学上可接受的盐抑制 Janus 激酶 3、故而证明它们治疗以 Janus 激酶 3 为特征的障碍或疾病的有效性的能力"的断言式结论之外,并未记载任何具体的试验结果。涉案专利说明书公开的意义在于指导本领域技术人员实施和再现要求保护的技术方案,而不是在没有任何实验效果数据的情况下,让本领域技术人员从说明书公开的大量技术信息中通过反复试验来验证,并最终发现申请人实际要求保护的技术方案。因此,即使其他现有技术,如专利权人提交的反证 2 和反证 3 阐述了 IL-2 与 JAK3 之间的关系,或者说明书记载的实验方法能够验证被测试化合物的 JAK3 抑制活性,涉案专利说明书也由于并未记载相应的实验结果,同时也没有相关现有技术证据表明与涉案专利结构类似的化合物具有相同活性,而不能被认为满足充分公开的要求。②专利权人提交的反证 1 公开了化合物 18m 的化学名称和分子结构,其中化合物 18m 的 R 为 ⌁CN,并在第 8473 页表 4 中记载了其 JAK3 IC50 为 3.3nM。综合反证 1 的记载可以看出,反证 1 中明确区分了其中具体化合物的构型,对于有些特例,例如尽管使用了顺式原料,但只能获得顺式构型为主的化合物 18a,则特别标明了其中顺反结构的比例。这样的表达方式使得本领域技术人员能够确认,作为一篇学术文献,反证 1 对于化合物构型的记载是严谨而规范的,也符合本领域的常规认知。因此,本领域技术人员能够确认反证 1 中的化合物 18m 是涉案专利权利要求 1 化合物的顺式异构体,其 JAK3 IC50 值也应当为该顺式异构体的 IC50 值。同时,由于反证 1 是涉案专利的发明人在涉案专利优先权日之后发表的文章,其中的试验结果不是专利权人在涉案专利优先权日之前已经完成的工作,因此,反证 1 中记载的化合物 18m 的 JAK3 试验结果不能用于证明涉案专利权利要求 1 化合物的技术效果。

最后,《专利审查指南 2010》第二部分第十章"关于化学领域发明专利申请审查的若干规定"第 3.1 节"化学产品发明的充分公开"部分规定,"要求保护的发明为化学产品本身的,说明书应当记载化学产品的确认、化学产品的制备以及化学产品的用途""对于化合物发明,……对化学结构的说明应当明确到使本领域技术人员能确认该化合物的程度,并应当记载与发明要解决的技术问题相关的化学、物理性能参数(例如各种定性或定量数据和谱图等),使要求保护的化合物能被清楚地确认""并且应当记载至少一种制备方法,说明实施所述方法所用的原料物质、工艺步骤和条件、专用设备等,使本领域的技术人员能够实施""应当完整的公开该产品的用途和/或使用效果,即使是结构首创的化合物,也应当至少记载一种用途""如果所属技术领域的技术人员无法根据现有技术预测发明能够实现所述用途和/或使用效果,则说明书中还应当记载对于本领域技术人员来说,足以证明发明的技术方案可以实现所述用途和/或达到预期效果的定性或者定量实验数据"。对于化学领域的发明创造性,要求公开其用途和效果是该领域发明创造的特点所决定的。在多数情况下,化学发明能否实施以及具备何种用途或者效果往往难以预测,必须借助于实验结果加以证实才能得到确认。因此,在没有证据表明本领域技术人员根据现有技术能够预测新的化合物具备说明书所述用途和/或使用效果的情况下,专利申请说明书应当记载该化合物可以实现所述用途和/或达到预期技术效果的定性或定量实验数据。涉案专利说明书对于权利要求 1 化合物的制备、确认和技术效果的公开显然不满足《专利审查指南 2010》的上述规定。因此,涉案专利说明书对权利要求 1 的技术方案公开不充分,不符合《专利法》第 26 条第 3 款的规定。

第五章 权利要求

1 权利要求保护范围的确定

在确定发明或实用新型的保护范围时，应站位所属领域技术人员，结合说明书记载的内容，以权利要求所限定的内容为准。

1.1 权利要求中所用词语的理解

对于权利要求中所用词语的理解，应基于权利要求本身的限定，同时结合说明书对包含该用语的技术方案所要解决的技术问题、产生的技术效果的描述等方面，客观地确定其所要表达的含义。

在确定权利要求用语的含义时，需要处理好说明书与权利要求的关系。首先，应当坚持以权利要求的内容为准的原则，避免在权利要求没有相关记载的情况下，引入说明书中的内容对权利要求进行不当限缩；其次，应以所属技术领域技术人员的视角在全面了解权利要求整体以及说明书和附图的内容后进行理解，避免因脱离发明创造或无视语言环境进行机械教条的字面理解。

1.1.1 "所属领域"的通常含义

一般情况下，权利要求中的用语应当理解为相关技术领域通常具有的含义。权利要求中具有通常含义的用语一般在所属领域具有明确的含义与清晰的边界，本领域技术人员根据权利要求对该用语的限定即可理解并确定其含义。

对于具有通常含义的用语，不能对其作出超出所属领域技术人员基于申请文件范围之外的理解。

第51842号无效决定涉及专利号为200810243306.4，名称为"经编机铺纬小车的横移传动装置"的发明专利。涉案专利要求保护的经编机铺纬小车的横移传动装置如权利要求1所述："1. 一种经编机铺纬小车的横移传动装置，包括与经编机横梁导轨（1）滚动或滑动配合的横移支承座（2）以及置于该横移支承座（2）内的同步皮带轮（3），驱动装置（4）固定连接在该横移支承座（2）上，所述同步皮带轮（3）由驱动装置（4）驱动转动，其特征在于：在所述导轨（1）上部沿其长度方向设置有同步传动带（5），该同步传动带（5）的齿形面（5-1）与所述导轨（1）上表面相对设置，且其两端分别穿过所述横移支承座（2）的横向两侧与所述导轨（1）固定连接，在位于所述横移支承座（2）内的同步传动带（5）与所述同步皮带轮（3）啮合配合。"涉案专利附图1示出了涉案专利的经编机铺纬小车的横移传动装置的结构示意图，涉案专利附图2示出了涉案专利的经编机铺纬小车的横移传动装置安装在经编机横梁导轨上的示意图。

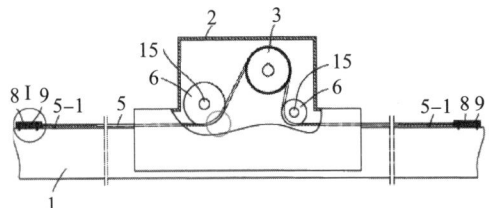

涉案专利附图1

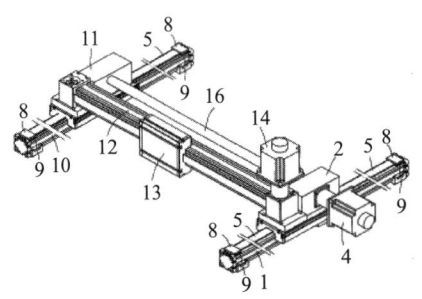

涉案专利附图2

专利权人认为，涉案专利要解决传动装置窜动的技术问题，因此，涉案专利权利要求1中的技术特征"该同步传动带（5）的齿形面（5-1）与所述导轨（1）上表面相对设置"包含了"同步传动带和导轨上表面相对距离较小，同步传动带必然能得到导轨上表面支撑"的含义。

合议组认为，对于权利要求中用语的理解，应当以权利要求的整体技术方案为基础,结合说明书对该技术方案所对应的技术问题和技术效果的描述以及附图的记载,客观地确定权利要求的保护范围;若说明书及附图并未对该用语作出特别限定,那么该用语应理解为其通常含义。本案中,根据本领域的通常含义,技术特征"同步传动带的齿形面与导轨上表面相对设置"应当理解为同步传动带的齿形面朝向导轨上表面设置,其在字面上并未包含"同步传动带和导轨上表面相对距离较小,同步传动带必然能得到导轨上表面支撑"的含义。而且,涉案专利说明书也未对"同步传动带的齿形面与导轨上表面相对设置"作出有别于上述通常含义的限定。具体为,首先,根据涉案专利说明书第0002段的记载,现有技术中当采用齿轮齿条相啮合的传动方式时,由于齿轮和齿条在配合时,齿轮在齿条上容易发生上下和/或前后窜动的问题,由此会影响传动精度,而采用将齿轮和齿条变换成同步皮带、封闭环形同步传动带及齿条构成的传动方式后,虽然能够克服上述窜动的问题,但是这种传动方式存在同步传动带磨损严重、易发生断裂事故,且成本较高的缺陷,而涉案专利通过采用同步皮带轮、具有齿形面的同步传动带及导轨构成的传动方式,实现了提高传动精度、延长使用寿命、降低噪声等技术效果。因此,对于涉案专利而言,只要将齿轮和齿条替换为具有齿形面的同步传动带和导轨配合即可解决现有技术中存在的技术问题,而同步传动带和导轨"相对设置"与它们之间的间距和是否得到支撑并无直接关联。其次,涉案专利说明书也无相应文字记载"同步传动带的齿形面与导轨上表面相对设置"具有间距小且同步传动带能够得到导轨支撑的含义。最后,得到支撑意味着二者通常处于相互接触的状态,这对于传动带而言势必增加了其阻力,这在本领域中通常是不希望发生的。因此,专利权人关于上述技术特征的理解不能成立,权利要求1中的"该同步传动带(5)的齿形面(5-1)与所述导轨(1)上表面相对设置"应理解为本领域的通用含义。

第43330号无效决定涉及专利号为201310227416.2,名称为"用于输入修改的方法与装置"的发明专利。涉案专利权利要求1为:"一种输入修改方法,其中,该方法包括:a. 接收用户输入的编码字符串,同时向所述用户呈现相应的候选词条;b. 根据所述用户选择的待修改项,在所述待修改项及其对应项处分别显示各自所对应的候选修改项,其中,编码字符串与其对应的候选词条互为待修改项与对应项;c. 获取所述用户选择的候选修改项,并继续此次输入过程。"

请求人主张,权利要求1中的特征b应当以专利权人在侵权诉讼中对于技术方案的解释为准,即,将其中的"修改"理解为"用户将不想要的内容选择为想要输入的内容"。专利权人认为,涉案专利的核心思想是将"待修改项""待修改项的对应项""待修改项的候选修改项""待修改项对应项的候选修改项"这四项内容同时显示,权利要求1的b步骤对此进行了限定。

决定认为,首先,第(2016)京73民初1080号民事判决书并未支持原告即专利权人将"修改"理解为"用户将不想要的内容选择为想要输入的内容"的主张,并且认定权利要求1的技术方案是在同一屏幕上同时显示4项内容,从而作出了被告不侵犯专利权的判决。可见,虽然专利权人在民事侵权诉讼和无效宣告程序中对权利要求1进行了不同的解释,但其在侵权诉讼中的解释并未被人民法院采纳。在此情形下,忽视涉案专利权利要求和说明书记载的内容,仅依据专利权人在侵权诉讼程序中作出的陈述来认定专利权的保护范围,将破坏权利要求书的公示作用,也会造成专利无效和侵权诉讼两程序中对专利权保护范围认定标准的不一致,既不客观,也不公平。因此,不应将专利权人在民事侵权诉讼案件中的陈述单独作为涉案专利权利要求1保护范围的认定依据。其次,对于权利要求1中b步骤,根据说明书的记载可知,对于涉案专利的输入修改方法而言,当用户想要对编码字符串或者候选词条进行修改时,在同一屏幕上将同时显示"待修改项""待修改项的对应项""待修改项的候选修改项""待修改项对应项的候选修改项"这4项内容,涉案专利权利要求1的b特征对此进行了清晰明确的限定。本领域技术人员在阅读了权利要求1和说明书之后,也能够确定涉案专利权利要求1的技术方案是同时显示上述4项内容,通过这种方式,最大可能地向用户提供与其当前修改需求相对应的候选修改项,减少用户输入错误时而需进行的烦琐操作,提升用户的输入修改体验。

权利要求中具有通常含义的用语,在说明书未对其含义作出限制或改变的情况下,应理解为其通常含义。

第30822号无效决定涉及专利号为02812036.1,名称为"镀有铝合金体系的高强度钢板以及具有优异的耐热性和喷漆后耐腐蚀性的高强度汽车零件"的发明专利。涉案专利权利要求1保护一种具有优异的耐热性和喷漆后耐腐蚀性的高强度的镀有铝合金体系的钢板，其中限定了"在该钢板的表面上具有 Fe – Al – 体系镀层，该镀层中含有总量大于 0.1% 的 Mn 和 Cr，并且 Al 和 Fe 含量至少为 70%"。

对于上述技术特征"该镀层中含有总量大于 0.1% 的 Mn 和 Cr"所表达的含义，专利权人与请求人有不同的理解。请求人认为，对权利要求的理解应当基于权利要求的文字记载并结合说明书，对权利要求作最广义的解释，镀层中 Mn 和 Cr 只要包含其一即满足上述限定。专利权人则认为，该镀层中必须同时包含 Mn 和 Cr 两种元素。

决定认为，理解权利要求中技术特征的含义时，应当立足于发明所属的技术领域，以所属领域技术人员的视角去考查。除非所属领域技术人员足以判断出申请文件或专利文件的撰写者具有明显赋予该技术特征特定含义的意图，否则一般情况下该特征应当理解为相关技术领域通常具有的含义。首先，就文字表述而言，上述技术特征中的"和"字通常表示其前后两者同时存在的含义，权利要求中的"该镀层中含有总量大于 0.1% 的 Mn 和 Cr"从字面上应当理解为 Mn 和 Cr 需同时存在于镀层中；其次，涉案专利说明书第 3 页记载为了避免喷漆后耐腐蚀性的降低，将 Mn 加入所属铝合金体系镀层中是非常有效的，强调了 Mn 存在于镀层中对实现涉案专利技术效果具有重要作用。涉案专利说明书中不包含镀层中仅包含 Cr 而不包含 Mn 的实施方式，从该说明书的内容无法得出镀层中可以只包含 Cr 的技术方案。由涉案专利的记载无法看出专利文件撰写者具有明显赋予该技术特征特定含义的意图，即专利文件没有明确强调镀层中 Mn 和 Cr 只要其一用量大于 0.1% 就可以解决技术问题。此外，尽管说明书中包含镀层中不包含 Cr 而仅包含 Mn 的实施方式，但是专利权人在撰写权利要求时，可以对其说明书涉及的技术内容作选择性的限定，专利权人主张镀层中必须同时包含 Mn 和 Cr 两种元素应当予以允许。综上所述，站在本领域技术人员的角度，结合专利文件的整体内容进行客观理解和解释，涉案专利权利要求 1 中"该镀层中含有总量大于 0.1% 的 Mn 和 Cr"的含义应理解为镀层中同时包含 Mn 和 Cr，且其总量大于 0.1%。

在理解权利要求时，可以借助教科书、工具书等外部证据理解和确定权利要求中用语的通常含义。

第 44744 号无效决定涉及专利号为 200510033147.1，名称为"全棉无纺布医用敷料的生产方法"的发明专利。在其权利要求1所要求保护的一种全棉无纺布医用敷料的生产方法中，包括水刺步骤，具体限定为"D、水刺：利用高压水流对棉网进行缠结"。请求人认为，其提交的证据5涉及一种棉纤维无纺布的生产方法，其中公开的采用压力为3500kPa（3.5×10^6Pa）的水流对棉纤维进行水力缠结即公开了涉案专利的水刺步骤。而专利权人则基于其提交的两份公知常识性证据即反证6和反证7所公开的内容，认为涉案专利权利要求1中的水刺即为高压水刺，与证据5的水刺压力不同。

决定认为，首先，涉案专利权利要求1限定了其水刺是利用高压水流对棉网进行缠结，反证6和反证7为本领域的教科书，反证6公开了水刺的定义，即利用高速高压的水流对纤维网进行冲击，促使纤维相互缠结和抱合，反证7则进一步指出水刺压力分为低压、中压和高压，低压一般在$(3.0\sim5.0)\times10^6$Pa，中压在$5.0\times10^6\sim1.0\times10^7$Pa，高压大于$1.0\times10^7$Pa。涉案专利的说明书中也记载该水刺压力为高压，水刺的压力一般控制在120kg/cm²（1.2×10^7Pa），与上述本领域教科书所定义的"高压"的数值范围相吻合。因此，综合本领域关于水刺压力的定义以及涉案专利说明书公开的内容可知，涉案专利权利要求中限定的水刺即为本领域的高压水刺。证据5所公开的水刺压力为3.5×10^6Pa，属于低压水刺的范畴，因而未公开涉案专利的水刺步骤。

当专利申请文件未对所涉及的疾病作出明确定义时，需要综合考查申请日前的现有技术来厘清所属领域对该疾病的认识，必要时可以参考申请日后的证据，在此基础上结合申请文件对该疾病的描述来确定该疾病的准确含义。

第46004号无效决定涉及专利号为200880111892.5，名称为"β-阻断剂在制备用于治疗血管瘤药物中的用途"的发明专利。涉案专利保护一种β-阻断剂在制备用于治疗毛细血管婴儿血管瘤药物中的用途，所述β-阻断剂为萘心安或其药物盐。专利权人主张，所述毛细血管婴儿血管瘤是指草莓状血管瘤，并提交了公知常识性证据反证16、17、18、19予以证明。反证16、17公开于申请日前，反证16记载"婴儿血管瘤（infantile hemangiomas）又称草莓状血管瘤，是儿童期最常见的良性肿瘤"，反证17记载"诊断：婴儿血管瘤（毛细血管瘤），毛细血管瘤属良性血管内皮肿

第五章 权利要求

瘤，主要发生于婴儿，女性居多"。

请求人认为，本领域的通识为毛细血管瘤包括草莓状毛细血管瘤和葡萄酒色斑，不同意专利权人认为婴儿毛细血管瘤就是草莓状血管瘤的观点，请求人提交了申请日前的公知常识性证据支持其观点，包括证据18记载"血管瘤分为毛细血管瘤、海绵状血管瘤以及动静脉血管瘤，其中毛细血管瘤有毛细血管网扩张产生的红色斑和焰色痣（即葡萄酒色斑）以及毛细血管增生引起的莓状血管瘤"；证据19记载"血管瘤分为毛细血管瘤、海绵状血管瘤、混合型血管瘤及莓状血管瘤等。毛细管型血管瘤分为杨梅样毛细血管瘤（或称莓痣）和葡萄酒斑毛细血管瘤"；证据20记载"血管瘤包括毛细血管瘤、海绵状血管瘤、莓状血管瘤、复合性血管瘤……"；证据21记载"血管瘤分为葡萄酒色斑、草莓状血管瘤、海绵状血管瘤、莓状血管瘤以及混合型血管瘤，毛细血管瘤又分为草莓状毛细血管瘤和葡萄酒色斑"；证据22记载"血管瘤分为毛细血管瘤、海绵状血管瘤、混合状血管瘤、混合性血管瘤和莓状血管瘤，毛细血管瘤分为葡萄酒斑样和草莓状毛细血管瘤"。

决定认为，从相关现有技术证据看，申请日前血管瘤的术语和分类存在混乱现象，这在专利权人提交的申请日后的血管瘤权威著作反证18和反证19也有阐述。同时，反证18和反证19都明确婴幼儿血管瘤中的毛细血管瘤为草莓状血管瘤，而与之相近的葡萄酒色斑应归入与婴儿血管瘤并列的"血管畸形"项下。由于反证18和反证19公开于申请日后，有必要考查对于这种新分类的认识是否始于申请日前。反证19记载"婴儿血管瘤以血管内皮细胞异常增生为特点，早期增殖形成草莓样斑块或肿瘤"，其治疗方法为"以局部外用和系统用药为主，辅以激光或局部注射，一线药物为普萘洛尔，若有禁忌证，则系统使用糖皮质激素；而葡萄酒色斑系先天性皮肤毛细血管扩张畸形，治疗方案以激光治疗为主，非手术治疗，无效病例则采用手术治疗来清除病灶或改善外观畸形"。与此相对应，申请日前公开的反证16中明确记载，婴儿血管瘤临床诊断上应与海绵状血管瘤以及鲜红斑痣（即葡萄酒色斑）相区分，治疗方案也不同，婴儿血管瘤可注射糖皮质激素或口服泼尼松，而鲜红斑痣宜用激光去除。反证16的上述记载与反证19完全吻合，说明即使本领域对脉管疾病血管瘤术语和分类曾存在不清楚和模糊的问题，但在婴儿毛细血管瘤为草莓状血管瘤这一点上，申请日前已存在清晰的共识。与此同时，涉案专利说明书中记载，儿童血管瘤中婴儿毛细血管瘤（Infantile Capillary Hemangiomas，IH）由复杂细胞类型的混合物组成，在其生长期，组织学研究显示内皮细胞和间质细胞均处于增殖状态，说明书实施例中的病例既往治疗中曾适用糖皮质激素等，与反证19中的以血管内皮细胞异常增生为特点，以及反证16、反证19中的治疗方法是一致。故可以确认涉案专利中的毛细血管婴儿血管瘤即为草莓状血管瘤，而非葡萄酒色斑。

在权利要求本身缺少具体限定的情况下，不能将说明书具体实施例披露的限制性特征引入权利要求而对其中具有通常含义的用语构成不恰当限制。

第46042号无效决定涉及专利号为201010208923.8，名称为"滤芯分离式直饮水壶"的发明专利。相较于现有技术的一体式滤芯，涉案专利的滤芯采用了分段式可拆卸两级过滤设计，在更换滤芯时不必整体更换，有效节省了成本。如涉案专利附图所示，涉案专利的滤芯包括一大分子过滤滤芯2和一除菌滤芯3，二者通过滤芯支架11可拆卸地固定于水壶1内。双方当事人对于涉案专利权利要求1中"大分子过滤滤芯"和"除菌滤芯"的含义产生了争议，具体为能否将说明书实施例中披露的关于上述两种滤芯的具体结构和作用解释到权利要求中。

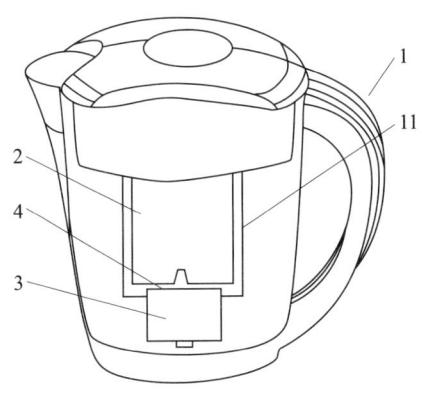

涉案专利附图

请求人认为，对比文件1的包含过滤器60的上壳体50公开了涉案专利的大分子过滤滤芯，包含多个粒状陶瓷80的下壳体70公开了涉案专利的除菌滤芯。专利权人认为，对比文件1的过滤器60仅能除去杂质，而涉案专利的大分子滤芯在过滤水中的大颗粒或悬浮物的同时，还可以除去部分有机物，对比文件1中的下壳体的开口部72a设置于侧下方，而涉案专利中除菌滤芯的出水口设置于其底部，两者设置的位置不同。

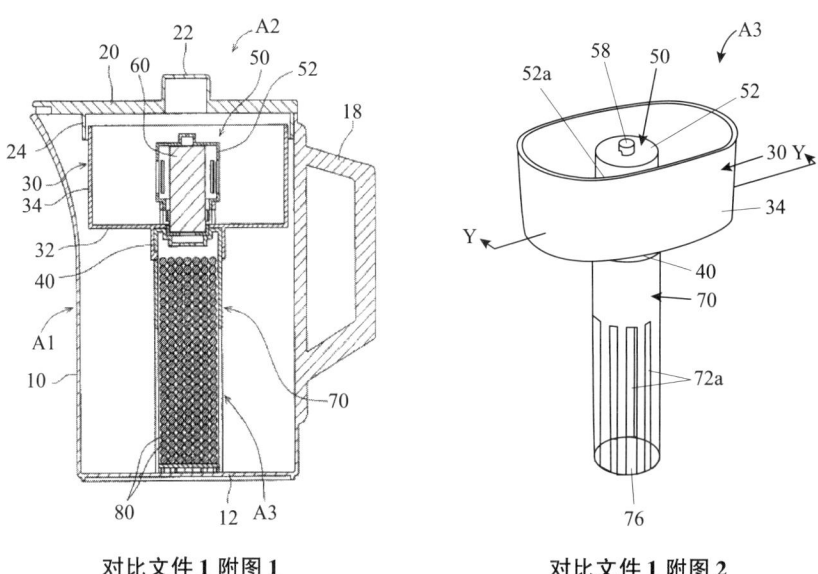

对比文件1 附图1　　　　　　　对比文件1 附图2

决定认为，权利要求的保护范围应当以其实际限定的内容为准，首先，涉案专利权利要求1并未限定其"大分子过滤滤芯"的具体构成，说明书发明内容部分也仅记载了其是用于过滤掉原水中的大体积颗粒或悬浮物，无法确定其必然具有实施例中活性炭吸附有机物的功能，专利权人在口头审理当庭也明确其权利要求中的"大分子过滤滤芯"并不仅限于其实施例，而对比文件1的无纺布或无机纤维在过滤时同样能够滤除大体积颗粒或悬浮物，因此，两者在过滤目的和效果上并无实质不同；其次，涉案专利权利要求1仅限定其除菌滤芯下部设有开口，并未具体限定其下部为底部，而对比文件1中的开口部72a同样设置于下壳体的侧下方，故对比文件1同样公开了除菌滤芯开口的设置位置。此外，涉案专利的说明书实施例记载了其大分子过滤滤芯按水流方向依次设置有锦纶滤网、PP棉和烧结碳，除菌滤芯的出水口位于滤芯的底部，但是这些特征仅仅记载在说明书实施例中，在权利要求没有具有限定的前提下，不得引入说明书中记载的这类限制性特征对权利要求的保护范围进行不当限缩。

通常情况下，不同权利要求的保护范围应有所区别，在独立权利要求缺乏限定的情况下，不能通过解释的方式将原本记载在从属权利要求的技术特征纳入独立权利要求的保护范围中，从而对权利要求中具有通常含义的用语构成不当限缩。

第 52619 号无效决定涉及专利号为 20122062485.0，名称为"一种悬挂式水下推流器"的实用新型专利。涉案专利涉及一种污水处理厂用的水下推流器，其针对现有技术安装有固定电机、螺旋叶片的水下固定导杆通过螺栓安装固定于水池底部，存在螺栓易脱落影响运行，以及需抽干池水后再进行维修而导致维修不便等技术问题，如涉案专利附图所示，涉案专利将电动机 5 和一级减速器 6 置于水面之上，将二级减速转向器 13 和桨叶 12 置于水面之下，两者由悬挂式固定杆 1 连接，并通过传动轴 8 传输动力，由于采用悬挂式固定杆 1，且其上部设置悬挂轴 3，悬挂轴 3 设置在悬挂架 2 上，使得悬挂式固定杆 1 为活动连接，可在维修时不用抽水放空即可达到维修的目的。涉案专利的权利要求 1—3 的内容如下：

"1. 一种悬挂式水下推流器，包括上机座、下机座、电动机、不锈钢丝绳，其特征在于，电动机连接减速机，固定在上机座上端，上机座和下机座通过悬挂式固定杆连接，下机座连接减速转向器，减速转向器通过传动轴上端的万向联轴器连接减速机；所述减速转向器通过电机和减速机的动力带动桨叶座上的桨叶旋转；所述悬挂式固定杆下端设置有横向固定杆；所述横向固定杆通过不锈钢丝绳连接张紧装置。

2. 根据权利要求 1 所述的悬挂式水下推流器，其特征在于，所述悬挂式固定杆上端设置有悬挂轴。

3. 根据权利要求 2 所述的悬挂式水下推流器，其特征在于，所述悬挂轴设置在悬挂架上。"

请求人认为，涉案专利权利要求 1 中的"悬挂式固定杆"被证据 1 中用于连接支架 7 与螺旋桨 3 的固定杆公开，专利权人则认为，涉案专利权利要求 1 中的"悬挂式固定杆"是指其下端部与水池底部连接且上端是可以活动的连接结构。

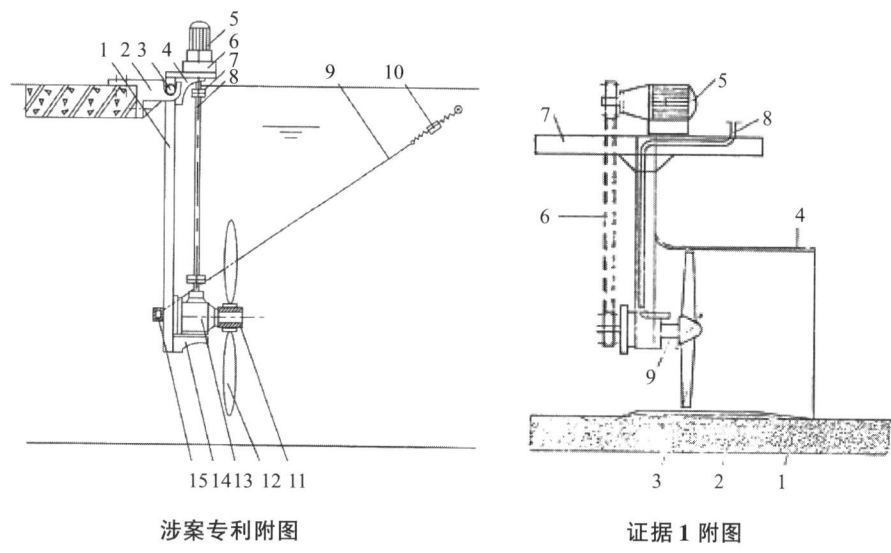

涉案专利附图　　　　　证据1附图

决定认为，首先，涉案专利权利要求1中对于"悬挂式固定杆"并没有具体限定其是固定连接还是活动连接，因此，证据1的用于活性污泥污水处理厂的潜水曝气器中公开的连接于支架7与螺旋桨3之间的固定杆即相当于权利要求1中的"悬挂式固定杆"；其次，涉案专利说明书实施例中实现悬挂式固定杆可活动连接的技术特征"悬挂式固定杆1上端设置有悬挂轴3，悬挂轴3设置在悬挂架2上"仅体现在从属权利要求2—3的附加技术特征中，并未限定在独立权利要求1中；最后，当固定杆设置为悬挂式时，同样能够解决现有技术中固定于池底部的固定杆由于螺栓松动对装置运行带来的负面影响。因此，权利要求1中的"悬挂式固定杆"应理解为其通常含义，只要悬挂起来即可，无论悬挂式固定杆的上端是固定连接还是活动连接。

1.1.2　参考说明书及附图理解权利要求的用语

在基于权利要求自身的记载无法确定权利要求用语的准确含义的情况下，应当根据权利要求书的整体、说明书记载内容的上下文语境及说明书附图来理解该用语的含义。

对于权利要求中用语的含义，应为所属领域技术人员在基于对说明书公开内容的整体理解下作出的与发明目的相符的解读，专利明显排除的技术方案不应被纳入权利要求的保护范围中。

第 35080 号无效决定涉及专利号为 201320636995.1，名称为"注射器自动上料机和注射器包装生产线"的实用新型专利。涉案专利的注射器自动上料机用于在对注射器包装前，将注射器准确自动放入注射器包装生产线上的注射器型腔内，其权利要求 1 限定了"所述注射器自动上料机主要由机架、滑道、吸盘、柔带驱动装置、柔带、上下和横向移动装置组成，滑道、上下和横向移动装置安装在机架上，机架上设有入料口，柔带与柔带驱动装置连接，吸盘与上下和横向移动装置连接"。根据说明书的描述，涉案专利的柔性带横跨注射器包装自动生产线的包装薄膜型腔之上，省略了现有技术的回转气缸，即吸盘仅通过上下和横向两个方向的运动完成了注射器的移转，毋需像现有技术那样吸盘在放料之前还需旋转 90°的动作，由此提高了生产效率。请求人认为，涉案专利权利要求 1 并未将柔带和柔带驱动装置横置于包装生产线上方的技术特征限定于其中，因此该权利要求中的"上下和横向移动装置"应理解为所述装置可进行上下和横向移动，证据 1 中用于将注射器转送至注射器型腔内的驱动装置也包括上下和横向运动，只是在此基础上还多了个转向，因此涉案专利的上下和横向移动装置被证据 1 公开。专利权人则认为，涉案专利的"上下和横向移动装置"仅作上下和横向移动，不包括旋转运动，不同于证据 1。

决定认为，权利要求作为发明创造技术方案的概括提炼，对于权利要求技术术语的理解应当依据说明书的整体描述，对其所作出的解释应当与发明创造的发明目的相符。根据涉案专利说明书背景技术的记载，其所要解决的是柔性装料和传输结构较为复杂的技术问题，与现有技术相比，省略了回转气缸，将搓料板、搓料板驱动装置替换为柔带和柔带驱动装置，并且说明书中进一步记载了"上下和横向移动装置包括吸盘水平驱动装置和吸盘上下驱动装置，吸盘水平驱动装置和吸盘上下驱动装置分别驱动吸盘进行水平移动和上下移动"，可见，基于对涉案专利说明书的整体理解，"上下和横向移动装置"仅作上下和横向移动，并不包括旋转运动，因而，对于权利要求 1 中的"上下和横向移动装置"的理解也应当符合其发明目的，即该装置不包括旋转运动。虽然涉案专利权利要求 1 中并未记载柔带和柔带驱动装置横置在生产线上方，但"上下和横向移动装置"本身表明了其所要求保护的注射器自动上料机并不包括吸盘的旋转运动，本领域技术人员据此可以确定该上料机的使用方式。而证据 1 中的吸盘由水平驱动装置、回转气缸以及吸盘上下气缸被从生产线的侧旁移动到生产线的型腔上，属于涉案专利明显排除的技术方案。也即，本领域技术人员基于对专利文件的整体理解，不会将涉案专利权利要求 1 中的"上下和横向移动装置"理解为该装置还进行包括除上下和横向运动外的其他运动方式，故在此基础上，证据 1 显然未公开涉案专利的上下和横向移动装置。

第 178497 号复审决定涉及专利号为 201210351290.5，名称为"一种用邮件代码寄邮件的方法"的发明专利申请。涉案申请为克服现有技术中在收发邮件过程中，含寄件人和收件人姓名、地址等用户信息容易泄露的技术问题，邮件采用邮件代码标识，邮递员通过邮政运营商建立的数据库，确定邮件代码对应的用户信息，并根据该信息投递邮件，邮件代码用完后，邮递运营商会注销此邮件代码，以便重复利用和保密。其权利要求 1 限定的技术方案如下："1. 一种用邮件代码寄邮件的方法，其特征在于：邮件代码由邮政运营商、寄件人或第三方提供；用所述邮件代码标识邮件，邮件设置所述邮件代码，发件人寄件，邮件不填写收件人地址及联系方式，邮件代码用完后注销；所述邮件代码是每份邮件的标识，专门的设备访问所述邮递运营商的数据库，并根据所述邮件代码查看邮件的状态和信息。"驳回决定以对比文件 1 作为最接近的现有技术来评价涉案申请权利要求 1 的创造性。其中，对比文件 1 公开了一种邮政业务实现方法，寄信人在寄信时填写收件人的数字序列信息，而不必填写收信人真实邮编、地址和姓名，当邮件被投送到邮局进入邮件系统后，根据数字序列从数据库中读取用户注册的信息，对邮件进行分拣，分拣后，处理装置会对邮件再次包装，并印刷上邮编、地址和姓名作为收信人的信息。驳回决定认为，对比文件 1 公开了涉案申请权利要求 1 中的特征"邮件不填写收件人地址及联系方式"。

决定认为，本领域技术人员结合涉案申请的背景技术、发明所要解决的技术问题、采取的技术方案以及要实现的技术效果的描述可知，在涉案申请的整个邮递过程中邮件上用邮件代码标识邮件，采用专门的设备访问邮政运营商的数据库来查询邮件的收件人信息，邮件上不需要再填写收件人的地址及联系方式，从而隐藏了收件人的个人隐私信息。因此，权利要求 1 中特征"邮件不填写收件人地址及联系方式"应当被理解为在整个邮递过程中均不填写收件人地址及联系方式，本领域技术人员在理解该特征时会明显排除在邮递过程的某个环节填写收件人地址及联系方式的情况，因为其与涉案申请所要解决的技术问题、所要实现的技术效果明显不符。

而在对比文件 1 的邮政业务实现方法中，寄信人在寄信时填写收信人的数字序列，而不必填写收信人真实邮编、地址和姓名，当邮件被寄出并分拣后，处理装置会对邮件改变包装和/或印刷上注册地址信息。由于对比文件 1 中的数字序列是收信人在注册邮政虚拟业务时得到的一个与收信人相关的数字序列，其本质上与涉案申请背景技术部分提及的邮址代码类似，并不属于一种邮件代码，该数字序列同样具有唯一性和不变特性，仍然属于一种重要的隐私信息，而且对比文件 1 在整个邮递过程中邮件上仍然会填写收件人的地址，这必然会造成个人信息的泄露，因此，对比文件 1 并不是通过设置邮件代码而在整个邮递过程中不填写收件人地址及联系方式。因此，对比文件 1 并未公开涉案申请权利要求 1 中"邮件不填写收件人地址及联系方式"的特征。

对于权利要求中存在歧义的用语，应基于对权利要求书、说明书及附图的整体把握作出符合其发明本意的理解。

第 35532 号无效决定涉及专利号为 201380070219.2，名称为"压电微型泵"的实用新型专利。涉案专利针对现有的微型泵阀体在打开和关闭过程中，噪声过大的技术问题，提出了一种能够有效降低使用过程中产生的噪声的压电微型泵。对于涉案专利权利要求 4 的附加技术特征"所述第一阀体（15）还包括位于安装部（151）与开闭部（152）之间且分别与所述安装部（151）和开闭部（152）相连的腰部"中的阀体"腰部"的含义，请求人认为，"腰部"是指阀体安装部和开闭部之间的连接部分。而专利权人则主张，"腰部"应是指外形上中部比两端细的部分。涉案专利附图 1 示出了涉案专利微型压电泵的整体结构，其中附图标记 15 和 16 分别为第一和第二阀体。涉案专利附图 2 示出了阀体的结构，附图标记 151、152 和 153 分别对应于阀体的安装部、开闭部和腰部。

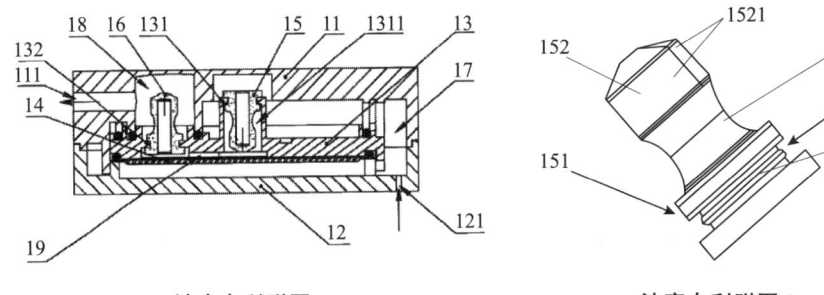

涉案专利附图 1　　　　涉案专利附图 2

第五章 权利要求

决定认为，首先，从特征本身的字面释义出发，"腰部"一词既有"指某物的中部或中间部分，例如'半山腰'"的释义，又有"指比两头窄或细的中部"的释义，单从字面释义本身不能当然地将该特征唯一理解为专利权人主张的含义；其次，结合权利要求的上下文来看，涉案专利在权利要求4明确限定了"第一阀体包括位于安装部与开闭部之间且分别与安装部和开闭部相连的腰部"，而在作为该权利要求4的从属权利要求5和6中才分别进一步限定了"所述腰部的壁厚小于所述开闭部的壁厚"和"所述腰部的外轮廓为从分别与安装部和开闭部相连的两端逐渐向中间凹陷的凹弧状"。因此，对于本领域技术人员而言，权利要求4的合理范围应当是强调在安装部和开闭部还包括一段作为中间部位的腰部，即并非是开闭部与安装部直接连接，而并不是强调腰部的形状，相应的腰部的形状在从属权利要求5和6中才进一步限定并以合理的方式为本领域技术人员所理解；最后，结合说明书中关于该阀体腰部的描述"所述第一阀体15还包括位于安装部151与开闭部152之间且分别与所述安装部151和开闭部152相连的腰部153，而且所述腰部的壁厚小于所述开闭部152的壁厚，增加腰部153且腰部153的壁厚小于所述开闭部152的壁厚不仅可以便于开闭部152的打开和闭合，而且具有缓冲吸能作用……而且所述腰部153设计成其外轮廓为从分别与安装部151和开闭部152相连的两端逐渐向中间凹陷的凹弧状，这不仅降低了开闭部152打开和闭合的阻力，还有利于提高低压阀体5的疲劳强度"可知，说明书也是在结构和效果上对该腰部采用递进的关系进行了描述，即其首先是用于连接阀体的安装部和开闭部，而两端逐渐向中间凹陷的凹弧状是对其结构的进一步限定。综合考虑以上因素，对于本领域技术人员而言，在权利要求没有具体限定的情况下，应将涉案专利权利要求4的"腰部"仅理解为"连接开闭部和安装部的中间部位"。

第50758号无效决定涉及专利号为201820047307.0，名称为"光伏逆变器分体式二次承载挂墙支架组件"的实用新型专利。其权利要求1限定如下："1. 一种光伏逆变器（1）分体式二次承载挂墙支架组件，其特征在于，墙面支架为分体式，包括墙面上支架（3）和墙面下支架（6）；逆变器挂墙安装时，为确保墙面下支架（6）与墙面上支架（3）一起承受标准规定的4倍逆变器重量，使用了二次承载用螺钉（5）。"请求人认为，本领域技术人员无法确定上述技术方案中的"二次承载用螺钉"的具体含义，由此导致权利要求1的保护范围不清楚。专利权人提供了一份检测报告用于说明"二次承载用螺钉"的工作原理。

决定认为，根据说明书背景技术部分的记载可知，涉案专利所要解决的技术问题之一为，当逆变器支架为上下两件时，因为钣金件的制造误差和安装时的尺寸偏差，逆变器下支架往往并未在重力竖直方向上接触墙面支架的下部钣金，导致墙面支架的下部钣金并没有承受逆变器的重量，标准规定的4倍逆变器重量则全部由墙面支架的上部钣金承受。为此，涉案专利采用的技术手段为在墙面下支架上设置二次承载用螺钉，当逆变器挂于墙上时，根据逆变器的位置，旋转位于墙面支架上的二次承载用螺钉使其向上运动直至抵靠逆变器下支架，从而确保墙面下支架与墙面上支架一起承受标准规定的4倍逆变器重量。因此，本领域技术人员根据涉案专利说明书的记载，权利要求中的技术术语"二次承载用螺钉"是指设置在墙面下支架上用于支承逆变器下支架，在逆变器挂好后，通过该螺钉的使用以确保墙面下支架与墙面上支架一起承受标准规定的4倍逆变器重量的螺钉。因此，本领域技术人员能够理解该技术术语的含义，该术语自然也不会导致权利要求出现不清楚的问题。

第48868号无效决定涉及专利号为201110369508.5，名称为"主轴电机"的发明专利。其权利要求1限定如下："1. 该主轴电机包括：底板500、布置在底板的上表面的PCB 700、定子200以及转子400，底板上形成有外来物质流入防止护栏520，并且底板的与定子的芯体210相对的部分被部分地露出，所述PCB形成有露出底板的与所述芯体相对的部分的露出单元710，外来物质流入防止护栏520防止外来物质通过露出单元进入，与定子相对的PCB在外来物质流入防止护栏相对应的位置处形成为部分的开口，外来物质流入防止护栏520沿着底板500的边缘布置并且通过弯曲底板500的一部分而形成。"

专利权人认为，涉案专利权利要求1中的"部分的开口"是指PCB的通孔505通过露出单元打开后所形成的开口，该开口是通孔505上的开口。请求人认为，涉案专利的发明构思为PCB相对于底板存在部分缺失的情况下如何填补电机芯体与底板之间因PCB缺失部分出现的缝隙，减少灰尘进入，PCB具体缺失多少以及缺失部分是否到达PCB中间的通孔均与涉案专

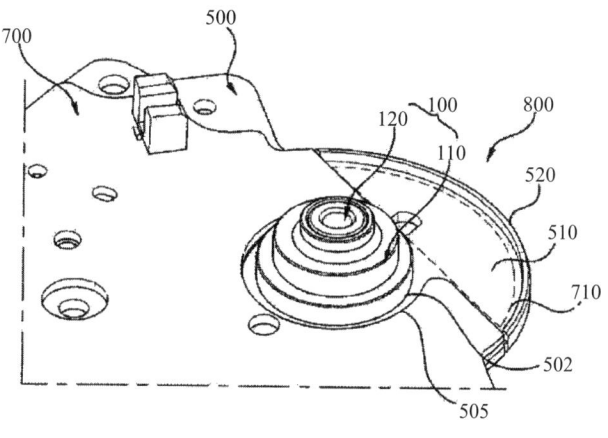

涉案专利附图

利的发明构思无关。

决定认为,根据涉案专利说明书相关记载可知,涉案专利所要解决的技术问题为,防止灰尘进入电机安装板与定子之间的间隙,同时又能免除PCB向定子和安装板之间的不必要的延伸,降低制造成本。因此,涉案专利的发明构思在于,在不必延伸PCB来覆盖电机底板的凸缘的情况下,PCB形成有露出单元,增大了底板上表面和电机定子芯体下表面之间的间隙,通过在底板凸缘处形成外来物质流入防止护栏,阻挡通过露出单元引入的外来物质以避免电机被外来物质污染。结合涉案专利所要解决的技术问题、涉案专利的发明构思以及权利要求1限定的技术方案来看,权利要求1的技术特征"所述PCB在与所述外来物质流入防止护栏相对应的位置处形成为部分的开口"应理解为PCB的露出单元所形成的开口在与所述外来物质流入防止护栏相对应的位置处形成。虽然涉案专利说明书第0079段记载了"PCB700的通孔505局部开口并且通孔505的开口部分可以形成有弯曲部分",第0084段记载了"形成在PCB 700的关闭的通孔505通过露出单元710而打开",说明书附图4显示了通孔505被打开而具有开口,但是权利要求1的技术特征"所述PCB在与所述外来物质流入防止护栏相对应的位置处形成为部分的开口"中的"部分的开口"并非指代通孔505上被打开的局部开口。

第47400号无效决定涉及专利号为201210253614.1,名称为"使用DC

电源的分布式功率收集系统"的发明专利。双方当事人对权利要求 1 保护范围的主要争议点在于，如何准确理解权利要求 1 的技术特征"基于所述温度信号来减小所述输入端子处的所述输入功率"以及"其中所述控制器配置成根据一个或多个预定标准使用控制回路设置在所述输入端子处的输入电压和输入电流中的至少一个，且其中一个或多个预定标准规定基于作为来自所述温度传感器的输入的所述温度信号来最大化所述输入功率"。

专利权人认为，上述技术特征应理解为，在基于温度信号减小功率变换器的输入功率的前提下，根据实际情况使功率变换器的输入功率尽可能大；由此，基于温度信号的输入功率不再是太阳能电池板的最大功率点，而是视情况尽可能地保持输入功率最大化。请求人认为，"最大化"和"尽可能大"是两个不同的概念，涉案专利的"最大化"功率是指太阳能电池板的最大功率点。涉案专利说明书既没有公开"尽可能大"的技术方案，也没有描述如何实现"尽可能大"的技术手段。

决定认为，说明书记载涉及上述争议技术特征的技术方案为，在涉案专利的使用 DC 电源的分布式功率收集系统中，功率变换器接收来自太阳能电池板的输出功率，作为功率变换器的输入功率，并执行最大功率跟踪算法从而最大化地提取来自太阳能电池板的输入功率，即将来自太阳能电池板的输入功率锁定到其最佳功率点，然后将最大化的输入功率进行 DC/DC 转换，同时测量功率变换器中或功率变换器的环境中温度，根据测量的温度信号利用控制算法调节最大化的输入功率，当温度信号处于正常范围时，直接将最大化的输入功率通过 DC/DC 转换成输出功率，当温度信号异常时，基于温度信号，减小最大化的输入功率，降低功率变换器的温度，然后通过 DC/DC 转换成输出功率，从而通过减小温度应力并增加功率变换器的电子部件的预期寿命来提供系统可靠性的提高。由此可见，涉案专利主要关注基于温度信号调节功率变换器的最大化输入功率，因此上述争议技术特征应理解为，基于温度信号减小功率变换器输入端的最大化输入功率，本领域技术人员无法从涉案专利公开的内容中得到专利权人所主张的"尽可能大"的技术方案，专利权人的上述解读延伸了争议技术特征限定的技术内容，引入了涉案专利从未公开的技术手段，这种不合理的延伸将破坏权利要求的公示作用，因而合议组不予接受。

如果权利要求限定的技术方案是通过对说明书多个具体实施例进行上

位概括而得到的,则不能将权利要求的技术方案不恰当地限缩为说明书中的某个具体实施例。

第46354号无效决定涉及专利号为200880007719.0,名称为"基站装置、移动站装置、程序、上行链路同步请求方法以及同步偏差测量用信号发送方法"的发明专利。涉案专利的权利要求3为:"一种移动通信系统中的移动站装置的处理方法,其特征在于包括:从基站装置接收物理下行链路控制信道PDCCH的步骤,所述物理下行链路控制信道PDCCH包含配置无线资源分配信息的区域,所述无线资源分配信息表示分配给所述移动站装置的下行链路或者上行链路的资源位置;从所述物理下行链路控制信道PDCCH的预先确定的部分检测表示随机访问指示的信息的步骤;以及向所述基站装置发送随机访问用的前同步码的步骤。"

专利权人认为,涉案专利权利要求3记载了"所述物理下行链路控制信道PDCCH包含配置无线资源分配信息的区域,所述无线资源分配信息表示分配给所述移动站装置的下行链路或者上行链路的资源位置"以及"从所述物理下行链路控制信道PDCCH的预先确定的部分检测表示随机访问指示的信息",因此权利要求3中限定了通过复用无线资源分配区域来传输随机访问指示,这也是涉案专利所要解决的技术问题。

决定认为,涉案专利说明书第0020段记载了涉案专利所要解决的技术问题,如果在这样频繁传输的下行链路共用控制信道PDCCH中,确保配置很少发生的上行链路同步请求的区域,则无线资源的利用效率会变差。在说明书第0026段记载了涉案专利的发明效果,本发明的基站装置在配置基站装置与移动站装置的同步通信使用的参数的无线帧上的区域中,配置表示对移动站装置的上行链路同步请求的信息,因此具有能够以取得良好的无线资源利用效率的方式配置上行链路同步请求的优点。可见,涉案专利实质是通过将指示上行链路同步请求的信息与同步通信使用的参数在无线帧相应区域中进行复用,避免单独设置相应的区域传输指示上行链路同步请求的信息,以提高无线资源的利用效率。而根据说明书第0053、第0089段的记载和说明书附图3、附图13可知,涉案专利说明书记载了以下两个解决方案,一是如附图3所示将"无线资源分配"信息视为上行链路同步请求,二是如附图13所示通过使MCS或负载大小区域为"0"视为上行链路同步请求。对于本领域技术人员来说,上述方案均可以解决涉案专利所要解决的技术问题。由于根据权利要求3的记载,无法将"预先确定的部分"限定为"配置无线资源分配信息的区域",根据说明书的记载也无法将其进行唯一的解释,因此,根据涉案专利所要解决的技术问题,可以确定权利要求3的技术方案中指示上行链路同步请求的信息是与PDCCH上"预先确定的部分"上原本定义的参数进行复用传输,而不是单独设置相应的区域进行传输。

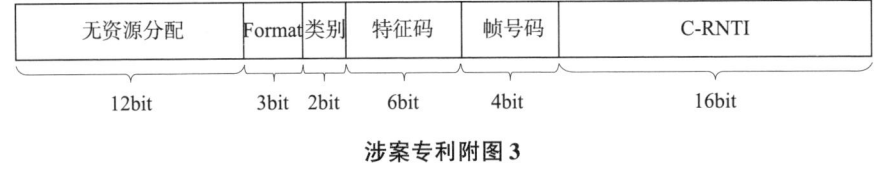

涉案专利附图3

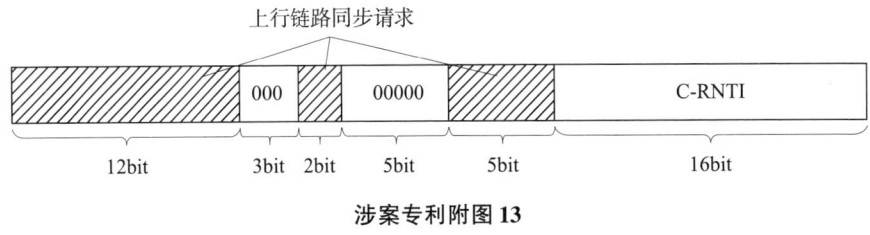

涉案专利附图13

1.1.3 具有特定含义的用语

如果说明书中指明了某词具有特定的含义,并且使用了该词的权利要求的保护范围由于说明书中对该词的说明而被限定得足够清楚,那么这种情况也是允许的。

如果说明书指明了技术用语的特定含义,所属领域技术人员基于权利要求本身的限定以及对说明书关于发明所要解决的技术问题的理解,能够清楚地界定包含该技术用语的权利要求的保护范围,则该技术用语的特定含义对权利要求的保护范围具有限定作用。

第39757号无效决定涉及专利号为201080062691.8,名称为"用于执行物理层测量的装置和方法"的发明专利。涉案专利权利要求1为:"1. 一种在移动终端中包括的装置,所述装置包括:用于确定所述移动终端要执行关于第一频率资源的物理层测量(410)的部件;用于确定在测量开始时间(M1)前的时间窗(W1)定义的时间期内是否有数据要通过一个或更多第二频率资源传递(415)的部件,其中所述时间期基于用于开启所述第一频率资源上的接收的开启时间,以及其中所述第一频率资源不同于所述第二频率资源;用于如果确定在所述时间期(W1)内没有数据要通过所述第二频率资源传递,则对所述第一频率资源执行所述物理层测量(430),并基于所述物理层测量来形成所述第一频率资源的质量度量(440)的部件;以及用于如果确定在所述时间期(W1)内有数据要通过所述第二频率资源传递,则修改所述物理层测量(425),并基于所修改的物理层测量来形成所述第一频率资源的质量度量的部件。"

专利权人认为,涉案专利权利要求1的方案适用于多个频率能同时通信的情况,是为了解决其中一个频率的开启或关闭干扰其他频率数据接收的技术问题。请求人认为,专利权人主张的多频率同时通信的特征在权利要求1中无从体现。

决定认为,根据涉案专利说明书的记载可知,涉案专利所要解决的技术问题为,多载波收发器中对频率资源的测量过程需要开启该测量频率资源的接收及收发器中对应的块,而该开启会造成瞬变响应进而影响收发器中活动块上的操作以及对应频率资源上的通信,为避免上述影响因而定义了一个时间窗W1,其是开启关闭频率资源以执行物理层测量的时间期,可包括比开启频率资源所要求时间期长以使瞬变逐渐消失所要求时间的时间,通过确定在时间期(W1)内有没有数据要通过原频率资源传递,进而选择执行开启频率资源的物理层测量或修改该测量。在涉案专利说明书第0045段中记载了"时间窗W1可定义与开启当前已关闭的频率资源330以便执行物理层测量所要求时间期有关的时间期。例如,在一方面,时间窗W1可包括比开启频率资源330所要求时间期长结果瞬变逐渐消失所要求时间的时间,使得数据能够通过频率资源344或348传递而在移动终端收发器无通信能力破坏或损失"。可见,权利要求1中的技术术语"时间窗(W1)"在涉案专利说明书第0045段有详细定义,其正是为了解决涉案专利的技术问题而在涉案专利中进行特别定义的一个技术术语。权利要求1中也记载了涉及该技术术语的技术特征"用于确定在测量开始时间(M1)前的时间窗(W1)定义的时间期内是否有数据要通过一个或更多第二频率资源传递(415)的部件,其中所述时间期基于用于开启所述第一频率资源上的接收的开启时间"。因而,根据该技术术语所表达的特定含义,以及包含该技术术语的权利要求1的整体技术方案,本领域技术人员可以理解,涉案专利的装置在应用于具有多载波收发器的移动终端中,通过定义"时间窗W1"这一具有特定含义的技术术语,限定了开启关闭的频率资源以执行相应物理层测量的时间期,监测并调整移动终端中其他频率资源上的数据传输,以使其避开时间期从而避免因开启频率资源所造成的瞬变响应对数据传输造成的破坏,在此基础上解决了多载波收发器中开启原关闭的频率资源进行物理层测量时会影响收发器中活动块上对应频率资源上的通信的技术问题。

如果无论是根据权利要求自身的整体限定,还是结合说明书对发明所要解决的技术问题以及所采取的具体技术手段,所属领域技术人员都不能得出权利要求中某一具有通用含义的用语具有某种特定的含义,则不应对该用语作限缩理解。

第35832号无效决定涉及专利号为201320460069.3,名称为"导电膜"的实用新型专利。涉案专利的权利要求1请求保护一种导电膜(200),其中限定了"包括:透明基底(210),包括第一表面以及与所述第一表面相对设置的第二表面;导电层(230),设于所述第一表面,所述导电层呈网格状;引线电极(260),设于所述第一表面,所述引线电极包括引线触头(262)及引线线路(264),所述引线触头设于所述导电层的网格内部且与所述导电层电连接"。涉案专利附图1和附图2示出了涉案专利的导电膜200。

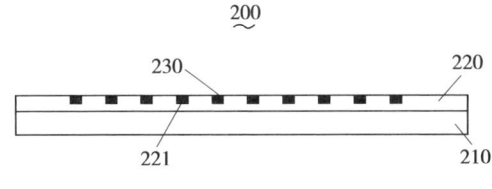

涉案专利附图1

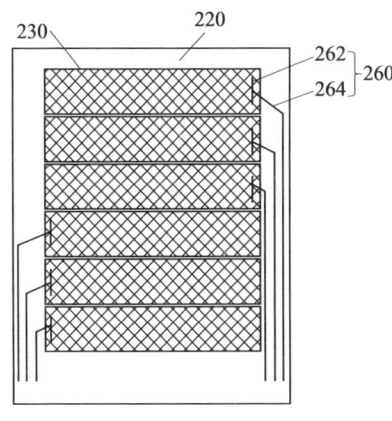

涉案专利附图2

专利权人认为，涉案专利要解决引线触头与导电层边缘高精度对准及网格连接处电流过大和断裂脱节的技术问题，只有在导电层和引线触头均为网格状时才会存在该技术问题，可见权利要求1中隐含了其"引线触头呈网格状"的限定。请求人则认为：涉案专利权利要求1中并未限定引线触头为网格状，且无论是网格状的引线触头还是线状的引线触头都需要解决对准及脱节问题。

决定认为，首先，涉案专利权利要求1中并未明确限定"引线触头为网格状"的内容，权利要求1中仅限定了引线触头为引线电极的一部分且与导电层电连接，且根据本领域通常的理解，"触头"指的是两个导体间可供电流通过的交接处或接触面，并无对触头具体形态的限定。其次，涉案专利说明书中记载了如下内容："导电层边缘与引线触头电连接，这样，在制备的过程中，对于引线电极的引线触头与导电层边缘对准的精度要求较高"；"引线触头262设于导电层230的网格内部。……引线触头262与导电条带的多条导电丝线相交并电连接"；"上述导电膜200的引线触头设置于导电层230的网格内部，在制备的过程中，对于对准的精度要求低，不易因为引线触头262与导电层230的边缘没有对准而产生不良品，从而具有较高的生产良率"。因此，根据涉案专利所要解决的克服引线触头与导电层边缘对准精度要求较高的技术问题以及达到的预期技术效果可以确定，只要引线触头262设于导电层230的网格内部即可解决边缘对接而导致的对准精度要求高的问题，与引线触头是否为网格状无关。最后，涉案专利说明书中还记载了"在本实施例中，引线电极260包括相互交叉的导电引线。……当然，在其他的实施例中，引线电极还可以为凸起线条状时，引线电极的线宽为$50\sim200\mu m$，高度为$5\sim10\mu m$"。也就是说，引线电极可以为网格状也可以为条状，相应的，其中的引线触头也是相同的构成，用于解决涉案专利所要解决的技术问题而采用的具体实施方式中也没有将引线触头仅限定为网格状的实施方式，而是同时列举了网格状和凸起线条状两种形态。综上所述，结合涉案专利所要解决的技术问题及解决技术问题所采取的具体技术手段，对涉案专利权利要求1中的"引线触头"不应当脱离权利要求自身的既有限定来理解，即"引线触头"应当理解为引线电极的一部分，用于使引线电极与导电层接触以提供电连接的接触面，而不应当限缩理解为"网格状"的引线触头。

1.2 "整体理解"对权利要求保护范围的影响

权利要求保护的技术方案是由多个技术特征的集合构成的,因此,在确定权利要求保护范围时,除需要准确理解权利要求中用语的含义外,还需要对权利要求各个技术特征之间是否存在关联关系作出理解和认定,综合考量由技术特征构成的整体技术方案对发明所要求保护主题的影响。

在确定权利要求的保护范围时,权利要求中的每一个技术特征均应予以考虑,对于不属于产品权利要求所要求保护的主题的技术特征,如果所述技术特征与所述产品之间相互关联、相互作用,对该产品的结构产生影响,那么所述技术特征对权利要求的保护范围同样有限定作用。

第37428号无效决定涉及专利号为200610160549.2,名称为"机动车辆的刮水器的连接器及相应的连接装置"的发明专利。涉案专利权利要求1要求保护一种机动车辆的刮水器的连接器,但该权利要求中还限定了有关安全搭扣的技术特征,根据说明书的描述,所述安全搭扣设置于连接部件上,该连接部件独立于所述连接器。关于权利要求1中的安全搭扣的相关技术特征对于其所要保护的主题连接器是否具有限定作用,请求人认为,安全搭扣不属于连接器的一部分,权利要求1中关于安全搭扣的相关技术特征为连接器的用途特征,对于其所要求保护的连接器的结构未产生影响,故没有限定作用。

经查明,涉案专利为分案申请,其母案申请要求保护一种刮水器,涉案专利附图1和附图2分别示出了刮水器的整体图及分解图,所述刮水器主要包括刮水器臂22、支撑结构26和由擦洗刮片28构成的刮水器刷体24,支撑结构26起到连接和支撑的作用,其具有连接部件40和连接器42,连接器42内嵌刮水器臂22,并与刮水器臂22整体容纳于连接部件40内,连接部件40上安装有擦洗刮片,使得刮水器臂22带动擦洗刮片28擦洗车窗玻璃。而涉案专利所要求保护的主题正是该刮水器中的连接器42,而另一相关的技术特征"安全搭扣"位于连接部件40上,二者分属于支撑结构26的不同部分。权利要求1的限定如下:"刮水器的连接器,其用于保证一刮水器臂(22)和一刮水器刷体(24)的一部件(40)之间的连接与铰接,所述连接器(42)从后向前纵向嵌在所述刮水器臂(22)的向后纵向弯曲成U形的前端部(32)内,并且包括至少一可弹性变形的元件

(60)——所述元件(60)把所述连接器(42)锁定在所述刮水器臂(22)的前端部(32)中的嵌入位置上,以及包括两个纵向垂直的侧边(48),所述侧边(48)设置成容纳在所述刮水器刷体的部件(40)的两个侧翼(44)之间;所述连接器的特征在于,所述连接器(42)通过一安全搭扣(74)锁定在所述刮水器臂(22)中的嵌入位置,所述安全搭扣(74)活动安装在一关闭位置和一开放位置之间,在所述关闭位置,所述安全搭扣(74)面对所述锁定元件(60)延伸,用于防止所述锁定元件(60)的弹性变形,并锁定所述连接器(42),而所述开放位置可以使所述连接器(42)从所述刮水器臂(22)中解脱出来。"

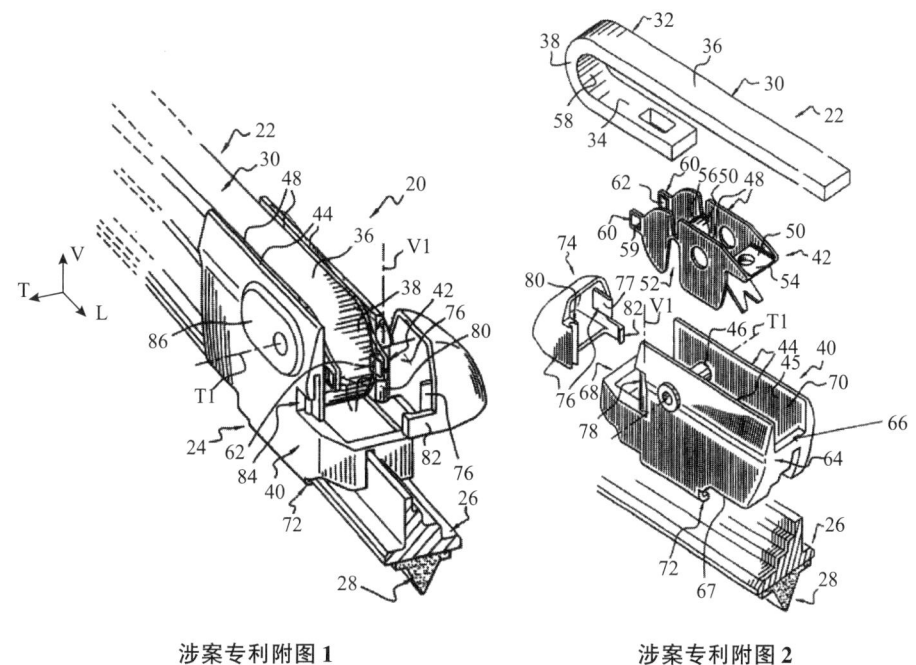

涉案专利附图1　　　　　　**涉案专利附图2**

决定认为,如果权利要求中的技术特征与其保护的技术主题之间具有连接、配合使用、互为补充等关联关系,该特征对于更好地限定技术主题的结构产生影响,则该特征对权利要求的保护范围具有限定作用。具体到本案,涉案专利所要保护的连接器42为刮水器中的一个中间连接部件,其内嵌有刮水器臂22,并与刮水器臂22整体容纳于连接部件40内,涉案专利为解决现有技术中刮水器刷体与刮水器臂易脱开的技术问题,一方面,在连接器上设置有用于防止刮水器臂沿纵向方向上脱出的锁定装置——"至少一可弹性变形的元件",如涉案专利附图 2 所示,所述锁定装置对应于说明书实施例中位于连接器 42 的每个侧边 48 上的爪 60,爪 60 的自由端 62 的形状与刮水器臂的部分 38 相适配,以此对部分 38 起到阻挡作用;另一方面,连接部件 40 的两个侧翼之间用于容纳该连接器,在连接部件 40 的前端铰接有一可处于开闭位置的安全搭扣 74,安全搭扣 74 处于关闭位置时,其两个垂直侧壁 76 在部件的侧翼 44 的延长线上延伸,外侧表面相互对齐,阻止爪 60 向连接器 42 外横向变形,涉案专利附图 3 示出了安全搭扣 74 处于关闭位置的示意图。通过以上两个方面共同解决了刮水器臂与刮水器刷体的脱离问题。在涉案专利的权利要求 1 中,限定了如说明书所述的连接器与安全搭扣的连接位置关系。也即,虽然连接器与安全搭扣不属于同一部件,但是二者之间存在相互配合、相互作用的关系,并实现了同一技术效果,因此权利要求 1 中的安全搭扣对于权利要求 1 所要求保护的连接器的结构产生影响,对于权利要求的保护范围有限定作用。

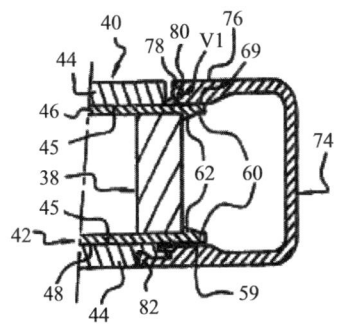

涉案专利附图 3

所属领域技术人员根据产品权利要求所限定的部件组成、结构以及相互的位置、连接关系等技术特征可以确定该产品的工作方式,则该工作方式对权利要求的保护范围具有影响。

第 35297 号无效决定涉及专利号为 201520396790.X,名称为"板材上下料装置及手机玻璃加工中心"的实用新型专利。根据涉案专利说明书的记载,现有技术中的相关玻璃加工设备存在取放料时间长、生产效率低等缺陷,涉案专利的板材上下料装置可以通过转动杆和转动块一次 180 度的转动,在加工台上实现待加工板材和已加工板材的快速换料,从而解决了现有技术中取放料时间长的技术问题。涉案专利权利要求1的限定如下："1. 板材上下料装置，其特征在于，包括：用于将板材竖立排列放置且待加工板材与已加工板材共用的料槽，具有转动杆的转动机构，用于承载转动机构在板材排列方向和上下方向运动的第一驱动机构，及安装在所述转动杆上的转动块，转动块的前后两侧均安装有用于取放板材的取放部，转动机构安装在第一驱动机构上且转动块位于料槽上方，位于板材排列方向上设有用于对板材做进一步处理的加工台。"请求人认为，权利要求1限定的技术方案缺少转动杆"转动角度180度"的必要技术特征，同时，权利要求1还相对于证据1不具备创造性，其中证据1公开了其搬运机械手绕支轴转动（摆动）90度。

关于涉案专利权利要求1限定的技术方案能否理解为其板材上下料装置中的转动杆能够实现"转动角度180度"的工作方式，从而达到高效便捷地实现待加工板材和已加工板材快速换料的技术效果，决定认为，涉案专利权利要求1不仅记载了转动杆和转动块的技术特征，还记载了"用于承载转动机构在板材排列方向和上下方向运动的第一驱动机构"以及"位于板材排列方向上设有用于对板材做进一步处理的加工台"。本领域技术人员基于涉案专利权利要求1中具体限定的转动杆、转动块、取放部、加工台等位置及连接关系的技术特征，可以清楚地理解到所述板材上下料装置通过转动块前后两侧的取放部取放板材，因而所述转动杆以及其关联安装的转动块的转动角度应该为能够实现所述转动块通过上述两侧的取放部在加工台进行已加工板材和待加工板材取放换料作业所需的转动角度。即基于涉案专利权利要求1限定的板材上下料装置的组成部件，以及组成部件之间的结构、位置等关系的技术特征，结合权利要求上下文的共同限定，可以清楚地确定权利要求涵盖的正是一种转动杆和转动块可以转动180度从而实现在加工台上便捷、高效地对已加工板材和待加工板材取放换料作业的技术方案。因此，涉案专利权利要求1中并不缺少转动杆"转动角度180度"的必要技术特征，不能将权利要求1中转动杆和转动块的转动角度解读为任意角度，自然地，证据1中的搬运机械手绕支轴转动（摆动）90度工作方式也未公开涉案专利权利要求1中的相应特征。

如果权利要求仅涉及要求保护的产品结构，且从该结构无法解读出该产品唯一指向说明书具体实施例所披露的使用方式,则说明书中关于该产品的使用方式对权利要求的保护范围不构成限制。

第 38591 号无效决定涉及专利号为 201720161153.3,名称为"扣筒及连接头装置"的实用新型专利。涉案专利的扣筒用于建筑工程中预制桩的连接,在说明书实施例中记载了该扣筒包括位于其顶部的环形底托 1 以及卡片结构 2,该卡片结构呈由卡片 3 与卡台 4 连接构成 L 形片体结构,卡片 2 间形成有间隙 6,所述卡片 2 设置于底托上。将涉案专利的扣筒 13 安装于连接头装置时,将其安装于该连接头装置的底筒 7 内,使扣筒 13 锁于锁筒 14 与底筒 7 之间的空腔内,且位于底筒 7 底部的弹性元件 12 与锁筒 14 之间。涉案专利权利要求 1 限定了一种扣筒,"包括环状底托,所述底托上沿周向间隔设置有多个具有卡扣功能的卡片结构"。证据 1 也公开了一种用于预制桩的连接头组件,该连接头组件 31 包括大螺母套筒 311、小螺母套筒 312、插杆 313 以及连接件 314。连接件 314 的具体结构呈筒形,具有环形底部结构和位于其上的弯折弹片 315。通过将插杆 313 插入连接件 314 内,从而将大小螺母套筒 311 和 312 连接固定。

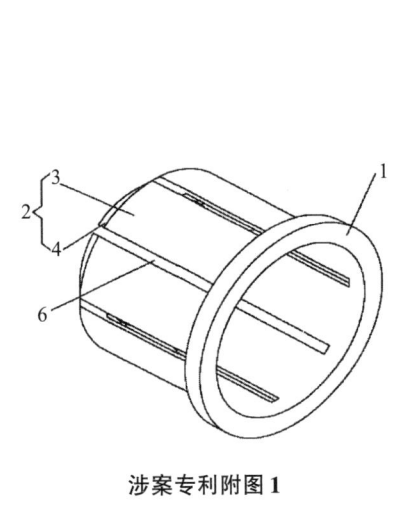

涉案专利附图 1

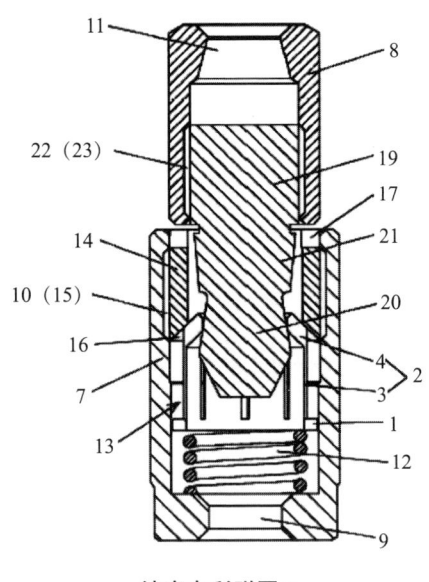

涉案专利附图 2

请求人认为，证据1中的连接件314即相当于涉案专利的扣筒，其环形底部结构和位于其上的弯折弹片315分别对应于涉案专利的环形底托和卡片结构。专利权人认为，证据1中的连接件314上没有相当于涉案专利的"环状底托"的结构，由于涉案专利在扣筒使用过程中，"环状元件"用于提供扣筒与弹性元件之间的抵接位置，而证据1无弹性元件，连接件并未与弹性元件相抵接。

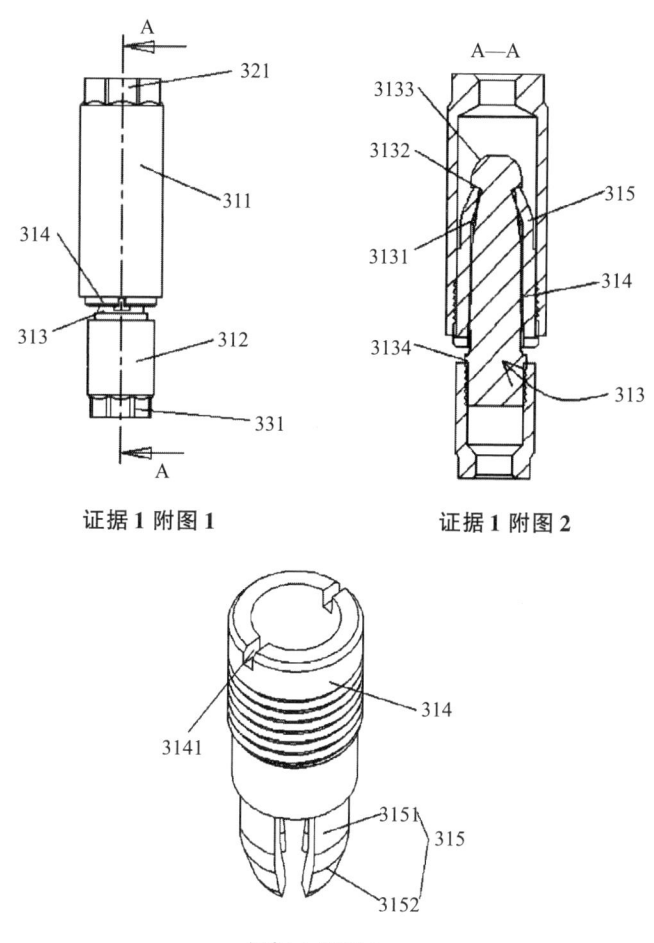

证据1 附图1　　　　证据1 附图2

证据1 附图3

合议组认为，涉案专利权利要求1只保护一种具有该结构的扣筒，并不涉及该扣筒的使用条件和使用方式，权利要求1的扣筒既可以包括与弹性元件相抵接，也可以包括不与弹性元件相抵接的扣筒结构，其所限定的"环状底托"只要是环状的结构且其上沿周向间隔设置有多个卡片结构，即可认为是该构造。证据1中的连接件314的筒状部分即为环状结构，且其一端环形阵列设置有多个弯折弹片5，因此证据1公开了涉案专利的环状底托。

在权利要求明确限定的技术方案能够解决其技术问题的情况下，不应将说明书实施例中公开的个别不能实施的技术方案，即说明书中存在的"坏点"纳入权利要求的保护范围。

第36046号无效决定涉及专利号为200880123699.3，名称为"无线通信网络中的方法和装置"的发明专利。涉案专利权利要求1为："1. 一种第一节点（110）中用于向第二节点（120）请求状态报告的方法，所述第一节点（110）和所述第二节点（120）均被包含在无线通信网络（100）内，所述状态报告包括对从所述第一节点（110）发送的、要由所述第二节点（120）接收的数据的肯定和/或否定应答，其中，所述方法包括步骤：传输（306）要由所述第二节点（120）接收的一系列数据单元或数据单元段；其特征在于，所述方法还包括步骤：对已传输数据单元的数目和已传输数据字节的数目进行计数（307）；以及如果所计数的已传输数据单元的数目或所计数的已传输数据字节的数目超过或等于各自的预定值，则向所述第二节点（120）请求（310）状态报告。"

请求人认为，权利要求1的技术方案可以理解为3个技术方案：①基于数据单元的数目和数据字节的数目计数的技术方案；②仅基于数据单元的数目计数的技术方案；③仅基于数据字节的数目计数的技术方案。专利权人认为，权利要求1并不是要把说明书中所有的实施例都涵盖在内，权利要求1的预定值要设置得合理有意义，不可能理解为无限大的值。

决定认为，权利要求1要求保护的方案中明确记载了"所述方法还包括步骤：对已传输数据单元的数目和已传输数据字节的数目进行计数（307）；以及如果所计数的已传输数据单元的数目或所计数的已传输数据字节的数目超过或等于各自的预定值，则向所述第二节点（120）请求（310）状态报告"，根据权利要求1记载的内容可知，权利要求1限定的技术方案是采用对"已传输数据单元的数目"和"已传输数据字节的数目"两者都进行计数的技术手段来实施。同时，本领域技术人员根据说明书的记载可知，为了解决涉案专利所要解决的技术问题即由于序号限制和存储器限制而引发的中止，只基于对数据单元进行计数或者仅基于对数据字节进行计数都不能实现涉案专利的目的，只有采用对数据单元和数据字节都计数的组合机制，协调两种标准轮询才能实现涉案专利的发明目的。因此，权利要求1的技术方案应按照对"已传输数据单元的数目"和"已传输数据字节的数目"两者都进行计数来理解，如果所计数的已传输数据单元或所计数的已传输数据字节的任一数目超过或等于各自的预定值，则向所述第二节点请求状态报告。对于涉案专利说明书第0055段所记载的实施例，由于该技术方案仅基于数据字节进行计数或者仅基于数据单元进行计数，因此不能解决涉案专利的技术问题并且实现涉案专利的技术效果。基于此，本领域技术人员在确定权利要求1的保护范围时，不应将上述特定实施例当然认定为涵盖在权利要求的保护范围之内。因此，权利要求1要求保护的范围并不包含请求人提出的技术方案②和③。

专利权人通过技术方案删除的方式放弃对部分并列技术方案的保护，这时权利要求的保护范围应理解为仅包括在原并列技术方案中保留的技术方案的范围，而不应将专利权人已放弃的技术方案再次纳入权利要求的保护范围中。

第41425号无效决定涉及专利号为02812385.9，名称为"无线电系统中传送用户特有控制信道数据的方法和装置"的发明专利。涉案专利权利要求1、10的内容如下：

"1. 在一个无线电系统中传送一个用户特有控制信道数据的方法，其中，把用户特有控制信道的数据（8-11）在一个已有的连接期间从无线电系统的一个发送器（1）用一个适应地变动的频率位置传送到一个接收器（6）。

10. 如上述权利要求1—3之一的方法，其特征在于：将用户特有控制信道的数据用大量各分派有不同频率范围的副载波从发送器（1）传送到接收器（6），和其中，为改变用户特有控制信道的数据的频率位置由发送器（1）适应地变动应用于用户特有控制信道数据的副载波的个数和/或布置。"

在无效程序中，专利权人删除了权利要求1，将从属权利要求10中仅包含"布置"的技术方案作为新的独立权利要求1，即修改后的权利要求1为："1. 在一个无线电系统中传送一个用户特有控制信道数据的方法，其中，把用户特有控制信道的数据（8-11）在一个已有的连接期间从无线电系统的一个发送器（1）用一个适应地变动的频率位置传送到一个接收器（6），其中，将用户特有控制信道的数据用大量各分派有不同频率范围的副载波从发送器（1）传送到接收器（6），和其中，为改变用户特有控制信道的数据的频率位置由发送器（1）适应地变动应用于用户特有控制信道数据的副载波的布置。"

专利权人认为，修改后的权利要求1的技术方案限定的是在不改变带宽的前提下改变该信道的某个数据的频率位置（副载波的布置），把适应性的变动频率位置具体化到变动副载波的布置。其余并列技术方案，如在改变带宽的同时改变频率位置（副载波的布置）的方案基于权利要求技术方案的删除被捐献了。请求人认为，专利权人无法放弃其余技术方案，副载波个数和位置变化是整体性的，不是可以分开的两个技术方案，说明书实施例中副载波个数和位置都是同时变化的。

决定认为，涉案专利说明书多处记载了频率位置和带宽的关系，基于此可知，用户特有控制信道各个数据块的带宽或频率位置可以单独匹配，对应到OFDM系统即为副载波的个数或布置可以单独调整；涉案专利的原权利要求10也限定了"适应地变动应用于用户特有控制信道数据的副载波的个数和/或布置"，因此涉案专利的原权利要求10实际包括3个并列的技术方案，即改变承载用户特有控制信道数据的副载波的个数和/或布置，具体的分别包括改变副载波的个数和布置、仅改变副载波的个数、仅改变副载波的布置在内的3个并列的技术方案。在本次无效程序中，专利权人通过修改放弃了3个并列技术方案中涉及"改变副载波的个数和布置""仅改变副载波的个数"的两个技术方案，仅保留"改变副载波的布置"这一技术方案，修改后的独立权利要求1的方案仅限定了在承载用户特有控制信道数据的带宽不变的情况下仅改变频率的位置（副载波的布置），不应将专利权人已放弃的技术方案再次纳入权利要求的保护范围。

2 权利要求的保护范围应当清楚

权利要求的保护范围应当清楚。只有当权利要求的保护范围清楚的情况下，才具有真正的公示作用，社会公众才能知晓专利保护范围的"边界"。在判断权利要求保护范围是否清楚时，应当站位所属领域技术人员，对权利要求中的用语的含义进行理解与判断。

第五章 权利要求

对于权利要求中出现的非通用用语,如果所属领域技术人员在说明书文字及附图记载内容的基础上,借助该专利的"内部证据"(包括专利文件、审查档案等)和/或"外部证据"(包括教科书、字典、行业手册等)能够准确、客观地认定该用语的含义,那么该用语不会导致权利要求保护范围不清楚。

第47197号无效决定涉及专利号为201610534695.0,名称为"一种平针针织机"的发明专利。涉案专利相对于现有技术的改进为,通过在针织机的针室中合理布置包含自给自足驱动和与滑块随动的组合式纱线引导器,实现针织机所织出的针织物件满足图案多样化的要求。涉案专利权利要求1关于该针织机的限定如下:"1. 平针针织机,该平针针织机具有至少两个针床(10、10'),该平针针织机具有至少一个能够运动超过所述针床(10、10')的、配有针织锁扣(30、30')的滑块(20)以及纱线供应装置,所述纱线供应装置具有布置在所述针床上方的纱线引导器轨(60、60'、61-64),在所述纱线引导器轨中布置有通过所述滑块(20)能够随同运动的纱线引导器(40、40')……;或者其特征在于,所述自给自足的纱线引导器(50、50')和所述能够由所述滑块(20)随同运动的纱线引导器(40、40')布置在共同的纱线引导器轨(60、60')中。"请求人认为,该权利要求中出现的"针织锁扣"不是本领域的专业术语,含义不清楚,导致该权利要求不符合《专利法》第26条第4款的规定。专利权人认为,权利要求1中出现的"针织锁扣"是根据其优先权文件中德文"Strickschlösser"一词翻译而来,其对应于现有技术中通常称作"三角座滑架"的部件。

决定认为,首先,虽然从字面上看权利要求1中出现的"针织锁扣"并非本领域具有通常含义的技术术语,但是根据涉案专利优先权文件的记载,权利要求1前序部分出现的"针织锁扣"对应于该优先权文件中的德文"Strickschlösser"一词,"针织锁扣"是根据词典对该词的释义直译而来,根据涉案专利说明书第0031段记载的"图1以横截面示出平针针织机100,其具有前部的针床10和后部的针床10'。滑块20能够运动通过所述针床10、10',在所述滑块处固定有前部的和后部的针织锁扣30、30',利用其能够触发在此处没有更详细示出的针织工具",并结合说明书附图1和2所示的结构示意图,本领域技术人员可以清楚地知晓,"针织锁扣"位于滑块的前部和后部，用于触发针织工具，因此涉案专利的"针织锁扣"实质上应对应于本领域中文语境下通常所称的三角座滑架；最后，根据本领域教科书公开的在所述位置通常设置的部件是三角座滑架以及专利权人在口头审理的当庭陈述，在综合查证以上事实的基础上，所属领域技术人员可以明确非通用术语"针织锁扣"唯一且合理地指向三角座滑架。因此，"针织锁扣"不会造成权利要求1保护范围不清楚。

虽然权利要求中的某一技术术语并非为所属领域具有通常含义的术语，但如果本领域技术人员在综合考虑本领域的技术发展状况，并结合专利说明书公开内容的基础上，能够清楚地知晓其在权利要求所要求保护的技术方案中的含义，那么该技术术语不会导致权利要求保护范围不清楚。

第37129号无效决定涉及专利号为201480013124.1，名称为"具有高密度的局部互连结构的电路及其制造方法"的发明专利。涉案专利权利要求1为："一种具有高密度的局部互连结构的电路，包括：根据第二栅极层与第三栅极层之间的栅极层间距来安排的第一栅极层；安排在所述第一栅极层与所述第二栅极层之间的第一栅极定向局部互连；安排在所述第一栅极层与所述第三栅极层之间的第二栅极定向局部互连；配置成将所述第一栅极层耦合至所述第一栅极定向局部互连和所述第二栅极定向局部互连中的一者的扩散定向局部互连层；以及耦合在金属层与所述第一和第二栅极定向局部互连中的所述一者之间的通孔，以通过所述第一和第二栅极定向局部互连中的所述一者和所述扩散定向局部互连层来为所述第一栅极层提供必需的偏置电压。"

请求人认为，在权利要求1中，不知如何根据"栅极层间距来安排第一栅极层"，说明书中第一栅极层实为阻挡晶体管，用于隔离扩散区相邻晶体管，而并无根据"栅极层间距来安排第一栅极层"的说明。专利权人认为，栅极层间距是指相邻的栅极层之间的距离，为本领域的技术术语，并且根据说明书第0012段、0036段、0038段的记载和附图2、4A和4B所示，本领域技术人员能够理解该特征的含义。

决定认为，首先，本案中的本领域技术人员是指集成电路设计和制造技术领域的技术人员。在本领域中，描述两个晶体管的栅极之间距离关系的技术术语是"栅极间距"而不是"栅极层间距"。虽然涉案专利权利要求1中的"栅极层间距"没有采用本领域的标准技术术语，但整体考量涉案专利权利要求书和说明书的技术内容，本领域的技术人员可以理解"栅极层间距"实质上表达的是"栅极间距"。从涉案专利的优先权日前本领域的技术发展状况来看，随着半导体电路集成的晶体管数量不断增加，半导体工艺已从亚微米、深亚微米、超深亚微米发展到了纳米工艺，相应的半导体工艺尺寸变得越来越小，晶体管的分布更密集，本领域技术人员知晓对于特征尺寸较大的工艺，栅极间距不是需要重点考量的因素，但随着特征尺寸变小，会产生一系列影响器件性能的效应，此时，栅极间距便成为表征晶体管技术的关键指标，成为电路设计时重点考量的因素之一。从涉案专利的优先权日前本领域技术人员应掌握的普通技术知识的角度来看，本领域技术人员普遍知晓栅极间距是指两个相邻晶体管的两个栅极之间的距离。从涉案专利的优先权日前本领域技术人员应具备的技术能力角度来看，在设计和制备特征尺寸较小的电路结构时，必须考量包括栅极间距在内的关键指标，根据电路结构、设计规则和工艺条件等合理布局安排各晶体管的结构以及栅极间距，才能获得满足设计要求和产品性能的电路结构。其次，涉案专利说明书第 0012 段中记载了，"深亚微米技术……如半导体领域中已知的，栅极层是根据栅极层间距来安排的"；说明书第 0036 段记载了，"例如根据常规间距来布置栅极层是已知的，关于以恒定间距布置或安排栅极层以结合连续扩散区形成相应的晶体管，如果每隔一个栅极层是阻挡或隔离晶体管的栅极，则将有利地为密集的"；说明书第 0038 段记载了，"栅极层被（例如，水平地）安排在毗邻的栅极层之间并且根据栅极层间距与这些毗邻的栅极层分开"。从说明书附图 2 中可以看出，阻挡晶体管 201 的多晶硅栅极 205 位于第一和第二晶体管 100 和 101 的多晶硅栅极 110 和 120 之间；从说明书附图 4A 和 4B 可以看出，阻挡晶体管 430 的栅极 425 位于第一和第二晶体管 405 和 420 的栅极 410 和 415 之间。因此，本领域技术人员根据涉案专利说明书的记载，可以知晓涉案专利涉及的是深亚微米技术，在此特征尺寸下，根据电路结构、设计规则和工艺条件等合理布局安排各晶体管的结构，并根据第二栅极层与第三栅极层间距来安排第一栅极层。综上，站位本领域技术人员，在综合考量本领域的技术发展状况，并结合涉案专利说明书公开内容的基础上，权利要求 1 中的技术特征"根据第二栅极层与第三栅极层间距来安排第一栅极层"的含义是清楚的。

如果从权利要求整体技术方案上无法确定其中的某一用语的具体含义，说明书中也没有与该用语相对应的明确记载，导致所属领域技术人员无法清楚界定其保护范围，则该权利要求保护范围不清楚。

第36991号无效决定涉及专利号为201310334568.2，名称为"用于对无线装置的位置进行定位的系统"的发明专利。涉案专利权利要求1及其从属权利要求3为：

"1. 一种用于对无线装置的位置进行定位的系统，其包含：用于从第一基站接收包括第一唯一识别符的第一信号的装置；用于基于所述第一唯一识别符，估测所述无线装置的大致定位的装置；用于报告所述大致定位并请求特制历书的装置；用于至少部分基于可能足够近以在确定所述无线装置的定位中使用的基站，接收基站的特制历书的装置，所述基站包括所述第一基站以及不可供所述无线装置用于与远程位置进行通信的至少一个非协作基站，所述特制历书针对所述无线装置的大体定位加以定制；用于使用所述特制历书查找至少一个非协作基站来收集更多定位信息的装置；用于分析所述更多定位信息以改良定位估测的装置；其中对大体定位的确定和对定位估测的改良均在所述无线装置中进行。

3. 如权利要求1所述的系统，其进一步包括：用于从所述第一基站、第二基站和第三基站中的至少一者接收第一定位、第二定位和第三定位中的至少一者的装置。"

请求人认为，权利要求3中第二基站、第三基站的具体含义不清楚，不清楚为协作基站，还是非协作基站，或是其中之一为协作基站而另一个为非协作基站，因此第二基站、第三基站的具体实现方式不清楚；同时，第二定位和第三定位的具体含义不清楚，从第二基站和第三基站分别接收第二定位和第三定位用于估测大致定位还是用于改良定位估测也不清楚，因此权利要求3的保护范围不清楚。专利权人认为，第二基站是包括在特制历书当中的至少一个非协作基站，第三基站可以是除非协作基站和第一基站外的包括在特制历书中的其他类型基站，比如卫星或者是信标。并且第二基站和第三基站的定位信息都是用于精确定位的过程中，例如在涉案专利说明书第0060段第2行，可以看出协作基站、卫星和地面定位信标是3个类型，在说明书第0062段又涉及4个类型，即协作基站、非协作基站、卫星和地面定位信标。此外说明书第0033段表明几种类型基站的并存，说明书第 0038 段表明使用卫星和信标精准定位，说明书第 0011 段表明特制历书包括能够唯一识别基站的信息以及基站的定位信息，进而终端可以独立地完成最终定位。

决定认为，从属权利要求 3 引用权利要求 1，权利要求 1 除第一基站和非协作基站外没有记载其他类型基站，也没有任何关于第二基站和第三基站的限定，同时说明书中也没有任何涉及第二基站和第三基站的记载，本领域技术人员无法得知第二基站和第三基站的具体含义，也无法得知其与权利要求 1 中的第一基站和非协作基站的关系，进而本领域技术人员也无法得知第二定位和第三定位具体用于估测大致定位还是改良定位估测，因此权利要求 3 的保护范围不清楚，不符合《专利法实施细则》第 20 条第 1 款的规定。

3　权利要求应当以说明书为依据

权利要求应当以说明书为依据，是指权利要求应当得到说明书的支持。判断权利要求能否得到说明书的支持即判断权利要求的概括是否超出说明书公开的范围，这一过程需要考虑申请文件记载的信息、所属领域技术人员的知识和能力、现有技术的整体状况等多种因素。

3.1　申请文件记载的信息

在权利要求已经记载了与说明书一致的、能够实现发明目的的技术方案的前提下，被专利的发明目的明显排除的技术方案不应再纳入权利要求的保护范围中，权利要求也不应因未明确排除这样的技术方案而导致得不到说明书的支持。

第 49581 号无效决定涉及专利号为 201822190860.2，名称为"双输出的下传动箱"的实用新型专利。涉案专利涉及一种下传动箱输出总成的装配结构，其输出轴为两轴端输出的双输出轴，现有技术中一般通过采用法兰盘将输出锥齿轮固定于输出轴上，但由于在输出轴上一体加工法兰盘制造成本高且装配也较为烦琐，涉案专利通过提供一种特有的双输出轴的装配结构，既能降低制造成本又能提高装配的便捷性。所采用的具体技术手段为，输出锥齿轮 22 的一侧抵在双输出轴 21 上的锥齿轮限位台阶上，从输出锥齿轮 22 的该侧向双输出轴的一端看，依次设有输出轴承 24、油封

25、凸缘 26 和轴端锁紧件 27，从而沿轴向紧配在双输出轴上，通过双输出轴上的台阶与轴承锁紧螺母 242 或卡簧的夹持以限定输出轴承 24 在双输出轴上的轴向位置，由此使凸缘 26 随着输出轴 21 旋转，形成输出轴右端的动力输出；从输出锥齿轮 22 的另一侧向输出轴的另一轴端看，依次设有锥齿轴套 28、凸轮 29、凸轮轴套 291、输出轴承 24、O 型圈 244、轴套 243、凸缘 26 和轴端锁紧件 27，由此凸轮 29 也紧配随双输出轴 21 一起转动，从而形成输出轴左端的动力输出。涉案专利将上述技术手段限定在权利要求 1 中，要求保护一种双输出的下传动箱。请求人认为，权利要求 1 未限定输出轴上是否固定连接法兰盘，锥齿轮限位台阶是否为法兰盘与输出轴的本体所形成的台阶，导致权利要求得不到说明书的支持。

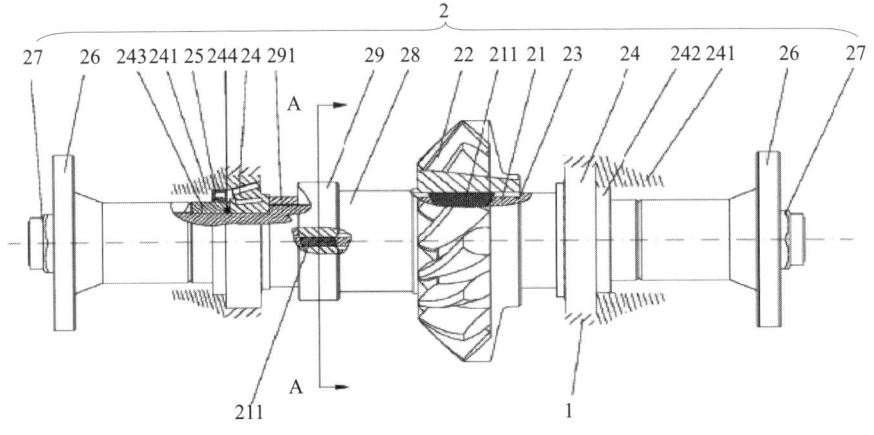

涉案专利附图

决定认为，涉案专利权利要求 1 对技术方案的记载与说明书中的实施方式一致，而"不再固定连接有法兰盘"是涉案专利的发明目的，这一发明目的是通过权利要求 1 要求保护的技术方案所呈现的整体结构来实现的，一方面，其整体结构中显然不再包括固定连接的法兰盘，限位台阶显然也不是法兰盘与输出轴的本体所形成的台阶；另一方面，固定连接有法兰盘的结构由于不能实现涉案专利的发明目的而显然应该排除在涉案专利权利要求要求保护的技术方案之外。因此，涉案专利权利要求 1 要求保护的技术方案是以能实现发明目的的说明书中的实施方式为依据，能够得到说明书的支持。

3.2 所属领域技术人员的知识和能力

根据说明书对发明技术方案的描述，所属领域技术人员有能力基于现有技术选择能够实现发明目的的技术手段，而排除那些不能实现发明目的的技术方案，则不能认为该技术方案得不到说明书支持。

第42548号无效审查决定涉及专利号为201680003822.2，名称为"D-塔格糖的酶促合成"的发明专利。涉案专利权利要求1保护一种制备塔格糖的酶促方法，所述方法包括如下步骤：(ⅰ)采用6-磷酸果糖差向异构酶催化，将6-磷酸果糖转化为6-磷酸塔格糖；和(ⅱ)采用6-磷酸塔格糖磷酸酶催化，将生成的6-磷酸塔格糖转化为塔格糖；所述步骤(ⅰ)-(ⅱ)在一个反应容器中进行。

请求人认为，涉案专利将两步反应在一个反应容器中进行，但并不是所有的6-磷酸果糖差向异构酶和6-磷酸塔格糖磷酸酶的酶促反应都可在一个反应容器中进行。权利要求1没有限定具体的6-磷酸果糖差向异构酶和6-磷酸塔格糖磷酸酶，说明书也没有公开哪些具体的6-磷酸果糖差向异构酶和6-磷酸塔格糖磷酸酶的酶促反应可在一个反应容器中进行并取得预期效果，从而实现发明目的，因此权利要求1包含了效果无法预测的技术方案，得不到说明书的支持。

决定认为，涉案专利的发明目的在于高产率生产塔格糖，从而提供一种可以在一个罐或生物反应器中进行的塔格糖生产方法。其中磷酸盐可以循环利用，和/或不需要使用三磷酸腺苷作为磷酸盐的来源，同时在任何反应步骤中不需要使用昂贵的烟酰胺腺苷二核苷酸辅酶。涉案专利的技术改进在于将两步反应在一个反应容器中进行，而不是发现或提供新的适合在一个反应器中生产塔格糖的6-磷酸果糖差向异构酶，以及6-磷酸塔格糖磷酸酶。而且涉案专利说明书中示例性地公开可用于在一个反应器中生产塔格糖的6-磷酸果糖差向异构酶，以及6-磷酸塔格糖磷酸酶及其来源和序列，给本领域技术人员提供实施涉案专利技术方案的示例。此外，根据涉案专利生产塔格糖方法的要求，本领域技术人员能够理解所使用的6-磷酸果糖差向异构酶、6-磷酸塔格糖磷酸酶要求催化pH、反应温度，特异性等应达到可以在一个反应容器中反应的程度，从而实现发明目的。在此教导下，本领域技术人员可以在现有技术中已知的6-磷酸果糖差向异构酶、6-磷酸塔格糖磷酸酶中选择符合所述要求的酶,而排除那些破坏酶催化路径、无法在同一个反应器中反应的酶。因此,说明书没有列出可在一个反应容器中进行酶促反应的所有具体6-磷酸果糖差向异构酶和6-磷酸塔格糖磷酸酶,并不会导致权利要求1得不到说明书支持。

3.3 技术效果的可预测性

对于用效果参数限定的权利要求,应该理解为覆盖了所有具备所述参数或实现所述效果的实施方式。如果该效果参数是以说明书具体实施例中记载的特定方法实现的,并且所属领域技术人员无法得知除所述特定方法外,还有何种其他替代方式能够实现权利要求所限定的符合该效果参数的技术方案,则该权利要求概括的范围与说明书充分公开的内容及其对现有技术的贡献不相适应,无法得到说明书的支持。

第42606号无效决定涉及专利号为201110327798.7,名称为"抗体纯化"的发明专利。涉案专利权利要求1要求保护一种药物组合物,所述药物组合物包含阿达木单抗和药物可接受载体,其中所述组合物具有小于1.84RFU/s/mg阿达木单抗的组织蛋白酶L活性,所述阿达木单抗通过哺乳动物表达系统生产。结合涉案专利说明书第295段的描述可知,组织蛋白酶L酶原是衍自某些表达系统的宿主细胞蛋白,它在被激活成组织蛋白酶L时能造成包括抗体(如阿达木单抗)在内的蛋白质的分裂。本发明提供了经特定抗体纯化方法获得的组织蛋白酶L酶原降低的阿达木单抗抗体制品,并提供了相对现有技术改进的测定组织蛋白酶L酶原水平的方法,即通过使样品中的组织蛋白酶L酶原活化成组织蛋白酶L,利用其对特定荧光肽底物切割所产生的荧光信号变化来检测组织蛋白酶L活性,进而反映样品中所含杂质组织蛋白酶L酶原的量。

请求人认为,涉案专利说明书公开了采用特定工艺可以使组织蛋白酶原杂质降低,但并未公开使用其他工艺时组织蛋白酶L酶原量在纯化抗体制品中的存在情况,也未公开组织蛋白酶L含量与其他纯化工艺性能的相关性,涉案专利相对于现有技术作出的技术贡献体现在相应的特定纯化方法上,而权利要求1没有限定任何纯化方法或步骤,得不到说明书的支持。

专利权人认为,权利要求1用组织蛋白酶L活性特征可以确定在药物组合物所含的组织蛋白酶L和组织蛋白酶L酶原水平,只要其含量符合权利要求1参数限定的产品均在涉案专利的保护范围内。

决定认为,权利要求1要求保护的范围涉及哺乳动物表达系统生产的、具有"小于1.84RFU/s/mg阿达木单抗的组织蛋白酶L活性"的阿达木单抗药物组合物,其中技术特征"小于1.84RFU/s/mg阿达木单抗的组织蛋白酶L活性"是本发明的特定纯化和检测方法获得的产品检测参数,同时也是所述方法取得的技术效果,不论何种纯化方法获得的符合上述参数限定技术效果的技术方案均在权利要求1的保护范围内。

涉案专利的目的在于提供用以纯化宿主细胞表达系统中所表达的抗体的方法,其中所得抗体制品包含的宿主细胞蛋白质(包括组织蛋白酶L酶原)的含量降低。说明书研究了不同工艺方法实验条件的变化对组织蛋白酶L酶原水平的影响。说明书表13和表14的数据表明所述的组织蛋白酶L活性检测参数随工艺和批次的不同而变化,工艺A1–A4和工艺B1制备获得的药物物质的组织蛋白酶L活性检测参数均大于或等于1.84RFU/s/mg阿达木单抗,只有工艺B2制备获得的阿达木单抗组合物具有小于1.84RFU/s/mg阿达木单抗的活性。本领域技术人员根据涉案专利说明书公开的内容可知,在其中所采用的多个制备工艺中,只有通过特定工艺B2能够制备获得如涉案专利权利要求1限定的"具有小于1.84RFU/s/mg阿达木单抗的组织蛋白酶L活性"的阿达木单抗组合物。从涉案专利说明书实施例的记载可以看出,纯化的阿达木单抗产物中组织蛋白酶L活性参数并不会随产物中的主要杂质成分宿主细胞蛋白(HCP)的减少而降低,即使HCP含量为零时,组织蛋白酶L活性仍然存在,这说明纯化阿达木单抗的方法中,单纯降低产物中杂质的方法并非一定能降低组织蛋白酶L活性参数。综合考虑说明书实施例具体实验条件和参数变化与组织蛋白酶L酶原水平的关系可知,特定实验条件对纯化后阿达木单抗组合物中的组织蛋白酶L活性参数的影响很大,但本领域技术人员基于申请文件公开的内容无法从中发现规律性的教导以明了除工艺B2外还有何种方法会取得类似的技术效果。此外,无论涉案专利说明书记载的背景技术,还是双方当事人提交的现有技术证据,均未涉及使得阿达木单抗药物组合物达到"小于1.84RFU/s/mg阿达木单抗的组织蛋白酶L活性"的纯化方法或类似内容,也没有证据表明实现该纯化效果的技术手段是本领域技术人员的普遍追求或常规技能。综上所述,除实施例公开的特定的具体纯化方法获得的产品外,本领域技术人员无法确定其他方法也能获得具备涉案专利权利要求1

限定的效果参数的产品。在这种情况下，只有涉案专利说明书中记载的特定工艺才能获得本发明的产品，而本技术领域的技术人员用常规的实验或者分析方法不足以把涉案专利说明书记载的内容扩展到涉案专利权利要求所述的保护范围，涉案专利权利要求无法得到说明书的支持。

《专利法》第26条第4款有关权利要求应当以说明书为依据的立法本意在于使专利权获得的保护范围与其对现有技术的贡献相一致，从而平衡专利权人和社会公众的利益。专利权人一方面强调涉案专利公开的具体制备方法所取得的特殊效果，本领域技术人员采用涉案专利公开的特定的方法才可以实现涉案专利的发明目的，同时又要求保护使用任何工艺获得的具有所述效果的药物组合物，这样的权利要求超出了本发明对现有技术的贡献，不符合《专利法》第26条第4款的规定。

对于权利要求中的效果参数特征，需要站位所属领域技术人员着重考查说明书给出的技术手段与技术效果之间的内在关联，若所属领域技术人员根据说明书公开的内容不足以合理预期权利要求限定的效果参数范围内的所有数值均能实现，则权利要求没有以说明书为依据。

第45991号无效决定涉及专利号为201280041962.0，名称为"导电膜的涂覆中各向异性的减小"的发明专利。涉案专利权利要求20要求保护一种导电膜，"包括多个导电纳米线，其中所述导电膜的第一维度垂直于所述导电膜的第二维度，并且沿所述第一维度的第一薄层电阻R_{MD}和沿所述第二维度的第二薄层电阻R_{TD}在所述导电膜上给定地点处被测量，所述第一薄层电阻和所述第二薄层电阻不同，并且所述第二薄层电阻与所述第一个薄层电阻的比率R_{TD}/R_{MD}定义了所述薄层电阻的各向异性，所述各向异性小于2、或小于1.5、或小于1.4、或小于1.2"。

请求人主张，权利要求20保护的技术方案没有限定R_{TD}/R_{MD}的下限，因此没有得到说明书的支持。针对上述无效理由，专利权人认为，R_{MD}和R_{TD}数值差别过大的导电膜不在涉案专利权利要求的保护范围内，以权利要求限定的小于1.5为例，显然从另一方向R_{MD}/R_{TD}也只能小于1.5，由此得到R_{TD}/R_{MD}应该大于1/1.5才符合涉案专利发明目的，因此结合涉案专利发明目的对权利要求进行合理解读，则可以清楚确定各向异性值的下限；且从说明书附图测量可知涉案专利已经制备得到各向异性小于1.2的导电膜；虽然涉案专利没有提供各向异性接近1的实施例，但是根据涉案专利采用

第五章 权利要求

在湿膜上沿 TD 方向施加气流以使纳米线再定向的方法,本领域技术人员能够预期通过控制气流速度即可以得到各向异性接近 1 甚至更低的导电膜。因此涉案专利概括的保护范围合理,能够得到说明书的支持。

决定认为,产品权利要求中使用了某参数的数值范围进行限定,本领域技术人员根据说明书公开的内容不足以合理预期其能够达到所述参数数值范围的部分数值,则权利要求书没有以说明书为依据。具体到本案中,采用卷对卷涂覆工艺制备导电膜,由于形成导电膜的涂覆溶液从喷嘴喷出落在移动的基底上时,涂覆溶液中的金属纳米线会受到沿基底移动方向上的剪切力影响而倾向于沿基底方向取向,因此导致 R_{MD} 小于 R_{TD},引起各向异性;而本领域技术人员所要追求的目标即是要尽量减少或消除 R_{MD} 和 R_{TD} 之间的差值,制备得到各向同性的导电膜,即 R_{TD}/R_{MD} 理想值为 1,请求人和专利权人对此均表示认可。

根据涉案专利说明书的记载以及专利权人的陈述,涉案专利对现有技术的改进也正是在于如何在卷对卷涂覆工艺过程中制备得到各向异性小的导电膜。为达到上述目的,涉案专利采用了在湿膜上沿 TD 方向施加气流使纳米线再定向以减小 R_{MD} 和 R_{TD} 之间的差值,说明书附图 2 样本 B 记录了通过涉案专利所述方法所得到的表征各向异性的 R_{TD}/R_{MD} 值。根据说明书自身文字内容对说明书附图 2 的分析总结的文字表述可以确定,涉案专利所能取得的最小各向异性值为 1.2。

针对专利权人"图 2 样本 B 最右侧的点得到的测量值是涉案专利效果最好的各向异性值"的观点,决定认为,说明书附图通常只是专利技术方案的示意性图示,只有能够从附图中直接地、毫无疑义地确定的内容才属于公开的内容,由附图中推测的内容,或者无文字说明仅仅是从附图中测量得出的数值及其关系,不应当作为已公开的内容,因此本领域技术人员从说明书文字记载及附图 2 中均无法直接地、毫无疑义地获得样本 B 最右侧点的各向异性值大小是否在 1.2 以下。而涉案专利对于小于 1.2 的 R_{TD}/R_{MD} 值范围也仅限于泛泛的描述,并没有相应的实验数据予以支持。虽然专利权人陈述通过控制气流速度即可以得到各向异性接近 1 甚至更低的导电膜,然而本领域技术人员均知晓,在卷对卷涂覆工艺制备导电膜过程中,导电膜的成型同时受多种工艺参数的影响,如基底移动速度、喷嘴与基底的距离、涂覆溶液的浓度以及喷射速度等,气流速度不是影响导电膜各向异性的唯一因素;而评价各向异性的参数越是趋近于理想值 1,越是本领域技术人员不懈追求的技术极致，专利文件对获得该范围的相应记载也应该更为具体和详尽，如前所述，影响导电膜各向异性的因素众多，在多种因素的综合作用下，仅凭涉案专利说明书记载的内容，本领域技术人员尚不足以确定仅通过调整气流速度即可决定 R_{TD}/R_{MD} 值可以达到无限接近理想值的范围。另外，基于卷对卷涂覆工艺过程的复杂性、各向异性产生的原因以及包括气流在内的各工艺参数对导电膜成型的影响，本领域技术人员也不能简单地仅基于涉案专利发明目的，即可由 R_{TD}/R_{MD} 小于 1.5 推知从另一方向上 R_{TD}/R_{MD} 也只能小于 1.5，进而确定由所述方法能够制备获得 R_{TD}/R_{MD} 大于 1/1.5 的导电膜。

因此，从涉案专利说明书记载的内容，本领域技术人员很难预见仅调控气流速度即可使 R_{TD}/R_{MD} 达到"无限趋近于1"这一本领域技术人员所要追求的目标和理想。因此，权利要求20的技术方案中由于包含了"各向异性值无限接近于1"的数值范围，而没有得到说明书的支持，因此不符合《专利法》第26条第4款的规定。

第40220号无效决定涉及专利号为200480042670.4，名称为"聚合物服装材料"的发明专利。涉案专利权利要求1要求保护一种制造服装材料的方法，所述方法具有以下步骤："涂布凝结剂到衬底上；涂布聚合物材料泡沫层到衬底上；用凝结剂来凝结一部分泡沫—受控制的期间；和其特征在于该方法还包括以下步骤：通过将流体对准衬底，从衬底除去泡沫的外面未凝结层，以便在衬底上留下一层粘着的多孔而可透气的凝结聚合物材料，使得服装材料当经受温度为 20±2℃ 和相对湿度为 65%±2% 处理 265 分钟时，将保持服装材料每 cm^2 的含水量在 1.0mg 和 8.5mg 之间。"

证据1涉及一种耐电性手套的制造方法，各操作步骤与权利要求1相同，二者的区别仅在于：证据1没有公开含水量限定，即"当经受温度为 20±2℃ 和相对湿度为 65%±2% 处理 265 分钟时，将保持服装材料每 cm^2 的含水量在 1.0mg 和 8.5mg 之间"。

合议组认为，本案的焦点问题就在于，在证据1没有记载含水量的情况下，如何将证据1与涉案专利的含水量特征进行比对。为此，请求人采用了3种途径来证明涉案专利权利要求1的含水量范围在现有技术中公开，或为本领域常规的含水量范围，虽然经分析表明，这3种途径涉及的证据均存在一些瑕疵，导致无法证明相关事实，但请求人即便克服了现有的瑕疵，要想"完美再现"现有技术的具体实施方案、提供一份被专利权人认可的检测报告的确存在很多现实困难。但是，合议组认为，本案的结论并不依赖于请求人所提供的相关重复试验和检测结果能否被认可，原因如下：

涉案专利权利要求 1 的撰写有其特殊性，特殊之处在于，权利要求 1 保护一种制备方法，其限定的全部方法步骤均已在现有技术（证据 1）公开，从文字表达来看，权利要求 1 与现有技术的差别仅在于涉案专利中采用了"含水量"这一参数限定，该参数限定实质上反映的是一种期望达到的效果，而该效果的实现还是取决于具体的方法步骤。

根据涉案专利说明书第 0065 至 0073 段的记载，"泡沫渗入衬底（及成品服装材料的孔隙度）可以通过改变七大参数来控制，包括聚合物材料的配方、凝结剂的配方、涂布凝结剂和涂布泡沫之间的时间、涂布泡沫和除去过量（未凝结的）泡沫之间的时间、泡沫的密度、泡沫黏度和衬底的重量和构造，说明书所公开的参数值提供具有所希望性能的织物材料"，可见，上述七大因素对涉案专利的制备方法都是至关重要的，任何因素的改变都会影响涉案专利的制备方法，进而影响最终制得服装材料的效果性能，包括含水量和渗透率。

涉案专利说明书分别描述了每个步骤的含义，并列举了一些具体信息，例如聚合物可选择的材料、凝结剂可选择的物质、凝结剂与泡沫的反应时间等，但没有记载在上述可选条件中进行选择从而组合成一个具体而完整的实施例/实施方案；说明书给出了 4 个样品的实验结果，声称是"按照本发明实施例所述的手套中取出的样品实验结果"，但该 4 个样品也没有具体而完整的制备方案。说明书还记载了按照现有技术的方法制备的手套样品的实验效果，但此处所称的现有技术并不是本案中最接近的现有技术——证据 1，而是制备方法和原理与涉案专利均不同的另一现有技术。

阅读涉案专利说明书记载的上述信息并考虑本领域普通技术知识后，本领域技术人员仍存在一些疑问，例如如何控制七大因素来获得希望的含水量效果，从说明书列举的各步骤的可能选择中排列组合而得到的方案是否均可实现该含水量效果，以及权利要求 1 限定的非常上位的方法步骤所涵盖的各种可能方案是否均能实现该含水量效果等。对于这些疑问，涉案专利的说明书并没有清楚地阐述，其所描述的实现含水量范围的手段是较为模糊笼统的。在口头审理中专利权人也表示，涉案专利的说明书给出了具体的实施步骤，但并不是每步的端点值制备得到的产品都能落入涉案专利的含水量或渗透率范围，其效果数值会有上下波动，可能还需要进一步常规实验筛选。

基于涉案专利权利要求1的这种特殊撰写方式，以及上述分析，决定认为，涉案专利权利要求1相对于最接近的现有技术（证据1）欲产生的贡献就在于要获得1.0~8.5mg的含水量效果，但涉案专利说明书对如何调整具体工艺以达到该效果并没有足够的教导，本领域技术人员根据说明书的教导并考虑本领域普通技术知识后，并不知晓权利要求1对方法步骤的这种非常上位的概括中，哪些具体方案可以实现其所述的技术效果。虽然请求人提供的证据无法证实证据1的含水量到底是何结果，但当重复证据1的制备步骤（也就是涉案专利权利要求1的制备步骤）后，在相同条件下测试证据1手套的含水量，结果无非是两种情况，不落入或落入1.0~8.5mg。如果证据1的含水量不落入1.0~8.5mg，恰恰说明按照权利要求1所限定的上位的制备方法制得的服装材料，效果性能并不都落入涉案专利希望达到的含水量范围，本领域技术人员仍然需要进行大量的反复试验或者过度劳动，从七大因素中选择各个参数的排列组合来尝试筛选出哪些组合能够实现权利要求1所希望达到的含水量范围，哪些组合不能够实现权利要求1所希望达到的含水量范围，这显然会损害公众利益，与专利法"以公开换保护"的立法宗旨相违背；如果证据1的含水量落入1.0~8.5mg，那么涉案专利权利要求1相对于证据1的新颖性都将不再具备，而且，此时涉案专利权利要求1采用的非常上位的概括，仍然存在还要继续筛选哪些组合能够实现权利要求1所希望达到的含水量范围，哪些组合不能够实现权利要求1所希望达到的含水量范围的问题。

因此，权利要求1以这种特殊的撰写方式进行的上位概括导致了其所概括的众多可能的具体实施方案中，还存在无法预见最终制得产品的效果性能是否满足其希望达到的含水量范围的情形，权利要求1的概括超出了说明书公开的范围，不能得到说明书的支持，不符合《专利法》第26条第4款的规定。

3.4 代表性特征限定权利要求的支持问题

粉末X-射线衍射是表征晶体的常用手段，通过粉末X-射线衍射所获得图谱表征特定晶型时，通常应通过整体图谱或至少通过主要特征峰进行表征。只采用1个特征峰尤其是2θ角度较小的峰往往不足以全面反映出某一晶型衍射图谱的特征，而且可能会涵盖多种晶型或无定形态，导致所限定的权利要求没有以说明书为依据。

第41180号无效决定涉及专利号为02809912.5，名称为"5，8，14-三氮杂四环 [10.3.1.0^{2,11}.0^{4,9}]-十六-2（11），3，5，7，9-五烯的酒石酸盐"的发明专利。涉案专利权利要求1保护5，8，14-三氮杂四环 [10.3.1.0^{2,11}.0^{4,9}]-十六-2（11），3，5，7，9-五烯的无水L-酒石酸盐（伐尼克兰L-酒石酸盐），其主要特征在于：用铜辐射测定以2θ表达的粉末X-射线衍射图至少有一个选自5.9和21.8的峰。

请求人认为，一个粉末X-衍射峰是用来做定量分析的，而不是用来鉴别晶体，涉案专利权利要求1仅以最少1个2θ角表示的粉末X-衍射峰对多晶型物的晶型进行限定，涵盖了过多未知晶型，得不到说明书的支持。

专利权人认为，如果本领域技术人员知晓所限定的衍射峰能够代表衍射图谱来表征该晶体，则该晶体权利要求能够得到说明书的支持，反证1、2分别证明一个粉末X-衍射峰可以鉴定苯噁洛芬的晶型Ⅰ，以及一个粉末X-衍射峰可以鉴定和定量无水咖啡因的晶型Ⅱ。涉案专利权利要求1仅用一个特征峰能够明确表征所述晶体，权利要求的概括是合理的。

决定认为，根据涉案专利权利要求1的表述，所述伐尼克兰L-酒石酸盐晶体可以最少仅以一个2θ值即5.9或21.8来表征。粉末X-射线衍射对于晶体结构的表征具有指纹性，但是一个粉末X-衍射峰是用来做定量分析的，通常不足以用来确定一种晶体。反证1、2中用一个粉末X-衍射峰来鉴定或定量的化合物，但不能由此推知涉案专利伐尼克兰L-酒石酸盐晶型也可仅凭一个特征峰得到表征。根据涉案专利说明书的图表显示，伐尼克兰L酒石酸盐的A、B、C晶体的衍射图谱都具有多个峰值，其中相对强度较强的也有7~9个峰之多，只采用1个特征峰尤其是2θ角度较小的峰例不能全面反映出伐尼克兰特定晶型衍射图谱的特征。粉末X-射线衍射测量条件的差异例如晶体的纯度、溶剂残留、测定仪器、环境温度等条件的差别会对获得的X粉末衍射图谱造成不同程度的影响，涉案专利说明书概述部分记载所述测定的数值具有±0.2的误差计算，表Ⅰ~表Ⅲ记载了伐尼克兰L-酒石酸盐的X粉末衍射数据，其中A晶体包括2θ角为6.1、d值为14.5的峰，B和C晶体分别包括2θ角为5.9、d值为15.0的峰和2θ角为5.9、d值为15.1的峰，涉案专利权利要求1中仅以5.9的峰值来表征的晶体至少包括伐尼克兰 L‑酒石酸盐 A、B 和 C 三种晶体的可能。从说明书数据就可以看出，权利要求 1 中所限定的 5.9 和 21.8 这两个峰值并非特定晶体所独有涵盖了过多可能和涉案专利发明无关的伐尼克兰其他晶型或形态。本领域技术人员难以预期涉案专利权利要求 1 涵盖的过多未知晶型或形态均可达到本发明的技术效果，涉案专利权利要求 1 的技术方案得不到说明书的支持。

第六章　修　改

如果分案申请权利要求中增加的技术特征导致该权利要求的技术方案既未记载在原申请中，也不能从原申请中直接地、毫无疑义地确定，则分案申请超出原申请记载的范围，不符合《专利法实施细则》第43条第1款的规定。

第46350号无效决定涉及专利号为201610182839.0，名称为"用于连同服务特定传输时间控制的高速上行链路分组接入中的自治传输的慢MAC-E"的发明专利，是申请号为200580038621.8的原申请的分案申请。涉案专利的权利要求1为："1. 一种由移动台执行的、用于其中不需要来自网络的调度授权的自治增强型上行链路传输的方法，包括：确定媒体接入控制实体的虚拟传输时间间隔，其中，虚拟传输时间间隔限定在增强型上行链路传输之间允许的最小时间间隔，所述虚拟传输时间间隔独立于空中接口传输时间间隔；检查以确定是否所述媒体接入控制实体在当前空中接口传输时间间隔中传输数据分组（下称'检查步骤一'），其中检查以确定是否所述媒体接入控制实体在当前空中接口传输时间间隔中传输数据分组包括：检查以确定是否所述媒体接入控制实体清空其无线链路控制缓冲器（下称'检查步骤二'）；以及针对其中确定为所述媒体接入控制实体没有在当前空中接口传输时间间隔中传输的情况，仅在确定由所述虚拟传输时间间隔所确定的期间已经过去之后传输下一数据分组。"根据权利要求1的内容可知，权利要求1限定了两个检查步骤，即，检查步骤一"检查以确定是否所述媒体接入控制实体在当前空中接口传输时间间隔中传输数据分组"；检查步骤二"检查以确定是否所述媒体接入控制实体清空其无线链路控制缓冲器"；并且，该权利要求1还限定了"检查步骤一"包括"检查步骤二"。

请求人认为，原申请没有公开"检查步骤一"，也没有公开"检查步骤二"以及两者之间的包含关系，而且原申请中限定了检查MAC能否在当前空中接口 TTI 期间清空 RLC 缓冲器的情形，但这与检查 MAC 是否已清空 RLC 缓冲器是完全不同的概念。涉案专利权利要求 1 的技术特征"检查以确定是否所述媒体接入控制实体在当前空中接口传输时间间隔中传输数据分组；以及针对其中确定为所述媒体接入控制实体没有在当前空中接口传输时间间隔中传输的情况，仅在确定由所述虚拟传输时间间隔所确定的期间已经过去之后传输下一数据分组"是涉案专利在提出分案申请时所作的修改，其未记载在原申请中，不能从原申请中直接地、毫无疑义地得出，因此涉案专利权利要求 1 不符合《专利法实施细则》第 43 条第 1 款的规定。

专利权人认为，原申请文件说明书第 15 页第 2 段记载了"在这些条件下的 UE MAC 的操作的例子如下：（ⅰ）如果 MAC 能够在该空中接口 TTI 期间清空 RLC 缓冲器，则在虚拟 TTI 后，MAC 将在下一个预定的后续时间间隔检查 RLC 缓冲器；（ⅱ）如果 MAC 不能够清空缓冲器，则 MAC 还将为下一个空中接口 TTI 检查 RLC 缓冲器。"这段内容记载了 UE MAC 操作的两种情况，通过结合考虑这两种情况，以及说明书附图 7，可以直接地、毫无疑义地确定修改后的权利要求 1 中限定的上述技术特征。其中，根据记载的情况（ⅱ）"如果 MAC 不能清空缓冲器，则 MAC 还将为下一个空中接口 TTI 检查 RLC 缓冲器"，可以直接得出，存在对于 MAC 是否"清空了"RLC 缓冲器的检查，这是因为只有 MAC"无法清空缓冲器"，MAC 才会为下一个 TTI（对应于权利要求 1 中的"当前空中接口传输时间间隔"）检查 RLC 缓冲器。因此，当 MAC 为下一个 TTI 检查缓冲器时，就存在"缓冲器没有被清空"的确定。并且，在缓冲器被清空的情况下，MAC 将在确定由虚拟传输时间间隔所确定的时间段过去之后检查缓冲器［即上面内容记载的情况（ⅰ）］。即，从原申请记载的内容可以直接地、毫无疑义地确定涉案专利权利要求 1 限定的上述技术特征。因此，涉案专利权利要求 1 并未超出原申请记载的范围，符合《专利法实施细则》第 43 条第 1 款的规定。

决定认为，上述"检查步骤一"是对当前 TTI 是否传输数据的检查。原申请说明书第 15 页第 2 段记载："在这些条件下的 UE MAC 的操作的例子如下：（ⅰ）如果 MAC 能够在该空中接口 TTI 期间清空 RLC 缓冲器，则在虚拟 TTI 后，MAC 将在下一个预定的后续时间间隔检查 RLC 缓冲器；（ⅱ）如果 MAC 不能够清空缓冲器，则 MAC 还将为下一个空中接口 TTI 检查 RLC 缓冲器。"根据上述内容可知,原申请中记载的相关步骤是:判断 MAC 是否能够在当前 TTI 清空 RLC 缓冲器,根据判断结果来确定是否在下一个虚拟 TTI 传输还是下一个 TTI 传输。可见,原申请记载的步骤是对当前 TTI 清空能力的判断,即判断 MAC 是否能够在当前 TTI 清空 RLC 缓存器,而不是检查 MAC 事实上是否在当前 TTI 传输(即"检查步骤一")。因此,涉案专利权利要求 1 中限定的特征"检查以确定是否所述媒体接入控制实体在当前空中接口传输时间间隔中传输数据分组"(即"检查步骤一")在原申请文件中没有记载,也不能从原申请文件记载的内容中直接地、毫无疑义地确定;同理,原申请记载的步骤是判断 MAC 是否能够在当前 TTI 清空 RLC 缓存器,而不是检查 MAC 事实上是否已清空 RLC 缓冲器(即"检查步骤二")。并且,检查 MAC 是否在当前 TTI 传输和检查 MAC 是否已清空 RLC 缓冲器(即"检查步骤一"和"检查步骤二")是两个不同层面的检查步骤,两者的判断过程和结果并不相同。原申请文件未记载"检查步骤一"与"检查步骤二"两者为包括关系,也不能从原申请记载的内容中直接地、毫无疑义地确定。因此,涉案专利权利要求 1 中限定的特征"其中检查以确定是否所述媒体接入控制实体在当前空中接口传输时间间隔中传输数据分组包括:检查以确定是否所述媒体接入控制实体清空其无线链路控制缓冲器"导致该权利要求的技术方案未记载在原申请中,也不能从原申请记载的内容中直接地、毫无疑义地确定。因此,涉案专利的权利要求 1 不符合《专利法实施细则》第 43 条第 1 款的规定。

在判断修改是否超范围时,应将所修改的技术特征放在权利要求的整体语境中理解,判断该技术特征的修改是否导致修改后的权利要求超范围。根据权利要求技术方案的整体去理解所修改的技术特征的准确含义,要求本领域技术人员结合上下文的关系并作出符合申请发明目的理解,而非仅从字面地、孤立地、僵化地进行解读。

第 140738 号复审决定涉及申请号为 201180072276.5,名称为"互联网协议语音服务"的发明专利申请。复审请求人将驳回决定所针对的权利要求 1 中的特征"向所述基站发送所述静默描述分组"修改为"向所述基站仅发送所述静默描述分组"。

本案的争议焦点在于,说明书中仅记载了"在闲置状态期间,终端可以使用从基站接收的资源分配完成对静默描述分组一次一个的传输,并且不传输缓冲区状态报告",而并未涉及发送其他内容,上述修改是否符合《专利法》第 33 条的规定。

决定认为,与该修改的技术特征相关的权利要求上下文表述为"响应于所接收的第一调度信号,向所述基站仅发送所述静默描述分组;完成向所述基站发送所述静默描述分组,而不向所述基站传输缓冲区状态报告",即通过修改,权利要求 1 明确限定了:响应于第一调度信号,只向基站发送静默描述分组,而不发送缓冲区状态报告。本申请原说明书第 39 段记载了"在一些示例中,在闲置状态期间,终端可以使用从基站接收的资源分配完成对静默描述分组一次一个的传输,并且不传输缓冲区状态报告"。原说明书第 55 段还记载了"在一些示例中,可以响应于所接收的调度信号发送静默描述分组。如本文讨论的,在调度信号中接收的上行链路分配可以足够用于传输静默描述分组或缓冲区状态报告。在操作 314,VoIP 服务可以处于闲置状态,并且终端 302 可以具有将要被发送的静默描述分组。在这样的状态下,终端 302 可以发送静默描述分组而无须首先发送缓冲区状态报告,这可以节省上行信道资源并且降低在发送静默描述分组中的延迟时间"。也就是说,原说明书已经明确记载,在闲置状态下,即使在调度信号中接收的上行链路分配可以足够用于传输静默描述分组或缓冲区状态报告,终端也可以只发送静默描述分组,而无需发送缓冲区状态报告。因此,本申请权利要求 1 的上述修改可以从原说明书和权利要求书所记载的内容中直接地、毫无疑义地确定,该修改没有超出原说明书和权利要求书记载的范围,符合《专利法》第 33 条的规定。

在判断权利要求中某一技术特征是否可以从原申请文件中直接地、毫无疑义地确定时,如果本领域技术人员根据现有技术可以确定该技术特征与修改依据之间存在直接且唯一的对应关系,则允许修改;如果现有技术表明该技术特征与修改依据之间不是唯一对应关系,或者申请日时不存在采用该技术特征的可能,则该技术特征无法从原申请文件中直接地、毫无疑义地确定。

第 36998 号无效决定涉及专利号为 200680014086.7,名称为"用于 VOIP 的固定 HS-DSCH 或者 E-DCH 分配"的发明专利。在涉案专利的实质审查阶段,专利权人针对原权利要求 1 与原权利要求 7 之间不具备单一性的缺陷,对原权利要求 7 进行了重新撰写,出现了新的技术特征"调制和编码机制",授权公告的权利要求7如下:"7. 一种在用户设备中执行的方法,其中从无线接入网络接收第一控制信息用于处理数据分组,其中所述第一控制信息包括传输参数,所述传输参数包括数据信道上使用的调制和编码机制;使用所述第一控制信息的传输参数接收数据信道上的第一数据分组;以及只有在一个或多个相应后续传输参数不同于用于接收所述第一数据分组的一个或多个相应值时,为数据信道上的至少一个后续接收,接收另一控制信息,所述另一控制信息包括一个或多个不同的传输参数值。"

请求人认为,涉案专利权利要求7中的技术特征"调制和编码机制"超出了原申请文件记载的范围。请求人提供现有技术证据用于证明英文缩写"MCS"的解释并非唯一对应于"调制和编码机制",在该现有技术证据中,英文缩写"MCS"的解释为"信道化码字集和调制"。

专利权人认为,权利要求7中"调制和编码机制"的修改依据为原申请文件说明书第13页倒数第3段中的英文缩写"MCS"。专利权人提交从3GPP网站上获取的两份反证"3GPP TS 25.308 V5.2.0(2002 – 03)"和"3GPP TR 25.950 V4.0.0(2001 – 03)",均用于证明英文缩写"MCS"的解释为"调制和编码机制",这是涉案专利优先权日前的公知常识。此外,发送"调制和信道化码"就相当于发送了"调制和编码机制","调制和信道化码"的组合相当于是"调制和编码机制"。

决定认为,首先,权利要求7记载了技术特征"从无线接入网络接收第一控制信息用于处理数据分组,其中所述第一控制信息包括传输参数,所述传输参数包括数据信道上使用的调制和编码机制",基于权利要求7的上述限定可知,"调制和编码机制"是作为第一控制信息的传输参数,通过无线接入网络发送到用户设备以用于处理数据分组的。双方当事人均认可"调制和编码机制"的含义为调制和编码速率,合议组站位于本领域技术人员亦认可该含义。原申请文件说明书第2页第1段记载了:"HS – SCCH信令发送是纯粹物理(/MAC)层信令发送,其告知UE以下参数:UE id(HS – SCCH上的控制以及数据信道(HS – DSCH)上的数据的预定(intended)接收者)、在数据信道上使用的调制机制和信道化代码、传输块大小(TBS)、HARQ(混合自动重传请求)进程id、HARQ冗余和星座版本以及ND(新数据指示器)";说明书第9页第5段记载了:"当UE正确接收/解码HS – SCCH(以及相应的HS – DSCH)时,其对在HS – SCCH

上接收的传输格式参数（调制机制、信道化代码、HARQ 进程 id、冗余和星座版本以及传输块大小）进行存储并试图在 Tms 后重新使用这些参数"。可见，上述原说明书中多处记载的用于告知或发送到用户设备 UE 的传输格式参数并不包括"调制和编码机制"。由于"调制和编码机制"与涉案专利原说明书中记载的调制机制、信道化代码、HARQ 进程 id、传输块大小等传输参数是有着不同定义的物理概念，故权利要求 7 的技术特征"调制和编码机制"既未记载在原说明书和权利要求书中，也不能由原说明书和权利要求所记载的内容中直接地、毫无疑义地确定。

其次，专利权人的两份反证证明了英文缩写"MCS"的解释可以是"调制和编码机制"，而请求人提供的现有技术证据证明了英文缩写"MCS"（channelization code set and modulation）的解释为"信道化码字集与调制信息"。由此可知，在涉案专利申请日前，英文缩写"MCS"并非与"调制和编码机制"存在唯一的对应关系，本领域中"MCS"还存在着其他常见的解释情况。因此，仅仅依据英文缩写"MSC"并不能直接地、毫无疑义地确定其为"调制和编码机制"。

最后，即使将英文缩写"MCS"理解为"调制和编码机制"，根据涉案专利原申请文件说明书第 13 页相关段落的记载，本领域技术人员也仅能确定"通过发送改变的'调制或者一个或多个信道化代码'传输参数，可以改变 MCS"，并不能确定"传输参数包括 MCS，MCS 会作为参数通过控制信息发送给用户设备"。另外，原说明书背景技术部分记载了涉案专利是应用于 UTRAN 中的发明。原说明书第 10—11 页还记载了 UTRAN 中的 HS-SCCH 分成两部分传输，部分 1 占用 TTI 的第一时隙，部分 2 占用 TTI 的第二、第三时隙；部分 1 中的传输参数包括调制类型、信道化代码，这是用于解调数据分组必备的参数，部分 2 中的传输参数包括传输块大小和 HARQ 相关信息等，这些是用于解码数据分组的参数；这样的传输机制能够保证在现有的网络条件下尽可能高效地将控制信息发送出去。也就是说，在控制信息中携带什么参数、如何传输这些参数，有很大一部分原因是由该系统的传输机制、传输能力决定的。而本领域技术人员公知的"调制和编码机制"是以索引表格的形成呈现的所限定的内容为准，每一个"调制和编码机制"索引对应了一组参数下的物理传输速率。事实上，囿于 UT-RAN 的传输带宽、传输速率，将庞大的索引表格包含在控制信息中传输是不合适的，而随着通信技术的发展，最终能将"调制和编码机制"作为参数携带在控制信息中传输,是通过 4G 的 LTE 网络中实现的。因此,本领域技术人员知晓,"调制和信道化码"和"调制和编码机制"是不同的技术概念,发送"调制和信道化码"不能相当于发送"调制和编码机制"。

综上所述,涉案专利权利要求 7 的技术特征"调制和编码机制"既未明确地记载在原说明书和权利要求书中,也不能由原说明书和权利要求书所记载的信息中直接地、毫无疑义地确定,超出了原说明书和权利要求书记载的范围,不符合《专利法》第 33 条的规定。

对于根据原申请文件实施例中公开的点值对权利要求中的多个数值范围进行修改的方式,不仅需要考虑每个修改后的数值范围是否超出原申请文件记载的可能取值范围,还需考虑不同取值范围之间是否具有紧密的、严格的对应关系,如果不同的数值必须以特定的比例或者组合才能解决技术问题,则不允许通过修改对多个点值进行任意组合。

第 38717 号无效决定涉及专利号为 201510463085.1,名称为"含有 α,α-海藻糖二水合物晶体的粉末的制备方法"的发明专利。涉案专利权利要求 1 保护具有下述(1)至(3)的特征的含有 α,α-海藻糖二水合物晶体的粉末:(1)含有基于无水物换算的 99.2 质量%以上且 99.7 质量%以下的 α,α-海藻糖;(2)基于粉末 X 射线衍射图谱算出的 α,α-海藻糖二水合物晶体的结晶度是 91.0%以上且 96.8%以下;和(3)粒径为 53μm 以上且不足 425μm 的粒子占粉末全体的 70 质量%以上,粒径为 53μm 以上且不足 300μm 的粒子占粉末全体的 50 质量%以上。请求人认为,不同制备方法、不同批次的海藻糖,其纯度、结晶度和粒度分布是不同的,涉案专利权利要求 1 中包含的纯度特征"99.2 质量%"根据实施例 3 修改得到,"99.7 质量%"和结晶度特征"96.8%"是依据实施例 6 修改得到,即权利要求 1 经过二次概括修改得到,超出了原申请记载的范围。

决定认为,根据涉案专利原申请 CN201280055581.8 的记载,发明的目的是克服现有技术中含有海藻糖二水合物晶体的粉末的制备方法中的不便,以保持海藻糖的纯度,显著提高含有海藻糖二水合物晶体的粉末的对淀粉收率。使用来源于类芽孢杆菌属(Paenibacillus)微生物的天然型或者重组型 CGT 酶或者它们的突变体酶,从而使海藻糖生成反应效率更加优异地进行,不经过采用柱色谱法的分馏步骤,可以将葡糖淀粉酶处理步骤后的含有海藻糖的糖液中的海藻糖含量提高至基于无水物换算的 86.0 质量%水平以上，优选87.0质量%以上。原申请说明书实施例部分记载，通过实验1-3得到的反应液1至8通过自然冷却辅助结晶方式，得到含有海藻糖二水合物晶体的粉末受试样品1至8，海藻糖纯度从98.4%到99.2%变化，结晶度从78.7%到88.1%变化。将上述含有海藻糖的糖液1至8通过拟似控制冷却法，得到含有海藻糖二水合物晶体的粉末受试样品C1至C8，海藻糖纯度从99.0%到99.6%变化，结晶度从85.4%⋯⋯91%到96.0%变化。实施例3使用来源于通过实验1-2的方法制备的饲料类芽孢杆菌NBRC13638株的CGT酶进行海藻糖生成反应，通过拟似控制冷却法，所制得的海藻糖二水合物晶体粉末含有基于无水物换算的99.2%的海藻糖。海藻糖二水合物晶体结晶度是92.6%。粒度分布情况是：75.2%的粒径为53μm以上且不足425μm的粒子，69.3%的粒径为53μm以上且不足300μm的粒子，以及7.8%的粒径为425μm以上的粒子。实施例6记载了，使用来源于通过实验1-2的方法制备的饲料类芽孢杆菌NBRC13638株的CGT酶进行海藻糖生成反应，通过拟似控制冷却法，得到含有海藻糖二水合物晶体的粉末，所述粉末含有基于无水物换算的99.7%的海藻糖。海藻糖二水合物晶体结晶度是96.8%。粒度分布情况是：84.5%的粒径为53μm以上且不足425μm的粒子，76.2%的粒径为53μm以上且不足300μm的粒子，以及6.4%的粒径为425μm以上的粒子。原申请实施例表明，所制备的海藻糖二水合物晶体粉末的纯度、结晶度的数值可在一定范围内变化，依据实施例3和实施例6公开的具体数值修改后的权利要求1中包含的纯度范围的两个端值和结晶度范围的两个端值均在实施例中公开，并且修改后的纯度和结晶度的数值范围没有超出原申请说明书披露的可能取值范围。同时，根据原申请说明书实施例公开的试验结果可知，虽然海藻糖二水合物晶体粉末的纯度和结晶度之间存在关联，如纯度越高，结晶度也相对较高，但是每批海藻糖二水合物晶体粉末的纯度、结晶度是不同的，两者的数值是波动变化的，不具有紧密的对应关系，两者之间不是以特定方式组合才能解决技术问题，修改后的纯度和结晶度的数值范围的组合未超出原申请的记载。因此，涉案专利权利要求1是本领域技术人员能够从原申请原始公开文本中直接地、毫无疑义地确定的内容，符合《专利法》第33条和《专利法实施细则》第43条第1款的规定。

第七章　证据的认定

在无效宣告程序中，当事人应当对其主张的事实提供证据并予以证明，否则，应当由该当事人承担不利后果。证据的认定即确认当事人提交的证据是否具有证据能力、能否作为认定事实的根据。

1　证据资格与证明力

1.1　书　证

在化学领域的无效宣告程序中，专利权人在针对充分公开或者创造性的无效理由经常选择提供原始实验记录，以证明在其申请日前已经完成的某些工作。专利权人在举证时往往将此类证据中涉及商业秘密或者与本案无关的一些内容进行选择性的覆盖，甚至重新整理后形成一份新的记录。那么，考查此类证据具体内容的证明力之前，首先需要关注这份证据本身的真实性，以及保留下来的那部分内容在形式上是否真实、完整和连贯，若其形式和内容上存在多种瑕疵，将导致无法认可其真实性。

第36902号无效决定涉及专利号为00816941.1，名称为"吡咯并[2,3-d]嘧啶化合物"的发明专利。无效宣告程序中，专利权人所提供的反证5声称为专利权人的原始实验数据。在本案口头审理结束前，专利权人无法提供反证5的原件和相应公证认证文件；口头审理之后，专利权人提交了反证5的公证认证文件和中文译文，认为其能够表明反证5是有关原始实验数据相关页的真实副本。

针对该证据，请求人认为，上述文件仅能反映出证人是在原始文书上签字的人，不能够证明"原始文书中所记载的内容是真实有效的"，并且公证认证手续的提交时间超过了举证期限，因此，反证5不应予以考虑。

合议组认为，专利权人在庭后提交了反证5的公证认证文件，合议组对该公证认证文件的形式真实性予以认可。但是，对于技术词典、技术手册和教科书等所属技术领域中的公知常识性证据或者用于完善证据法定形式的公证文书、原件等证据,最晚应于在口头审理辩论终结前补充,本案中,截至口头审理结束时,专利权人未能出示反证5原件并履行相应的公证认证手续,也没有提交证据表明其存在未能按期完成法定手续的正当理由。因此,对于反证5,合议组原则上不予考虑。

进一步考察可知,该证据形式上也存在诸多瑕疵,例如实验记录非连续编页,整体上字迹模糊不清导致绝大部分内容,特别是实验结果部分,如化合物的分子式和相应实验数据等关键信息均无法辨认,并且实验记录整体上格式不统一,存在粘贴、手工填写和标注等各种记录形式,专利权人的代理人在口头审理时也承认该证据是从缩微胶卷中摘录与本专利有关的内容并局部放大显示(即No.48454-93、No.48454-96、No.48455-34页下方的表格片段)而形成的,因此,反证5从形式上明显不属于本领域常用的完整的原始实验记录本。

尽管在公证认证文件中,出证人在公证员面前"……出示了他们的充分的身份证明",并"……证明:附件页包括48454-1页,48454-93页,48454-96页,48454-133页,48454-34页(注,此处译文错误,应为48455-34页)是辉瑞中心研究记事簿48454和48455的真实副本",但是,有关出证人本人与专利权人的关系、与实验记录以及实验本身存在何种关系等,均未在公证认证文件中显示,此人亦不是反证5中签名的试验人员,因此,公证认证手续仅能够表明出证人在公证员面前出具了上述证言,但是反证5内容的来源及真实性仍然无法得到确认,在请求人不认可反证5真实性基础上,合议组对其真实性也不予认可。

1.2 证人证言

在缺乏其他客观证据予以证明或佐证的情况下,证人证言本身一般不能单独作为认定事实的依据。

第35772号无效决定涉及专利号为200910011237.9,名称为"在整体内外层的双层壁舟体内装有墩撑式悬空座板的龙舟"的发明专利。请求人提交的证据6为国际龙舟联合会主席出具的书面证言。其在证言中陈述:"兹证明并确认如下图中所示的龙舟坐凳下方墩撑式立柱设计,可以并允许被所有国际龙舟联合会通过认证的龙舟生产厂商应用。作为国际龙舟联

第七章 证据的认定

合会旗下龙舟生产厂商,这款设计是 2004 年德国 BUK 船艇公司首次研发成功并应用。国际龙舟联合会于 2005 年认可,并确认其他通过认证的龙舟生产厂商同样也能够应用此坐凳下方墩撑式立柱设计。此龙舟坐凳下方立柱体系,自 2005 年 1 月开始,不是归属于任何一个品牌龙舟的独家特色设计,而是属于所有国际龙舟联合会通过认证的船艇生产厂家,其中包括大连乾龙水上运动发展有限公司,以及上海培生船艇有限公司。"

在口头审理过程中,证人迈克尔(Michael)当庭介绍了其在任期间国际龙舟联合会的历史沿革,如何加入国际龙舟联合会等内容,并明确表示证据 6 确系其本人出具。证人当庭陈述的主要内容包括:在 1989 年其负责并参与研发了用于竞技的玻璃纤维运动龙舟,随后成立了一家主要用于建造龙舟并推广龙舟运动的公司 BUK 公司,随着龙舟运动的发展,BUK 公司制作了非常详细的技术图纸,并推出技术手册介绍龙舟的具体结构,这些图纸和手册都是公开的,其他厂商在制造龙舟的时候需要遵守相关协议,协议的主要内容包括图纸,相关的知识产权属于欧洲龙舟协会所有。1991年国际龙舟联合会成立后,知识产权转移到国际龙舟联合会,主要包括根据图纸以及技术手册在内的技术参数制造龙舟的权利、向龙舟比赛提供龙舟的权利、出售龙舟的权利。协议还规定任何龙舟制造者如果对龙舟进行改变,需要得到国际龙舟联合会主席的批准,一旦获得批准,就可以进行改变和增加部分,但是这些改变和增加部分也必须允许其他龙舟制造商使用。对于图纸和手册,任何人都可以申请获得,但是需要交纳一定费用。关于墩撑式的结构在 2006 年或 2008 年的产品上采用过,龙头和龙尾是铰接式自由移动的结构,是 2009 年之前已有的结构。

合议组认为,虽然证人当庭陈述与本专利相关的龙舟结构或技术特征已经存在于 BUK 公司制作的技术图纸和介绍龙舟具体结构的技术手册中,而且该技术图纸和技术手册是任何人通过申请并交纳一定费用即可获得的,但是证人并没有提交或当庭出示技术图纸和技术手册等相关技术资料,也没有提供其他证据证明技术图纸和技术手册可以通过其声称的方式获取,而只是在其书面证言中描述了相关结构,在没有其他证据来证明其所陈述的内容的情况下,仅凭证人证言这一孤证,合议组无法确认其所陈述的相关结构的具体内容的真实性,无法确认证人所述龙舟坐凳下方墩撑式立柱设计能否构成本专利的现有技术。

1.3 销售合同

如果证据之间相互佐证，符合订立购买合同的一般商业惯例，具有较强的证明力，使当事人所主张的事实具有高度盖然性，在对方当事人掌握证据原件却不予提供，且没有其他相反证据的情况下，合议组对该事实予以确认。

第52451号无效决定涉及专利号为202021783950.3，名称为"一种隔油设备"的实用新型专利。请求人提交的证据1为订货方为上海双解泵业制造有限公司、供货方为上海台佳泵机制造有限公司、签订时间为2018年7月6日的产品购销合同复印件，合同编号为TJ20180705003，其产品名称栏中的名称为"隔油提升设备"，备注栏中有"箱体尺寸2750 * 1200 * 1750"的记载；该合同的第2、第3页为上海台佳泵机制造有限公司的名称为"隔油提升一体化智能设备"的设计图纸的复印件，其上载明"制图吴某""订单标号20180705003""日期2018年7月6日""外形尺寸3200 × 1200 × 1900"。请求人认为，证据1能够证明上海台佳泵机制造有限公司销售的"隔油提升设备"是在本专利申请日之前已经完成设计和公开销售的，构成本专利的现有技术。专利权人对证据1的真实性和公开性无异议，但对证据1中的产品购销合同与产品设计图纸的关联性有异议。专利权人认为，按常理图纸的制定日期应早于合同签订日期，但证据1中合同签订日期与图纸的制定日期相同，二者日期一致不符合常理；证据1的合同中产品名称为"隔油提升设备"，图纸中的名称为"隔油提升一体化智能设备"，二者名称不一致；证据1的合同中备注栏注明的箱体尺寸小于图纸中显示的产品外形尺寸，因此合同中的箱体不能盛装图纸中的产品，二者存在矛盾。

请求人提交的补强性证据4为（2021）沪金证经字第152号公证书，该证据4显示"胡某某~双解泵业"于2018年7月13日通过微信向"上海台佳谭某某"回传了盖章后的合同以及带有骑缝章的图纸，回传的盖章的合同和图纸与证据1相同，能够证明证据1中的合同与图纸为一份文件，具有关联性。

决定认为，证据1为供货方上海台佳泵机制造有限公司（即请求人）与订货方上海双解泵业制造有限公司（即专利权人）签订的产品购销合同以及设计图纸的复印件，证据4的公证内容涉及证据1合同供货方即请求人的委托代理人"谭某某"登录自己的手机找到的与合同订货方即专利权人的法人代表"胡某某"的微信聊天记录。证据4第031至045页显示："上海台佳谭某某"于2018年7月7日上午09：07向"胡某某～双解泵业"发送了"上海台佳－胡龙文图纸合同7.7"的PDF文件，并请胡某某在合同和图纸上盖章回传，"胡某某～双解泵业"于2018年7月10日上午09：29和上午11：06回传了未盖章的合同和图纸；谭某某于2018年7月13日上午09：41向胡某某发送"上海台佳－胡某某图纸合同7.13"的PDF文件，并请胡某某在合同和图纸上盖章回传，胡某某于2018年7月13日上午09：59回传了盖章的合同和图纸，共3页；第041至043页显示分别点开放大上述3页盖章的合同和图纸的内容；谭某某于2018年7月13日和2018年8月2日向胡某某发送报价清单。

合议组认为，微信是由腾讯公司推出的即时通讯服务软件，其显示的聊天记录的时间为平台服务器时间，用户可以在发送消息后立即撤回，但不能修改编辑发送时间，而且，专利权人认可证据4中微信聊天记录中的"胡某某～双解泵业"为合同订货方即专利权人的法人代表"胡某某"本人，在无相反证据的情况下，合议组对证据4中微信聊天记录的真实性予以确认。根据证据4记载的内容可知，第041至043页显示的合同及图纸是胡某某于2018年7月13日上午同时盖章回传的3页文件，基于通常理解，该3页文件相互关联，指向同一个产品购销事实；并且第041页合同的合同编号与第042至043页图纸上的订单标号一致，且合同的签订日期与图纸上标识的日期一致，供货方与图纸设计方姓名也一致，证据1和证据4之间相互佐证，具有较强的证明力，请求人主张的证据1中的合同及图纸属于同一购销合同具有高度盖然性。

证据4的微信聊天记录显示，"谭某某"在2018年7月7日上午9：07向"胡某某"发送了图纸合同，并发送文字说明"图纸改过的，以这份为准"，尽管证据4没有显示该图纸合同的具体内容，但由此可知，在签订合同过程中图纸进行了改动，基于此，供货方对图纸的日期进行更改使得合同和图纸的日期相同符合常理；虽然证据1合同中产品名称为"隔油提升设备"而图纸中为"隔油提升一体化智能设备"，但二者均是隔油提升设备，不存在产品种类区别，图纸名称是对"隔油提升设备"的进一步细化描述，通常技术人员负责设计图纸，销售人员负责制作产品购销合同，图纸的名称与合同的产品名称在一定范围内存在差别是可能存在的情况；关于证据1合同中备注栏注明的"箱体尺寸"小于图纸中显示的产品外形尺寸的意见，合议组认为，首先，合同中没有注明"箱体尺寸"为产品的外包装箱的尺寸，按照商业惯例，产品购销合同中一般备注的是产品本身的参数，而不会备注外包装箱尺寸，而且从证据1中表格的备注一栏可以看出，在上述"箱体尺寸"之后，注明的是进水口、透气管、控制柜等部件本身的规格和参数，由于渣液分离箱、油液分离箱、污水提升箱等是证据1中产品的主要组装结构，所述"箱体尺寸"更有可能指渣液分离箱、油液分离箱、污水提升箱的箱体本身尺寸，该尺寸小于图纸中产品外形尺寸具有合理性。

根据证据4的记载，第041至043页显示文件为"胡某某"于2018年7月13日应"谭某某""合同图纸麻烦盖章回传"的消息所发回的合同和图纸。根据证据4的微信聊天记录可知，证据1的合同双方通过微信互传的方式签订合同，供货方（即请求人）将合同及图纸盖好章后发送给订货方（即专利权人），订货方再加盖自己印章后回传给供货方，供货方仅有加盖供货方印章的原件，订货方即专利权人具有加盖双方印章的原件。证据4第041至043页显示的合同和图纸上盖有两个骑缝章，虽然无法看清其中一个骑缝章的具体内容，但能够看清另一个骑缝章为供货方（即请求人）的公章，而且合同上已经加盖了供货方（即请求人）和订货方（即专利权人）双方的印章，在专利权人掌握合同原件却没有充分理由不予提供以证明其合同与图纸不属于同一供销合同的主张的情况下，专利权人仅以其中一个骑缝章模糊否定第041至043页显示的合同和图纸的关联性的主张不成立。

1.4 互联网证据

1.4.1 网站运行机制

交易快照所记录的商品信息通常应与被交易商品相符，且交易完成后交易快照通常无法被修改，在没有证据证明交易快照与被交易商品不一致或在交易后被修改的情况下，交易快照记录的商品信息应视为被交易商品的实际信息。

第35982号无效决定涉及专利号为201420535955.2，名称为"一种磁性拼接玩具车"的实用新型专利。请求人提交的证据附件10为（2017）沪嘉证经字第1283号公证书，附件10记载了某淘宝卖家的销售记录，其所附附件第20页显示其中订单号为805087529309236的销售记录的成交时间为2014年9月14日，早于本专利的申请日，该附件第21至50页显示了该订单所涉及商品的交易快照。专利权人认为交易快照在成交后仍然可以由卖家进行编辑，且附件10中提到的卖家与专利权人存在侵权纠纷，有动机修改交易快照，专利权人还提交了一份网页截屏复印件，用于说明交易快照是可以在交易后被卖家修改的。

对此，合议组认为，淘宝网站作为经营多年的国内知名网络交易平台，其社会公信力可以被认可，其关于交易快照规则的描述通常认为与事实相符。即使卖家与专利权人存在利害关系，由于其并不具备在交易后编辑修改交易快照的权限，在没有证据证明交易快照被修改的情况下，并不能仅由于利害关系就否定相关事实。专利权人所提交的网页截屏复印件仅是其他网站中网友对个别交易纠纷的评论，该交易与本案无关，也仅是个别购买者一方言论，缺乏作为交易平台管理者的认定以及卖家的发言，并不足以作为认定交易快照能够被卖家修改的依据。因此，在没有证据证明涉案交易快照已被修改的情况下，专利权人的上述主张合议组不予支持。

鉴于淘宝网站的交易快照系交易双方达成买卖关系时用于记录成交商品基本信息的照片，其于订单创建时生成，其信息描述通常与实际成交商品相符，从而网站能够将其作为买卖双方发生交易的凭证，任何交易纠纷或者投诉都以交易快照为准。如果商家在交易后再对成交商品的信息进行编辑修改，也不会影响交易快照所记录的信息。由此可以确定，前述订单号所涉及的商品在本专利申请日之前已公开销售，构成本专利的现有技术，且附件10公证的交易快照能够反映该商品的相关信息。即使考虑实际达成交易的商品与交易快照不必然完全一致，由于该交易快照所记录的商品信息在本专利申请日之前已经作为商品的宣传页面向公众展示，其相关信息本身也已构成现有技术。

对于互联网网站上公开图片的真实性和公开性的认定，通常应当考虑网站的运营模式、管理机制等因素综合确定。如果没有证据证明公众对网站数据能够进行编辑或修改，则可对其真实性予以确认；通过付费或会员制方式访问网站并不影响其构成专利法意义上的公开。

第 50749 号无效决定涉及专利号为 201330425246.X，名称为"鞋"的外观设计专利。请求人提交的一份证据为"名鞋网"网站显示的图片。专利权人对名鞋网的主办主体存疑，认为名鞋网访问量少，公信力低，且请求人是名鞋网的首要合作对象，与名鞋网存在明显利害关系。此外，名鞋网是会员制网站，网站上的图片仅供特定会员访问，不是会员的话能看到的信息较少，不处于公众能够获得的状态，故不构成专利法意义上的公开。

决定认为，首先，名鞋网是一家以发布鞋类资讯为主的互联网平台，从网页数据和内容看，该平台拥有丰富多样且较大规模的图片量，采用会员制运营模式，根据一般公众对会员制互联网平台的通常认知，该类平台对会员资质通常不会作特别的要求和限制，社会公众通常只需付费购买会员资格即可享受相应的会员服务，包括平台信息的阅览、下载等，因此名鞋网平台的信息资源应认定为处于社会公众想得知即可得知的状态，属于专利法意义上的公开的范畴。其次，虽然名鞋网在其官方介绍中有"合作对象有：百丽、思加图、哈森……"的文字记载，专利权人亦因此质疑名鞋网与本案请求人之间存在利害关系，从而认为名鞋网具有修改平台图片的可能性，但合议组认为基于一般公众的常识性了解，在名鞋网这类收集产品信息的网站介绍中的合作方常见于网站商业宣传的需要将收集对象中较为知名、收集量大的厂家表述为合作对象，属于常见的商业宣传形式，在无其他证据明确证明的情况下，尚不足以由此认定二者之间存在可能影响相关网页内容真实性的利害关系。根据所提交的证据显示，名鞋网的会员对其浏览的平台图片只能进行收藏、下载的操作，并没有编辑、修改等管理权限的接口，由此可以确定名鞋网是独立于会员的独立运营平台，因此在专利权人未提供有力证据证明平台图片可以修改的情况下，仅凭网站在宣传文字中称请求人为其"合作对象"，不足以认定名鞋网因此对其平台图片可能进行了修改。再者，关于网站访问量，判定网站内容是否构成专利法意义上的公开，不是依据公众是否真正访问了该网站，而是要判断网站内容是否处于公众想访问即可访问的状态，因此网站访问量与公开性认定之间并无必然联系。综上，合议组认为，基于名鞋网行业产品信息规模、运营模式、管理模式，在专利权人未提供实际证据证明名鞋网对其上发布的图片进行修改的情况下，基于高度盖然性原则，合议组对名鞋网发布图片的事实予以确认，对公众通过付费成为会员即可浏览获得的事实予以确认。

1.4.2 互联网证据的保全方式

互联网证据的保全方式,除了实践中采用的公证书、互联网档案馆、时间戳等方式外,还可以采用区块链技术保全。

第48624号无效决定涉及专利号为201820266190.5,名称为"一种打核桃杆"的实用新型专利。请求人提交的证据7为保全号为4D71A8C4C6654358910C462A7B440377的网页取证区块链保全证书,保全时间:2020-03-14 13:24:57,取证名称:打山核桃杆-搜狐,取证地址:https://www.sohu.com/a/167551428_314156,保全内容为发表于搜狐网上述地址的文章,文章名称为"在歙县南乡,这个时节有一种请假条,叫回家打山核桃!",文章的发表日期为2017年8月26日。请求人主张该证据为基于区块链的证据保全,其查验方式为:通过查验网址——保全网(https://www.baoquan.com/),输入该证据的保全号——4D71A8C4C6654358910C462A7B440377,以及证据提取码。

决定认为,对于区块链技术保全的证据,如果从存证平台的资质、网页取证的技术手段可信度、区块链电子证据保存完整性以及取证网页的公开性等方面进行审查,在没有明显瑕疵、亦没有相反证据存在的情形下,应当对其存证证据的真实性、合法性予以认可。保全网是符合法律规定的第三方电子存证平台,证据7保全的内容是搜狐号"行走观察"版块的一篇网页。请求人在口审时当庭进行演示,一方面,通过百度搜索引擎键入关键词"请假打山核桃",点击搜索出的第三条记录即为证据7所保全的网页,显示日期是2017年8月26日。另一方面,请求人以未登录账号的方式点击保全网 www.baoquan.com 首页的"证据查验",进入"保全网区块链证据查验"界面,选择左侧"证据核验"栏下方右侧的"保全号验证",输入证据7的保全号"4D71A8C4C6654358910C462A7B440377",以及证据提取码进行验证。点击下方"查询验证",显示如下内容:

> 查询成功，找到该保全号对应的保全证书。"查看保全证书"
> 证据生成时间：2020/03/14 13：24：57
> 证据上链时间：2020/03/14 13：25：55
> 链上文件 HASH：ddd479abd86cefd97abd0841d1413fa1e7f9991800d8a9dfb9953d005bd0b647
> 区块交易 HASH：c8894eed4d4fa293826adae58de48c9248d7afda5e8c9dcaa3f5ce56d1dade26

经核实，点击"查看保全证书"，可以获取文件包"打山核桃杆－搜狐"，解压缩文件包"打山核桃杆－搜狐"，内含文件两个子文件和一个压缩文件包"zip_1943046011938591850"，解压该压缩文件包，包含 3 个子文件。其中文件"保全证书_4D71A8C4C6654358910C462A7B440377"和压缩文件包"zip_1943046011938591850"中的子文件"网页截图_4D71A8C4C6654358910C462A7B440377.png"为请求人提交的证据 7。文件"网页截图_4D71A8C4C6654358910C462A7B440377.png"是网页截图，文章标题："在歙县南乡，这个时节有一种请假条，叫回家打山核桃！"，2017－08－26 22：53，系搜狐号"行走观察"版块的一篇文章。经比对，其内容与请求人当庭百度搜索的网页一致。

区块链具有难以篡改、删除的特点。为确认电子数据确已上传至区块链，请求人还同时提交了（2020）浙杭网证内字第 1903 号公证书作为证据 10，该公证书对在清洁环境下通过保全网提取证据 7 的过程进行了保全，并将在保全网中下载关于证据 7 的网页截图、源代码和调用信息打包压缩文件进行哈希值计算，并进入杭州互联网公证处区块链节点验证，经比对，证据 7 在杭州互联网公证处区块链节点查询的区块交易 key 中记录的哈希值"ddd479abd86cefd97abd0841d1413fa1e7f9991800d8a9dfb9953d005bd0b647"与证据 7 的 HASH256 值"HASH256ddd479abd86cefd97abd0841d1413fa1e7f9991800d8a9dfb9953d005bd0b647"一致。故可确认证据 10 载明的通过杭州互联网公证处区块链节点验证，保全网上保全的文件从上链至今保存完整、未被修改。

对于在我国内地（大陆）范围内不能通过正常途径访问获得的互联网证据，当事人选择在能够合法获得的地区对该证据进行公证保全并履行相关证明手续，符合证据保全的相关法律规定，其合法性应当被认可。

第 51969 号无效决定涉及专利号为 201630047003.0，名称为"降频器（4.3 度双卫星信号）"的外观设计专利。请求人提交的证据 9 是 Archive.org 网站（互联网档案馆）于 2015 年 12 月 23 日抓取 maxingco.com 网站上一款型号为"K6MQ6°（NEW）"的降频器产品的网页打印件，请求人针对该抓取过程及结果，在香港进行了公证保全，该公证书档案编号为 SHW/CA/21010744，即证据 13。请求人在口头审理前提交了证据 13 公证书原件及相关中文译文。专利权人经核实，认可证据 13 公证书形式的真实性，对译文的准确性没有异议，但专利权人认为，专利权人位于珠海市，请求人在香港提出公证的行为违反了《公证法》第 25 条的规定，不认可该公证书具有证明力；此外，互联网档案馆通过爬虫技术抓取网页，涉及网络黑客，获得手段不合法，这属于通过非法途径获得的证据。

决定认为，首先，《公证法》第 25 条规定，"自然人、法人或者其他组织申请办理公证，可以向住所地、经常居住地、行为地或者事实发生地的公证机构提出"。其中"住所地、经常居住地"指的是公证当事人的住所地和经常居住地，而公证当事人是与公证事项有利害关系并以自己的名义向公证机关提出公证申请，在公证活动中享有权利和承担义务的自然人、法人或者其他组织，专利权人明显不属于公证当事人；而"行为地或者事实发生地"针对的是公证事项，证据 13 的公证事项是在互联网上浏览网页，其性质由互联网的属性决定，与专利权人也明显无关，因此并不能依据《公证法》第 25 条的规定要求该公证行为必须在专利权人所在地珠海进行。

其次，证据 9 是互联网电子证据，保全互联网电子证据需要公证机构利用计算机设备和技术，通过接入广域网提取、固定电子证据，但受相关技术措施的限制，Archive.org 网站在我国内地（大陆）范围内客观上并不能通过正常途径访问，而在香港地区则可以通过普通技术手段访问，请求人选择到香港地区对该证据进行公证保全并履行相关证明手续，符合证据保全的相关法律规定，因此合议组对证据 13 的合法性予以确认。

2　举证责任

举证责任又称证明责任，是指当事人对自己提出的主张有提供证据进行证明的责任。除法定举证责任倒置或免除举证责任的情况外，当事人对自己提出的主张所依据的事实或者反驳对方主张所依据的事实有责任提供证据加以证明；当有证据证明当事人的主张存在相反事实且当事人无法对此举证时，则应当承担相应的不利后果。

第48564号无效决定涉及专利号为201830375016.X，名称为"鞋"的外观设计专利。本案涉及名为IMGBIN的国外图片数据库网站的图片发布网页，请求人提交了上述网页的打印件、检索指引说明、中文译文及网站的一些介绍，主张其上图片的公开时间即为网页上所示时间。专利权人虽然认可网页的真实性，但提供了相同网站上其他图片的网页作为反证，因所示图片名称与其时间明显不符，用以说明网页发布后存在可修改编辑性，因此对该证据的公开时间不予认可。

决定认为，本案中，从请求人对网站的介绍中仅可以了解到该网站应当具有相对规范的管理机制，但是尚不足以说明其发布机制，即图片上传是否需要审核、图片及其相关内容生成网页后网站是否提供编辑修改等功能。从专利权人提供的反证1至少可以说明网页上的内容生成后可以进行编辑修改，请求人对图片描述可以编辑修改亦认可，但未提供证据证明其主张的其他内容不存在可编辑修改性。综合上述情况，合议组认为，首先，请求人针对其提出的网络证据并未完全尽到举证责任；其次，在专利权人提交了反驳其主张的反证的情况下，依然未能就其主张进行有力举证。因此，在现有证据明确该网站网页存在修改编辑可能性的情况下，仅凭请求人目前提供的证据尚不足以证明所提交证据的图片在其右侧所示时间即已经被公开。

3 证明标准

3.1 达到证明标准

当存在多个独立运营的网站、多个用户在申请日之前对同一产品进行推荐、评论，且没有证据表明上述内容被修改过，其上传时间也能相互印证的情况下，它们共同指向的同一个事实，可以作为该产品在其官网相关公开的佐证。

第七章 证据的认定

第52708号无效决定涉及专利号为201821201835.3，名称为"电动剃须刀"的实用新型专利。请求人提交的证据5为（2020）京信德内经证字第01731号公证书复印件，证据6为（2020）京信德内经证字第01732号公证书复印件。请求人主张证据5用于证明"飞利浦S5080"剃须刀、"飞利浦S5070"剃须刀在本专利申请日以前已经公开，证据6公证了请求人从淘宝上购买并封存的上述两款剃须刀，其中"飞利浦S5080"剃须刀在公证处进行了拆封并拍照后重新由公证处封存，使用该剃须刀作为实物证据评述本专利的新颖性和创造性。专利权人对证据5、证据6的真实性没有异议，但不认可其能够证明上述两款剃须刀在本专利申请日以前公开。针对证据6中封存的实物"飞利浦S5080"剃须刀，经双方当事人确认包装无损后，合议组当庭拆封，双方当事人结合实物当庭陈述了本专利权利要求的技术方案相对于该剃须刀是否具备新颖性和创造性的理由，经合议组以及双方当事人确认无误，当庭将该"飞利浦S5080"剃须刀重新封存。

决定认为，证据5公证了多个涉及"飞利浦S5080"型剃须刀的网页浏览过程和显示内容的截图以及通过淘宝网购买"飞利浦S5080"型剃须刀的过程，证据6公证了证据5中购买"飞利浦S5080"型剃须刀的收货、拆封以及重新封装的过程，专利权人对证据5和证据6及其公证内容的真实性没有异议，合议组对此予以确认。经查，证据5附件图18至图119显示了飞利浦官网的网页浏览截图，其中图58显示了"飞利浦S5080"型剃须刀操作手册的上传时间为2016年8月8日；图122显示了"品牌流"网站上关于"飞利浦S5080"型剃须刀的一篇推荐文章，其文章发表的时间显示为2016年11月1日；图136显示了"it热销导购网"上一篇关于"飞利浦S5080"型剃须刀的使用评价，其文章发表的时间显示为2016年11月1日；图147显示了搜狗问问上一个关于"飞利浦S5080"型剃须刀的回答，显示回答时间为2015年9月10日。证据6包括一个封装完整的"飞利浦S5080"型剃须刀。

结合上述内容，作为一款面向个人消费者的护理产品，飞利浦将其操作手册上传至官网并可以下载和浏览，其目的就是配合产品的销售，在没有反证的情况下，应当认为用户至少在2016年8月左右可以购买到"飞利浦S5080"型剃须刀并可下载其操作手册；其次，"品牌流""it热销导购网""搜狗问问"等网站均独立运营，在案证据不足以表明其彼此之间有直接的利益关联和利害关系，也不能表明其隶属于同一组织、机构或企业，当存在多个网站有多个用户在2016年及之前对"飞利浦S5080"型剃须刀进行推荐、评论,且没有证据表明上述内容被修改过,其上传时间也能相互印证的情况下,它们能够共同指向同一个事实,即"飞利浦S5080"型剃须刀有很大概率在2016年已被公开,结合上述飞利浦官网的内容,可以确认"飞利浦S5080"型剃须刀至少在2016年12月之前就已经被公开;最后,飞利浦公司作为正规的大型国际企业,通常而言其产品型号与产品结构有着严格的一一对应关系,而且,对于剃须刀之类的产品,其机械结构较为复杂且相互关联,随意变动的可能性较小,专利权人认为同型号不同批次的产品结构不同的主张依据不足,因此,证据6中的实物与证据5中的"飞利浦S5080"的产品具有对应关系,证据6所公证的"飞利浦S5080"型剃须刀实物可以代表证据5中在2016年12月之前被公开的"飞利浦S5080"型剃须刀的具体技术方案的事实大概率成立。鉴于以上证据5可以确认"飞利浦S5080"型剃须刀的公开时间在本专利申请日前,故证据6包含的技术内容可以作为现有技术评价本专利的新颖性和创造性。

按照一般商业惯例,对于同一种产品来说,尤其是对于同一生产厂家生产的产品来说,产品型号与具体产品之间应该存在一一对应的关系,即同一种型号所对应的产品应具有相同的结构。

第43303号无效决定涉及专利号为201480002121.8,名称为"云台"的发明专利。请求人提供附件1~5、9,其中附件1涉及产品实物、照片及说明,附件2、附件3用于证明本专利申请日前已开始发货,附件4用于证明本专利申请日前已在网络上公开且结构可见,附件5用于证明先后发布的几款Ronin产品仅进行软件升级,结构并未发生变化,附件9为百度上搜索到的于2014年7月29日发布的与DJI Ronin相关的帖子,与附件4所涉及的帖子内容相近,进一步说明在2014年8月之前DJI Ronin在不同的网站已经被公众所知。专利权人认为,附件2、附件3仅为在新产品上市前的介绍和宣传,未公开产品的具体技术细节,无法证明产品的上市销售时间,附件4、附件9作为第三方网站的网络文章,仅为网络用户自行上传的云台产品照片,不能证明DJI Ronin手持云台在申请日之前已经公开销售。

决定认为,附件1为型号是DJI Ronin手持云台相关照片及用户手册V1.0,在该用户手册第1页标有"V1.0 2014.07"字样,最后一页标有"ⓒ2014DJI. All Rigths Reserved"字样。附件2"大疆创新"的新闻网页提

第七章 证据的认定

供了能够正常播放且与 DJI Ronin 手持云台有关的 3 个视频连接，其中示出"DJI Ronin – 七月正式开始发货"，并配注有"2014 – 06 – 25"字样。附件 3 为在优酷网上发布的名为"DJI Ronin 基本特性介绍"的视频，于 2014 年 6 月 25 日制作出，作为国内具有较大规模的知名网站，其网站资质、信用状况、网站管理、数据操作的规范性在无相反证据证明的情况下对于附件 3 所提供的网页证据的来源可靠性予以认可。尽管专利权人提交了反证 3.1 用于证明优酷网具有"上传视频可以设置保密，只有获得密码的特定的人才能播放"的管理机制，但该视频的发布人为本专利的原专利权人，该视频本身具有宣传产品的属性，本专利的原专利权人作为企业用户出于宣传和销售的目的在优酷网发布产品视频，设置为对所有人公开的可能性更大，且现专利权人与上传视频的原专利权人之间存在关联，从原专利权人处获得有关是否曾经设为私密的相关证据更为容易，但其未提交相关反证。此外，附件 3 与附件 2 新闻网页中提供的其中一条视频相同，也可说明附件 2、附件 3 中的新闻网页内容、视频信息处于公众想获得即能够获得的状态。附件 4 为在数字尾巴网的"可靠的稳定器 – DJIRONIN 手持云台开箱"一文，文章正文显示在 2014 年 7 月 12 日，由深圳市飞黄腾达科技有限公司主办的 DJI Ronin 三轴手持云台新品上市体验推介会在深圳南山科技园举行。附件 9 为在"5IMX 社区"于 2014 年 7 月 29 日发布的贴名为"DJIRonin – 如影手持云台 – 开箱"一文。数字尾巴作为一款分享数字生活的社区，ICP 备案查询信息显示由深圳市数字尾巴科技有限公司运营管理，5MIX 社区作为"我爱模型"玩家论坛网站，具有一定的知名度，两个社区网站上发布的文章中载明的发布时间通常情况下由计算机服务器自动生成，无法由上传用户进行手动更改。专利权人提供的反证 4.1、反证 4.2 中示出某文章的评论时间早于该文章标题附近所示的发表时间，用于说明数字尾巴在本专利申请日时处于管理不规范状态。对此经查数字尾巴网站由网友发表文章后会被收录到不同的栏目并被重新标题，且收录到某栏目的时间会被系统自动标注并相应地显示在标题附近，而该时间并不代表该文章首次在该网站上的发表时间。据此上述反证也不能证明附件 4 的发表时间和公开时间存在被篡改的可能性。附件 5 为 DJI Ronin 手持云台从用户手册版本 V1.0 到用户手册版本 V2.0 期间的各次发布记录。

可见，上述附件 1 ~ 附件 4、附件 9 均是与型号为 DJI Ronin 的手持云台相关的内容，各附件所涉 DJI Ronin 手持云台均由本专利原专利权人生产或制造，而且，结合附件5的具体内容能够进一步确认凡标有"DJI Ronin"型号的手持云台仅驱动软件的版本发生了变化，而在硬件结构上应是相同的，换言之，由本专利原专利权人生产的同类产品在结构上如有差异，必然会赋予产品不同的型号并在产品上有所体现或标注，例如，产品结构或形状不同于"DJI Ronin"型号手持云台的、由专利权人当庭演示的"DJI Ronin"型号手持云台，其结构或形状上与"DJI Ronin"型号手持云台存在着差异。因此，在没有反证的情形下，上述各附件所揭示或公开的均为由本专利原专利权人制造或生产的型号为"DJI Ronin"的手持云台，应具有相同的外观形状和相同的机械构造。请求人提交的证据已经构成了一个完整证据链能够证明产品已经销售公开的情况，另外，专利权人应对其主张提供相应的佐证，且专利权人不存在举证不能或困难的情况，因此，对于专利权人的意见不予认可。从而，上述附件2、附件3、附件4和附件9已构成一完整证据链，可以证明型号为"DJI Ronin"的手持云台的公开日期应不晚于2014年8月6日，早于本专利的申请日2014年8月13日，即在本专利的申请日前已处于公众可以得知的状态。

基于法院协查函所调取的信息，因受司法机关的监督，在无足够的依据否定该信息的情况下，一般对其所调取信息内容的真实性予以认可。

第41728号无效决定涉及专利号为201620583424.X，名称为"浴帘底端固定装置"的实用新型专利。请求人提供如下证据5，用于证明在本专利申请日前与本专利结构相似产品已在淘宝网进行公开销售：

证据5-1：（2019）徐泉证民内字第227号公证书的复印件，共30页；

证据5-2：声称为装有阿里巴巴集团淘宝公司出具给江苏省南京市中级人民法院的协查函光盘的信封的复印件，共1页。

请求人认为，基于南京市中级人民法院的协查函，淘宝网对商品ID为44528619127的"免安装可移动弧形L形直角一字形卫生间浴室淋浴挡水条"在2015年5月20日至2016年6月13日期间任意两笔订单的交易快照，通过该交易快照可证明在上述时间期间所示产品在淘宝网中已进行公开销售。

专利权人认为证据5中的协查函光盘内容中并没有显示交易快照时间，不能证明其属于现有技术，且该光盘在办理公证之前也没有进行任何封存，存在明显证据瑕疵，在南京市中院开庭审理过程中，请求人也没有向法庭证明该光盘中实物的销售日期，该证据不能够用来评价本专利的创造性。

决定认为,首先,通过播放证据5-1所附U盘中的视频,可以发现,在播放02:23-02:30时间内,视频中的近景镜头清晰显示了光盘表面,可以清楚地看到光盘正中央的位置上贴有从上至下写有"江苏省南京市中级人民法院协查函(2018)苏01民初2520号"字样的正方形标签,该标签的上边缘和下边缘均盖有"浙江淘宝网络有限公司综合安全部查询专用章(1)"字样的红色骑缝章,其中上边缘处的章一半盖在了光盘上部,一半盖在了标签的上部,下边缘处的章,一半盖在了光盘下部,一半盖在了标签的下部,章所盖住的光盘与标签的骑缝之处整齐对接,没有明显错位的痕迹。其次,该光盘仅用于证明淘宝网卖家"掌柜:金腾异形浴帘杆"发布的商品ID为"44528619127"的"免安装可移动弧形L形直角一字形卫生间浴室淋浴挡水条"的商品最迟于2015年5月20日至2016年6月13日已经在淘宝网公开销售。双方对于该光盘是由淘宝网出具并无异议,按照常理分析,如果这个时间段没有该商品ID的商品销售,则通常淘宝网没有必要也无法提供光盘,出具查询不到有关记录的证明即可。而本案中淘宝网提供了光盘,说明在这个时间段内有该商品ID的商品销售。在专利权人没有提供证据证明该光盘被篡改的情况下,仅根据推测认为存在篡改,缺乏说服力,合议组不予支持。再次,尽管淘宝网提供的光盘的交易快照上没有显示交易时间,但其是基于江苏省南京市中级人民法院(2018)苏01民初2520号调查令出具的协查函光盘,该调查令明确要求淘宝网出具"掌柜:金腾异形浴帘杆"发布的商品ID为"44528619127"的"免安装可移动弧形L形直角一字形卫生间浴室淋浴挡水条"商品在2015年5月20日至2016年6月13日任意两笔订单的交易快照,配合法院调查取证并且如实提供证据是有关单位和个人的义务,淘宝网作为知名的网络销售平台,具有良好的商业信誉,按照法院要求出具真实的交易快照,履行相关法定义务的可能性极高,且在该交易快照中商品的展示图片上还有"2015/05/2017:24"的字样佐证,而由于所提供的销售记录有可能并非与涉案的原、被告双方有关,故隐去销售记录的用户名等信息也符合对于用户信息隐私保护的一般习惯,故在专利权人没有提交证据证明该商品未于上述时间公开销售的情况下,仅根据推测不认可的主张,合议组不予支持。最后,同样按照常理,相同外观、结构的商品才会有相同的商品ID,不然用相同ID标识不同商品,ID标识就没有了意义,故在专利人没有提交证据证明ID相同但结构不同的情况下,仅根据推测不认可的主张,合议组不予支持。

综上所述，专利权人的主张不具有说服力，上述证据可以表明所示商品 ID 为 44528619127 的商品在本专利申请日前已公开销售。

3.2 未达到证明标准

对于经公证机关公证封存的物证，当事人在举证期限内可以仅提交公证文书而不提交该物证，但最迟在口头审理辩论终结前提交该物证，若由于并未提交该物证致使相关结构等无法确认，则应由主张使用该物证的当事人承担不利后果。

第 35790 号无效决定涉及专利号为 201210008485.X，名称为"旋转式压缩机"的发明专利。请求人提交的证据 5 为由山东省青岛市黄岛公证处出具的（2017）青黄岛证经字第 377 号公证书，公证事项为证据保全，涉及的保全对象为一台海尔牌落地式空调的压缩机。请求人主张，从证据 5 公证书的正文第 2 页以及第 19、第 48 张照片可以看到，该"HIGHLY"品牌压缩机（型号为 ATL188SDNC9AU）的生产日期为 2011 年 6 月 8 日，且从该海尔牌落地式空调的铭牌（第 7、第 11 张照片）以及发票中也可以看出，最晚于 2011 年 11 月 22 日该压缩机已经公开销售。在公证人员的监督下，勘验取证人员对"HIGHLY"品牌的压缩机进行拆解，取出相关部件，对叶片厚度、气缸厚度及内径进行测量，同时现场进行跟踪拍照。从第 49 至第 72 张照片可见，该压缩机被包裹在密封容器内，从密闭容器外形来看由柱状壳体、上盖和下盖组成，压缩机包括电机，电机由设在壳体上的定子和转子构成；压缩机构设有两个上下罗列放置的压缩泵体，压缩泵体之间通过金属板相隔，拆解下来的压缩泵体为下泵体，包括气缸、设在气缸压缩腔中的活塞、叶片（相当于涉案专利的滑片，且两个泵体的叶片均被拆解下来）以及弹簧，未拆解的压缩机构部分还包括曲轴、气缸、设在气缸压缩腔中的活塞以及上轴承；同时通过勘验取证人员的测量可知，气缸的内径最大值为 53.00mm，叶片的厚度最大值为 3.18mm，计算得出叶片厚度与气缸内径的比值为 0.06，即公开了涉案专利的权利要求 1 中的技术特征"气缸（1）腔内径为 D，滑片（6）厚度为 T，$T/D \leq 0.067$，且 $T/D \geq 0.041$"。专利权人对证据 5 中勘验人员孙某某和何某某的身份有异议，认为不符合法律规定中对勘验人员的身份要求，而且认为公证程序也是不合法的。对此，合议组要求请求人进一步补充证据予以说明。请求人随后提交了补充证据10，由山东省青岛市黄岛公证处出具的关于对保全证据公证现场勘验人居民身份证的情况说明，其中说明了在（2017）青黄岛证经字第377号涉及的对于一台旧空调内部压缩机现场勘验保全证据的公证现场，公证人员现场核实了勘验人孙某某、何某某的身份并对其居民身份证的一面拍照，留存在卷宗中，并附具了案卷中留存的复印件。

决定认为，根据《专利审查指南2010》第四部分第八章第2.2.3节的规定，对于经公证机关公证封存的物证，当事人在举证期限内可以仅提交公证文书而不提交该物证，但最迟在口头审理辩论终结前提交该物证。然而，请求人当庭并未出示物证，仅主张采用证据5的公证书中所附照片示出的结构以及勘验取证人员测量的数据来评述涉案专利权利要求1的新颖性和创造性。在证据5的公证书第1页记载了"上海日立电器有限公司安排技术人员前去勘验取证""勘验取证人员孙某某、何某某与请来的海尔维修服务人员一起到室外的平台上打开了这台空调的室外机的外壳……"，该公证书中关于测量数据的记载为"何某某在现场使用了数显游标卡尺进行测量"，测得其中一个叶片的厚度最大值为"3.18mm"，气缸的厚度为"18.00 mm"，气缸的内径最大值为"53.00"。针对专利权人对孙某某和何某某作为勘验人员的身份提出的异议，请求人随后提交的补充证据10的情况说明中，山东省青岛市黄岛公证处的公证员林某某仅说明在现场核实了勘验人孙某某、何某某的身份证，并对其居民身份证的一面拍照，留存在卷宗中，并未对孙某某、何某某的具体身份进行说明，在请求人未出示物证，也未证明孙某某、何某某的专业技术知识、工作单位等具体信息的情况下，合议组无法确认勘验取证人员的专业技能以及是否与双方当事人存在利害关系，对证据5中提及的叶片厚度、气缸厚度、气缸内径等数据的准确性不予认可。

鉴于在中国物品编码中心完成产品条码备案不能表明产品已经公开销售，因此该产品完成条码备案的时间并不能等同于该产品的技术方案已处于公众可以获知的状态的时间。设置商品条码的主要目的在于方便商品识别和流通，其关注重点在于商品对于消费者而言会明显发生变化的方面，如商品名称、商标、种类等，而商品具体内部的结构是否变化，并不一定会导致条码产生相应变化，除非该变化影响了商品的种类和规格等方面，因此，商品条码未改变，并不足以证明该商品内部结构在条码不变的期间内未发生改变。

第 34872 号无效决定涉及专利号为 201010167783.4，名称为"导电结构"的发明专利。本专利涉及一种电源插座的导电结构，请求人提交了多份证据以证明在先公开销售的某型号的产品构成为本专利的使用公开类的现有技术。其中，证据 1 为公证人员于销售商甲公司办公场所公证封存的制造商乙公司所生产的两种型号的电源插座产品实物及公证书，证据 4 为制造商乙公司关于该两种型号电源插座在中国物品编码中心的中国商品条码系统成员证书及相应备案资料。

请求人认为，证据 4 的中国物品编码中心的中国商品条码系统成员证书及备案材料用于证明该型号的产品已于备案日（早于本专利申请日）完成产品销售条码的备案工作，该型号产品于条码胶片订单的填表日期已完成产品销售条码的备案工作，可以视为上述产品的公开日期，并且，自条码备案之后，由于产品条码未发生变化，因此制造商乙公司的同一型号的产品结构没有改变。

决定认为，关于证据 4，即该产品在中国物品编码中心的中国商品条码系统成员证书及相应备案资料，其首页显示该证书颁发日期为 2015 年 12 月 22 日，第二页"条码胶片订单"显示填表日期为 2009 年 2 月 12 日，早于本专利申请日，并记载了与名称为"一控四联"和"一控六联"、规格为"10A 250V"、商标为"突破"、包装形式为"纸塑"的产品对应的条码形式、产品代码。首先，产品完成条码备案并不能等同于该产品已经公开销售，产品完成条码备案的时间不能等同于该产品的技术方案处于公众可以获知的状态的时间。其次，虽然根据编制贸易项目的商品表示代码的基本原则，商品编码具有唯一性，同一商品项目应分配相同的标识代码，不同商品名称、商标、种类、规格、数量、包装类型的商品应视为不同的商品项目，不同的商品项目必须分配不同的标识代码，以保证编码的唯一性。同时，商品编码具有稳定性，商品标识代码一旦分配，只要商品的基本特征没有发生变化，就应保持不变。同一商品项目，无论是长期连续生产还是间断式生产，都必须采用相同的标识代码。即使该商品项目停止生产，其标识代码应至少在 4 年之内不能用于其他商品项目上。但是，商品条码的主要目的是方便商品识别和流通，重点在于商品对于消费者而言会明显发生变化的方面，如前述的名称、商标、种类、规格、数量、包装等，

第七章 证据的认定

而商品具体内部的结构是否变化,并不一定会导致条码的变化,除非该变化影响了商品的种类和规格等。本案涉及的两个型号的电源插座,种类为一控四联和一控六联,规格均为"10A 250V",商标均为"突破",包装均为纸塑,如果产品的内部结构发生一定的变化,而外部的插孔、电流电压规格、包装、商标不变的话,该产品的条码不一定会发生变化。而在本专利无效案件中,涉及插座内部细小的夹持部、导电片的具体结构、设置方向等产品内部具体的技术细节与本专利的技术方案进行比对,根据目前已有的证据,无法确定在条码未发生变化的情况下,插座产品内部的结构是否未发生变化。

若针对一份出版物存在多个发布、公布时间,根据出版物上所示信息无法确定其公开日期、公开方式,当事人也未提供相关证据足以澄清上述事项,则对该份出版物的公开时间无法确认。

第40220号无效决定涉及专利号为200480042670.4,名称为"聚合物服装材料"的发明专利。请求人所提供的证据2是对请求人通过邮件方式购买《英国标准BSEN420:2003》过程进行公证及所购的该标准正文的公证书。在证据2的下标第73页显示其邮件内容"我可以确认,根据你们的图片,报价适用于预修订版";在请求人购买的英国标准BSEN420:2003的PDF文件的"国家前言"部分记载了"该英国标准于2003年9月24日在标准政策和战略委员会的授权下发布……此文件中显示的BSI版权日期为最终出版日期";在"前言"部分记载了"该欧洲标准最迟应在2004年3月之前通过公布同一文本或通过批准获得国家标准的地位,而相互冲突的国家标准最迟应在2004年3月之前撤回"。

专利权人对证据2邮件本身的真实性和购买渠道没有异议,但根据上述内容认为应当将2004年3月31日作为该标准的公开日期。而请求人则坚持发布时间2003年9月24日是该标准的公开时间。

决定认为,根据证据2中邮件的上述信息,请求人购买的标准是预修订版,邮件所附的PDF文件即为该标准的预修订版。但就该预修订版与正式版本内容是否相同、预修订版的具体公开方式、公开时间是否为正式标准的发布时间、BSI版权日期具体为何,以及预修订版前言所记载的2004年3月的最迟公开日期的相关含义及其与该标准公开时间的关系,请求人均并未给予清楚的解释,鉴于目前证据2中对其公开时间存在多种表述且无相应信息明确示明其公开日期的情况下，根据其所提供的证据也无法确认上述问题。因此，在对证据2所附的预修订版标准存在上述疑问的情况下，无法直接认定发布时间2003年9月24日即为该预修订版标准的公开时间。

4 举证期限

证据应当在法定的举证期限内提交，当事人提交物证的，应当在举证期限内提交足以反映该物证客观情况的照片和文字说明，并具体说明依据该物证所要证明的事实。

第49766号无效决定涉及专利号为201730568199.2，名称为"滤瓶顶盖（三口）"的外观设计专利。请求人提交的证据中包括使用公开类证据，并当庭出示实物进行演示。专利权人认为，该实物与其所提交的证据无关联性，且超出举证期限。

决定认为，《专利审查指南2010》第四部分第八章第2.2.3节规定，当事人应当在本部分第三章第4.3节规定的举证期限内向专利复审委员会提交物证。当事人提交物证的，应当在举证期限内提交足以反映该物证客观情况的照片和文字说明，具体说明依据该物证所要证明的事实。当事人确有正当理由不能在举证期限内提交物证的，应当在举证期限内书面请求延期提交，但仍应当在上述期限内提交足以反映该物证客观情况的照片和文字说明，具体说明依据该物证所要证明的事实。

本案中，请求人仅在意见陈述中表示将口审现场进行使用公开产品实物演示但并未提交物证，且在口审当庭未能明确说明该实物证据的准确来源，亦未提供使用公开证据与该实物证据存在唯一关联的证据。由于请求人在举证期限内既没有提交相应的实物证据，也没有提交足以反映该物证客观情况的照片和文字说明，请求人当庭提交的实物已经超出了无效宣告请求的举证期限，因此请求人当庭出示的实物证据属于新证据，合议组不予接受。

除公知常识类证据或完善证据法定形式的公证文书外，对于超过举证期限的其他证据，一般不予接受。但若补充的证据仅用来进一步澄清焦点问题，而未用于主张新的事实，且不接受该证据将导致事实认定有误或结论明显不合理的,则该证据可以被接受。

第44782号无效决定涉及专利号为201730133695.5,名称为"带图形用户界面的手机(可拍摄视频软件)"的外观设计专利。请求人提交的证据包括与本专利相关的软件在豌豆荚网站公开的事实。专利权人提交意见陈述及反证,证明豌豆荚网站中同一版本的应用程序的发布时间出现多次更新变化,其中的发布时间不具有真实性。针对专利权人不认可证据真实性的意见,请求人再次提交证据13至15,专利权人认为上述证据超出举证期限,不应被接受。

针对请求人提交的证据13至15,决定认为,证据14第74至第87页记载了豌豆荚网站"应用收录规则",证据15第178至192页记载了"应用维护常见问题",证据15第215至220页记载了"怎样在豌豆荚开发者中心提交发布APP应用",该部分内容涉及豌豆荚的软件分发平台(阿里应用分发平台)的上传、审核和维护过程,该部分属于针对豌豆荚中内容的真实性进行答复,合议组对该部分予以考虑。

请求人提交的证据15中还提供了抖音各版本在酷传、360应用市场、百度应用市场、应用宝等各种应用市场上的公开时间,同时证据13、证据14中提供了"简书"上发表的"浅谈抖音发展历史"的文章,以及"人人都是产品经理"网上发布的"从时间轴说起,分析抖音发展的三个阶段"的文章。对该部分内容,并非针对豌豆荚中内容的真实性进行的答复,也非公知性常识证据或者用于完善证据形式的公证文书、原件等证据,且酷传、360应用市场、百度应用市场、应用宝等各种应用市场的内容和简书中的文章在之前的证据中均未涉及,因此属于新增加的超期的证据和无效宣告理由,不予接受。

无效程序中,当主张优先权不成立时,应当提交优先权文本作为证据,其举证期限,包括中文译文的提交期限都应当遵循《专利审查指南》的相应规定,并不因优先权文本与申请文件之间存在的天然联系而免除当事人的举证责任。

第47328号无效决定涉及专利号为201180056716.8,名称为"被取代的多环性氨基甲酰基吡啶酮衍生物的前药"的发明专利。请求人认为,证据8是本专利的优先权文件,其中仅公开了本专利的参考例1—665,没有公开参考例 665—775 及相应的实验数据，导致本专利权利要求 1 所限定的"三环化合物"在优先权文件中公开不充分，本专利的优先权不成立，证据 9 可以作为现有技术评价创造性。

决定认为，请求人提交的证据是外文的，提交其中文译文的期限适用该证据的举证期限。本案中，请求人没有提交证据 8 的中文译文，其基于证据 8 的相关无效宣告理由不能被纳入考虑。

关于如何证明优先权不成立，根据"谁主张谁举证"的基本原则，显然应当由请求人提交证据 8 全文或相关部分的中文译文，与本专利说明书进行对照，以凸显本专利说明书较之优先权文件所增加的部分不能享有优先权，请求人所称的"缺少的部分无法提交译文"不是其不提交中文译文的合理理由。

因此，合议组对证据 8 不予考虑，请求人关于本专利不能享受优先权的主张不成立。在此基础上，证据 9 的公开时间 2010 年 12 月 23 日晚于本专利的优先权日 2010 年 9 月 24 日，不能构成评价本专利创造性的现有技术，请求人主张的证据 9 可以作为现有技术评价创造性的上述无效宣告理由也不能成立。

第八章 程　序

1　复审请求的审查

如果申请文件中记载的技术手段含糊不清，导致所属领域技术人员无法实现发明的技术方案，此时对申请不具备创造性的驳回理由进行复审审查欠缺逻辑前提条件，故复审程序中针对说明书是否符合充分公开的问题发出审查意见。

第136373号复审决定涉及专利申请号为201310571538.3号，名称为"大规模雾霾消除装置及方法"的发明专利申请。如附图所示，涉案申请的大规模雾霾消除装置，包括涡扇式空气压缩机1、高压水箱、分布式同源高压集气管和枪膛线涡旋喷射管4，涡扇式空气压缩机的输出端通过管道与分布式同源高压集气管3连通，高压水箱2连通到所述管道，每3~9支同样的枪膛线涡旋喷射管4为一组与分布式同源高压集气管3连通且枪膛线涡旋喷射管相互并列分布。

驳回决定认为，涉案专利申请不具备《专利法》第22条第3款规定的创造性。复审请求人不服该驳回决定，提出复审请求，未修改专利申请文件。合议组认为，涉案专利申请的技术方案中包含涡扇式空气压缩机和枪膛线涡旋喷射管，根据说明书的描述，通过包括涡扇式空气压缩机和枪膛线涡旋喷射管在内的雾霾消除装置，可以形成雾霾龙卷风，并且使得雾霾龙卷风作涡旋运动，通过离心作用将质量较重的水珠和霾抛出，形成涡旋外环高压，水珠间相互碰撞加速，快速形成雨滴，粘附霾在局部地区定向降落。但是说明书却没有对上述部件的具体结构进行详细描述，复审请求人也指出上述两部件并非本领域的现有技术，是对其他领域相关装置的改进。在此情况下，本领域技术人员无法知晓如何采用包括上述两个部件的雾霾消除装置来解决大规模消除雾霾的技术问题，说明书记载的技术手段是含糊不清的，涉案专利申请存在未达到本领域技术人员能够实现程度的明显实质性缺陷。合议组发出复审通知书，指出涉案专利申请的说明书不符合《专利法》第26条第3款的规定。鉴于复审请求人针对复审通知书的答复未克服这一缺陷，合议组以说明书公开不充分为由作出复审决定。

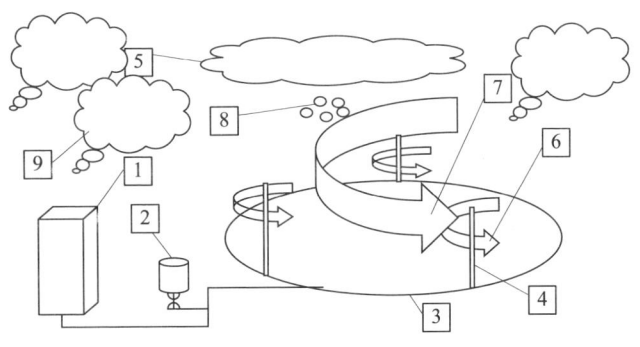

涉案申请附图

在复审程序中，对"与驳回决定所指出缺陷性质相同的缺陷"进行审查的前提是"驳回决定所指出缺陷"在驳回所针对的文本中客观存在。在不存在特定的"驳回决定所指出缺陷"情况下，自然也缺乏认定存在与之"性质相同的缺陷"进而依职权审查的基础。

第222565号复审决定涉及专利申请号为201380044404.4，名称为"液体稳定的病毒疫苗"的发明专利申请。驳回决定认为，权利要求1要求保护一种液体稳定疫苗，使用"包含"的开放式限定。根据说明书表1和表2的记载，L-020制剂为17%蔗糖、0.3M L-精氨酸、1%甲硫氨酸、0.01% TWEEN 80、10mM Tris、10mM 组氨酸，pH7.2，落入权利要求1限定的范围内，然而L-020疫苗制剂并不稳定。表2中针对L-020测试的CDV、CAV、CPI的效果并不理想，且没有进行4℃下的稳定性试验。因此，涉案申请权利要求1包含了申请人推测的内容，效果又难以预先确定和评价，得不到说明书的支持。

复审请求人认为，权利要求1的限定排除了所述疫苗包含TWEEN 80和TWEEN 20，而L-020制剂含有TWEEN 80，未落在权利要求1的范围内。权利要求1已经明确将不具有预期效果的L-020技术方案排除在外，能够得到说明书的支持。

前置审查意见认为，L-020制剂不落入权利要求1的范围内，但是L-017制剂落入，说明书表2中L-017针对CDV和CPI测试结果并不理想，表3中L-017针对CPV期满滴度也低于最低限度期满滴度，可见L-017疫苗制剂并不稳定，权利要求1包含了申请人推测的内容，效果又难以预先确定和评价，得不到说明书的支持。

合议组认为，权利要求1要求保护一种液体稳定疫苗，其中明确限定所述疫苗不包含TWEEN 80和TWEEN 20。根据涉案专利申请说明书的记载，L-020制剂的组分含量及pH条件为：17%蔗糖，0.3M L-精氨酸，1%甲硫氨酸，0.01% TWEEN 80，10mM Tris，10mM组氨酸，pH7.2。可见，明确限定所述疫苗不包含TWEEN 80的权利要求1的保护范围中并不包含L-020制剂，因此L-020制剂的稳定性状况不能用于证明权利要求1得不到说明书的支持，驳回理由不成立。在驳回理由不成立的情况下，前置审查意见增加指出的"L-017疫苗制剂并不稳定，导致权利要求1得不到说明书支持的缺陷"是否属于与驳回决定所指出缺陷性质相同的缺陷，缺乏比较认定的基础。前置审查意见中补充的新理由不属于依职权审查的范围，复审程序不予审查。

2 无效宣告请求的审查

2.1 确定审查文本

针对请求人增加的无效宣告理由或者补充的证据，专利权人可以在答复期限内以删除以外的方式修改权利要求书。请求人主张专利权人在无效阶段提交的修改文本不符合《专利法》第33条的规定，其旨在回应并拒绝专利权人修改后的权利要求，而非将《专利法》第33条作为新增的无效宣告理由。在此情形下，专利权人不能以请求人增加了无效宣告理由为由再次以"删除以外的方式"修改权利要求书。

第46749号无效决定涉及专利号为200980112902.1，名称为"具有氧化钌的无铅电阻器组合物"的发明专利。请求人主张专利权人修改后的权利要求书不符合《专利法》第33条的规定。专利权人认为，请求人关于修改文本不符合《专利法》第33条规定的主张属于新增的无效宣告理由，针对该新增理由，专利权人可以再次提交对权利要求进一步限定的修改文本，符合无效宣告程序规定的修改时机。

合议组认为，根据《专利审查指南2010》关于无效宣告程序中专利文件修改的相关规定，《专利法》第33条是在该阶段修改权利要求书时需要遵守的修改原则，因此若该阶段提交的权利要求书修改文本不符合《专利法》第33条的规定，则不应予以接受。请求人在意见陈述书中主张专利权人提交的修改文本不符合《专利法》第33条亦是针对上述修改文本是否符合该修改原则进而可否予以接受所提出的回应意见，即旨在以《专利法》第33条为由拒绝专利权人修改权利要求，而非以《专利法》第33条作为相关权利要求的无效理由。因此专利权人关于《专利法》第33条系新增无效理由的意见不能成立，在此基础上，专利权人再次提交的修改文本已经超出规定的期限，且由于包含了进一步限定的修改方式而不符合相应的修改时机要求。

"权利要求的进一步限定"的修改方式是指在原权利要求的基础上通过补入其他权利要求中记载的一个或者多个技术特征，形成保护范围更小的权利要求，以替代原来的权利要求。

第37563号无效决定涉及专利号为200480023972.7，名称为"凝胶片的制造方法"的发明专利。专利权人提交了修改后的权利要求书，其修改方式为：①在原独立权利要求1中补入原从属权利要求4中的技术特征"该溶胶包括氧化硅"、原从属权利要求6中的技术特征"该纤维材料为纤维絮或衬垫材料"以及原权利要求19中的技术特征"缠卷该已形成的凝胶片"；②在原独立权利要求15中补入原权利要求1中的技术特征"该预定速率有效地使该经催化的溶胶于该移动元件上发生凝胶化"、原权利要求4中的技术特征"该溶胶包括氧化硅"、原权利要求16中的技术特征"该纤维材料为纤维絮或衬垫材料"以及原权利要求19中的技术特征"缠卷该已形成的凝胶片"作为权利要求9；③在原独立权利要求21中补入原权利要求1中的技术特征"提供至少一纤维材料"和"于凝胶化前将该纤维材料与经催化的溶胶结合"、原权利要求4中的技术特征"该溶胶包括氧化硅"、原权利要求6中的技术特征"该纤维材料为纤维絮或衬垫材料"、原权利要求19中的技术特征"缠卷该已形成的凝胶片"以及原权利要求18中的技术特征"熟化该凝胶片"作为权利要求12；④删除原独立权利要求19及从属权利要求2、4—10和16，并相应调整其余权利要求的编号和引用关系。

请求人认为，上述权利要求书的修改方式不符合《专利审查指南

《2010》的相关规定：①新的权利要求 1 是在原权利要求 1 中补入了原权利要求 4、6 和 19 的部分技术特征，但是原权利要求 19 与原权利要求 1 之间并无从属关系，该修改通过重新撰写权利要求构建了新的层次体系，修改后的权利要求 2—12 也存在相同的问题；②修改后的权利要求 3 来自原权利要求 20，但是原权利要求 20 并非从属于原权利要求 1，修改后的权利要求 3 属于新增加的从属权利要求，修改后的权利要求 10 也存在相同的问题；③修改后的权利要求 4 在原权利要求 3 的基础上修改了从属引用关系，修改后的权利要求 4 引用了权利要求 1—3 任一项，而原权利要求 3 仅引用了权利要求 1，这样的修改增加了新的从属权利要求，修改后的权利要求 5 也存在相同的问题。

决定认为，《专利审查指南 2010》第四部分第三章第 4.6 节对无效程序中专利文件的修改方式进行了规定，修改的具体方式中包括了"权利要求的进一步限定"。权利要求的进一步限定是指在权利要求中补入其他权利要求中记载的一个或多个技术特征，以缩小保护范围。"权利要求的进一步限定"并没有要求所补入的技术特征必须来自从属于同一个独立权利要求的从属权利要求，其可以来自权利要求书中的任一项权利要求，只要修改后的权利要求所限定的技术方案符合《专利法》第 33 条的规定即可。修改后的权利要求 1 是在原权利要求 1 中补入原权利要求 4、6 和 19 的部分技术特征，并没有通过重新撰写权利要求构建新的层次体系，该修改符合上述《专利审查指南 2010》关于修改方式的规定；同理，修改后的权利要求 2—12 也符合关于修改方式的规定。修改后的权利要求 3 是在原权利要求 20 中补入原权利要求 1、4、6 和 18 的部分技术特征，并不属于新增加的从属权利要求，该修改符合上述《专利审查指南 2010》关于修改方式的规定；同理，修改后的权利要求 10 也符合关于修改方式的规定。修改后的权利要求 4 包括 3 个并列的技术方案，该 3 个并列的技术方案分别是在原权利要求 3、6 和 7 的基础上补入原权利要求书中的技术特征而形成的，其同样并不是新增加的从属权利要求，该修改符合《专利审查指南 2010》关于修改方式的规定；同理，修改后的权利要求 5 也符合关于修改方式的规定。

专利权人在无效程序中修改权利要求应当针对无效宣告理由。"进一步限定"修改方式的目的是通过限缩原权利要求的保护范围以克服无效宣告理由指出的缺陷，换取专利权的稳定。如果专利权人在以进一步限定方式修改权利要求的基础上又增加了新的权利要求，或者对无效宣告理由所针对的原权利要求未作任何修改，反而增加了多个由原权利要求技术特征组合形成的新权利要求，则这样的修改不是针对无效宣告理由所作的修改，也不属于"进一步限定"权利要求的修改方式，不能被接受。

第37618号无效决定涉及专利号为200680039474.0，名称为"醋酸苯卓昔芬制剂及其生产方法"的发明专利。专利权人在答复无效宣告请求书时对涉案专利权利要求书进行修改，在授权文本的权利要求1—3中增加了"非水方法制备的"技术特征的限定，删除权利要求4并增加权利要求30—34，修改后的权利要求30—34是在授权文本的权利要求1—3的基础上加入权利要求35—39的技术特征进行重新组合而成的。

合议组认为，"进一步限定"式的修改，应当是通过在所要修改的权利要求中补入原权利要求书中其他权利要求的一个或多个技术特征，形成一个新的保护范围更小的权利要求，以代替原来的权利要求，原来的权利要求不再保留。专利权人在答复无效宣告请求书时提交的权利要求书中增加了修改后的权利要求30—34，其是在授权文本的权利要求1—3的基础上加入权利要求35—39的技术特征重新组合而成的。从形式上看，修改后的权利要求30—34是在权利要求1—3内容的基础上作了进一步限定，但是修改后的权利要求书中仍然保留了原权利要求1—3，因此修改后的权利要求30—34不是对原权利要求1—3进行替换，该修改方式不符合"进一步限定"式修改的要求。

第52789号无效决定涉及专利号为201810937020.X，名称为"带有辅助块的梯形预制板及其施工方法"的发明专利。涉案专利授权公告的权利要求书包括11项权利要求。在无效程序中，专利权人在规定期限内提交了权利要求的修改文本，其修改方式为：在保留授权公告11项权利要求的基础上，将原权利要求4的附加技术特征中的"在所述螺旋柱（7）的底部设置有承托板（8）"和原权利要求5的全部附加技术特征对原权利要求7进行进一步的限定，由此形成新的权利要求8，同时调整权利要求的编号和引用关系。请求人认为专利权人对权利要求书的修改不符合《专利审查指南2010》第四部分第三章第4.6节的规定，不应接受。

决定认为，权利要求的进一步限定是指在权利要求中补入其他权利要求中记载的一个或者多个技术特征,以缩小保护范围。上述规定的目的,一方面在于通过允许专利权人针对无效宣告理由进行有针对性的修改从而避免具有技术贡献的发明创造被宣告无效,保护专利权人的合法利益;另一方面在于保护社会公众对授权公告的权利要求书业已产生的信赖利益。从字面含义来看,所述"进一步限定"是指在所要修改的权利要求的基础上通过补入原权利要求书中其他权利要求的一个或多个技术特征,形成保护范围更小的权利要求,以替代原来的权利要求,原权利要求则不再保留,也即通过一个具有一定可预期性的保护范围更小的权利要求替换原权利要求,以期能够克服无效理由所针对的缺陷。因此,这种修改是一种"防御"性的修改,并非重新撰写权利要求。具体到本案中,专利权人对权利要求的上述修改方式并非针对请求人提出的无效理由作出的进一步修改,相反是在保留上述权利要求的基础上进一步增加了新的权利要求,重新撰写了权利要求书。上述修改违反了无效程序允许专利权人修改权利要求的本意,也不属于"进一步限定"的修改方式,因此不应被允许。

对权利要求书的删除式修改包括删除整项权利要求或者删除某项权利要求包括的并列技术方案。马库什要素技术特征构成的技术方案是由多个变量组合而成的一个整体,不应简单视为并列技术方案的集合。因此,对马库什要素技术特征的删除一般不属于并列技术方案的删除,不符合无效宣告程序关于权利要求修改方式的要求。

第46749号无效决定涉及专利号为200980112902.1,名称为"具有氧化钌的无铅电阻器组合物"的发明专利。涉案专利权利要求1保护一种包括分散在有机载体中的电阻器组合物的、基本上不含铅的厚膜电阻器浆料组合物,所述电阻器组合物包含:"(a) RuO_2导电材料;(b) 选自 CuO、Na_2O、K_2O、Li_2O 以及它们的组合的 α-氧化物;(c) 硼硅酸盐玻璃组合物,所述硼硅酸盐玻璃组合物包含:(ⅰ) B_2O_3,(ⅱ) SiO_2,(ⅲ) 选自 BaO、CaO、ZnO、SrO、MgO 以及它们的组合的 δ-氧化物,以及任选地包括 (ⅳ) P_2O_5、(ⅴ) ZrO_2 和 (ⅵ) Al_2O_3 中的任何一种,并且当所述 CuO 选为 α-氧化物时,它可单独地存在于所述浆料组合物中,或存在于所述硼硅酸盐玻璃组合物中,或存在于上述两者中,当所述 Na_2O、K_2O、Li_2O 以及它们的组合选为 α-氧化物时,其存在于所述硼硅酸盐玻璃组合物中;以及 (d) 选自 TiO_2、Ta_2O_5、Nb_2O_5 以及它们的组合或前体的 β-氧化物;

其中所述 TiO_2、Ta_2O_5、Nb_2O_5 以及它们的组合或前体的 β-氧化物单独地存在于所述浆料组合物中。"

口头审理结束后，专利权人提交了权利要求书修改文本，在授权公告文本的基础上，将权利要求 1 中的"TiO_2"和"或前体"删除。专利权人认为，将"（d）选自 TiO_2、Ta_2O_5、Nb_2O_5 以及它们的组合或前体的 β-氧化物"中的"TiO_2"删除属于并列技术方案的删除。

决定认为，涉案专利权利要求 1 保护一种组合物，根据一定的功能效果将该组合物中的组分分为 4 类，分别为（a）导电材料，（b）α-氧化物，（c）硼硅酸盐玻璃组合物以及（d）β-氧化物。除组分（a）之外，其他 3 种组分均包含多种多个并列的可选择要素及其组合，尤其是（c）硼硅酸盐玻璃组合物，其组分之一（iii）δ-氧化物，又进一步存在多个并列的可选择要素及其组合。因此，该权利要求构成了马库什型权利要求，即包含了多个变量之间的组合，且每个变量不仅以择一方式还以任意组合的方式从多个马库什要素中进行选择。如果删除其中一部分的话，公众很难清晰地预期到哪些技术方案有可能被删除或保留，即损害了公众对权利要求保护范围明确性和稳定性的预期。此种情况下，上述马库什要素的组合已不属于并列技术方案的集合，而属于一个整体。专利权人将多个变量中的一个变量定义的马库什要素进行删除不属于并列技术方案的删除，不符合《专利审查指南 2010》第四部分第三章第 4.6 节关于无效宣告程序中修改方式的规定。

无效程序中对权利要求书中明显错误的修改需要满足两个条件：第一，这类错误是明显的，也即所属领域技术人员基于原说明书、权利要求书的上下文即能够客观、明确地识别出该错误的信息；第二，对错误的修正必须是明显且唯一的，即这样的修正是所属领域技术人员可以明显看出的，而且没有其他更改的可能。

第 52564 号无效审查决定涉及专利号为 200580036180.8，名称为"用作片剂的脂肪胺聚合物盐"的发明专利。涉案专利权利要求 1 保护一种片剂，包括司维拉姆碳酸盐和氯化钠，其中，氯化钠占司维拉姆碳酸盐和氯化钠结合重量的 0.05% 到 2%。在无效宣告程序中，专利权人提交了权利要求书全文替换页，将权利要求 1 中的"氯化钠占……"修改为"氯离子占……"。

专利权人认为，在涉案专利的 PCT 国际公开文本 WO2006050315A2 说明书全文中，当涉及片剂中"……占司维拉姆碳酸盐和氯化钠（或阴离子源）结合重量"的比例时，均是"氯离子（或阴离子）"占"司维拉姆碳酸盐和氯化钠（或阴离子源）结合重量"的比例。本领域技术人员从该 PCT 国际公开文本的上下文中能够清楚地判断出，授权的权利要求 1 所记载的"氯化钠占司维拉姆碳酸盐和氯化钠结合重量的 0.05% 到 2%"，是一处明显错误。因此，对权利要求书的修改是根据 PCT 公开文本纠正中文说明书和权利要求书中的明显错误，应当被接受。

决定认为，对于明显错误，《专利审查指南 2010》允许的修改包括修改由所属技术领域的技术人员能够识别出的明显错误，即语法错误、文字错误和打印错误，对这些错误的修改必须是所属技术领域的技术人员能从说明书的整体及上下文看出的唯一的正确答案。基于此，专利权人所述"通过对授权权利要求书和 PCT 国际申请原文公开的两个文本之间进行对比可以发现二者不一致从而表明授权文本存在明显错误"的主张缺乏法律依据，授权权利要求书与其国际申请原文公开的两个文本之间存在不一致描述，并不构成认定为授权权利要求书存在明显错误的依据。涉案专利的授权权利要求 1 保护一种片剂，其包括司维拉姆碳酸盐和氯化钠，其中"氯化钠占司维拉姆碳酸盐和氯化钠结合重量的 0.05% 到 2%"。从授权权利要求所记载的内容来看，其本身记载的是一个完整清晰的技术方案，对于片剂所含成分及其含量的限定清晰明确，其上下文亦无语法混乱或用词矛盾的记载，本领域技术人员阅读并理解上述技术方案时并无障碍。可见，授权权利要求 1 中不存在语法错误、文字错误和打印错误等上述审查指南中所规定的明显错误。而且根据授权的权利要求的内容，社会公众并不能预见到由原"氯化钠占司维拉姆碳酸盐和氯化钠结合重量的 0.05% 到 2%"可以并且必须进一步修改为"氯离子占司维拉姆碳酸盐和氯化钠结合重量的 0.05% 到 2%"，专利权人对权利要求 1 所作修改并不是社会公众可以预期的唯一合理修改方式。综上所述，专利权人对授权权利要求 1 进行的修改不能视为对明显错误进行修正。

2.2 无效理由的审查

如果请求宣告存在引用关系的某些权利要求无效，而未以同样的理由请求宣告其他权利要求无效，此时如不针对其他权利要求引入该无效理由将会得出不合理的审查结论,则可以针对所述其他权利要求依职权引入该无效理由。

第39127号无效决定涉及专利号为201120086910.8,名称为"一种禽类孵化用蛋盘"的实用新型专利。请求人在提出无效宣告请求时主张涉案专利权利要求1相对于证据1和公知常识的结合不具备创造性,权利要求2的附加技术特征被证据2公开,在权利要求1不具备创造性的前提下,权利要求2也不具备创造性。针对上述无效宣告请求,专利权人认为,除请求人指出的权利要求1相对于证据1的区别技术特征外,二者还具有另一区别技术特征。针对专利权人的意见陈述,请求人认为证据2公开了专利权人所指出的另一区别技术特征,因此主张将权利要求1相对于证据1和公知常识的结合不具备创造性的无效理由变更为权利要求1相对于证据1、证据2和公知常识的结合不具备创造性。专利权人认为,该变更的无效理由超过了《专利审查指南2010》规定的期限,应不予接受。

决定认为,首先,请求人对于其无效理由的变更是基于专利权人的意见陈述作出,且证据1和证据2均已转送给专利权人,这一理由的变更并未超出专利权人的应有预期。其次,针对权利要求2的无效理由为相对于证据1、证据2和公知常识的结合不具备创造性,权利要求2是权利要求1的从属权利要求,如果不允许请求人将权利要求1相对于证据1和公知常识的结合不具备创造性的无效理由变更为权利要求1相对于证据1、证据2和公知常识的结合不具备创造性,则可能出现权利要求1具备创造性被维持有效,而其从属权利要求2不具备创造性被宣告无效的不合理审查结论。根据《专利审查指南2010》第四部分第三章第4.1节的有关规定,合议组依职权引入权利要求1相对于证据1、证据2和公知常识的结合是否具备创造性的理由进行审查。

请求人在提出无效宣告请求时,主张权利要求相对于最接近的现有技术和公知常识的结合不具备创造性,在口头审理中,请求人主张将无效理由变更为权利要求相对于最接近的现有技术不具有新颖性,由于新颖性和创造性在评判逻辑上存在"前与后"的关联性,且该无效理由的变更也未给专利权人带来不可预期性和额外的负担,因此可以允许请求人变更其无效理由。

第 42420 号无效决定涉及专利号为 200910133320.3，名称为"具有线性条筒推动部件的并条机"的发明专利。涉案专利的权利要求 1 包含技术方案 A 和技术方案 B，请求人在提出无效宣告请求时认为权利要求 1 的技术方案 B 相对于证据 1 不具备创造性，并将权利要求 1 的技术方案 B 与证据 1 进行了详细的特征比对，得出二者的区别仅在于条筒驱动装置是否单独驱动。在口头审理时，请求人指出证据 1 公开了其条筒驱动装置是独立运行的，因此主张将涉案专利权利要求 1 的技术方案 B 相对于证据 1 与公知常识的结合不具备创造性的无效理由变更为权利要求 1 的技术方案 B 相对于证据 1 不具有新颖性。专利权人认为请求人在口头审理时变更无效理由为不具有新颖性不应当被接受。

决定认为，鉴于新颖性和创造性在判断方法及逻辑上的关联性，无论是判断涉案专利权利要求 1 的技术方案 B 相对于证据 1 是否具备创造性或者是否具有新颖性时，必然都会对证据 1 实际公开的内容进行客观认定，并在此基础上与涉案专利进行比对分析。在证据 1 明确公开了其条筒驱动装置是独立运行的情况下，本领域技术人员对涉案专利权利要求 1 的技术方案 B 相对于证据 1 是否具备创造性或者是否具有新颖性容易作出客观判断，请求人在口头审理中将权利要求 1 的技术方案 B 相对于证据 1 与公知常识的结合不具备创造性的无效理由变更为权利要求 1 的技术方案 B 相对于证据 1 不具有新颖性没有给专利权人带来不可预期性，应予接受。

如果在后的无效宣告请求中使用的证据与在先决定所用证据属于同族专利申请，且引用证据的内容实质相同，则应视为相同的证据。如果在后请求相对于在先决定只是增加了新证据，但是并未结合具体无效理由使用该新证据，则该新证据视为未提出，在后请求的证据组合方式与在先决定实质上相同。

第 42216 号无效决定涉及专利号为 201380044053.7，名称为"与内部加热元件一起使用的发烟制品"的发明专利。请求人主张相对于证据 6（WO2008/015441）、证据 4（US5016656A）和证据 7 的结合，涉案专利权利要求 1 不具备创造性。专利权人认为，请求人所主张的证据 6 为在先决定所使用证据 1 的国际申请文件，证据 4 与在先决定所使用的证据 2 相同，上述证据组合方式评价权利要求 1 不具备创造性的无效理由属于一事不再理的情形。经查，针对涉案专利存在第 37198 号在先无效审查决定，该决定认定涉案专利权利要求 1 相对于证据 1 （CN101500443B） 和证据 2 （US5016656A） 的结合具备创造性。本案证据 6 （WO2008/015441） 是在先决定中证据 1 （CN101500443B） 的国际申请文件，两者公开的内容实质相同，请求人评价权利要求创造性所引用的实质内容相同，应视为相同的证据；本案证据 4 （US5016656A） 与在先决定中的证据 2 （US5016656A） 为同一专利文献，请求人所引用部分的内容亦相同。本案证据 7 是证据 6 的背景技术文件，请求人并未说明在评价权利要求 1 中如何使用证据 7。因此目前请求人评价权利要求 1 创造性的无效理由所依据的证据 6、证据 4、证据 7 结合与在先决定中已论述过的证据 1 和证据 2 结合是相同的证据组合方式。决定认为，请求人主张涉案专利权利要求 1 相对于证据 6、证据 4 和证据 7 的结合不具备创造性的无效理由属于一事不再理的范畴，对该无效理由不予审理。

在无效宣告程序中，专利权人声明自申请日起放弃涉案专利权，在不妨碍他人和社会公众合法权益的前提下，可以基于当事人处置原则作出宣告该专利权全部无效的审查决定，对专利权人"自申请日起放弃专利权"的法律效果进行确认。

第 53899 号无效审查决定涉及专利号为 201010508824.1，名称为"噁唑烷酮衍生物以及含有该衍生物的药物组合物"的发明专利。在无效宣告程序中，专利权人提交了其签章的放弃专利权的声明，明确表示自申请日起放弃涉案专利的专利权。2021 年 12 月 22 日，国家知识产权局专利局初审及流程管理部向专利权人发出"手续合格通知书"，指出"上述专利，专利权人于 2021 年 12 月 8 日提出放弃专利权声明，经审查，符合《专利法》第 44 条的规定，同意放弃专利权。此声明在 38 卷 0101 期 2022 年 1 月 4 日专利公报上予以公告"。自此涉案专利的专利权目前处于"放弃专利权（主动放弃）"状态。根据相关规定，放弃专利权声明的生效日为手续合格通知书的发文日，放弃的专利权自该日起终止，但意味着从申请日至该终止日期间，专利权依然存在并有效。因此，仅通过"放弃专利权（主动放弃）"程序处理，不能达到无效请求人提出无效请求的最终目的，也未实现专利权人声明自申请日起放弃涉案专利专利权的真正本意。依据当事人处置原则，基于专利权人提出"自申请日起放弃专利权"声明，国家知识产权局作出宣告专利权全部无效的决定。

第34475号无效决定涉及专利号为200980137333.6，发明名称为"用于制备单官能化的二烷基次膦酸、二烷基次膦酸酯和二烷基次膦酸盐的方法，以及它们的用途"的发明专利。涉案专利权由于未按规定缴纳年费已于2016年10月6日终止。2017年7月31日无效请求人请求宣告涉案专利全部无效，专利权人提交了其签章的放弃专利权的声明，明确表示自申请日起放弃涉案专利权。2017年11月27日，国家知识产权局专利局初审及流程管理部向专利权人发出"放弃专利权声明视为未提出通知书"，理由是"本案专利权因欠费终止失效，专利权人的声明不符合《专利法实施细则》第四十五条的规定"。虽然专利权人提出了自申请日起放弃专利权的声明，但该声明尚未通过有效的法律程序予以公告。涉案专利权虽然处于终止状态，但申请日至2016年10月6日期间曾为有效专利。根据《专利审查指南2010》第四部分第三章第3.1节的规定，无效宣告请求的客体是已经公告授权的专利，包括已经终止或者放弃（自申请日起放弃的除外）的专利，在本无效宣告请求案中，涉案专利权属于无效宣告请求的客体。虽然在《专利审查指南2010》第四部分第三章第2.2节中未就专利权人声明"自申请日起放弃全部专利权"时如何处理作出明确规定，但是在专利权人的这一声明无法通过其他更经济的途径公示社会公众的情况下，比照该节规定，基于当事人处置原则，国家知识产权局作出宣告专利权全部无效的决定。

2.3 向外国申请专利的保密审查制度

《专利法》（2008年修正，下同）第20条第1款规定，任何单位或者个人将在中国完成的发明或者实用新型向外国申请专利的，应当事先报经国务院专利行政部门进行保密审查。

专利制度是一种"公开换保护"的制度，原则上获得专利权的发明创造必须予以公开，但如果申请专利的发明创造涉及国家安全或重大利益需要保密的，将其公开就会损害国家安全或重大利益。因此，有必要建立相应的保密审查制度。我国《专利法》在第4条和第20条分别针对向国内申请专利和向国外申请专利的情形规定了相应的保密审查要求。并且，在《专利法实施细则》第65条第2款中规定《专利法》第20条第1款属于无效宣告请求的理由。

《专利法》第 20 条第 1 款适用主体是"任何单位或者个人",需要进行保密审查应具有如下 3 个条件,即:第一,发明创造为发明或者实用新型;第二,该发明或者实用新型是在中国完成的;第三,申请人准备就该发明或者实用新型向外国申请专利。《专利法实施细则》第 8 条第 1 款对《专利法》第 20 条进一步细化,规定了在中国完成的发明或者实用新型是指技术方案的实质内容在中国境内完成的发明或者实用新型。

对于在中国境内完成的发明或者实用新型,无论申请人是中国单位或者个人,还是外国人、外国企业或者外国其他组织,只要在审查过程中证实该专利申请或者该专利未经国家知识产权局保密审查就已经向外国申请专利,则对于在中国的专利申请不予授权,对于已授权的专利应予宣告无效,即使发明或者实用新型的技术方案并不涉及国家安全或者重大利益。

判断一项发明在向外国申请专利前是否需要进行保密审查,关键要确定发明技术方案的实质性内容是否在中国境内完成。只要是在中国境内完成的发明创造,无论是由中国人完成,还是由外国人完成,也无论是中国个人或单位还是外国个人或单位享有申请专利的权利,在就该发明创造向外国申请专利前,均应当向国务院专利行政部门提出保密审查请求。发明人的国籍与发明的实际完成地并不必然相同,仅依据发明人的国籍为中国并不足以确定其对于发明技术方案所作出的实质性内容是在中国境内完成的。

第 36591 号无效决定涉及专利号为 201110089122.9,名称为"电动独轮自行车"的发明专利。请求人认为,涉案专利的申请人和发明人均为陈某,涉案专利是中国公民在中国完成的发明创造。美国专利申请 US2011/0220427A1 与涉案专利公开文本在内容上几乎完全对应,仅有少许文字变动。涉案专利申请人未向国家知识产权局提交过向外国提交专利申请的保密审查请求,就申请了美国专利。

专利权人提交的附件 1 为 S*Chen 的签证复印页,其显示了 S*Chen 在 2009 年和 2010 年往来中国的具体时间,由此证明涉案专利的发明创造不可能是在中国完成的。附件 2 为显示由"S*Chen"于 2011 年 3 月 18 日发送给"inventist"的电子邮件,表明了 S*Chen 明确要求在中国申请该专利。附件 3 为存储有专利权人声称的 S*Chen 于 2011 年 2 月至 4 月往来电子邮件的光盘,反映了 S*Chen 在美国研发该案中的独轮车的过程。附件

5 为 S*Chen 于 2010 年 8 月 27 日向涉案专利的专利权人陈某发送的关于中国在先申请的电子邮件。专利权人认为：（1）涉案专利是由美国人 S*Chen 在美国完成的，其将在中国申请专利的权利转让给了陈某。结合附件 1、附件 2、附件 3 和附件 5 可以证明涉案专利是由发明人 S*Chen 在美国完成的发明创造，并委托专利权人陈某在中国进行发明专利申请这一事实；此外，请求人提交的证据 9 的《信息时报》记载的内容也证明 S*Chen 长期在美国定居；（2）涉案专利的发明人已作了变更，变更后的发明人为本案的实际发明人美国人 S*Chen，并没有证据表明该发明是在中国完成的；（3）涉案专利是由中国人陈某提出申请的，证据 11 的美国专利是由美国人 S*Chen 提出申请的，没有任何证据证明中国人陈某与美国人 S*Chen 是同一个人，因此陈某申请涉案专利并没有违反保密审查的相关规定。

决定认为，专利权人主张涉案专利的发明人是"S*Chen"，并在本案的审理过程中将涉案专利的发明人进行了变更。但是，专利权人提出发明人变更请求时，仅提交了由专利权人和变更前全体发明人签字的声明，未提交证据证明对涉案专利发明创造的实质性特点作出创造性贡献的人是变更后的发明人。

专利权人提交的附件 1、附件 2 和附件 3 均不是原件，请求人对上述证据的真实性有异议，专利权人未提交其他用于佐证真实性的证据，故合议组对附件 1、附件 2 和附件 3 不予采信。专利权人提交的附件 5 仅可以证明于 2010 年 8 月 27 日发送过一封邮件，要求就该邮件所附文件于 9 月 10 日前在中国提出专利申请。但从该证据无法得出邮件是由 S*Chen 发送给陈某的，也无法证明涉案专利是由 S*Chen 在美国完成的。

涉案专利的公开文本与美国专利申请公开说明书的文字表述基本一致，两份专利文献的附图及其上的附图标记完全一致，可以推断涉案专利的技术与美国专利的技术具有相同的来源，即，两份专利申请的技术方案是由同一个发明人/发明团队作出的。虽然在提出专利申请时涉案专利的申请人和发明人均为中国公民陈某，但是发明人的国籍与发明的实际完成地并不必然相同，仅根据发明人的国籍为中国并不足以证明其所作出的技术方案的实质性内容是在中国境内完成的。而根据《专利法实施细则》第 8 条的规定，《专利法》第 20 条所称的在中国完成的发明或者实用新型，是指技术方案的实质性内容在中国境内完成的发明或者实用新型。请求人所提交的证据均未涉及涉案专利权利要求 1—9 的技术方案的实质性内容是否是在中国境内完成的事实。故合议组对请求人有关涉案专利违反《专利法》第20条第1款的无效理由不予支持。

根据《专利法》第20条第1款的规定，需要确定保密审查所针对的发明或者实用新型是否在中国完成，而基于《专利法实施细则》第8条对于保密审查的细化规定，需要确定技术方案实质内容的完成地是否在中国。若技术方案实质内容的完成地并非在中国，则无须进行相应的保密审查。

发明技术方案的实质性内容通常是指该发明相对于其现有技术的改进之处。如果有证据证明发明人在完成发明技术方案期间并不在中国境内工作和生活，则可以初步认定发明技术方案的实质性内容不是在中国境内完成的。

第41283号无效决定涉及专利号为201310322066.8，名称为"一种用于体外医疗诊断装置的测试卡"的发明专利。

决定认为，本案的争议焦点在于涉案专利技术方案的完成地的确定。对此，需要关注以下两个问题：其一是涉案专利的实质性内容；其二是涉案专利的实质性内容的实际完成地。对于第一个问题，基于一项发明或者实用新型技术方案的研发过程，其实质性内容通常是指该发明或者实用新型相对于其现有技术的改进之处。这里所谓的"现有技术"既可以是该专利文件所记载的背景技术，也可以是在行政审查程序中所确定的申请日前的已有技术，还可以参考当事人在相关程序中所确认的已有技术内容。根据涉案专利说明书的记载、权利要求1的限定以及发明人之一林某的证人证言，涉案专利旨在解决卡液一体设置可能带来的运输不便、运输中容易出现漏液的问题，采取卡液分离的方式，方便试剂包的运输，并在此基础上实现流体样本自动进样以及检测装置无液路的技术方案，即上述内容属于涉案专利的实质性内容。对于第二个问题，则要根据双方当事人所提供的证据来判断上述实质性内容的完成地。通常情况下，如果发明人对其发明或者实用新型技术方案的基本构思已成型，并且在研发过程中以文字或附图等形式记录下来，所记录的技术特征能够与最终申请专利的专利文件所体现的技术方案实质性内容相对应，则应当认为发明人在记录这些技术特征时就已完成了技术方案的实质性内容。本案中，基于专利权人所提供的林某与赵某某、保某自2010—2013年往来的电子邮件，其中涉及了涉案专利的发明人之间对相关技术内容的讨论，分别在2010年3月、6月的往来电子邮件中涉及了与前述涉案专利的实质性内容相对应的相关结构，由此至2010年6月发明人保某及林某已对测试卡、试剂包以及测试装置形成了可与权利要求1所要求保护技术方案实质性内容相对应的设计构思，2010年6月前发明人林某主要在美国，赵某某和保某均在美国境内，据此，无法确认涉案专利技术方案的实质性内容是在中国境内完成的。而请求人所提供的证据仅属时间上的假设推断，综合双方提供的证据，涉案专利技术方案的完成地并非中国。因此，请求人的涉案专利违反《专利法》第20条第1款的相关规定的主张不能成立。

《专利法》第20条是对在中国完成的发明或者实用新型拟向外国申请专利的要求，不仅规定了在向国外申请专利之前要提交保密审查的义务，亦规定了不履行保密审查义务将不授予专利权的后果。专利申请人/专利权人就同样的发明或者实用新型先在外国申请专利，且未履行保密审查手续的，如果有证据表明所述发明或者实用新型的实质性内容在国内完成具有高度盖然性，而专利申请人/专利权人又不能反证其发明或者实用新型的实质性内容在国外完成，则专利申请人/专利权人应当承担其发明或者实用新型不能获得专利保护的法律后果。

如果专利申请人或专利权人的主要研发基地和发明人的工作地点都在中国境内，在专利申请人或专利权人没有提供充足证据证明发明技术方案的实质性内容不是在中国境内完成的情况下，应当认定发明技术方案的实质性内容是在中国境内完成的。

第55586号无效决定涉及专利号为201720389490.8，名称为"一种可伸缩的传动总成装置及升降立柱"的实用新型专利。决定认为，证据1-4为专利权人本人在美国的临时专利申请，申请日为2016年12月20日；证据1-2系涉案专利的优先权文件，提交申请的时间为2017年1月10日，晚于证据1-4的申请日；证据1-3为国家知识产权局出具的本专利的专利申请存档文件。比较涉案专利、证据1-2和证据1-4的技术内容可知，三者技术方案完全相同。从证据1-3的存档文件看，专利权人未就涉案专利的技术方案提交保密审查。因此，涉案专利属于先在美国申请专利，后在中国申请专利，且未事先报经国家知识产权局进行保密审查的情形。其能否获得专利保护，关键在于涉案专利的实质性内容是在中国还是外国完成的。

请求人负有证明涉案专利的实质性内容在国内完成的证明责任。判断涉案专利的实质性内容是否在国内完成，可以从以下两个角度综合考查。一是从专利权人住所地的角度看，证据2-1为专利权人公司的招股说明书，其封面载明，专利权人公司住所地在浙江省绍兴市新昌县，第1-1-113页记载了"公司始终注重研发体系的建设和完善，建有省级高级技术企业研究开发中心和省级企业研究院"和"2011年，公司获得国家高新技术企业资格"；第1-1-114页记载了"公司完成了'多功能医疗床智能驱动与控制系统''高精度电动推杆'两项国家火炬计划项目"和"2016年完成了直筒型升降立柱……等多个省级新产品验收"。根据以上内容可知，专利权人的住所地和其研发机构均在中国境内，且无相反证据表明在证据1-4美国临时专利申请的申请日之前，专利权人在国外有具备技术研发或产品设计能力的机构，因此可初步证明涉案专利的实质性内容高度可能是在中国国内完成的。二是从发明人工作地的角度看，根据《专利法实施细则》第13条的规定，凡是被记载为发明人的，就应当被认定为对发明或者实用新型的实质性特点或实质性内容作出了创造性贡献。涉案专利载明的发明人为胡某某、陆某某、黄某某和张某某，该4人均可被推定是对涉案专利的实质性内容作出创造性贡献的人。根据证据2-1的记载，胡某某、陆某某和黄某某均为"中国国籍，无境外永久居留权"，且该3人均为专利权人的员工，在无相反证据的情况下，胡某某、陆某某和黄某某3人作出职务发明的工作地应当被认为在国内。另外，证据2-2记载了张某某"担任办公室事业中心研发部负责人，主要负责办公桌升降系统""机缘巧合下，来到浙江捷昌线性驱动股份有限公司工作""工作六年来，他不忘初心，始终践行着自己对科技创新的坚持""这几年，张某某带领的智慧办公团队取得了不俗的成绩"。基于以上内容，一方面，可初步证明张某某的工作任务与涉案专利具有关联性，另一方面也表明其工作地在国内。综上，请求人提供的证据可初步证明涉案专利的实质性内容在国内完成具有高度盖然性。

如果专利权人不能提供充分的反证推翻以上认定，表明涉案专利的发明创造是在国外完成的，则其应当承担不利的法律后果。首先，反证1显示胡某某于2016年6月12日至2017年6月16日的出入境记录，该反证1仅能证明在以上期间胡某某曾经有出境经历，并不能直接证明涉案专利的技术方案系胡某某在外国完成。而且，除了胡某某外，涉案专利还有3位发明人,均为对发明创造的实质性内容作出贡献的人,该反证 1 不能证明另外 3 位发明人陆某某、黄某某、张某某在外国完成涉案专利的发明创造。其次,专利权人主张涉案专利的发明创造主要是胡某某在美国完成的,但根据反证 1 可知,胡某某仅于 2016 年 11 月 13 日至 24 日前往美国,短短 10 天内,作为专利权人公司董事长的胡某某不仅要形成技术方案的完整构思,还完成了美国临时专利申请所需的材料和所有申请手续,这一主张的合理性明显不足。从证据 2-1 可以看出,专利权人作为一拟上市公司,有完备的公司构架,其主张涉案专利的发明创造在外国完成,应有能力提供所述发明创造在外国研发和完成的直接证据。在专利权人未能提供充分证据、未尽到举证义务的情况下,应承担举证不利的法律后果。

综上所述,请求人提交的证据能够相互印证,证明涉案专利的发明创造在国内完成具有高度盖然性,在专利权人未能提供充分反证的情况下,合议组认定涉案专利的发明创造是在中国完成的。鉴于专利权人将其在中国完成的发明创造于 2016 年 12 月 20 日递交美国临时专利申请之前,未履行向国家知识产权局提请进行保密审查的义务,导致涉案专利权利要求 1—11 的技术方案违反《专利法》第 20 条第 1 款的规定,应予以宣告无效。

第九章 外观设计

1 外观设计对比判断的主体和客体

在判断外观设计专利是否符合《专利法》第9条、第23条第1款、第2款的规定时，其判断主体为法律拟制的人——一般消费者。作为某种类外观设计产品的一般消费者，其知识水平和认知能力应当具备以下特点：第一，对涉案专利申请日之前相同或者相近种类产品的外观设计及其常用设计手法具有常识性的了解；第二，对外观设计产品之间在形状、图案以及色彩上的区别具有一定的分辨力，但不会刻意关注产品的形状、图案以及色彩的微小变化。

第44432号无效决定涉及专利号为201030122941.5，名称为"仪表机壳"的外观设计专利。专利权人认为，在确定一般消费者的知识水平和认知能力时，不仅要考虑仪器的一般购买者和使用者的知识水平和认知能力，也要考虑仪器的组装商和维修商的知识水平和认知能力。决定认为，在判断外观设计是否符合《专利法》第23条第2款规定时，作为外观设计判断主体的"一般消费者"是法律上拟制的人，而不是指某一个或者某一类具体的人，其应当对涉案专利申请日前相同种类或者相近种类产品的外观设计状况具有常识性的了解，并能够以现有设计状况为基础，采用整体观察、综合判断的方式分析涉案专利的各个设计特征对整体视觉效果的影响权重，进而进行是否具有明显区别的判断。对于本案产品而言，无论其在使用时放置于控制柜内或摆放于桌上，该类产品的正面框体形状、操作区域以及整体形状的变化对产品的整体视觉效果影响更为显著，一般消费者会更关注上述部位的变化。

在外观设计对比判断中，判断客体应当通过视觉进行直接观察，不能借助放大镜、显微镜、化学分析等其他工具或者手段进行比较，不能由视觉直接分辨的部分或者要素不能作为判断的依据。该原则强调对比判断应以一般消费者视觉能够直接认知到的产品所呈现的外观为准，排除需要通过其他技术手段才能观察到的内容作为判断对象。审查实务中，鉴于视图大小的限制，体积较大的产品通过较大比例缩小才能反映在视图上，由于其实际尺寸的外观并不需要通过技术手段而能直接观察到，因此将视图适当放大以其清楚呈现的产品外观设计进行对比判断并不违反"直接观察"的原则。

第34679号无效决定涉及专利号为201430555570.8，名称为"免充气轮胎（1004）"的外观设计专利。请求人在口头审理中提出，由于视图较小，可以将视图进行适当放大以便看清楚胎面上的沟槽设计。

 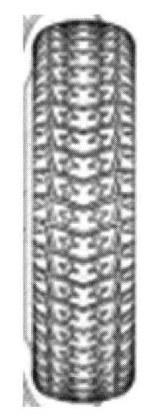

涉案专利附图　　　　　　对比设计附图

专利权人认为，上述方式违反了《专利审查指南2010》中"直接观察"的规定。决定认为，对于外观设计专利申请而言，由于使用外观设计的产品多种多样，小至螺钉螺帽，大至房屋建筑均可以成为外观设计专利保护的对象，《专利审查指南2010》第四部分第五章第5.2.2节规定的"在对比时应当通过视觉进行直接观察，不能借助放大镜、显微镜、化学分析等其他工具或者手段进行比较，不能由视觉直接分辨的部分或者要素不能作为判断的依据"，主要针对的是例如纺织品在形状、图案和色彩相同的情况下用放大镜观察其纹路的不同的情形。而《专利审查指南2010》第五部分第一章第4.2节中规定"说明书、说明书附图、权利要求书、说明书摘要、摘要附图、图片或照片、简要说明与其他表格用纸的规格均应为

297毫米×210毫米（A4）"，因此对于本案中体积较大的产品，视图中体现的各零部件必然相对较小，但若这些零部件本身的外观设计直接用视觉能够分辨，其所提交的申请图片本身清晰度亦能够满足要求的情况下，仅通过放大图片而非通过其他技术手段增加图片的清晰度显示的内容，并不能认为违反专利审查指南关于"直接观察"这一原则的相关规定和标准，因此对于专利权人的上述主张，合议组不予支持。

外观设计专利视图中注明为参考图的图片或照片，应当理解为申请人并未要求对该图片或照片所示的外观设计加以保护。参考图通常用于表明外观设计产品的用途、使用方法或者使用场所等，例如其中示明的使用方式等内容，在对比时应结合其他视图所表示的相关设计内容予以考虑。

第41935号无效决定涉及专利号为201630405517.9，名称为"耳机（Air By Crazybaby）"的外观设计专利。其中套件3为耳机的外盒，套件3的使用状态参考图示出外盒以拉出作为打开方式。请求人主张涉案专利套件3相对于证据1不符合《专利法》第23条第1款的规定，但上述证据均未公开外盒可以拉出的状态。

决定认为，涉案专利套件3所示耳机充电器由六面正投影视图及使用状态参考图表达，根据《专利审查指南2010》关于提交外观设计图片或照片的相关规定，参考图通常用于表明使用外观设计的产品用途、使用方法或使用场所等，因此涉案专利仅在使用状态参考图中示出，而未在其他视图中表示的内部结构不属于要求保护的设计，但在该使用状态参考图中表达出的套件3的具体打开方式属于对套件3使用方式的解释，在确定套件3的要求保护的外观设计时，应当予以考虑。涉案专利与证据1所示移动电源外观设计相比，除其他差别外还存在一个主要区别，即证据1顶部为一个带长方形缺口的盖状物，并未表达可以拉出的设计。对于本案充电器产品，一般消费者不仅关注其整体形状，同样会关注涉案专利所示充电器可将端部拉出的使用方式所呈现的视觉效果；外观设计对比判断不仅仅是外观设计视图表示的线条、轮廓的对比，还应当结合各部位功能部件及使用方式带给一般消费者的视觉感受作对比。涉案专利套件3与证据1虽然整体形状都为胶囊形，但两者的前述主要区别直接与涉案专利充电器的具体使用方式相关，一般消费者对此具有较高的关注度，拉出型的设计与开盖型的设计差距较大，并非施以一般注意力不能察觉的局部细微差异。结合涉案专利与证据1的其他区别，二者不构成实质相同的外观设计。

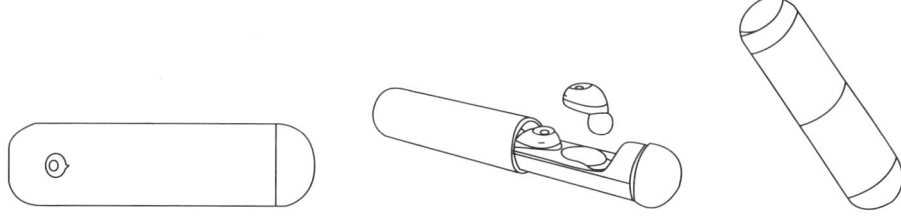

涉案专利套件3　　涉案专利套件3使用状态参考图　　证据1附图

外观设计对比判断中，虽然产品材质本身不作考虑，但基于材质呈现的视觉效果属于应予考虑的内容。以透明材质设计的透明区域形成的透明效果，以及透过透明区域可观察到的内部结构均构成外观设计的设计内容，在外观设计对比判断中应予考虑。

第42102号无效决定涉及专利号为201730220614.5，名称为"LED灯条"的外观设计专利。涉案专利包括10项相似设计，设计1所示LED灯条的外轮廓截面近似矩形，俯视图所示灯条顶面略呈弧面，俯仰视图所示灯条的顶面和底面中部透明，从底面的透明部可以看到焊盘设计，焊盘呈长圆形，两两一组并排设置于灯条的宽度方向，两个长圆形焊盘之间由两条短线相连，沿灯条长度方向分布有多组焊盘，各组焊盘之间等间隔排列。设计2至设计10与设计1的区别在于每组两个长圆形焊盘之间的图案有所不同。请求人主张将证据1的焊盘形状与证据4的灯条形状进行组合。其中证据1公开了用于电路板的长圆形焊盘；证据4公开了一种LED灯条，包括灯带和外包透明树脂形成的灯条套管，灯带包括长条状电路板及其上表面设置的LED灯珠，灯条套管的截面为矩形。此外，请求人认为，透明材质属于惯常设计。

决定认为，关于灯条部分，涉案专利与证据4存在以下主要区别：（1）涉案专利的灯条顶面和底面中部透明，左右两侧面非透明；证据4灯条各面均透明。（2）涉案专利从灯条底面的透明部可见其焊盘设计，焊盘位于灯条中电路板的背面，两两一组并排设置于灯条的宽度方向，中间设有图案，沿着灯条的整个长度方向均匀分布多组焊盘，各组之间等间隔排布，涉案专利设计1至设计10的区别在于每组两个焊盘中间的图案不同；证据4未公开涉案专利上述的特定透明面相对位置关系设计和焊盘连续排列设计特征，亦未明确公开将焊盘应用于电路板的背面且从背面可见的设计。虽然证据4仅公开了外包灯条的一个截面，但对LED灯条产品而言，外包灯条套管在整个长度方向上均匀一致，即其长度方向上任意一处的截面形状均相同是该类产品的惯常设计。但是，对于区别（1）和（2），二者焊盘的具体位置、排布方式以及灯条各面透明设计的特定相对位置关系均不相同。对于LED灯条而言，灯条为四面均透明，还是仅部分面透明，透明面的位置关系如何对产品外观设计的整体视觉效果具有较为直接的影响，而且，透过透明部可以看到的灯条内部设计，即焊盘部分的设计，也构成一般消费者视觉关注的主要部分。涉案专利的焊盘位于电路板背面，两两一组等间隔分布于灯条的整个长度方向，各组的两个焊盘之间还有图案设计，这些设计特征对整体视觉效果具有显著影响。请求人认为这些差别为惯常设计，但并未提供相关材料证明，合议组根据一般常识对此也不予确认。因此，根据整体观察，综合判断，涉案专利与证据1和证据4的组合相比，上述区别（1）和（2）足以对产品外观设计的整体视觉效果产生显著影响，涉案专利的设计1至设计10与证据1和证据4的组合均具有明显区别。

2 "明显区别"的判断

2.1 外观设计单独对比

在判断涉案专利相对于现有设计是否具有明显区别时，采用的根本原则是"整体观察、综合判断"，即由涉案专利与对比设计的整体来判断，而不从外观设计的部分或者局部出发得出判断结论。尽管在对比判断过程中，通常会按产品具体组成部分、设计特征等作——对比，但这并不意味着，在综合判断时要对每一个组成部分、设计特征施以相同的关注度，亦不意味着，整体视觉效果仅仅是各个设计特征各自视觉效果的简单叠加，而是应当综合考虑影响视觉效果的所有因素，分析各个设计特征对整体效果影响的权重加以综合判断。

第36431号无效决定涉及专利号为201130150914.3，名称为"小型摩托车"的外观设计专利。产品主要包括车把部分、车头部分、踏板及车座部分、车尾部分、车轮等。对比设计也公开了具有相应部分的摩托车。涉案专利与对比设计相比,两者的主要相同点在于:各主要部件的比例及相对位置均基本相同,具体而言:①车头部分基本相同,包括车把、车前罩的立体形状、挡风罩等;②车身部分的三维立体形状基本相同,包括从前侧罩、踏板到后侧罩、车座、排气管、油箱、支撑件、后挡泥板、支脚等;③车轮、前后挡泥板基本相同。两者的主要不同点在于:①车侧罩上部的装饰块形状不同;②涉案专利前轮的支撑杆为上粗下细,对比设计相反;③车前罩的格栅形状及所在前罩轮廓不同;④转向灯的形状和位置不同;⑤车尾灯的形状略有不同;⑥对比设计仅在俯视图展示了后视镜的设计,从该视角无法明确判断其与涉案专利的区别。

涉案专利附图　　　　　　对比设计附图

决定认为,对于摩托车这类具有较大体积的产品来说,在满足必须具备车把、车轮、车座、踏板等基本结构的前提下,各部件的三维立体形状、连接位置关系、装饰性设计形成了整车的整体风格和视觉印象,根据上述比较可见,涉案专利与对比设计在整车三维立体结构的各部件上,例如车头、车把、车前后侧罩、踏板、各支撑件、车轮等，立体形状和相对位置关系、比例均基本相同，这些是构成车整体框架和风格的来源，这些相同点已然使得二者形成了较为一致的整体视觉效果。对于不同点，其中①、②、⑤、⑥均位于局部，其位置及大小比例均基本相同，仅细节有变化，属于局部细微差异；对于不同点④尽管位置和形状均不同，但该部分设计属于常见的设计亦属于局部细微差异。上述不同点对整体视觉效果的影响均不显著。尽管不同点③位于车前罩的视觉关注部位，也占有一定的体积，但该部分的设计变化没有改变前部面板的整体轮廓，虽然分区和格栅的形状有所不同，但设计风格基本类似，涉案专利将较大面积的格栅缩小为较小面积，且采用了常见的椭圆形，格栅内部的格纹也较为常见，这部分的改变并未形成新的设计风格或个性化设计特征，没有达到实质影响二者的整体视觉效果的程度，因此综合来看，相较于二者相同点而言，其在整体视觉效果中的权重较轻。综上所述，在"整体观察、综合判断"的基本原则之下，二者的相同点形成了二者基本一致的视觉印象，不同点对整体视觉效果影响有限，不能构成显著影响，因此涉案专利与对比设计不具有明显区别。

第36333号无效决定涉及专利号为201530308202.8，名称为"矿泉水瓶（-1）"的外观设计专利。涉案专利包含瓶身和瓶贴，瓶身整体呈上部圆锥、中下部圆柱的回转体造型，瓶身上部有不规则的折线装饰设计，底部有多个圆形结构，中部微内凹，瓶身上方有瓶盖。瓶身前后表面附有瓶贴，主视图瓶贴上部为中英文商标图案，下部为说明性文字图案，后视图瓶贴上部为雪山山峰图案，雪山下部有较小的中英文商标图案，下部为说明性文字、条形码等图案，从立体图和主视图可见后视图的雪山图案。对比设计包含瓶身和瓶贴，瓶身整体呈上部圆锥、中下部圆柱的回转体造型，两部分的高度比例大致是2:5，瓶身上部有不规则的折线装饰设计，底部有多个圆形结构，中部微内凹，瓶身上方有瓶盖。瓶身前后表面附有瓶贴，正面瓶贴上部为3个小雪山图案和英文商标图案，下部为说明性文字图案，背面瓶贴上部为雪山山峰图案，雪山下部有较小的3个小雪山图案和英文商标图案，下部为说明性文字、条形码等图案，从正面可见背面的雪山图案。

第九章 外观设计

涉案专利附图　　　　　　　　　　对比设计附图

涉案专利和对比设计相比，二者的相同点主要在于：瓶身整体形状相同，圆锥形上部均包含折线图案，瓶贴正面均包含商标图案和说明性文字图案，背面为雪山山峰图案、商标图案、说明性文字及条形码等图案，从正面可见背面的雪山图案。二者的区别点主要在于：①二者上部圆锥和中下部圆柱的高度比例略有区别；②二者的具体的折线设计略有不同；③瓶贴的大小以及瓶贴上的具体雪山图案、商标图案、说明性文字图案等的排布略有不同，其中涉案专利瓶贴相对于对比设计略短一些，涉案专利的雪山图案为中间大左右小的 3 个连绵的山峰，对比设计的雪山图案为后方中间大左右小的 3 个连绵的山峰、前方较矮的多个山峰组合而成。

决定认为，对于包装瓶类产品，上部圆锥、中下部圆柱的回转体形状较为常见，双方当事人亦认可涉案专利瓶身为惯常设计，因此一般消费者会更为关注瓶身上的图案设计和瓶贴设计。涉案专利和对比设计的瓶身折线均类似高低起伏的雪山山峰，瓶贴正面均为较大商标，背面均为雪山山峰图案、商标图案、说明性文字图案，透过正面可以看到背面映衬的雪山山峰图案，同时瓶贴上的雪山山峰图案和瓶身上的折线图案相互呼应，形成较为一致的整体视觉印象。二者的区别点①主要是由于二者的具体容积不同造成，而这两种容积的瓶子都非常常见，其上下部分高度比例上的差异不会对整体视觉效果造成显著影响；区别点②③的具体图案设计内容虽然略有差别，但并不会影响二者由于相同设计元素所形成的较为一致的整体视觉印象，也不会对整体视觉效果造成显著影响。综上，涉案专利相对于对比设计不具有明显区别，涉案专利不符合《专利法》第 23 条第 2 款的规定。

外观设计对比判断通常应当结合现有设计状况，确定涉案专利与对比设计的相同点和不同点对整体视觉效果影响所占的权重。如果两者的相同点或不同点在现有设计中大量出现，则对整体视觉效果影响的权重下降；如果两者的相同点或不同点在现有设计中较少出现或从未出现，则对整体视觉效果影响的权重提升。如果涉案专利采用了现有设计独特的设计特征，且该设计特征在整体设计中具有突出的设计风格，使得一般消费者会特别关注，则该设计特征对整体视觉效果的影响权重显著增强。

第45830号无效决定涉及专利号为201930509578.3，名称为"手持云台相机"的外观设计专利。涉案专利与对比设计相比，两者的主要相同点在于：①整体结构、比例相同；②手柄形状及其上的部件相同；③三轴云台整体结构相同。两者的主要区别点在于：①手柄下部圆润程度不同；②单侧俯仰电机和连轴与双侧俯仰电机和连轴的区别；③相机部分外轮廓略有不同；④壳体表面分割线形状略不同；⑤对比设计横滚电机与相机连接处呈圆锥形凸起，涉案专利无此设计；⑥插接口、指示灯、侧面按钮、挂绳孔等小部件的位置、数量或表面图案不同。

双方当事人均认可该类产品整体结构较为固定，均由手柄、三轴云台和相机3部分构成，三轴云台、单侧俯仰电机连接轴也为该领域常见结构。同时，双方分别针对手持云台相机的现有设计状况进行举证，请求人认为3部分的具体形状仍具有较大设计空间，而对比设计在手柄形状、相机和三轴云台的紧凑型设计以及轴的非扁平状设计上明显有别于现有设计，而涉案专利在上述3点上均与对比设计相同，足以使一般消费者产生两者不具有明显区别的视觉印象。专利权人认为，手持三轴云台相机的结构已较为固定，各部分的设计空间有限，因而两者存在的区别点足以使两者构成具有明显区别的外观设计。

决定认为，结合双方提供的现有设计可知，首先，该类产品虽结构相对固定，但3部分的具体形状仍有一定设计空间；其次，该类产品通常为云台夹持独立功能的相机（如证据5、7、9—16，反证1—9所示）或者云台上设置摄像头但需结合手机等显示设备进行具体操作使用（如证据6、反证10—11所示）的产品类型，其手柄一般不具有操控屏幕区域；最后，该类产品的手柄多为细长圆柱体形或者细长杆状（如证据5、证据9—12、反证1—9、反证11所示），即使存在较粗短的手柄，其整体形状也较圆

第九章 外观设计

润,外轮廓富含曲线(如证据 6—7、证据 13—16、反证 10、反证 12 所示)。而涉案专利与对比设计均属于小巧便携的一体式手持云台相机,从双方提供的现有设计状况可见,两者整体呈方柱形且自带方形屏幕的手柄、3 部分紧凑呈一体式的设计之前未有过或至少鲜有少见,具有引人瞩目的独特视觉效果,因而一般消费者会特别关注产品各部分大致接近的形状形成的一体式整体造型设计,而对各部分具体细节设计的关注程度降低。两者区别点属于常见设计或局部细微差异,对整体不会产生独特的或者显著的视觉效果。相较于一般消费者对两者有别于涉案专利申请日前该类产品常见手柄形状及整体结构造型的相同点的特别关注,涉案专利与对比设计的区别点对整体视觉效果不具有显著影响,两者不具有明显区别。

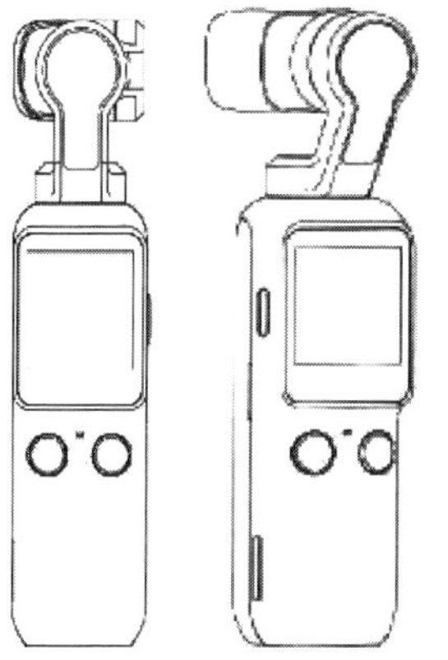

涉案专利附图 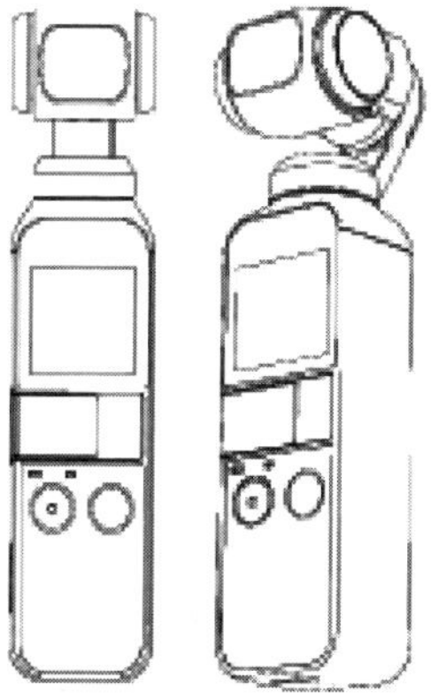　　　　对比设计附图

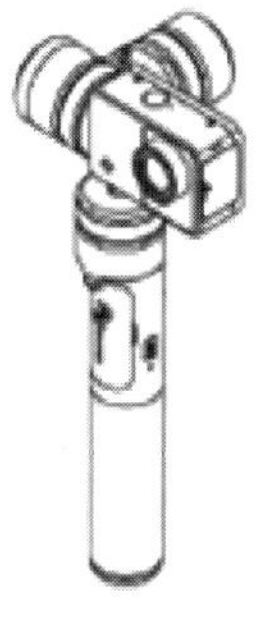

证据 5 附图 　　证据 6 附图 　　证据 7 附图 　　证据 9 附图

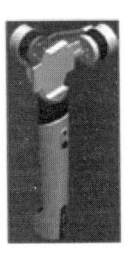

证据 10 附图

证据 11 附图

证据 12 附图

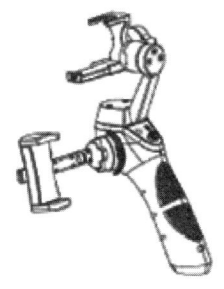

证据 13 附图

证据 14 附图

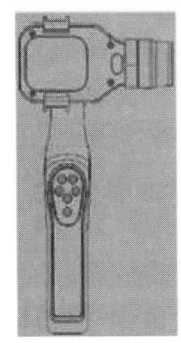

证据 15 附图

证据 16 附图

反证 1 附图

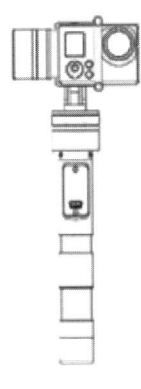

反证 2 附图

反证 3 附图

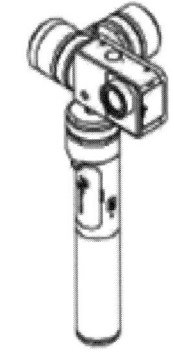

反证 4 附图（同证据 5）

第九章 外观设计

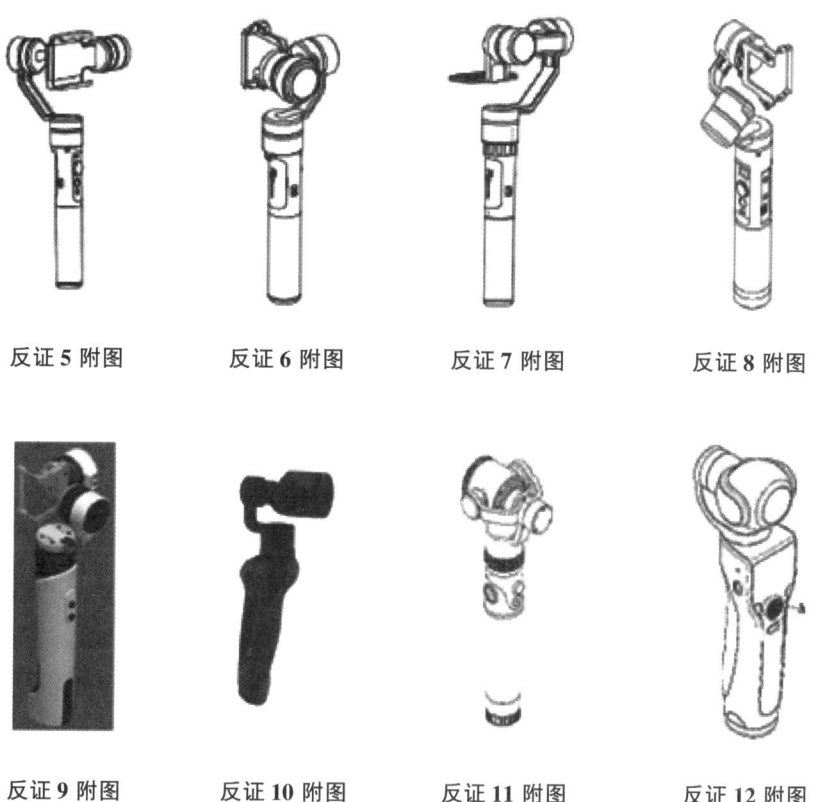

反证 5 附图　　　反证 6 附图　　　反证 7 附图　　　反证 8 附图

反证 9 附图　　　反证 10 附图　　　反证 11 附图　　　反证 12 附图

第 40671 号无效决定涉及专利号为 201630564109.8，名称为"玩具（无人机）"的外观设计专利。涉案专利包括蛋形的主体和可折叠的 4 条悬臂和 4 根支撑脚，对比设计为蛋形飞行器，包括可折叠的 4 条悬臂和 4 根支撑脚，其视图中展示了悬臂和支撑脚均闭合的状态，悬臂展开而支撑脚闭合的状态（变化状态 1）以及悬臂和支撑脚均展开的状态（变化状态 2），而涉案专利视图中展示为悬臂展开状态，因此，将涉案专利与对比设计的变化状态 1 所示产品外观进行对比。请求人主张，蛋形无人机相对于常规无人机其蛋形壳体的特有造型会引起一般消费者的特别关注，由此会降低一般消费者对该特有造型之外其他设计特征的关注程度，即降低其他设计特征影响整体视觉效果的权重，因此，在主体基本一致，其他细节影响不显著的情况下，涉案专利相对于对比设计不具有明显区别。专利权人提出，请求人提交的一份文件中写明"臻迪 PowerEgg：中国创造的世界第二种飞行鸡蛋"，说明世界上之前有蛋形无人机，因此专利重点不是在于蛋形外形，总体接近蛋形不是主要关注点。本案的焦点问题在于，如何看待蛋形主体对产品整体视觉效果的影响。

决定认为，经对比，二者的主要相同点在于：整体均呈蛋形，且外周面等间隔分布有4条可折叠的悬臂，悬臂打开时均连接有螺旋桨。二者的主要不同点在于：①主体形状不完全相同，涉案专利的蛋形主体更加接近规则椭圆形，而对比设计的蛋形主体更接近鸡蛋形状；②悬臂形状不同，涉案专利悬臂外侧面呈等宽的条形，而对比设计外侧面近似冰淇淋勺形，且涉案专利相较对比设计的悬臂厚度更薄；③螺旋桨位置和形状不同，涉案专利螺旋桨设于悬臂中端而对比设计设于悬臂末端，涉案专利螺旋桨自轴端向外渐宽而对比设计渐窄；④蛋身表面纹路不同，涉案专利未要求保护色彩，但其上中下依次灰、红、蓝3层设计形成了自上而下渐宽的纹路图案。对比设计于悬臂之间等间隔设有支撑脚，所述支撑脚为闭合状态时于蛋身表面形成等间隔条形纹路，支撑脚上部有组装件形成的一圈环形和一圈环形带凸起纹路，下部有组装件形成的环形纹路。

综合考虑上述相同点和不同点，合议组认为，首先，从专利权人该主张的文章"臻迪 PowerEgg：中国创造的世界第二种飞行鸡蛋"的内容来看，其标题将臻迪 PowerEgg 无人机称为"第二种飞行鸡蛋"是基于美国已研制的XF—85寄生战斗机，但对于涉案专利这类无人机产品的外观专利对比而言，无须考虑战斗机造型，并且该战斗机的整体形状与涉案专利的无人机的整体鸡蛋造型也明显不同，由此专利权人认为涉案专利与对比设计的关注重点不在于蛋形的主张不能成立。请求人提供的证据均为臻迪蛋形无人机设计，对比设计呈现了其中一款蛋形无人机产品的外观设计，根据现有对该类产品的了解来看，对比设计中蛋形主体结合4条可折叠悬臂的设计为臻迪蛋形无人机的独特设计，属于一般消费者会重点关注的部分，在整体视觉效果的考量中应占较大权重。其次，将涉案专利与对比设计相比较，涉案专利中包含了对比设计上述蛋形主体结合4条可折叠悬臂的独特设计，二者虽存在不同，但所述不同点是在未改变整体形状以及各部分相对位置关系的基础上所作的设计变化，相较于上述独特设计特征，所述不同点不足以改变二者呈现的带4条可折叠悬臂的蛋形外观的整体视觉印象。综上所述，相较于不同点，二者相同点对整体视觉效果的影响力更大，因此涉案专利相对于对比设计不具有明显区别，不符合《专利法》第23条第2款的规定。

第九章 外观设计

主视图	 后视图	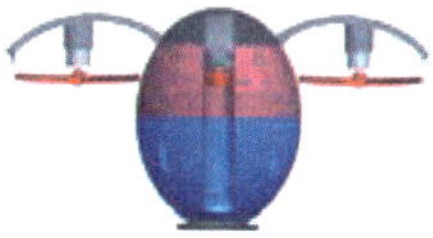 左视图
 右视图	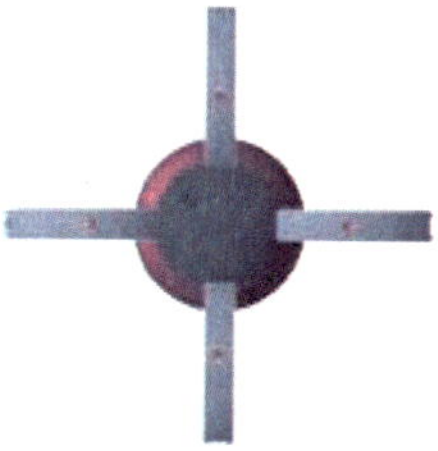 俯视图	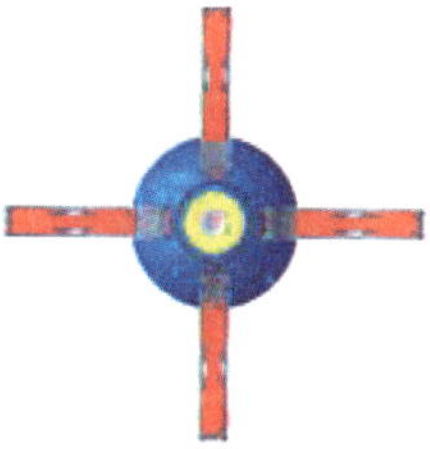 仰视图
 立体图	 使用状态参考图	

涉案专利附图❶

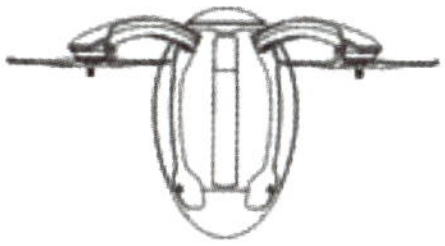

设计2变化状态1主视图	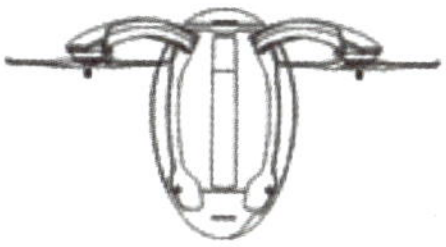 设计2变化状态1左视图	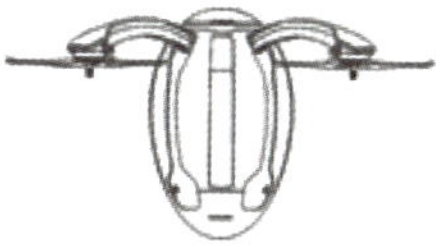 设计2变化状态1右视图
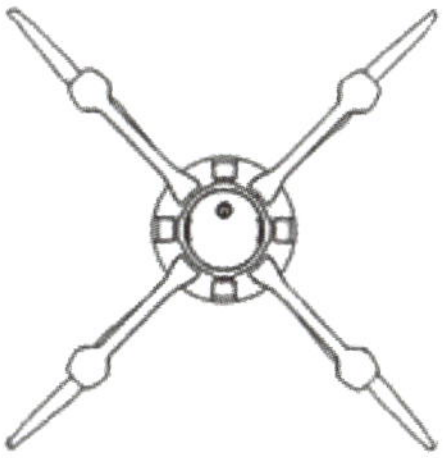 设计2变化状态1俯视图	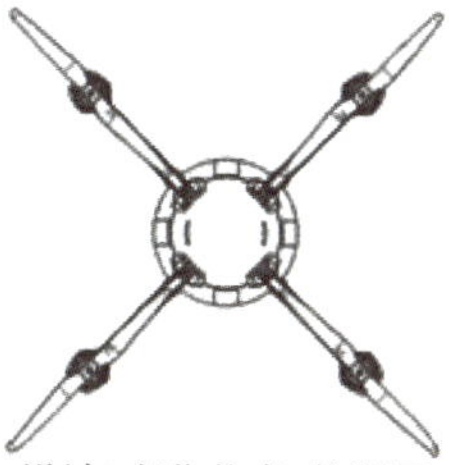 设计2变化状态1仰视图	 设计2变化状态1立体图

对比设计附图❷

---

❶❷ 为清楚显示视图,未按比例进行显示。

361

设计2变化状态2主视图

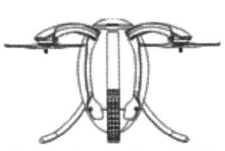
设计2变化状态2左视图

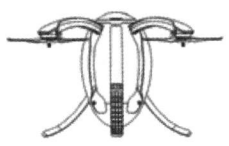
设计2变化状态2右视图

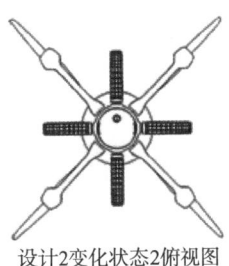
设计2变化状态2俯视图

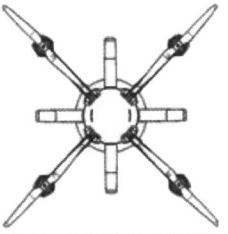
设计2变化状态2仰视图

设计2变化状态2立体图

对比设计附图（续）

2.2 设计特征组合对比

在设计特征的组合对比判断中，用于组合的现有设计特征应当是现有设计所公开的在物理上或者视觉效果上相对独立的部分，是以一般消费者眼光可直接从现有设计中自然区分出来的设计，从现有设计中特意截取或任意划分的点、线、面，不属于可用于组合的现有设计特征。另外，如果主张现有设计中的部分设计特征已公开涉案专利全部设计，由此将该部分作为对比设计与涉案专利单独对比，则现有设计中的该部分设计特征应当能够实现与涉案专利对应的功能或用途。不能实现涉案专利相应功能或用途的部分，则不能作为独立设计与涉案专利产品对应部分作对比。

第35721号无效决定涉及专利号为201130363833.1，名称为"容器"的外观设计专利。涉案专利包括组件1盒盖、组件2盒身和组件3盒底，如附图所示，涉案专利的盒盖上部为圆柱形，下部向外延伸有较长的裙边呈六瓣花朵造型，与盒盖螺接的盒身口部为圆柱形，向下依次为圆锥形肩部和凸出的一圈分割线以及圆柱形下部，盒身底部也设有一圈螺纹以与盒底相接，盒底整体为向上凸出的圆柱和圆锥造型，外边缘设有一圈椭圆形凸起，盒身整体为透明的，由其组合后的正投影视图可见内部的盒底设计，由其组合状态主视图和立体图可知，多个该容器可以上下套接在一起，形成一整体产品。

请求人主张，证据1或2公开的容器与涉案专利的区别仅在于顶部盖子边缘造型不同、底座凸起不同、盒体表面花纹有无的区别,上述区别仅为局部细微差异,因此涉案专利相对于证据1或2不具有明显区别。考虑到盖子边缘造型的不同,请求人又补充了证据3—6,主张证据3—6公开了盖子边缘的花边造型,因此,涉案专利相对于证据1或2与证据3—6任一项花边造型的组合,不具有明显区别。

组合状态　　　组件1　　　组件2　　　组件3

涉案专利附图

证据1附图　　　证据2附图

 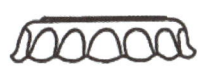 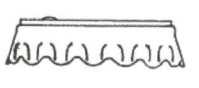 

证据3附图　　　证据4附图　　　证据5附图　　　证据6附图

决定认为，当涉案专利分别与证据1或2单独对比时，涉案专利是包含盒盖、盒身和盒底的完整产品，且具备容器的功能，而按照请求人的主张，将证据1或2的瓶盖和与之相接的锥形瓶身部分截取出来与涉案专利进行对比时，则因为这种划分、截取是在没有证据证明可分的情况下对完整产品的人为的特意分割，并且这种分割得到的对象因为没有瓶底部分而不能实现与涉案专利对应的容器的功能，因此请求人的主张不是依据一般消费者的认知能力可直接确定的对比设计，因此不能据此将其与涉案专利进行对比。

在涉案专利与多项现有设计或现有设计特征组合对比时，用于组合的现有设计特征应是现有设计中所公开的具有相对独立视觉效果的组成部分，是以一般消费者眼光可直接从现有设计中自然区分出来的部分，如果请求人用于对比的特征属于从现有设计中特意划分的，且依据一般消费者的眼光不能直接从现有设计中自然区分出来，则不能用其与其他现有设计或现有设计特征组合与涉案专利进行对比。本案中，在证据1或2分别与证据3至6的组合对比的判断中，由于证据3至6盖子的花边设计与整个盖子一体成型，所述花边既不属于盖子物理上可拆分的组件也不是视觉上可以自然从盖子中区分的部分，因此其不能作为现有设计特征与证据1或2的瓶盖进行组合。

将现有设计特征进行组合对比时，判断各设计特征是否具有组合的启示，可以根据当事人的举证，同时结合一般消费者对相关种类产品的常识性了解综合作出判断。如果可以确认相应设计特征的组合在现有设计中存在先例，或属于此类产品的常见设计手法，则所述组合具有组合的启示。

第43581号无效决定涉及专利号为201430032306.6，名称为"汽车"的外观设计专利。请求人主张对比设计2侧面车窗部位及侧面其他设计特征替换了对比设计1的对应部位设计特征，并认为该组合方式属于将外观设计的设计特征用另一项相同种类产品的设计特征原样或者细微变化后替换得到，因此存在明显的组合启示。专利权人认为，汽车设计中将两门车换为四门车，不管是技术和空间上均会产生较大差异，其他设计要素均需要作相应改变，故认为两者不存在组合启示。

第九章 外观设计

决定认为，基于一般消费者常识性了解，在汽车现有设计中存在同一系列车型既有两门车也有四门车的情况，对比设计2所示"Smart Forfour"四门车也正是基于"Smart Fortwo"两门车型为基础进行的改变，对比设计2虽然仅示出一个侧面，但其与对比设计1是在同一篇新车介绍文章中对同一系列车的两门和四门的分别介绍，基于一般消费者的通常认知，一般消费者在仅看到一幅"Smart Forfour"侧面图片时也会自然想到与两门车相应结合替换侧面从而获知四门车的整体设计情况。同时，车门区域相对而言属于视觉上可以自然区分的独立设计特征，将对比设计1的两门变换为对比设计2的四门，也仅是对侧面相关区域进行替换，前部和后部仍沿用对比设计1的设计，而对于其他在车身长度方向的变化虽然从汽车构造等技术角度需要作出相应具体设计，但从外观设计角度而言其为两门车到四门车通常的适应性的变化。因此，合议组认为对比设计1、对比设计2的组合存在组合启示。

涉案专利附图

对比设计1附图　　　　　　　　　对比设计2附图

将现有设计特征进行组合对比判断时，一般需要先判断设计特征之间是否存在组合启示，但是如果涉案专利的设计特征与相应的现有设计特征相比存在较大差别，则无须判断两者是否具有组合启示，即可直接得出涉案专利相对于现有设计特征的组合具有明显区别的结论。

第36108号无效决定涉及专利号为201430281733.8，名称为"吸尘器部件"的外观设计专利。吸尘器部件包括头部以及接管部。其头部为刷体，

365

分为前后两部分,前部为直径较大的滚筒状毛刷,表面具有大斜纹,后部为直径较小的滚筒状毛刷,表面有较小的斜纹,后刷体顶部有一条凸起的上沿。刷体从侧面看呈前大后小的水滴状,前后刷体之间顶部为倾斜的弧面设计,刷体两侧底边平直。前后刷体顶部的弧面的后侧中部中央设有两个连接顶部接管的凸耳,凸耳的后部与后刷体顶部凸起的上沿相交,凸耳近似半圆形。前部刷体侧面具有一圆形的通风格栅,刷体的上半部偏上位置设有上盖。上盖为透明。接管分为上中下3个部分,整体为圆柱体,下接管顶部有螺旋状卡接部,接管两侧与后刷体中部的凸耳相连,中部的接管左右两侧可见内部所设的喉管,前后两侧呈半圆的台阶状设计,与下部的接管的缺口部相连,接管上部呈收缩的台阶面设计,上部套有一直径较小的上接管。请求人提交了多份文件,主张分别公开了吸尘器部件的头部主体形状(例如证据1),接管部(例如证据2),将上述相应部位组合得到的外观设计与涉案专利无明显区别。

决定首先将涉案专利的头部和接管部与证据1和证据2分别进行了对比,如附图所示,涉案专利的头部整体形状、刷体及其表面纹路、顶部凸耳、通风格栅、上盖与证据1均存在明显区别;涉案专利的接管部与证据2相比,除内管均为圆管属于相同点外,其余部分的形状无一相同。此外,证据1与证据2的头部刷体与接管之间的连接方式不同,将证据1与证据2进行组合时,必然要考虑到二者的连接部位的连接关系,二者的连接部位的形状及连接方式差异较大。综合上述区别,决定认为,涉案专利相对于证据1和证据2的组合具有明显区别。

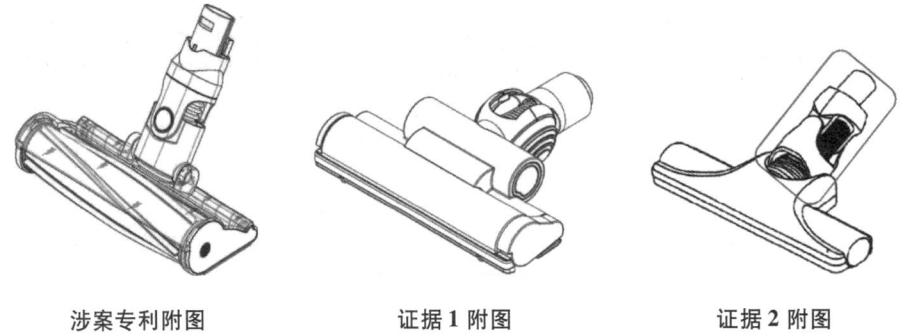

涉案专利附图　　　　　证据1附图　　　　　证据2附图

第九章 外观设计

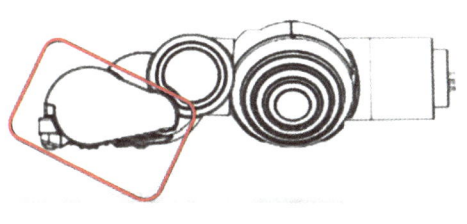
证据1 头部侧面图

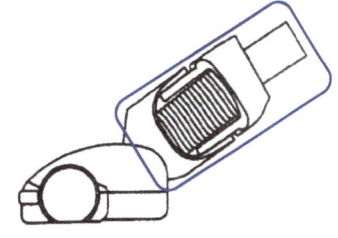
证据2 头部侧面图

3 外观设计与在先权利相冲突

3.1 与在先商标权相冲突

未经商标所有人许可,在涉案专利中使用了与在先商标相同或者相似的设计,专利的实施将会误导相关公众或者导致相关公众产生混淆,损害商标所有人的相关合法权利或者权益的,应当判定涉案专利权与在先商标权相冲突。在先商标与涉案专利中含有的相关设计的相同或者相似的认定,原则上适用商标相同、相似的判断标准。即需要判断外观设计专利产品与在先商标核准使用的商品是否构成相同或类似商品,并判断外观设计专利中相应设计与在先商标标志是否近似,是否容易使相关公众对该产品来源产生混淆误认。

第35059号无效决定涉及专利号为201530350103.6,名称为"油桶(嘉实多驰护)"的外观设计专利。涉案专利桶体外周具有一矩形标贴,标贴中部有一标识 Csatrol ,该标识外围为一近似矩形的绿色线条框,矩形左侧呈圆形、右侧呈梯形,右上角有"TM"标记。请求人为嘉实多有限公司,合法拥有在先商标 Castrol ,该商标的申请日和获准注册日都早于涉案专利的申请日,且至无效宣告请求之时仍有效,构成相对于涉案专利的在先商标权。请求人主张涉案专利外观设计专利权与在先商标权构成权利冲突。

决定认为,首先,对于涉案专利产品上的标识而言,其位于涉案专利产品正面中间,处于产品上较为显著的位置,且该标识中的"Csatrol"没有确切含义，同时，该标识右上角有"TM"标记，因此，该标识在涉案专利中起到区分商品或服务来源的作用，涉案专利对于该标识的使用属于商标意义上的使用行为。其次，涉案专利产品所装商品为工业用油，与在先商标核准使用商品"工业用油；工业用脂；润滑剂；润滑油；润滑脂"等在功能、用途及消费对象、销售渠道等方面均较为相近，构成类似商品。最后，涉案专利中的 Csatrol 与在先商标 Castrol 在整体形状、图案构成、英文单词和字体以及色彩构成上均较为近似，属于近似商标。因此，涉案专利的使用易误导相关公众，使相关公众误认该产品来源于商标权人，从而产生混淆误认。综上所述，应判定涉案专利与请求人在申请日前取得的在先商标权利相冲突。

尽管涉案专利外观设计包含了与在先商标相同或相近的图案，但如果其在显著位置已标明专利权人自身商标或相关显著性标识，足以表明涉案专利产品来源，并且在先商标图案并不具有突出的显著性，也没有证据表明其具有较高知名度能够更加突出标识其产品来源，则上述外观设计通常不会误导相关公众对二者的产品来源产生混淆，涉案专利与在先商标权不构成权利冲突。

第35952号无效决定涉及专利号为201430013701.X，名称为"加油站"的外观设计专利。涉案专利的加油站主体部分为扁的长方体顶棚和其下的4根长方体立柱，其中顶棚四周以白色为底，从左向右分别为绿色短横条纹、由黄色和绿色水滴形图案组成的放射状花形图案、白色"东部石油"文字和英文字母以及占据大约一半比例的宽绿色横条纹加窄黄色条纹设计。请求人主张权利冲突的在先商标1的商标图案为宽的绿色横条纹，中间设计一窄的黄色条纹，在先商标2的商标图案是以白色为芯，依次向外为黄色和绿色层叠的菱形花瓣造型，整体上呈太阳花式的花形图案。专利权人认为，绿色仅是顶棚的底色，对一般消费者而言其加油站顶棚的图案和色彩只会作为装潢设计，并不会误认为商标，而顶棚左侧的图形和文字logo（徽标）更易引起关注，具有产品标识性，通过这部分内容即可区分不同加油站，不会产生混淆。

决定认为，由于涉案专利本身在显著位置标有商标"东部"和"东部石油"（专利权人提交证据证明上述商标为其所有），并且其标识性的花朵形图案logo与在先商标不相同也不相似，因此即使涉案专利一侧顶棚的横

涉案专利附图

在先商标1附图　　　　　　　　在先商标2附图

条纹部分与在先商标相比基本相同，但由于该部分特征相对于整体设计不具有显著性，也未起到标明产品或服务来源的作用。且请求人也没有证据能够证明所述在先商标更具有显著性的情形下，因此对相关公众而言不会将涉案专利中的该部分设计误认为在先商标的产品或服务，也不会导致相关公众与在先商标相混淆，从而不会损害在先商标所有人的相关合法权利或者权益，即涉案专利与请求人在先取得的商标权不冲突。

第45120号无效决定涉及专利号为201630070772.2，名称为"酒包装盒（上善若水）"的外观设计专利。涉案专利酒盒表面由若干图案、字体等构成，其中正面、背面、左右两侧面均带有包含"上善若水"字样的图案，在酒盒上部较为明显的位置设计有"高炉家"商标。请求人主张的在先商标为横向排列的"上善若水"文字，字体近似于华文中宋体（见附图）。

决定认为，尽管涉案专利多处存在"上善若水"字样图案，其汉字构成、字义、读音相同，但其盒体正面、背面中上部及顶面均有面积较大的"高炉家"字样图案，且盒体涉及的"上善若水"字样图案均相对较小，所处位置为盒体正面、背面的右下角及盒体两侧，相较于"高炉家"字样图案其并不处于显著位置，加之两者在文字字形、排版方面不同，消费者不易将该包装盒上的"上善若水"作为区分商品来源的标志，不会造成混淆误认，因此，二者并不构成权利冲突。

涉案专利附图

在先商标附图

在先合法权利是指依照中华人民共和国法律享有并且在涉案专利申请日之前取得且在该申请日仍然有效的合法权利或者合法权益。如果商标权的核准注册之日在涉案专利申请日之后,则以商标专用权主张享有在先合法权利的理由不能成立,如果基于商标申请日早于涉案专利申请日而主张在先合法权益,则应提交相关证据予以充分证明。

第46784号无效决定涉及专利号为201830320593.9,名称为"酒包装罐(V8)"的外观设计专利。涉案专利的申请日为2018年6月21日,授权公告日为2018年11月16日,其中罐体上标有"V8"字样。请求人主张的商标申请日期为2016年12月30日,初步审定公告日为2018年7月27日,核准注册日期为2018年10月28日,商标为"V8"文字商标。请求人认为,商标的申请日早于涉案专利申请日,核准注册日早于涉案专利授权公告日,根据保护在先权利原则,请求人有权主张涉案专利与在先商标专用权相冲突。

决定认为,《专利法》第23条第3款所指的"合法权利"是指依照中华人民共和国法律享有并且在涉案专利申请日仍然有效的权利或者权益。针对本案,首先,注册商标专用权自商标核准注册之日取得,有效期自其核准注册之日而非申请之日起计算,而本案中的商标核准注册之日在涉案专利申请日后,即请求人并未在涉案专利申请日前基于注册商标专用权享有有效的合法权利。其次，关于就商标在涉案专利申请日前是否享有在先合法权益，例如通过广泛地实际使用该商标等产生应享有的合法权益，请求人并未就此提供相关证据证明；同时，由于商标的初步审定公告日在涉案专利申请日后，请求人也未举证证明该商标在涉案专利申请日前已广为公众所知，从而无法证明客观上存在例如专利权人模仿、复制该商标以致侵犯其合法权益的可能。最后，关于涉案专利是否在同一种商品或类似商品上使用了与上述商标相同或近似的标识，以致涉案专利的实施可能会使相关公众误认为商品来自商标权人，涉案专利虽然使用了与商标"V8"基本相同的文字标识，但按相关公众的通常认知，容易将其作为标识啤酒原料比例的代号或型号理解，在没有相关证据证明该商标有诸如在商品上广泛销售使用、具有较高知名度等增强其显著性情形的情况下，相关公众通常难以单纯将"V8"标识区分商品来源；进一步而言，涉案专利在产品上半部醒目位置有商标标识及标识产品品牌的文字，通常情况下相关公众会主要以此区分商品来源，即涉案专利中使用的"V8"字样在整体设计中并不起到主要的商标标识作用。因此在无其他证据证明情况下，尚不足以确认涉案专利使用了"V8"字样会导致相关公众对产品来源产生混淆。综合以上考虑，请求人主张的商标权相冲突的理由不能成立。

3.2　与在先著作权相冲突

在接触或者可能接触他人享有著作权的作品的情况下，未经著作权人许可，在涉案专利中使用了与该作品相同或者实质性相似的设计，从而导致涉案专利的实施将会损害在先著作权人的相关合法权利或者权益的，应当判定涉案专利权与在先著作权相冲突。对于人物剪纸类作品，如果涉案专利包含了在先著作权作品的具有独创性特征的人物形象，即使最终的作品形式不同，仍应当认为涉案专利与在先著作权作品构成实质性相似。

第45802号无效决定涉及专利号为201430400197.9，名称为"饮料包装罐"的外观设计专利。涉案专利请求保护色彩，包装罐周身为白底，主体图案为以人物、花草、字体为主题的类似剪纸的红色图案。请求人主张罐体上的剪纸图案中若干人物图案与其在先拥有的著作权高度相似，并且其作品在申请日之前已经公开出版，依此主张涉案专利的外观设计权与在先著作权权利冲突。

涉案专利附图

在先作品附图

决定认为，在先著作权涉及4个人物形象的剪纸作品，在没有证据证明剪纸作品中的人物形象属于公有领域剪纸作品的情况下，虽然其具有民间传统剪纸艺术风格，但结合一般公众的认知，可以看出每个人物都形成了包含表情、姿态、服饰、相关道具等的完整的具有情境的新的人物形象，这些具体内容均体现了作者自己的创作，形成了该剪纸作品中具有独创性的各人物形象，可享有著作权。

对于剪纸人物作品而言，在人物表情、姿态、发型、服饰以及配套的道具上均有很大的设计空间，即使源自同样的现实人物，也可在具体线条、留白部位及比例上有不同的变化，而涉案专利与在先作品具有独创性特征的部分基本相同，区别点主要在于剪纸作品中常用的镜像对称手法、减少若干人物服饰纹路等局部留白细节的简化处理，上述区别点不具有新的独创性特征，故二者构成实质性相似。在先作品在涉案专利申请日前已通过展览、报纸报道、书籍出版等形式进行了广泛传播，专利权人具有接触在先作品的可能。涉案专利未经著作权人许可，在外观设计中使用了与在先作品实质性相似的设计，导致涉案专利的实施将会损害在先著作权人的相关合法权利或者权益，应当认定涉案专利权与在先著作权相冲突。

3.3 与企业名称权相冲突

企业名称是区别不同企业的标志，通常由企业所在地的行政区划、字号、行业或者经营特点、组织形式4部分组成。企业依法对其登记注册的名称享有名称权。如果在涉案专利中擅自使用他人在先取得具有一定影响或者知名度的企业名称（包括简称、字号等）标识性文字图案，导致相关公众容易误认为是该企业商品或者与该企业存在特定联系，则应当判定涉案专利与他人在先的企业名称权相冲突。

第36436号无效决定涉及专利号为201630482177.X，名称为"包装盒（新三金透皮贴）"的外观设计专利。涉案专利包装盒下方写有"中国三金药业集团有限公司"的字样，专利权人为大英太极医疗器械有限公司。请求人为桂林三金药业股份有限公司，请求人认为，涉案专利在包装盒标明生产厂家的常用位置采用了请求人企业名称中具有识别功能的字号作为其企业名称，会使相关公众认为涉案专利包装盒所包装商品来源于请求人的企业，因此，主张外观设计专利权与请求人企业名称权构成权利冲突。

决定认为，涉案专利的主视图、后视图上均标注了略大的"中国三金药业集团有限公司"字样和更小的"技术支持"字样，上述做法会使消费者认为涉案专利产品的生产企业为"中国三金药业集团有限公司"或者其制造获得了"中国三金药业集团有限公司"的技术支持。虽然专利权人未在涉案专利上直接使用请求人企业名称"桂林三金药业股份有限公司"，但由于"中国三金药业集团有限公司"和"桂林三金药业股份有限公司"中最引人瞩目的字号和行业完全相同，容易使消费者难以区分两家企业，或者联想到两者为特定关联的企业。结合请求人提交的营业执照、商标、商标使用证据来看，请求人"桂林三金药业股份有限公司"已经存在多年，在涉案专利申请日前在多种专业期刊上登载使用请求人的企业名称权的产品广告，可以认为请求人的"桂林三金"在公众中享有一定的知名度。同时，在中华人民共和国国家工商行政管理总局国家企业信用信息公示系统网站上也未查询到有关"中国三金药业集团有限公司"的相关信息。综上，涉案专利使用"中国三金药业集团有限公司"，会使消费者误认涉案专利包装盒所包装商品的生产商为在先企业"桂林三金药业股份有限公司"或者与其有特定联系，从而损害其合法权益，涉案专利与在先企业名称权相冲突。

4 图形用户界面外观设计

4.1 保护客体

符合外观设计专利保护客体的图形用户界面应满足《专利法》第2条第4款的规定。结合图形用户界面的特点,《专利审查指南2010》作出进一步规定,游戏界面以及与人机交互无关的显示装置所显示的图案不能授予外观设计专利权。可见,具有人机交互功能是图形用户界面获得外观设计专利保护的必备条件,而单纯的界面图案设计,例如电子屏幕壁纸、开关机画面、与人机交互无关的网站网页的图文排版等,不属于外观设计专利关于图形用户界面的保护客体。在具体判断图形用户界面是否具有人机交互功能时,应依据视图所示设计和简要说明,结合一般消费者对该类界面设计的常识性了解作判断。

第44580号无效决定涉及专利号为201830455426.5,名称为"用于移动通信终端的图形用户界面"的外观设计专利。请求人主张涉案专利设计1至6、8至9展示的界面没有体现具体的交互方式,其与人机交互无关,因此不属于图形用户界面(GUI)保护的内容。专利权人则认为,简要说明已经说明了各个设计的具体交互方式。

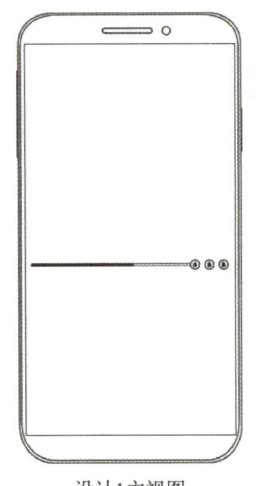
设计1主视图

设计1界面使用状态参考图

涉案专利附图

第九章 外观设计

决定认为，通过对涉案专利的视图及简要说明可以明确，涉案专利设计1至6的（A）主视图界面所示输入显示界面，可以通过点击下方的键盘实现进度条的变化；涉案专利设计8和9的（A）主视图界面所示输入显示界面和（B）界面变化状态图所示的界面之间的变化和切换是通过点击下方的键盘实现进度条和金币图标的变化；对于一般消费者而言，上述操作均属于图形用户界面的常见操作，即使该过程未通过主视图予以体现，但是一般消费者通过涉案专利的参考图示范的使用场景，并结合简要说明已经可以清楚理解涉案专利所示界面的实现方式，因此，涉案专利符合《专利法》第2条第4款的规定。

4.2 保护范围的确定

图形用户界面外观设计的保护范围同样以表示在图片或者照片中的该产品的外观设计为准，包括产品设计和界面设计；简要说明可以用于解释图片或者照片所表示的该产品的外观设计，例如对界面设计的交互方式、界面功能和用途、设计要点等作解释说明。因此在确定图形用户界面保护范围时，应结合外观设计视图、简要说明，对界面设计、界面功能和用途综合考虑确定。

第35315号无效决定涉及专利号为201530391766.2，名称为"用于手机的图形用户界面"的外观设计专利。专利权人主张了涉案专利的多个设计要点，其中包括状态栏的背景颜色与视频海报的色调一致，并进一步认为，涉案专利简要说明中记载了"视频名称等信息的背景颜色与视频海报的色调一致"，因此，对于不同的视频搜索结果，涉案专利图形用户界面中状态栏的背景颜色随着视频海报色调的变化而调整。对此，请求人则认为涉案专利状态栏的背景颜色与视频海报的色调一致，仅是针对涉案专利图形用户界面的一致性的描述，并不表示状态栏的背景颜色随着视频海报色调的变化而变化。

决定认为，关于简要说明中记载的"视频名称等信息的背景颜色与视频海报的色调一致"的理解，"色调"通常是指一幅画面色彩的总体倾向，是大的色彩效果，然而涉案专利本身并未在简要说明中记载请求保护色彩，因此申请时提交的图片色彩及简要说明中对上述色彩限定的"色调一致"在确定涉案专利保护范围时均不予考虑。并且，涉案专利仅在主视图界面使用状态参考图中表达了一个视频搜索结果界面，并未表达其状态栏的背景颜色如何随视频海报色调的变化而调整的界面状态，因此，根据涉案专利视图，不能确定其图形用户界面中状态栏的背景颜色与视频海报的色调一致，也不能确定状态栏的背景颜色会随着视频海报色调的变化而进行适应性的调整。因此，专利权人的上述主张不成立，合议组不予支持。

第35196号无效决定涉及专利号为201430324283.6，名称为"带图形用户界面的电脑"的外观设计专利。决定认为，涉案专利包含设计1至设计4的4项相似设计，分别以六面正投影视图和4幅或9幅变化状态图表示，简要说明记载了产品用途和界面用途，及界面操作变化过程。通过涉案专利视图可见，所要求保护的外观设计由所示电脑设计和软件运行的图形用户界面设计共同确定；简要说明对图形用户界面的用途、界面变化过程作出了解释说明，便于准确理解图形用户界面设计内容；简要说明中说明设计要点在于其中的图形用户界面设计，可作为判断涉案专利主要创新设计内容的参考。结合简要说明及视图所示相关图标、文字可见，其界面设计为电脑安全检测的软件界面，其上部分左端较大圆形图标中的数值表示检测状态数值，点击右侧长条跑道形图标实现停止检测功能，下部分一行圆形图标表示一种类型的检测项，该检测项检测结束后，当前行下移，并在上方依次显示另一种类型的检测项文字及对应图标和文字，在检测项之间出现虚线划分，在检测过程中进度条以粗线从左至右逐渐延长示出相应检测进度。

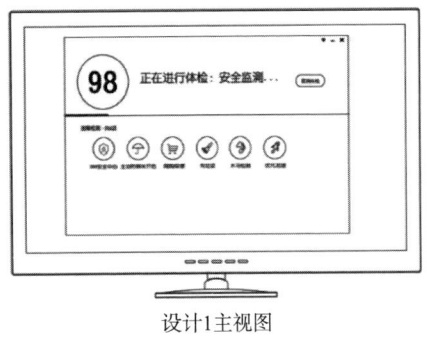

设计1主视图

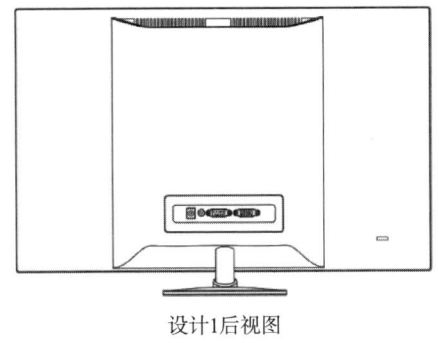

设计1后视图

涉案专利附图

第九章 外观设计

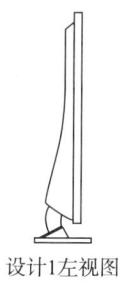 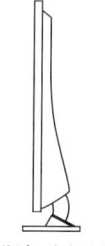

设计1左视图　　　　　　　　　　　　　　　设计1右视图

涉案专利附图（续）

对于涉及分享类图形用户界面外观设计专利，通常会包括用作显示、播放等功能的区域，其中显示、播放的分享内容并非界面自身设计，一般在视图中对该区域作空白表示，为进一步直观呈现实际带有分享内容时的界面效果，也可以以参考图示意性表达出该区域显示、播放的分享内容，但参考图表示的具体分享内容并非涉案专利图形用户界面要求保护的设计，在确定保护范围时应当不予考虑。

第41733号无效决定涉及专利号为201730667916.7，名称为"用于移动通信设备的图形用户界面（分享）"的外观设计专利。决定认为，对于涉案专利与对比设计在界面中的具体分享内容不同，由于涉案专利的主视图显示该部分为空白，仅以使用状态参考图说明分享内容后的页面显示情况，说明该区别是由于分享内容不同导致的，随分享内容的变化而变化，当两者分享内容相同时，该页面内容就是相同的，因此分享的具体内容并非涉案专利的图形用户界面的保护范围，应当不予考虑。

  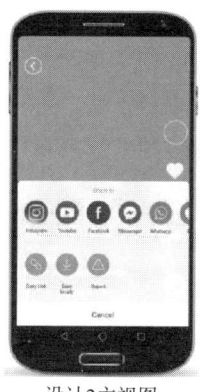 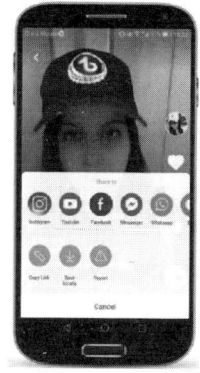

设计1主视图　　设计1使用状态参考图　　设计2主视图　　设计2使用状态参考图

涉案专利附图

4.3 现有设计特征组合

对于包括多个独立功能模块的图形用户界面设计，每个功能模块对应的界面设计通常具有相对独立的功能和视觉效果，可以作为图形用户界面组合或替换的设计特征。如果多项对比设计中用于组合或替换的界面设计特征对应的功能模块分别归属于相同产品的完整操作流程，则这些功能模块的界面设计通常具有组合的启示。

第43456号无效决定涉及专利号为201730076800.6，名称为"带有图形用户界面的跑步机"的外观设计专利。请求人主张证据4至证据6都是跑步机显示屏的图形用户界面，其界面组合组成连续操作界面，其中证据4和证据5分别是跑步进程和完成的界面，证据6是完整的操作界面，组合成整个跑步操作过程是相应功能的替换或组合。

决定认为，涉案专利与证据1、证据4至证据6均涉及跑步机产品，其具有相同的用途，属于种类相同的产品。跑步机和其显示屏上的图形用户界面均属于独立的设计特征，可以将上述设计特征在相同产品之间进行替换或拼合；证据4和证据5公开的图形用户界面分别为记录跑步目标完成情况的模块和祝贺目标完成的模块，该两个模块对应的界面为相对独立的图形用户界面，可以作为图形用户界面的组合设计特征，同时这些界面与证据6中公开的其他功能模块的图形用户界面具有相关性，均为跑步机使用的系列功能模块界面，且共同形成使用跑步机的完整操作流程，因此，将证据4至证据6所示界面组合形成跑步机完整的操作界面具有明显的组合启示，在此基础上将证据1的跑步机设计与证据4至证据6的图形用户界面设计进行组合亦具有明显的组合启示。

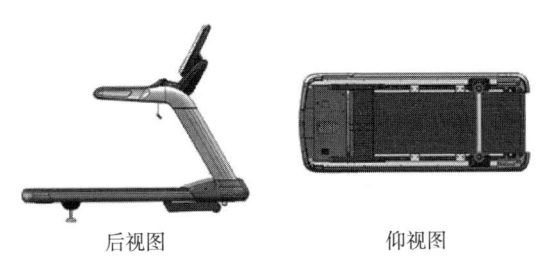

后视图　　　　　　仰视图

涉案专利附图

第九章 外观设计

右视图 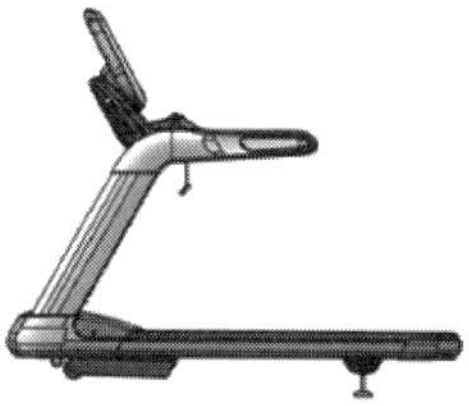　　　　　　主视图 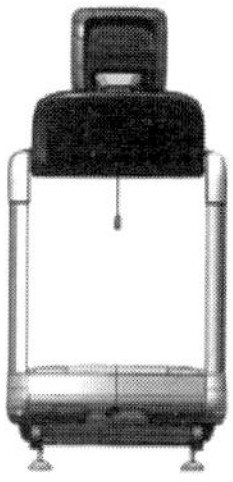　　　　　　左视图

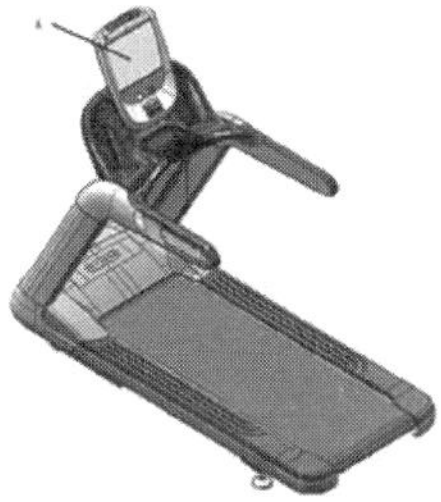

立体图 　　　　　　俯视图 　　　　　　界面变化参考图1

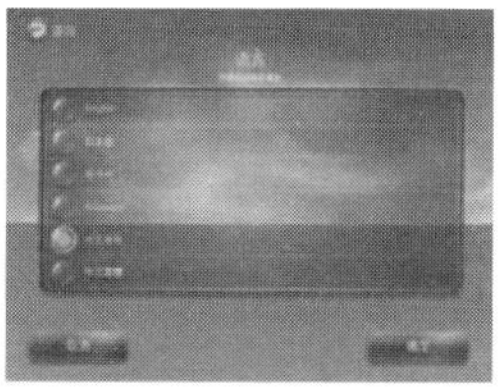

界面变化参考图2 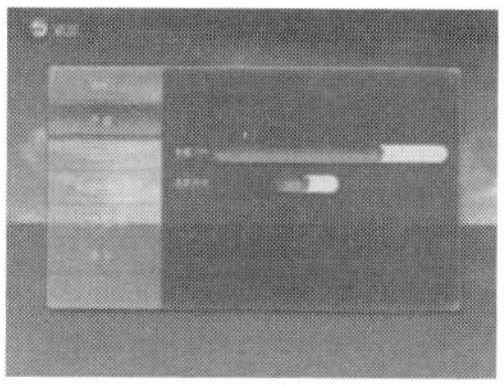　　界面变化参考图3 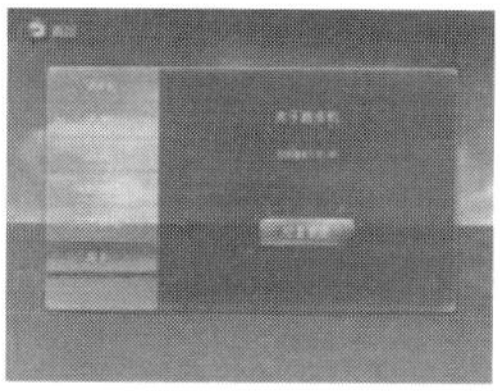　　界面变化参考图4

界面变化参考图5 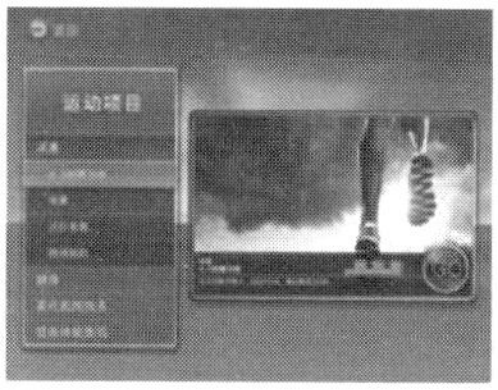　　界面变化参考图6 　　界面变化参考图7

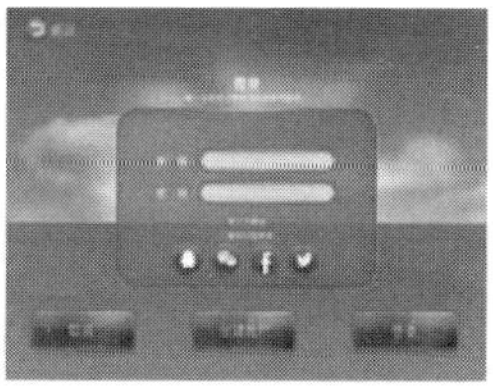

界面变化参考图8 　　界面变化参考图9 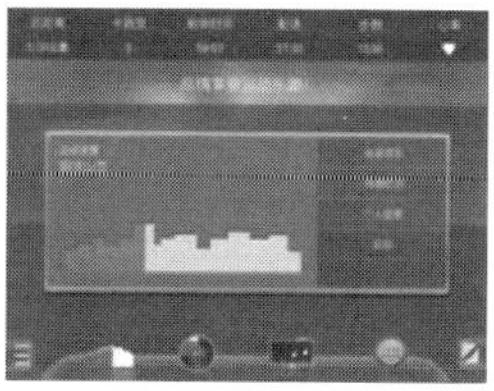　　界面变化参考图10

涉案专利附图（续）

379

 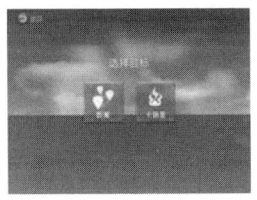 

界面变化参考图11　　　　界面变化参考图12　　　　界面变化参考图13

涉案专利附图（续）

对于设计内容既包括产品设计又包括图形用户界面设计的外观设计，在进行外观设计对比判断时，应同时考虑该两方面设计内容形成的整体视觉效果，通过整体观察、综合判断作出认定。图形用户界面是与实现产品功能直接相关的操作界面，其界面设计不是单纯体现视觉效果，而是同时具备一定功能和用途，因此作为判断主体的一般消费者应结合相应功能、用途的图形用户界面现有设计状况综合考虑。

第43456号无效决定涉及专利号为201730076800.6，名称为"带有图形用户界面的跑步机"的外观设计专利。请求人主张，将涉案专利与证据1跑步机相比，两者在显示屏支撑结构、扶手结构、电机结构、跑台结构和跑步机支撑结构上的整体视觉效果相同，即使证据1中存在没有公开的区别点，也属于惯常设计或是细微差别；涉案专利的图形用户界面设计涉及实现跑步训练和锻炼身体功能的图形用户界面相对其他如娱乐功能、设置功能的图形用户界面对整体视觉效果更具有影响；将涉案专利显示屏图形用户界面与证据4至证据6所示图形用户界面组合相比较，区别主要在于背景图、部分触屏控制键和按钮、部分状态栏和图案的设计变化，所述区别或属于局部细微变化，或属于设计单元重复排列，或属于较为简单的设计手法变化，均不足以对界面的整体视觉效果产生显著影响。部分未公开的界面设计为具体设计的极少一部分，属于一般消费者在日常使用中不易观察到的具体设计，或为惯常设计，不足以对涉案专利图形用户界面的整体视觉效果产生显著影响。因此，证据1与证据6、证据4至证据5及惯常设计的组合公开了涉案专利的全部设计特征，涉案专利与现有设计及其组合相比不具有明显区别。

决定认为，涉案专利中跑步机的设计及其显示屏的图形用户界面设计共同构成要求保护的整体外观设计，对涉案专利进行外观设计比较时，应将该两方面的设计内容作整体观察、综合判断。涉案专利跑步机设计不属于常规设计,且以六面视图对跑步机作完整清楚表示,在对比判断中,跑步机的设计对整体视觉效果具有显著影响。涉案专利与证据1的跑步机整体及各部分形状基本相同,显示屏的图形用户界面与证据4至证据6公开的图形用户界面在整体界面框架、图形布局以及主要图形设计方面也基本相同,区别主要在于局部图形的细微差异及部分界面未在现有设计中公开。综合考虑涉案专利跑步机和图形用户界面设计在整体视觉效果中的影响权重,该跑步机从体量比例上明显为主体设计,图形用户界面为其组成部分的显示屏上的具体设计。在此情况下,虽然存在前述差异及现有设计未公开部分界面设计,但相对于二者基本相同的跑步机和整体设计上非常接近图形用户界面共同形成的整体视觉效果不足以产生显著影响。因此,涉案专利与现有设计组合相比不具有明显区别。

第35196号无效决定涉及专利号为201430324283.6,名称为"带图形用户界面的电脑"的外观设计专利。决定认为:涉案专利要求保护的外观设计由所示电脑设计和软件运行的图形用户界面设计共同确定,在进行外观设计对比时应将二者均予以考虑作整体观察综合判断。在判断二者对整体视觉效果的影响时,同样应基于该类产品一般消费者的知识水平和认知能力,结合现有设计状况、各考虑因素等综合确定。同时应考虑电脑软件图形用户界面自身特点,其可在任何电脑上运行使用,具有通用性;通常不依附于电脑硬件设备外观设计而独立作出,在设计上不存在与电脑硬件设备特定的对应组合关系,通过在电脑设备上显示实现二者设计上的常规叠加结合,但在视觉上二者通常不存在相互协调、呼应等影响而融为浑然一体的效果,可见电脑软件界面相对于硬件设备具有独立性;电脑软件界面得以显示的显示屏通常占据电脑设备正面绝大部分区域,呈现于显示屏的软件界面通常为电脑显示设备正面的主体设计内容。基于电脑软件界面的这些特点,如果所示电脑硬件部分为常见设计或即便不能确定为常见设计但相对于现有设计并未作出独特的引人瞩目的变化,并结合简要说明记载亦指明其设计要点主要在于图形用户界面设计,可以认定涉案专利要求保护的外观设计对整体视觉效果具有显著影响内容在于所示图形用户界面设计。涉案专利图形用户界面为电脑安全检测的软件界面,从界面功能用途而言,为实现相应安全检测的控件设置及直接相关的界面、图标、动态效果等会引起一般消费者关注；从视觉效果而言，在排除常规设计的前提下，界面的整体划分布局涉及界面整体设计，主要图标及文字的展示排列涉及显著设计特征内容，变化状态图示出的动态效果在该软件操作运行中占据了主要过程，这些方面的设计会引起一般消费者重点关注。因此，涉案专利图形用户界面前述几个方面的设计对界面的整体视觉效果均具有显著影响。将涉案专利与对比设计比较，其界面设计功能用途相同，界面整体划分布局、主要图标及文字展示排列、主要图标整体外形及比例关系均基本相同，界面动态效果基本相同，这些相同或相近设计形成了二者软件界面设计基本相同的整体视觉效果，其差异一般消费者不易关注，属于细微变化或常规设计变化，同时二者所述电脑硬件设备的差异不足以对整体视觉效果产生显著影响，因此涉案专利与对比设计1、2的组合相比不具有明显区别。

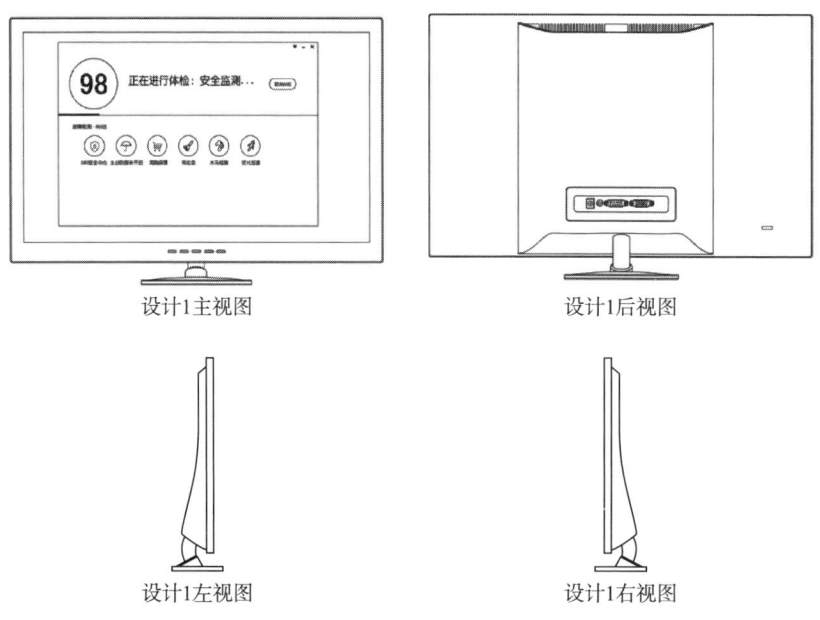

涉案专利附图

设计1变化状态图1

设计1变化状态图2

设计1变化状态图3

设计1变化状态图4

涉案专利附图（续）

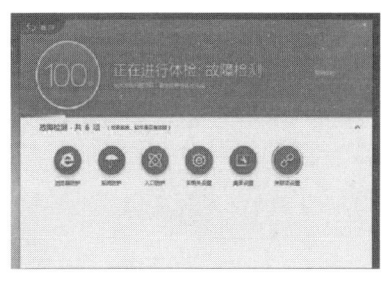

图1

图2

图3

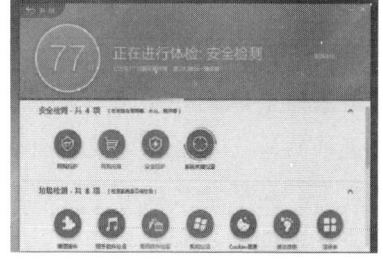

图4

对比设计 1 附图

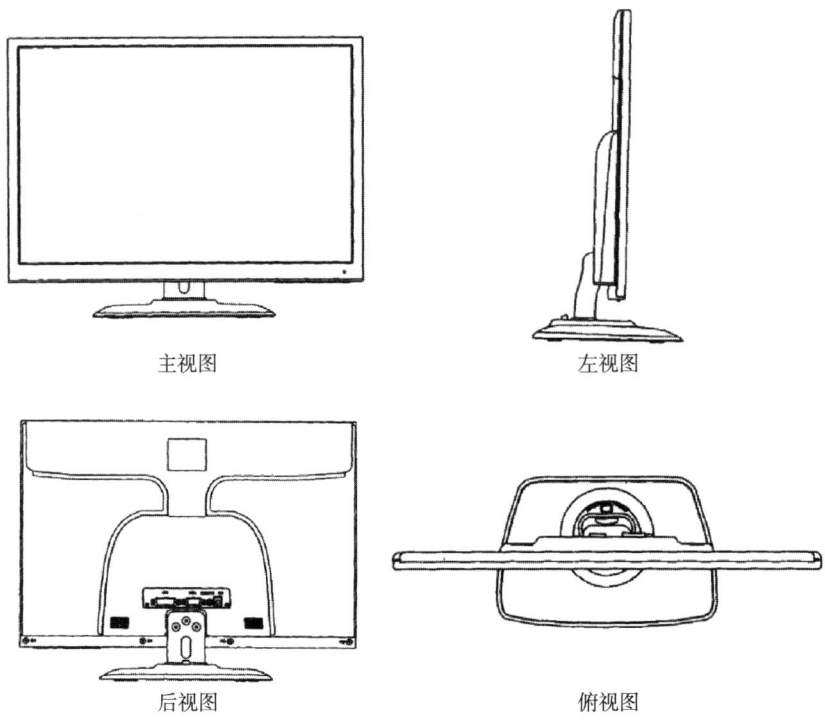

对比设计 2 附图

5 其 他

5.1 修改超范围的认定

外观设计的修改超出原图片或者照片表示的范围，是指修改后的外观设计与原始申请文件中表示的相应的外观设计相比，属于不相同的设计。外观设计的修改包括在外观设计视图中修改、删除或添加线条，或者改变线条类型。如果修改后所示外观设计并未改变或者在原图片或照片中已表示相应外观设计，则不属于超范围的修改。例如，将局部外观设计中表示不限定要求保护的外观设计的虚线改为实线，删除视图中表示立体效果的阴影线，一般不会构成超范围修改。但如果视图中的某些线条表示的为产品表面必不可少的结构线，则即使该线条为虚线，删除该虚线也将会导致产品外观设计改变，因此属于修改超范围。

第 39634 号无效决定涉及专利号为 201630078859.4，名称为"流媒体设备"的外观设计专利（见如下附图）。专利权人在申请阶段删除了申请日所提交视图中的虚线，包括：第一，删除了申请日所提交视图（以下简称原图片）中的虚线，包括设计 1、设计 2 正面的虚线，设计 1 侧面的虚线，设计 2 侧面的部分虚线；第二，将原图片中的虚线改为实线，包括设计 2、设计 3 正面的虚线，设计 3 侧面的虚线，设计 2 侧面的部分虚线；第三，删除了原图片中的阴影线，包括设计 1 至 3 各正投影视图和立体图上由细实线绘制的线条。请求人以上述修改不符合《专利法》第 33 条为由请求宣告专利权无效。

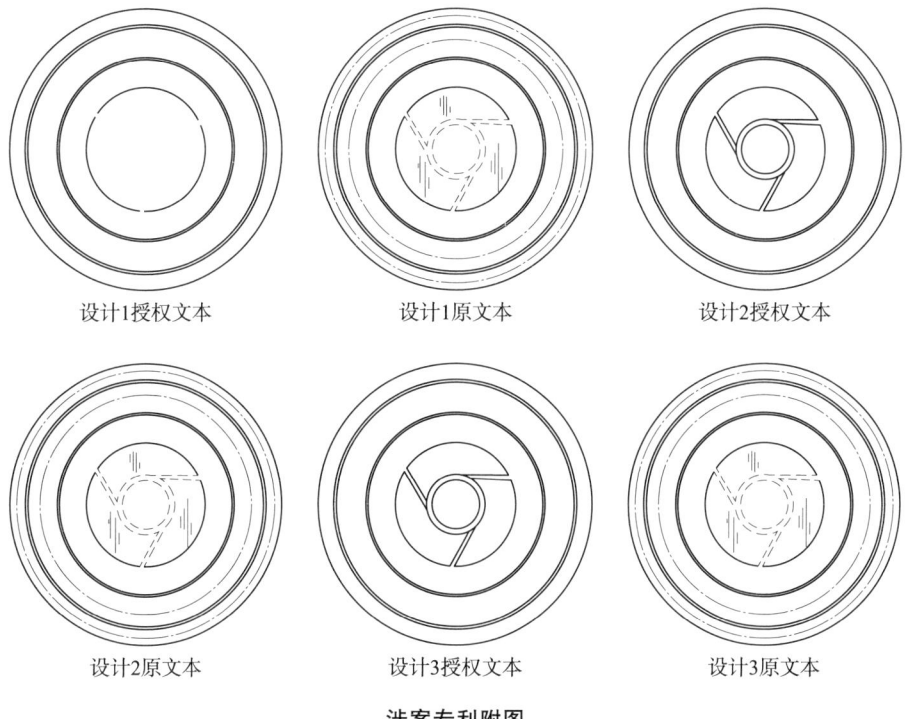

涉案专利附图

决定认为，（1）关于虚线的删除。对虚线而言，在我国技术制图和机械制图规范中，虚线通常表示不可见的棱边线和不可见的轮廓线，例如位于产品内部的结构线或被遮挡面的轮廓。这些不可见的设计特征在外观设计专利制图中，不允许用虚线表达，一般来说应当予以删除。但具体到本案，在各设计的主视图、立体图中部，虚线与周边的 3 段弧状实线连接在一起，共同表示的是一个旋转形态的圆形图案；在各设计的俯视图、仰视图、左视图、右视图中，虚线表达的是分布在产品侧面的方形或圆形的部件或开口。可见涉案专利原图片中的虚线表达的内容明显是产品表面的设计特征，而不能理解为产品内部的结构或不可见的棱边线、轮廓线，故不能以此为理由进行删除。由于虚线绘制的内容清楚地表达了产品表面的设计特征，并明确记载在原图片中，如果删除虚线，产品表面的形状或图案必然发生变化，与虚线存在时表达的设计不是相同的设计。因此，删除涉案专利原图片的虚线会导致修改后的外观设计与原图片所表示的相应外观设计属于不相同的设计，超出了原图片表示的范围。(2) 关于将虚线改为实线。由于涉案专利原图片中的虚线表示的是产品表面的设计特征，虚线与实线共同传达了设计的信息，在表达设计本身的作用上，这里的虚线与实线是一样的，仅仅是虚线的形式不符合我国外观设计专利申请的制图规范，专利权人将表达该部分设计特征的虚线修改为实线，属于可以直接地、毫无疑义地确定的修改，因此并未超出原图片表示的范围。(3) 关于删除阴影线。阴影线主要是用于辅助展示产品表面的特征和轮廓，例如产品表面的起伏凹凸。根据《专利审查指南2010》的规定，其也不能在外观设计专利视图中使用，在实线轮廓线对产品外观设计表达不清楚的必要情形时，可以通过其他视图，例如展开图、剖视图、剖面图、放大图以及变化状态图来表示。本案中，涉案专利原图片中以平行竖线组形式出现的阴影线表达相应位置的面为平面，其他形式的阴影线表达相应位置的面呈不同的曲面，而这些部位的平面形状或曲面形状可以通过产品的正投影视图及立体图予以清楚地表示，因此即使删除了阴影线，也没有导致修改后的外观设计与原图片所示的相应外观设计相比属于不相同的设计，因此删除阴影线并未超出原图片表示的范围。

5.2 涉及重复授权专利权人主动放弃专利权的处理

对于同一专利权人于同日申请的构成相同或实质相同的两项外观设计专利，如果专利权人明确提出自始放弃其中一项专利以克服不符合《专利法》第9条第1款关于禁止重复授权的规定，则基于公平原则以及立法本意，在不影响社会公众正当利益情况下，专利行政部门可以宣告专利权人声明放弃的专利权无效。

第九章 外观设计

第47345号无效决定涉及专利号为201530009109.7，名称为"双人沙发（B5501-2）"的外观设计专利。专利权人于同一日就相同种类产品申请了两项外观设计，其分别是名称为"三人沙发"的201530009283.1（下称专利1）和名称为"双人沙发"的涉案专利（下称专利2），二者均获授权，但专利2的授权日早于专利1一个月。

专利权授予后，专利权人向专利行政部门请求作出《专利权评价报告》。该报告认为，专利2的双人沙发外观与专利1的三人沙发外观属于同样的发明创造，故不符合《专利法》第9条第1款的规定。于是，专利权人依据《专利法》第9条第1款向专利局声明放弃专利1，但因上文提及的依据该条款放弃专利权的情形仅限于发明和实用新型双申请转换保护的特殊情形，故专利局作出该放弃声明视为未提出的处理。在专利权人得知无法依据《专利法》第9条第1款放弃专利1后，转而选择依据《专利法》第44条第1款声明放弃专利2，此次专利局发出了手续合格通知书。

针对专利1，请求人A提出无效宣告请求，并将专利2作为证据，主张专利1和专利2属于实质相同的外观设计，请求宣告专利1无效。针对专利2，请求人B提出无效宣告请求，并将专利1作为证据，主张专利1和专利2属于实质相同的外观设计，请求宣告专利2无效。

针对专利权人的放弃声明，请求人A认为，虽然专利权人主动放弃了专利2，但该放弃声明所产生的法律后果是专利2自放弃生效日时终止，此种放弃不能解决在专利2终止日之前仍存在两项实质相同的外观设计被授予专利权的问题。根据《专利审查指南2010》第四部分第七章第2.1节的规定，授权公告在后的专利1仍应以不符合《专利法》第9条第1款的规定为由被宣告无效。

决定认为，专利1和专利2构成实质相同。对于两项专利如何处理的问题，决定认为，专利权人声明自申请日起放弃涉案专利权属于其真实意思表示，根据当事人处置原则，可推定专利权人已认可专利2自始不符合《专利法》第9条第1款的有关规定。从避免重复授权的立法本意考虑，专利2若被无效，则专利权人仅留有专利1一项专利权，对于社会公众而言，不会同时存在两项同样的外观设计，即可满足专利法禁止重复授权原则的要求。从公平角度考虑，由于专利权人无法决定专利1与专利2的授权公告的先后关系，其仅可通过事后主动放弃专利权来克服两者存在的不符合《专利法》第9条第1款规定的缺陷；若专利2维持有效，在认定二者构成实质相同的情况下,则专利1存在被宣告无效的风险,与专利权人的本意不符;专利权人在申请日提交了两件专利申请,当得知其专利权存在不符合《专利法》第9条的规定时即采取补救措施,及时请求放弃其中一项专利权,可见,其不存在通过申请多件内容相同的专利而不当获利的问题,在专利权人既无此主观故意,亦无此客观之实的情况下,仅鉴于专利权人提出专利申请之初的瑕疵而令其承担可能同时失去两项专利权的不利后果,对专利权人明显不公。从可能影响社会公众的预期角度考虑,专利1和专利2的授权公告时间间隔仅为一个月左右,社会公众在得知专利2被放弃但并不是自始放弃情形后,通常情况下难以预期到专利1也将被宣告无效从而认为两项专利涉及的设计内容已经进入公有领域,进而不会认为两项专利涉及的设计内容是任何人都可以自由实施应用的,因此宣告专利2无效也不会影响到一般社会公众的合理预期。综上所述,宣告专利2全部无效。

5.3 组件产品

对于组装关系不确定的多组件产品,在具体对比时应以每个组件作为对比对象,同时遵循整体观察、综合判断的原则。具体而言,不仅需要考虑单个组件的外观设计,还需要考虑每个组件在整体产品视觉效果中的影响权重,其中外观设计相对独特的组件,通常对整体视觉效果具有更为显著的影响。

第39564号无效决定涉及专利号为201730333622.0,名称为"玩具(螺母组合)"的外观设计专利。涉案专利涉及29个不同形状的组件组合而成的一种拼接式玩具,29个组件中既包含有圆弧形、圆形、长条形的相对规则的组件设计,更包含多个特定形状的异形组件,例如水滴形、眼睛形、乳酪形、鱼嘴形、U形滑轮等这些特定的异形玩具,其本身形状相对独特。请求人主张的证据也包括多个组件,均可找到与涉案专利相对应的组件。

决定认为,涉案专利与对比设计中的对应组件相比,无论是规则的组件设计,还是特定形状的异形组件,其设计构思以及选取的具有一定厚度的扁平化设计形式都如出一辙,具体到每个组件的整体形状、结构比例、曲线弧度也都几乎一致。区别更多地体现出组合玩具用于拼接组装的功能性需求，或仅是在线条弧度、锯齿数量、是否有小的凹槽等存在区别，相对于包含有数目众多的组件拼接玩具，且不同形状的玩具组件通过其固定的卡接部位、圆形孔等结构相互配合组成，而各个单独组件都高度重合和相似的情况下，这些区别点属于施以一般注意力不能觉察到的局部细微差异或者位于使用时不容易看到的部位或者看不到的部位，或者其设计变化不影响整体组件实质相同的判断，因此，涉案专利组件1至组件29与对比设计对应组件构成实质相同的外观设计。

对于组装关系唯一或确定的组件产品，由于其各个组件组成的产品设计完全确定，一般消费者会关注各组件组合后产品的外观设计，因此，在对比判断时应当以其组合状态的外观设计作为判断对象。对于各组件具有多种组装关系的产品，若外观设计视图明确表示出相关组件组合后的产品作为要求保护的外观设计，则在对比判断时同样应当以视图表示的所有组合状态的外观设计作为判断对象。

第39630号无效决定涉及专利号为201630276603.4，名称为"滚珠轨道积木（4）"的外观设计专利。涉案专利是由12个组件拼装而成的玩具，请求人提交了单独针对12个组件的对比设计，认为，涉案专利与12个对比设计相比不具有明显区别。专利权人认为，涉案专利的设计要点在于各个构件组装后的形状，而不是单个构件形状，一般消费者无法判断出各构件组合后的形状，更无法判断各构件的使用数量和拼接位置，涉案专利的完整产品与单个构件存在明显区别。

决定认为，涉案专利产品不但包含12个组件，同时还包含了12个组件按照不同数量和拼接方式拼装而成的滚珠轨道造型，如果单就涉案专利的12个组件而言，按照其插接口的形状选择不同数量的构件一般消费者可以组合出不止一种组合状态，但所述不确定的组合状态并不属于涉案专利的保护范围，涉案专利的产品组合状态是选择固定数量的构件组合而成的如其六面视图所示的滚珠轨道造型，其组合方式以及组合后的外观设计是唯一确定的，不是随意的组合，因此不能将其作为组装关系不唯一的组件产品进行对比判断，也就是说本案中不能仅将12个组件的外观设计作为考虑对象，除了要考虑12个组件外，还应当考虑12个组件组合后的产品造型，并且相对单个组件而言，组合后的滚珠轨道整体造型对整体视觉效果更具有显著影响。因此，请求人的无效宣告理由不成立。

第41073号无效决定涉及专利号为201830373977.7，名称为"电热水壶（多功能）"的外观设计专利。涉案专利涉及的电热水壶为由多种构件相结合构成的一件产品，该产品具有烧水、熬煮等功能，属于一种多功能的产品，其多种功能通过各构件以不同的组合状态实现，涉案专利具体涉及两种组合状态，其中，组件1和组件2组成的组合状态图1为实现一种功能的组合状态，组件1、组件3和组件4组成的组合状态图2为实现另一种功能的组合状态。在这两种组合状态中，各构件的组装关系均是唯一确定的。请求人提交的证据为一种固定形态的电热水壶，并依此主张与涉案专利的组合状态图1的产品不具有明显区别。专利权人认为，由于证据没有披露组件2和组件3，也没有公开不同的组合状态，因此，二者具有明显区别。

决定认为，在对比时应当以组合状态下的整体外观设计为对象，而不是以所有单个构件的外观为对象进行判断，同时，由于涉案专利具有两种确定的组合状态，因而比较时需要同时考虑涉案专利的上述两种组合状态。本案中，除涉案专利组合状态1的整体形状与证据1不同外，证据1也未公开涉案专利的组合状态2，以及组件4内胆在组合状态2中形成的产品形状，使得组合状态2中的顶部设计与证据1明显不同，该设计区别直接形成了明显不同的产品整体造型。综合上述区别以及其他细节区别，请求人的无效理由不成立。